总主编 田高良

新时代互联网+创新型会计与财务管理专业系列教材

中国轻工业"十三五"规划立项教材

财务管理学

主编 张 原 狄颖琦 林春涛

西安交通大学出版社
XI'AN JIAOTONG UNIVERSITY PRESS

国家一级出版社
全国百佳图书出版单位

内容简介

财务管理学作为会计学科的核心课程,既有一定的理论性,又特别强调实践性。本书根据 2019 年最新修订的会计准则以及公司法、证券法、税收管理、管理会计等方面的最新法律法规编写而成。

本书共十章,全面阐述现代企业财务管理基本理论、方法以及实际应用等财务学核心内容,主要包括筹资、投资、资金营运和资金分配管理以及财务预算和财务分析等内容。本书注重吸收财务管理理论和实践的最新成果,选用企业财务实践最新案例,注重理论联系实际,强调基本方法运用和基本技能应用。本书配有课后习题与案例分析,方便教学和自学使用。

本书逻辑清晰、语言通俗、内容务实、案例丰富,有较强实用性,既可作为高等院校会计、财务管理和审计等经济管理类专业教学用书,也可作为企业经营管理人员、财务会计人员学习和工作参考用书。

图书在版编目(CIP)数据

财务管理学 / 张原,狄颖琦,林春涛主编. — 西安:西安交通大学出版社,2020.7

ISBN 978 - 7 - 5693 - 1734 - 3

Ⅰ. ①财… Ⅱ. ①张… ②狄… ③林… Ⅲ. ①财务管理 Ⅳ. ①F275

中国版本图书馆 CIP 数据核字(2020)第 081814 号

书　　名	财务管理学
主　　编	张　原　狄颖琦　林春涛
责任编辑	史菲菲
责任校对	李　文
出版发行	西安交通大学出版社
	(西安市兴庆南路 1 号　邮政编码 710048)
网　　址	http://www.xjtupress.com
电　　话	(029)82668357　82667874(发行中心)
	(029)82668315(总编办)
传　　真	(029)82668280
印　　刷	陕西日报社
开　　本	787mm×1092mm　1/16　印张 17　字数 425 千字
版次印次	2020 年 7 月第 1 版　2020 年 7 月第 1 次印刷
书　　号	ISBN 978 - 7 - 5693 - 1734 - 3
定　　价	49.80 元

新时代互联网＋创新型会计与财务管理专业系列教材

编写委员会

总主编：田高良

编委会委员（按姓氏笔画排序）：

王建玲　宁宇欣　汤小莉　汪方军　张　禾

张　原　周　龙　徐焕章　高晓林

策　划：魏照民

前言

近年来，随着我国改革开放的不断深入和社会主义市场经济的不断发展，市场竞争越来越激烈且趋于复杂化，导致财务管理在经济管理中越来越重要。财务管理作为经营管理的重要内容，是组织财务活动、处理财务关系的一项经济管理工作，已植根于经营管理的各个环节，主要包括筹资管理、投资管理、营运资金管理和利润分配管理等内容，在经营管理中处于枢纽位置和中心环节。总之，随着市场经济的不断深化，财务管理在经济管理中的作用愈发突出，也越来越受到管理者的关注。

当前，财务管理学已经成为高等院校会计、财务管理和审计等专业的主干课程，其他相关专业也相继开设财务管理学课程。另外，财务管理学也是会计专业技术资格、注册会计师等考试的重要内容。

本书共分为十章。第一章"财务管理总论"，主要介绍财务管理的内容、目标、方法和环境等内容。第二章"财务管理价值观念"，详细介绍资金时间价值和风险价值两大财务管理价值观念。第三章至第十章以企业财务活动为主线，分别介绍筹资管理、资本成本与资本结构、投资管理、营运资金管理、利润分配管理、财务预算、财务分析以及公司重组、破产、清算。全书各章的内容架构上，首先介绍"学习目标"，明确各章的主要内容；其次安排"引导案例"，指引读者带着问题学习各章主要内容，提高学习效率；最后是"本章小结""思考与练习""即测即评""案例分析"，对各章内容进行总结，通过思考与练习以及即测即评题巩固所学内容，再利用案例分析拓展思路、开阔视野。

本书的特色主要体现在以下方面：

（1）可操作性。本书每章设置课前"引导案例"和课后"案例分析"，引用了多个国内外经典案例，并在理论介绍的基础上配有相关例题，使教学从知识灌输方式转变成"教、学、做"一体化互动式教学模式，可以边学边做，理论联系实践，提高理论知识运用能力。

（2）新颖性。本书内容追踪和反映最新修订的会计准则、公司法、证券法和税收管理等相关法律法规，与时俱进，保证所学内容与实际工作接轨。

（3）系统性。每章内容前有"学习目标"和"引导案例"，后有"本章小结""思考与练习""即测即评""案例分析"，使读者能够把握学习要点，学习后进行自我检验并巩固所学知识，系统学习和运用所学内容。

（4）全面性。本书在财务管理基本理论基础上，主要针对企业生产经营中的常规财务活动进行重点介绍。另外，鉴于企业财务失败偶有发生，还针对企业陷入财务困境时的公司重组、破产、清算等内容进行简要介绍。

本书于 2017 年 9 月获批中国轻工业"十三五"规划立项教材（中轻联教培〔2017〕314 号）。本书主要由陕西科技大学经济与管理学院财务管理教学一线具有丰富科研和实践经验的教师编写。本书由陕西科技大学会计系主任、硕士生导师张原副教授（西安交通大学在职博士）以及狄颖琦、林春涛担任主编，负责全书整体设计、总纂和定稿。具体编写分工为：第一、二章和附表由张原编写，第三、六章由狄颖琦编写，第四章由宁宏茹编写，第五、九章由林春涛编写，第七章由阚立娜编写，第八章由对外经济贸易大学陈玉菲博士编写，第十章由西京学院薛青梅编写。陕西科技大学研究生高琴和王爽亦参与了本书资料收集整理和校对工作，付出了艰辛的劳动，在此表示衷心感谢。

本书结构完整、篇幅适当、案例丰富、文字流畅易懂，既可作为高等院校会计、财务管理和审计及其他相关专业教学用书，也可作为在职财务人员和其他各类管理人员自学或专业参考用书。

本书在编写过程中借鉴参考了许多著作、教材和其他资料，在此特向所有作者表示感谢和敬意。同时一并致谢本书编写过程中给予我们帮助的所有老师和朋友们。

由于时间和水平有限，书中如有疏漏和不当之处，恳请读者批评指正，以便修订再版时改进。

编　者

2020 年 4 月

目录

第一章
财务管理总论

学习目标

本章主要介绍财务管理的内容、目标、方法和环境等内容。通过本章学习,应了解财务管理概念,熟悉企业财务活动和财务关系,明确企业财务管理目标、主要利益相关者利益的冲突及协调,掌握财务管理方法,理解财务管理活动所处环境。

引导案例

2016 年 5 月,我国营改增试点范围扩大,将所有企业新增不动产所含增值税纳入抵扣范围,并承诺确保所有行业税负只减不增。这场改革"重头戏"为 2016 年经济社会发展写下浓墨重彩的一笔,也给 2017 年的经济工作开启了新篇章。

对于营改增影响,神州数码信息系统有限公司法定代表人郭为说:"营改增前,我公司技术服务项目较多,以地税营业税发票为主,不能够价税分离。由于营改增企业所购货物等实行价税分离计量,资产价值有所降低,所生产的产品成本费用降低,我们企业表现出利润增加,企业收益率明显提高。营改增有利于完善税制,消除重复征税;有利于降低企业税收负担,增强企业发展能力;有利于企业放下包袱,放开手脚向专业化分工发展,推动企业融合发展,提升服务质量;并有益于扩大内需、推动产业升级换代,加快转变生产方式和经济结构战略性调整,提高企业的市场竞争力,促进国民经济健康协调发展。"

资料来源:营改增:让减税看得见[N].中国税务报,2017-03-27(6).

财务管理是一门关于企业理财的科学,将企业生产经营活动过程嵌入财务管理工作环节进行业财管控,而在内外部宏微观环境的综合作用下,企业财务管理目标也会随之不断深化更新。因此,任何组织都离不开财务管理,财务管理与组织的各项活动息息相关,对组织可持续发展有着极为重要的影响。

第一节 财务管理内容

20 世纪初,财务管理作为微观经济学的一个应用学科而诞生。1900 年,巴舍利耶完成了他的博士论文《投机理论》,这标志着财务学从经济学中独立出来,成为一门新兴学科。随后米德、戴维等人陆续出版了财务学方面的著作,才标志着财务管理学初步形成。

企业财务部门通过记账、算账和编制报表来反映企业生产经营活动,而财务却不是记账、算账和编制报表。通俗来讲,企业财务就是企业聚财、用财、发财和理财的活动。从管理学视角来看,企业财务就是企业筹集资金、运用资金和分配资金的活动及其所体现的经济关系。

"财"准确来说就是企业资金。企业资金是企业生产经营过程中垫支和周转的价值。企业筹集资金、运用资金和分配资金作为企业资金运动全过程,实质是利用价值形式反映企业生产经营活动全过程。可见,资金从具体形态来看就是企业资产,从来源性质来看就是企业负债和所有者权益。企业财务就是资金运动,即资金循环与周转。所谓资金循环就是资金从货币资金开始,依次经过供、产、销三个阶段,不断改变形态,最后又回到货币资金。所谓资金周转就是不断重复、周而复始的资金循环所形成的周期性过程。周期越短,企业资金利用效率就越高,企业效益也就越大。因此,企业资金循环与周转就是企业资金运动的一般规律。

企业财务管理是基于企业再生产过程中客观存在的财务活动和财务关系而产生的,是企业组织财务活动、处理各方面财务关系的一项经济管理工作,即企业财务管理是对企业生产经营过程中资金运动的管理。财务管理从实物形态来看是使用价值的生产和交换,是物资运动(实物流);从价值形态来看是价值的形成和实现过程,是价值运动(价值流)。可见,财务管理实质是利用价值形式对企业生产经营活动进行的综合性管理。企业生产、营销、技术和设备物资等管理都只是企业生产经营管理的一个侧面,而企业收入、成本、费用、利润和资金等都是企业生产经营活动的综合反映。因此,财务管理的综合性最强,是企业管理的核心内容。

➤ 一、财务活动

企业财务管理是对企业生产经营过程中资金运动的管理,资金运动的规律是资金循环与周转,而资金循环与周转的形式就是财务活动。因此,企业财务活动是指企业筹集资金、运用资金和分配资金及其所体现的经济关系,即资金筹集、投放、使用、收回及分配等一系列行为,这一系列行为就是企业生产经营活动过程中的资金运动。企业财务活动主要有以下四大活动。

(一)筹资活动

筹资活动又称融资活动,是指企业为了投资和用资需要而筹措和集中所需资金的活动。企业从事生产经营活动,都必须从筹集资金开始,而且在正常生产经营过程中,随着市场变化、技术进步和自身发展需要都要经常进行筹资活动。筹资活动是企业筹措和集中资金的一项生产经营活动,企业筹集资金需要选择资金来源渠道。资金来源渠道主要有投资者投入资金和向债权人借入资金。投资者投入资金形成企业所有者权益,代表投资者在企业资产价值中享有的所有权(即股权),即享有资产增值收益分配权、企业重大事项决策权、经营者选择权和企业剩余财产索偿权等;向债权人借入资金形成企业负债,代表债权人在企业资产价值中享有的份额(即债权),即享有借出资金的金额(本金)和增值额(利息),不享有企业经营活动决策权等。

企业从创立到发展壮大对资金的需求有赖于金融市场状况、发展与投资战略、经营情况和资本结构等因素。企业在进行筹资活动时,要明确筹资活动目标,科学预测筹资额度;要根据企业自身实际情况(如资本结构、留存收益等)和成本效益原则选择筹资方式(自有资金和借入资金);要评估筹资渠道性质和企业财务风险;要评价筹资活动经济效益等。筹资活动作为企业生产经营活动的起点,对企业财务管理工作起着重要作用。

(二)投资活动

投资活动是指企业将筹集的资金使用和投放在生产经营方面的活动。狭义的投资活动仅指对外投资;而广义的投资活动包括对内投资(内部使用资金过程)和对外投资(对外投放资金过程）。对内投资作为生产性投资一般是直接投资；而对外投资作为金融性资产投资一般既可以是直接投资也可以是间接投资。资金只有在运用中才能增值。对内投资一般用于购置厂房、机器设备等固定资产（投资额大、回收期长，一旦投入将长期影响企业经济效益）和购买原材料等流动资产（周转快、变现快，但很容易流失和沉淀）。理论上讲对内投资风险低于对外投资，而对外投资收益高于对内投资，否则企业无须做出对外投资决策。

企业进行投资活动一般有提高闲置资金收益率、提升竞争力或为特定战略规划服务等特点。在进行投资活动管理时，要通过估算净现值（NPV）等指标评估投资项目的可行性；投资过程中要注意投资的阶段性、结构性；要把握好风险与收益的关系，注重盈亏平衡关键节点等。

（三）资金营运活动

资金营运活动是指企业投资在流动资产上而产生的资金收付活动。企业在日常生产经营活动过程中，会发生一系列流动资产和流动负债的资金收付。简单来说，就是用货币或者应付账款购买原材料，原材料投产生产在产品，在产品加工形成产成品存货，产成品存货对外销售形成应收账款，应收账款收回又是货币。资金循环的各个环节都会产生企业流动资产或者流动负债的资金收付，如果企业货币资金不能满足企业日常生产经营活动需要，还会采取短期借款来筹集资金，这就是因为日常生产经营引起企业投资在流动资产上的财务活动。

营运资金有广义与狭义之分。广义的营运资金是指企业流动资产总额，狭义的营运资金是指企业日常经营活动中流动资产与流动负债的差额。企业在保证营运资金满足日常资金需求的同时，要规划好流动资产营运，以保证足够的短期偿债能力、提高资金周转率和降低资本成本等。营运资金周转与企业生产经营周期具有一致性，关乎企业资金链的周转时效，甚至企业的生死存亡。因此，营运资金也是企业财务管理的重中之重。

可见，投资活动和资金营运活动都是企业财务的重要环节。这一方面表现为资金运用过程是资金消耗占用、价值转移过程，即成本费用形成过程。成本费用是决定企业经济效益高低的重要因素，在收益一定情况下，成本费用越低，企业效益越好，利润越高。在市场经济条件下，企业没有成本优势就很难有市场优势，成本费用不仅是决定企业经济效益高低的因素，也是决定企业生死存亡的重要因素。这另一方面表现为资金运用过程是资金增值过程，即利润形成过程。企业要获得更多利润，不能单纯降低成本，还要通过加大科技投入（高科技高价值、高投入高产出）千方百计增加产品和服务的附加价值。

（四）资金分配活动

资金分配活动是指企业通过生产经营活动取得收入以后的分配过程。广义的资金分配是指对企业各种收入进行分割和分派的过程；狭义的资金分配仅仅是指对利润尤其是净利润的分配。企业取得收入之后，要在企业和国家之间通过流转税及其附加进行分配，同时弥补企业生产经营中发生的各种耗费，盈利企业缴纳所得税之后，还要进行税后利润的分配，即企业通过投资或者资金营运活动取得销售收入，缴纳增值税，同时弥补生产耗费（即料、工、费），扣除各项期间费用，加减投资收益后形成营业利润，再加减营业外收支净额之后，形成利润总额，缴纳所得税之后，形成企业净利润，然后提取公积金和公益金，其余利润作为投资者收益分配给投资者，也可以暂时留存企业，形成未分配利润或者作为投资者的追加投资。

收入初次分配是对成本费用的弥补，而利润分配则是对收入初次分配结果进行再分配。在企业资金分配活动中要合理确定分配规模和结构，确保企业留有保障投资的资金，合理实现企业与投资者的共同利益，并确保企业取得长期利益。

一般而言,企业四大财务活动相互联系、相互依存。筹资活动是企业资金营运的物质基础,决定投资活动规模;筹资与投资活动同时又是企业资金营运的关键环节,企业资金营运好坏又影响筹资与投资活动;企业资金营运结果直接影响资金分配活动,资金分配活动反过来也作用于筹资、投资和资金营运活动。可见,筹资、投资和资金营运活动以价值形式反映企业对生产资料的取得和使用;资金分配活动则以价值形式反映企业生产经营成果的实现和分配。因此,企业资金运动就是企业生产经营过程中的价值运动,财务管理实质是利用价值形式对生产经营活动进行的综合性管理。企业四大财务活动都是企业必不可少的价值创造环节,是企业实现良性可循环发展的可靠保障。

还应看到,企业资金运动从表面上看是钱和物增减变动,其实钱和物增减变动都离不开人与人之间的关系。要透过资金运动的经济现象看到人与人之间因经济利益关系形成的财务关系,自觉维护各利益相关者的合法权益,处理好财务关系,促进企业生产经营活动健康、有序发展。

二、财务关系

企业财务关系是指在组织财务活动过程中与有关各方发生的经济利益关系。企业筹资活动、投资活动、资金营运活动和资金分配活动与企业相关各方有着广泛联系。企业财务关系主要有以下几种。

(一)企业与投资者和受资者之间的关系

企业向投资者(包括国家、法人和个人等)筹措和集中资金,进行生产经营活动,并将所实现的利润按照各个投资者的出资份额给投资者支付投资报酬。企业与投资者的财务关系表现为投资者可以对企业进行一定程度的控制、参与企业利润分配、对企业净资产享有索取权、对企业承担一定的经济法律责任。同样,企业还可以作为投资者将自身的法人财产向其他单位投资(股票投资或者直接投资),这些被投资单位即为受资者,受资者应当按照企业投资份额向企业分配利润。企业与受资者的财务关系体现为所有权性质的投资与受资关系。因此,企业与投资者和受资者之间的关系即为投资与分享收益的关系。

(二)企业与债权人和债务人之间的财务关系

企业向债权人借入资金,并按照借款合同规定按时支付利息和偿还本金所形成的经济关系,表现为企业与银行及非银行金融机构之间形成的直接借贷关系、与债券持有人和债券发行人之间形成的间接借贷关系、与赊购和赊销客户之间形成的商业信用关系。企业同其债权人的财务关系在性质上属于债务与债权关系。同样,企业还可以通过提供借款、购买债券或者商业信用等形式将资金出借给其他单位。企业同其债务人的财务关系在性质上体现出债权与债务关系。因此,企业与债权人和债务人之间的财务关系即为一种债权债务关系。企业与债权人和债务人之间的财务关系是企业所有财务关系中最为敏感的财务关系,处理得好坏与否直接关系到企业的形象和声誉,甚至关系到企业的生存与发展前景。

(三)企业与政府之间的财务关系

中央和地方政府行使维持社会正常秩序、保卫国家安全、组织和管理社会活动等政府职能,企业向中央和地方政府缴纳各种税款,包括流转税、所得税、资源税、财产税和行为税等。企业与政府之间的财务关系主要是指企业按照税法规定向国家缴纳税金的关系,体现一种强制和无偿分配的关系。企业及时足额纳税是生产经营者对国家应尽的义务，企业必须认真履行纳税义务。

（四）企业内部各个单位之间以及企业与职工之间的财务关系

企业内部各个单位之间的财务关系主要是指企业在生产经营各个环节相互提供产品或者劳务所形成的经济关系（生产协作关系）。企业财务部门同企业内部各个部门、单位之间以及各个部门、各个单位相互之间是一种资金结算关系，体现了企业在内部各个单位之间的利益关系。企业与职工之间的财务关系主要是指企业在向职工支付薪酬、劳保及福利等方面报酬的过程中形成的经济关系（相同利益关系的利益分配），体现了企业与职工之间按劳分配或者按风险、按收益分配的关系。处理这些关系要严格分清各有关方面的经济责任，以便有效发挥激励和约束机制的作用。

第二节　财务管理目标

财务管理目标是指企业在特定理财环境中通过组织财务活动、处理财务关系所要达到的根本目的。企业财务是以价值形式对企业生产经营活动所做出的综合反映。从根本上说是企业资金运动所要达到的根本目的，取决于企业目标（包括社会目标和经济目标）和特定社会经济模式。因此，财务管理目标是企业财务实践发展的出发点和落脚点，体现了企业经营目标，通常作为评价企业经营绩效和经营者业绩的标准。

➤ 一、产值最大化

财务管理是有目的的经济活动，目标决定方法思路。产品计划经济时代，企业只是一个生产单位，生产品种、数量等都由国家计划统筹安排，只要把生产任务完成就是优质企业，产值是唯一标准。企业在产品生产活动中以产定销、以产定利、以产值核定企业资金，编制计划也要以企业产量、产值核定各项指标，而且要求企业各项工作都要把产值放在首位，片面追求企业发展速度。可见，在产品计划经济时代，企业主要追求产值最大化。

产值最大化目标有两大缺陷：①产值（$C+V+M$）包含着原材料等生产资料的转移价值，追求产值最大并不等于创造的价值（M）最多，追求产值很容易造成巨大浪费。②产值不等于销售收入，追求产值最大化使得企业只顾生产不顾销售（只要出东西，赔赚没关系），虚报产值，造成产品库存积压严重。

当然，财务管理要为企业生产服务，如果忽视财务管理职能，以低质量、低效益换取高产值，结果就会出现增产不增收，甚至增产却要减收，这对企业和经济发展都非常不利。因此，改革开放以后企业放弃了产值最大化转而追求利润最大化。

➤ 二、利润最大化

在商品经济条件下，$W=C+V+M$。剩余价值的多少可以采用利润这个价值指标来衡量，而且市场经济优胜劣汰使得资本使用权最终属于获利最多的企业，只有每个企业都最大限度获取利润，整个社会财富才能实现最大化，从而带来社会进步和发展。可见，利润最大化是假定在企业投资预期收益确定情况下，财务管理行为将朝着有利于企业利润最大化的方向发展。

利润的多少不仅体现了企业对国家的贡献,而且与企业和职工的利益息息相关,因为利润是增加企业投资收益、提高企业职工劳动报酬的主要来源。利润额是按照收入与费用配比原则计算的企业在一定会计期间生产经营收入和生产经营费用的差额,反映了当期日常生产经营活动中投入(所费)与产出(所得)的对比结果,在一定程度上体现了企业经济效益的高低。同时利润也是企业补充资本、扩大经营规模的源泉。因此,把利润最大化作为理财目标具有一定的理论基础。

利润最大化是企业会计信息系统的综合信息评价结果。企业只有不断提升技术效率,降低产品成本,完善公司治理与经营管理,优化资源配置,营造良好的财务管控环境,才能实现企业利润最大化。因此,利润最大化目标的主要优点在于:①可以增加企业资产;②可以增强企业竞争力;③可以增加社会财富。

企业作为以营利为目的的经济组织,利润是企业经营成果的具体体现,是收入扣除费用的余额,同时也是企业积累资金的主要来源。可见,企业追求利润具有天然合理性,但是当我国企业在 20 世纪 80 年代开始实行利润最大化的时候,西方国家却放弃了利润最大化,因为利润最大化作为财务管理目标存在以下缺陷:①没有考虑资金时间价值;②没有反映创造利润与投入资本之间的关系,不利于不同资本规模的企业或者同一企业不同期间的比较;③没有考虑风险因素,高额利润往往伴随着高风险;④根据权责发生制原则核算利润会使企业出现有利润而无现金的现象;⑤片面追求利润最大化会使经营者少提或者不提折旧、少摊或者不摊各种费用损失,造成企业虚盈实亏;⑥片面追求利润最大化会使经营者为了眼前利益而放弃具有发展前途的长远投资,导致企业短期行为泛滥。

三、资本收益率或者每股收益最大化

资本收益率又称资本利润率,是指企业净利润(即税后利润)与平均资本(即资本性投入及其资本溢价)的比率,用以反映企业运用资本获得收益的能力。资本收益率越高,说明企业自有投资经济效益越好,投资者风险越小,值得继续投资。每股收益即每股盈利(EPS),又称每股税后利润、每股盈余或者每股利润,是指税后利润与股本总数的比率。每股收益是普通股股东每持有一股所能享有的企业净利润或需承担的企业净亏损。每股收益通常用来反映企业经营成果,衡量普通股获利水平以及投资风险。一般而言,非股份制企业采用资本收益率,而股份公司采用每股收益。

资本收益率或者每股收益最大化观点认为所有者(或者股东)作为企业投资者,投资目标是取得资本收益,表现为净利润与出资额或者普通股股份数的对比关系,即用资本收益率或者每股收益把企业(公司)利润和所有者(或者股东)投入资本相联系。其能够说明企业盈利水平,可以在不同规模的企业(公司)或者同一企业(公司)不同期间进行对比,揭示盈利水平差异,从而克服利润最大化目标的缺陷。

要使资本收益率或者每股收益达到最大,在资本额或者流通在外普通股股数一定的情况下,必须使利润额达到最大。可见,资本收益率或者每股收益最大化实质上还是利润最大化,仍然没有考虑资金的时间价值和风险因素,尚不能避免企业出现有利润无现金现象、虚盈实亏情况和短期行为泛滥等。

四、企业价值或者股东财富最大化

所有者(或者股东)作为投资者建立企业(公司)的目的是为了创造更多激励企业的价值

（财富），不仅表现为企业（公司）利润，更表现为企业（公司）资产价值，体现着企业（公司）资本保值增值的要求，是企业（公司）现在或者潜在盈利能力的反映。因为企业（公司）要以投资者预期投资时间为起点，将按照可能实现的概率计算未来收入，按照预期投资时间的同一口径进行折现，企业（公司）所得收益越多，实现收益时间越近，应得报酬越确定，则企业价值或者股东财富越大。1993 年我国会计改革的资本金制度对企业提出了资本保值增值要求，党的十四届三中全会又对企业提出资本保值增值考核要求，企业要以全部法人财产依法自主经营、自负盈亏、照章纳税，对投资者（出资者）实现资本保值增值。

　　一般而言，非股份制企业采用企业价值最大化，而股份公司采用股东财富最大化。企业价值最大化是以实现利益相关者价值最大化或企业预计未来现金流量现值最大化为财务管理目标。价值最大化要求企业与利益相关者协调互动发展，通过与供应链企业诚信经营、披露重大信息、承担社会责任、保护环境和发展公益等活动来实现。企业预计未来现金流量现值考虑了资金时间价值和风险价值两个方面的因素。股东财富最大化把实现股东利益作为财务管理目标，股东财富通过拥有的股票数量和股票市场价格两个方面来衡量。在股票数量一定时，股票价格越高，股东财富越大。

　　与利润最大化相比，企业价值最大化的主要优点在于：①考虑了资金的时间价值和风险价值因素；②反映了对企业资本保值增值的要求；③克服了管理片面性；④避免了企业短期行为；⑤注重了自身与利益相关者共同长期价值的实现，有利于社会资源的合理配置，实现社会效益最大化。与利润最大化相比，股东财富最大化的主要优点在于：①考虑了影响股价变动的风险；②避免了公司短期行为；③对于上市公司而言，股东财富最大化目标易于量化，便于考核、奖惩。

　　目前企业价值衡量方式在学术界还没有达成共识，只有专门评估才能确定企业价值，现有衡量方式只能对上市公司价值进行衡量。以股东财富最大化作为财务管理目标的缺陷主要在于：①只有上市公司能随时在股票市场获得公司股价情况，非上市公司不能以该目标作为财务管理目标。②股价受众多因素影响，特别是公司外部因素，有些还可能是非正常因素。股价不能完全准确反映公司财务管理状况，如有的上市公司处于破产边缘，但是由于可能存在某些机会，股票市价可能还会走高。③更多强调股东利益，而对其他相关者利益重视不够。

　　必须注意：企业价值或者股东财富最大化与利润最大化目标并不完全矛盾。因为利润增加，所有者权益增加，资本增值。只不过资本保值增值要求利润必须折现、必须真实，而不能虚假，虚假利润不能保证资本增值。同时企业价值或者股东财富最大化与利润最大化目标的主要区别在于：①利润最大化主要是经营商品获得利润，而企业价值或者股东财富最大化要使资本保值增值，除经营商品获得利润以外，还要通过经营资本获得利润。②追求企业价值或者股东财富最大化在一定时期可能会使利润下降。比如企业加速折旧导致成本增加，利润下降，但是加速折旧资金投入生产经营中不仅能够保值增值，还会使企业增值速度更快。

　　财务管理目标随着市场经济深化而不断更迭，是企业社会性不断增加、经济发展良性可持续健康发展的结果。以上财务管理目标中，企业价值或者股东财富最大化是财务管理目标的基础。所有者或者股东是企业的主要投资者，投入资本具有稳定性与长期性。只有将实现企业价值或者股东财富作为财务管理基础目标，才能补偿所有者或者股东的投资风险，市场经济中才会有更多投资者愿意以所有者或者股东身份助力企业不断成长壮大。

五、利益相关者价值最大化

企业是利益相关者契约关系的产物,财务管理目标在一定程度上与利益相关者利益一致。利益相关者包括股东、债权人、企业经营者、客户、供应商、员工和政府等。在确定企业财务管理目标时,不能忽视这些相关利益群体的利益。

利益相关者价值最大化的内容主要有:①加强对企业代理人(企业经营者)进行监督和控制,建立有效的激励机制推进企业长期健康发展。②保护企业中小股东利益,提高信息透明度,增强企业发展过程中股东的参与度。③不断增进企业与债权人的合作关系,按期还款,树立良好的信誉形象,培育可靠的资金供应者。④加强企业与客户和供应商的关系,为价值链上下游企业培育良好生态圈。⑤保障企业员工的合法权益,营造良好的工作与学习氛围,使员工积极为企业长期发展效力。⑥正确处理企业与政府监管部门的关系,按时足额缴纳税金,合法合规开展生产经营。

利益相关者价值最大化的优点主要有:①有利于加强利益相关者与企业的关系;②促进企业长期稳步发展;③降低企业风险,注重收益和风险均衡;④利益相关者量化各自利益实现程度的指标容易获得。

六、财务管理目标协调

现代公司制企业所有权与经营权相分离,理性经济人之间也难免会出现利益冲突,所有者与经营者、所有者与债权人、大股东与中小股东的利益冲突与协调极为重要。

(一)所有者与经营者的利益冲突与协调

企业经营者是所有者的代理人,负责企业生产经营活动。所有者期望经营者能代表自己的利益经营企业,以最低的成本费用实现更多更大的企业价值或者股东财富;而经营者希望在提高企业价值和股东财富的同时获取更多的报酬和更多的享受支出,能够避免各种风险,并获得额外收益等。所有者和经营者双方目标常有背离。可以采取如下方式协调双方利益冲突:

1.监督

经营者背离所有者目标的主要原因在于信息不对称,所有者不能及时监督经营者的不当行为,也很难通过会计师的报表审计来全面掌握经营者的全部管理行为。

2.激励

将经营者报酬与绩效直接挂钩,使经营者自觉提高所有者的财富。激励可以采取股票期权与绩效股。激励作为一种自外而内的限制手段,能够倒逼经营者在一定程度上收敛不当行为。

3.解聘

所有者有权因经营者业绩不佳而解雇经营者,这种危机意识会迫使经营者实现财务管理目标。

(二)所有者与债权人的利益冲突与协调

债权人期望获得利息收入,而所有者可能会要求经营者投资于高风险项目,这就造成了债权人风险与收益不对称。因为高风险项目一旦获得额外利润也只会被所有者独享;一旦失败,债权人却要与所有者共同负担损失。所有者或者股东还有可能未征得现有债权人同意,而要求经营者举借新债,致使原有债权价值降低,加大偿债风险。为协调双方利益冲突,可以通过以下方式协调:

1. 限制性借债

通过事先订立借款合同,规定借债用途、增加借债担保和信用条件,减少所有者因改变资金用途给债权人带来的损失。

2. 收回借款或停止借款

当债权人发现企业有侵蚀债权价值倾向时,应当采取收回债权或者不再给予新借款来保护自身的正当权益。

此外,还有其他利益相关者的利益冲突与协调。

第三节　财务管理方法

为了有效开展财务活动,实现财务管理目标,就需要一系列程序、步骤或者一整套科学完整的方法。财务管理环节是指财务管理工作步骤或者一般程序。而财务管理方法是指达到目标的具体途径和手段。因此,财务管理环节蕴含财务管理方法。从管理理论来看,主要有事前管理环节的财务预测和财务决策方法,事中管理环节的财务计划和财务控制方法,事后管理环节的财务核算和财务分析方法。

一、财务预测

凡事预则立,不预则废。财务预测是指分析研究企业内外部各种经济技术条件,利用各种经济信息,采用科学方法,对企业未来一定时期的资金、成本和盈利水平等进行测算以及对企业财务趋势进行估计。简单来说,财务预测就是对未来财务活动的分析和判断,为财务决策服务,而财务决策是对未来经营方案的选择。因此,只有对未来各种情况进行分析和判断,才能做出正确选择。

财务预测方法主要有定性预测和定量预测。定性预测主要是依靠个人主观判断和分析能力,结合个人实践经验对未来发展状况和趋势做出估计的一种方法。其主要包括对经济、法律和金融等形势的分析和判断。定量预测主要是根据变量之间已有的数量关系,建立数学模型,引入反映现实情况的自变量求得待估计值来进行预测的一种方法。其主要包括投资前景预测、资金需要量预测、资金来源预测、销售收入预测、成本费用预测和利润预测等。这些预测从不同角度对企业未来财务情况进行分析、判断,为企业财务决策奠定基础,并为编制财务计划提供依据。因此,只有对企业财务活动未来的发展趋势有了比较准确的掌控,才能做出正确决策,增加企业价值,实现财务管理目标。

二、财务决策

财务决策是指为企业未来财务活动确定目标和制订方案,并从两个以上可行方案中选择一个合理方案的工作过程。简单来说,财务决策就是选择方案的过程,一般分为确定目标、制订方案和选择方案等步骤,包括筹资决策、投资决策、目标成本决策、目标利润决策和股利决策等内容,其中投资决策尤为重要。

财务预测为财务决策服务,财务计划是财务决策在时间和空间上的细分,财务控制要保证财务预测目标和财务决策方案顺利实施。可见,财务决策在财务管理中处于核心地位。西蒙的决策论认为"企业管理重在经营,企业经营重在决策"。经营决策是企业管理的核心,财务决策是经营决策的核心。财务决策在经营决策中至少可以起到两个作用：一是在经营决策中起到综合平衡作用。任何项目都需要资金，而资金是有限资源，如何把有限资金投入项目需要通过财务决策进行综合平衡。二是在经营决策中起到把关作用。任何项目是否投产主要考量项目经济效益，而经济效益要通过财务决策的分析、判断进行评价。因此，经营决策的重点是财务决策。

财务预测和财务决策紧密相关，财务预测是财务决策的基础，财务决策是财务预测的结果，财务预测和财务决策同属财务管理事前管理阶段。它们的主要任务是为企业未来财务活动指明正确方向，提供总体思路和方案。任何一个企业管理成熟与否，管理方法完善与否，主要体现在事前管理阶段。

➤ 三、财务计划

财务计划是指根据财务预测和财务决策确定的目标制订的具体实施方案和措施步骤，简单来说就是目标加方法步骤。财务计划主要包括筹资计划、投资计划、销售收入计划、成本费用计划、现金收支计划和利润分配计划等内容。

以财务决策确立的方案和财务预测提供的信息为基础编制的财务计划，既是财务预测和财务决策的具体化，又是控制财务活动的依据。财务计划的一般程序是：首先，根据财务决策的要求分析主客观条件，全面安排计划指标；其次，对需要与可能进行协调，实现综合平衡；最后，调整各种指标，编制计划表格。实务中可以采用固定计划法、弹性计划法和滚动计划法来编制财务计划。财务计划指标的确定一般有平衡法、因素法、比例法和定额法等。

计划不仅仅包括做什么（明确工作对象）、谁来做（落实工作主体）、怎么做（落实工作方法）、何时做（明确工作时间进度），更要包括花多少钱做。而花多少钱做在企业实践中常常表现为财务预算，是财务管理的考核标准。财务预算是用货币或者数据表示的各类计划。财务预算实质也是财务计划，更加强调用货币和数据表示财务计划。财务预算可分别采用固定预算与弹性预算、增量预算与零基预算、定期预算与滚动预算等方法进行编制。因此，财务计划作为财务决策在时间和空间上的细分，既是财务决策具体的直接操作和直接执行，又是企业日常财务活动的依据。

➤ 四、财务控制

财务控制是指财务计划执行过程中的监督、检查以及纠偏活动，简单来说就是监督、检查和纠偏财务计划执行过程。一般财务计划制订以后，并不能自觉执行，运行中会出现很多偏离财务计划的行为，这就需要进行财务控制，监督财务计划执行过程，用计划、标准进行检查，发现偏离计划、标准的各种问题，采取措施加以纠正。成本费用控制在财务控制中最为重要，需要坚持对工作计划及工作过程和奖惩的介入原则、采购和消耗的预防原则以及ABC分析法的重点原则。财务控制涉及企业方方面面，难度最大。

财务控制按照内容可以分为一般控制与应用控制。一般控制是对企业内部环境实施的控制，也称为基础控制或环境控制。应用控制是指对与财务活动直接相关的具体活动的控制，亦称为业务控制。财务控制按照功能还可以分为预防性控制、侦查性控制、纠正性控制、指导性控制和补偿性控制。财务控制方法有前馈控制、过程控制、反馈控制等几种。财务控制措施一般包括预算控制、运营分析控制和绩效考评控制等。因此，财务控制就是按照一定的程序和方法,对财务活动过程施加影响,确保财务管理各项活动都在计划与预算范围内运行,从而实现企业财务管理目标。

财务计划和财务控制都是对财务活动实施过程进行的管理,同属财务管理事中管理阶段。

五、财务核算

财务核算是指运用会计核算、统计核算和业务核算等技术方法对企业生产经营过程中的资金、成本、收入和利润等数据进行记录、汇总、分配和计算,反映企业财务状况、经营成果和现金流量。

广义的财务核算包括会计核算、统计核算和业务核算等内容。会计核算是财务人员以货币作为主要计量手段,通过记账、算账、编制报表来反映企业经营情况;统计核算是以货币和实物作为尺度,对企业生产经营活动中的各种数量进行记录、汇总、分配和计算,从数量上反映企业生产经营活动;业务核算是业务部门在业务管理活动中进行的核算。可见,广义的财务核算实质是全面经济核算。狭义的财务核算仅仅是指会计核算,包括财务会计和管理会计。财务核算专业性比较强,一般要由专业财务人员来完成。因此,财务核算为财务管理提供了必要的会计、统计和业务信息。

六、财务分析

财务分析是指根据财务核算提供的数据资料查明企业哪些因素和哪些方面在多大程度上影响企业经济效益,以便今后采取纠正措施。

财务分析的一般程序是:①确立项目,明确目标;②收集资料,掌握情况;③运用方法,揭示问题;④提出措施,改进工作。通常采用对比分析法、比率分析法、因素分析法和综合分析法等方法进行财务分析。对比分析法是通过横向或者纵向比较经济指标,从差异方面分析企业财务状况的一种方法;比率分析法是通过对财务相对指标进行比较,用比率反映财务关系,揭示企业财务状况的一种分析方法;因素分析法是确定相互联系因素对财务指标的影响程度,挖掘财务指标发生变动主因的一种分析方法;综合分析法是把财务指标和影响企业财务状况的因素有序排列,综合评价企业财务状况和经营成果的一种方法。因此,通过财务分析,可以掌握各项财务计划指标的完成情况、评价财务状况、研究企业财务活动的一般规律,从而改善财务预测、财务决策、财务计划和财务控制,提高企业经济效益和管理水平。

财务核算和财务分析同属财务管理事后管理阶段。

第四节　财务管理环境

财务管理环境是指对财务活动和财务管理产生影响的企业内外部各种因素的总称。财务管理环境作为企业内外部信息交换的空间,在相当大程度上制约着企业财务活动和财务管理工作。只有在财务管理环境的各种因素作用下实现财务活动协调平衡,企业才能生存和发展壮大。财务管理环境包括经济环境、法律环境、金融环境、技术环境等。

一、经济环境

经济环境是企业外部环境中最重要的一部分,主要包括经济体制、经济周期、经济发展水平、宏观经济政策和通货膨胀水平等。

(一)经济体制

我国改革开放以后,从计划经济体制发展到市场经济体制。计划经济体制的特点是由国家统一支配资金投入、承担盈亏,企业没有理财权,没有积极性,财务管理也就没有用武之地。在市场经济体制下,企业真正实现了"自负盈亏,自主经营",拥有了资产控制权,能够自主决定企业经营业务,甚至企业盈亏和利润分配。财务管理也才得以发展,不断完善。

(二)经济周期

经济发展具有规律性,呈现出复苏期、繁荣期、衰退期和萧条期四个阶段,这个循环就是经济周期。不同发展阶段,财务管理战略具有较大的差异性,西方财务学者总结的差异如表 1 - 1 所示。

表 1 - 1　不同经济周期的财务管理战略

复苏期	繁荣期	衰退期	萧条期
增加厂房设备等固定资产	扩充厂房设备	停止扩张	建立投资标准
实行长期租赁	开展营销规划	出售多余设备	保持市场份额
增加劳动力	增加劳动力	停止扩招雇员	压缩管理费用
开发新产品	提高产品价格	停止长期采购	放弃次要利益
建立存货储备	继续建立存货	削减存货、停产不利产品	削减存货、裁减雇员

(三)经济发展水平

经济越发展,财务越重要。经济发展水平与财务管理水平相互促进。经济发展水平越高,越要求企业财务战略、管理模式和方法手段与之匹配,即不断促进企业财务管理水平提高;财务管理水平提高,会促使企业想方设法降低生产成本,增加利润与现金流,促进经济发展水平不断提高。

(四)宏观经济政策

宏观经济政策是政府宏观调控的手段,主要包括金融政策、财税政策、价格政策和外汇政策等。金融政策中货币发行量、信贷规模会影响企业筹资与投资水平,财税政策会影响企业经营决策与利润,价格政策会影响企业产品生产与获利水平。可见,财务管理只有与宏观经济政策相适应,企业才能实现更高价值。

(五)通货膨胀水平

通货膨胀是物价持续上涨、货币不断贬值的经济现象。通货膨胀对财务活动的影响表现为:货币贬值,购买力下降,增加资金需求;企业利润虚高,虚增的利润因分配而流失,减少企业资金;利率上升,企业融资成本增加;有价证券价格下降,企业筹资难度增加;资金供不应求等。

企业应对通货膨胀的措施主要有:使用套期保值工具(比如买进现货,卖出期货,进行相反操作等);签订长期购货合同,减少货币贬值损失;以长期负债来规避超额资本成本;加快债权回收等。

二、法律环境

法律环境是企业与外部发生经济关系时应遵守的相关法律、法规和规章制度等。市场经济是法治经济，法律为企业经济活动限定了空间，也保障了企业合法经营。影响企业财务管理的法律因素主要包括企业组织形式和税法等。

(一)企业组织形式

企业是市场经济的主体，不同类型企业所适用的法律有所不同。熟悉企业不同的组织形式，有助于企业财务管理工作的有效开展。企业组织形式按照组织结构可以分为业主制企业、合伙制企业和公司制企业。公司这一组织形式的最大优点是公司所有者或者股东只承担有限责任，对公司债务以出资额为限，且公司易于迅速筹集到大量资金。这使得公司制企业比业主制和合伙制企业有更大发展的可能性。

(二)税法

国家财政就是以国家为主体的分配，国家凭借政治权力对一部分剩余产品进行集中、强制和无偿分配，国家财政收入的主要来源是企业缴纳的各种税金。国家财政状况和财政政策对企业资金供应和税收负担有着重要影响；国家各种税种的设置、税率的调整变化还具有调节企业生产经营的作用。企业财务决策应以税收政策为导向，提高投资效率，有效追求企业价值最大化。因此，财务人员应当熟悉国家税收法律规定，包括各种税收的计征范围、计征依据、差别税率和减免税规定，自觉按照税收政策导向开展财务活动。

影响企业财务管理的主要法律因素除了企业组织形式和税法之外，还有公司法、证券法、金融法、合同法、企业会计准则、企业财务通则和管理会计指引等。

三、金融环境

金融环境主要包括金融机构、金融工具和金融市场等。企业应当熟悉金融环境，规避风险，获取额外收益。

(一)金融机构

金融机构主要包括银行和非银行金融机构。银行主要提供存款、贷款和中间业务等，包括各种商业银行和政策性银行，商业银行如中国工商银行、中国农业银行、中国建设银行等，政策性银行如中国进出口银行和中国农业发展银行等。非银行金融机构主要包括保险公司、证券公司、财务公司、金融资产管理公司和金融租赁公司等。

(二)金融工具

金融工具是指形成一个企业金融资产，并形成其他单位金融负债或权益工具的合同。金融工具分为基本金融工具和衍生金融工具两大类。常见的基本金融工具有股票、债券和基金等。衍生金融工具是在基本金融工具基础上，通过特定技术设计形成的新的融资工具，主要包括远期合同、期货合同、互换和期权以及具有远期合同、期货合同、互换和期权中一种或者一种以上特征的工具，具有高风险和高杠杆的特点。可见，金融工具具有流动性、风险性和收益性等特征。

(三)金融市场

金融市场是资金供需双方通过金融工具进行资金融通的场所。金融市场主要由主体、参与者和客体三部分组成：主体是银行和非银行金融机构，扮演着联结资金供需双方桥梁的角色；参与者就是资金供需双方（比如政府、企业和个人等）；客体是交易对象（比如股票、债券和基金等）。金融市场上，资金转移方式主要包括：①直接转移。资金需求者直接把股票、债券出售给资金供应者，从而实现资金转移。②间接转移。资金需求者通过金融中介机构，将股票或债券出售给资金供应者，或者以自身所发行的证券交换资金供应者的资金，再将资金转移给各种股票或债券发行者（即资金需求者），从而实现资金转移。金融市场的主要分类如下：

1. 货币市场和资本市场

按照时间期限，金融市场可以分为货币市场和资本市场。货币市场又称短期金融市场，是指期限在 1 年以内，以金融工具为媒介，进行短期资金融通的市场。其主要功能是调节短期资金融通，主要包括同业拆借市场、票据市场、大额定期存单市场和短期债券市场等。其主要特点有：①期限短。期限一般为 3～6 个月，最长不超过 1 年。②交易目的在于缓解短期资金周转。资金主要来源于资金供应者暂时闲置的资金。③货币市场上金融工具有较强的"货币性"，即具有流动性强、价格平稳和风险较小等特性。

资本市场即长期金融市场，是指期限在 1 年以上，以金融工具为媒介，进行长期资金交易的市场。资本市场包括股票市场、债券市场和融资租赁市场等。其主要特点有：①融资期限长。期限不少于 1 年，最长可达 10 年甚至 10 年以上。②融资目的在于解决长期投资性资本需要。③资本收付量及流动量大。④收益较高，风险较大。

2. 发行市场和流通市场

按照功能，金融市场可以分为发行市场和流通市场。发行市场又称为一级市场，主要是金融工具最初发行的市场；流通市场又称为二级市场，主要是金融工具转让和变现的市场。

从企业财务视角来看，金融市场作为资金融通的场所，是企业向社会筹集资金必不可少的条件。财务人员必须熟悉金融市场的各种类型和管理制度，有效利用金融市场组织企业资金筹集和进行资本投资等活动。

➤ 四、技术环境

财务管理技术环境，是保证财务管理得以高效运转的技术手段和条件。从会计电算化到会计信息化再到会计智能化，企业业务处理实现了自动化和信息化，财务管理信息来自财务系统，管理更加高效与便捷。企业上游供应商与下游客户也与企业进行信息互联，有利于整个价值链上所有企业财务管理水平同步提升。

大数据、智能化、移动互联网和云计算为财务管理提供了良好契机，使企业能够获得更多财务管理信息的线索，智能运算出高信息含量指标，使企业所有部门都能够共享财务数据，可以在各个环节精简成本，实现高效生产。要培养精通信息技术的管理人才，进一步提升企业管理水平和风险防范能力。会计师事务所要采用信息化和智能化手段对企业财务报告和内部控制进行审计，提升审计质量和效率；实现会计监督信息化和智能化，提升会计管理水平和监管效能。随着企业会计信息化和智能化的不断深入，企业财务管理技术环境将不断完善。

扩充内容　　　　案例研究

本章小结

　　企业财务就是企业筹资、投资、资金营运和资金分配活动及其所体现的经济关系，实质是企业资金运动全过程，即利用价值形式反映企业生产经营活动全过程。企业财务管理是对反映企业财务状况的资金运动的管控行为。财务管理主要对筹资、投资、资金营运和资金分配等四大财务活动进行管理。财务管理实施步骤与程序就是财务管理环节，分为事前管理、事中管理和事后管理等三大财务管理环节，包括财务预测和财务决策、财务计划和财务控制、财务核算和财务分析等六大财务管理方法。财务管理目标随着环境变换、企业转型升级、财务管理理论完善等，表现为产值最大化、利润最大化、资本收益率或者每股收益最大化、企业价值或者股东财富最大化和利益相关者价值最大化，并不断深入完善。企业内外部进行信息交换的空间即企业财务管理环境，主要包括经济环境、法律环境、金融环境和技术环境等四大财务管理环境。因此，财务管理就是根据资金运动规律，遵循经济、法律、金融和技术等财务管理环境，对企业资金形成、运用、营运和分配活动进行财务预测、决策、计划、控制、核算和分析，提高企业资金运用效果，实现资本保值增值的管理工作。其实质是利用价值形式对企业生产经营活动进行综合性管理。抓住了财务管理，就抓住了企业管理的核心。

　　"大智移云"时代来临，为企业财务管理转型升级带来了机遇与挑战，使得处于价值链节点上的所有企业以企业价值或者股东财富最大化为财务管理终极目标，使财务管理对象——业务流与资金流业财融合更加详细和具体，使财务预测、财务计划和财务预算环节更加科学化。信息化和智能化使企业能够实时关注到内外部环境变化，极大改善了企业管理条件，但是不能忽视风险和信息技术隐患。新时代，财务管理地位将逐渐上升，要努力成为一名高素质管理人才，需要财务人员将理论内化于心、外化于行。

思考与练习

　　1.企业财务活动有哪些？相互之间有什么关系？

　　2.股东财富最大化与企业价值最大化的区别是什么？

　　3.财务管理的环节有哪些？当今时代财务管理哪一个环节最重要？

　　4.简述财务管理环境。

　　5.金融市场如何分类？

　　6.请用案例分析公司面临的经济周期。

即测即评

案例分析

营改增：助力春秋航空起飞爬升

　　春秋航空股份有限公司（以下简称"春秋航空"）是首个中国民营资本独资经营的低成本航

空公司,2004年5月26日获批筹建,2005年7月18日实现首航。营运之初,春秋航空举步维艰,最大困境之一是经营成本居高不下。

春秋航空经营成本中,税收比重很高。购买飞机环节,要缴纳1%的关税、4%的进口环节增值税;购买航油、大修飞机和发动机等日常经营环节,费用中含有17%的增值税。另外,乘客购票收入还要缴3%的营业税,各项税收占企业总收入的30%以上。营业税以最终营业额为计税依据,但是企业之前几个环节已经缴税,最后还要缴纳3%的营业税,显然是重复缴税。特别是在高油价时期,油料成本占总成本的45%。加之国内有些中小机场起降费很贵,极大地限制了春秋航空拓展航线和扩大机队编制。

春秋航空2012年之前与亚洲航空公司的确存在一定差距,成本控制方面亚洲航空公司存在明显优势。当时马来西亚税制相对比较合理,亚洲航空公司大规模购入固定资产的增值税都可以抵扣,公司税负相对较轻。但是由于当时国内增值税与营业税并存,无法使春秋航空形成一条有效抵扣链,经营成本始终居高不下。

2012年起,这种情况开始改变,春秋航空可以和亚洲航空公司正面展开竞争。正是这一年,春秋航空正式试点营改增。航空公司处于抵扣链最末端。2012年营改增之初,上下游抵扣链尚未形成,许多企业开不出增值税专用发票,春秋航空也就无法抵扣进项税额。当时春秋航空国际航线经营刚起步,尚未有效享受国际航线免税政策,导致税负沉重。但是随着营改增扩围改革不断深入,公司上下游供应链上各个抵扣环节被彻底打通,公司航空业务开始呈现快速增长态势。从2012年起,春秋航空开始大规模购入飞机,拓展航点,开辟和延伸航线。

从2012年起,公司国际航线不断开辟,航线运输周转量以每年100%以上速度增长,2014年以来同比增速更快。伴随着国家整体经济实力不断提升,春秋航空敏锐洞察到航空业重新布局带来的商机,适时将出境航点由原来的一线大城市,布局至多个二线城市,并在三、四线城市扩张国内航点,逐步形成战略竞争优势。营改增带来的产业结构优化、利于行业分工、调整投资经营策略等辐射效应也非常显著。

资料来源:王靖,陈慧贤.营改增:助力春秋航空起飞爬升[N].中国税务报,2017-01-06(9).

思考

1. 春秋航空如何降低经营成本?

2. 经济环境和法律环境中哪些因素的改变促进了春秋航空的发展?

3. 本案例有哪些启示?

案例分析思路

第二章
财务管理价值观念

学习目标

本章在利率原理基础上主要介绍资金时间价值和风险价值等财务管理价值观念。通过本章学习,应了解利率的影响因素,熟悉利率的分类,正确理解资金时间价值的概念,熟练掌握一次性收付款项、年金和不等额系列收付款项复利终值和复利现值的计算,了解风险的概念与类别,熟练掌握单项资产风险价值和投资组合风险价值的计算及其应用,重点掌握资本资产定价模型应用。

引导案例

深圳证券交易所发布的《2016年个人投资者状况调查报告》显示,长期价值投资者占受访投资者比例约两成,追涨型投资者占四成,相比2015年,投机性较强的短线交易投资者和追涨型投资者比例有所下降。

从投资知识和投资决策依据来看,投资者投资知识水平相比2015年有所提高,但是存在区域差异,投资决策主要依据网络类媒体和技术指标分析,其中手机网络类媒体占比排名从2015年第二位上升至首位,呈快速发展趋势。

从投资行为看,2016年投资者交易频率、持股集中度普遍较高,但是相比2015年两者均有所下降,且有近5.5成投资者表示经常使用止损策略,反映出投资者理性投资和防范风险意识有所增强。

从投资盈亏原因来看,投资者亏损的主观原因来自自身投资经验、投资知识不足等因素,客观原因主要来自频繁交易、过度集中持股、追涨杀跌等投资行为偏差。展望2017年证券市场,投资者情绪总体为中性偏乐观,认为定向增发解禁高峰是股票市场的最大风险因素,认为"从严把关IPO质量"是增强持股信心的最有效举措。

资料来源:温济聪. 短线交易和追涨型投资者比例下降[N].经济日报,2017-03-17(7).

财务管理的核心是财务决策,而财务决策涉及相关项目方案、资产估值或者现金流计算,进行财务决策需要使用资金时间价值和衡量风险价值。因此,资金时间价值和风险价值,是财务活动中客观存在的经济现象,也是进行财务管理必须树立的基本观念。

第一节 利率原理

资金以利率为价格标准进行融通,实质是通过利率对剩余价值进行再分配。可见,利率在资金分配以及企业财务决策中起着重要作用,尤其是资金时间价值和风险价值。

➤ 一、利率的概念

利率是利息率的简称（一般用 i 表示），是指一定时期内利息额与借贷资金额（本金）的比率，即利息占本金的百分比。

从资金借贷关系来看，利率是一定时期内运用资金资源的交易价格。从利率表现形式来看，利率是一定时期内利息额同借贷资金总额的比率。因此，利率实质是借款人需要就所借资金支付的代价，即放款人延迟消费，借给借款人所获得的回报。

通常，利率的表现形式有年利率、月利率和日利率等。

➤ 二、利率的基本分类

利率可以按照不同标准进行分类。

（一）基准利率和套算利率

根据利率之间的变动关系，利率可以分为基准利率和套算利率。

基准利率又称基本利率，是指在各种利率中起决定作用的利率。起决定作用就是指基准利率变动，其他各种利率会随之相应变动，即基准利率是金融市场上具有普遍参照作用的利率，其他各种利率水平或金融资产价格都可以根据基准利率水平来确定。可见，了解基准利率水平的变化趋势，就可以熟悉各种利率的变化趋势。西方国家通常以中央银行的再贴现率为基准利率；我国由中国人民银行公布商业银行存款、贷款和贴现等业务的基准利率。基准利率一般具备市场化、基础性和传递性等基本特征。基准利率是利率市场化的重要前提之一，在利率市场化条件下，融资者衡量融资成本，投资者计算投资收益，客观上都要求有一个普遍公认的利率水平做参考。因此，基准利率是利率市场化机制形成的核心。

套算利率是指在基准利率确定后，各个金融机构根据基准利率和借贷款项特点换算出的利率。比如：金融机构规定，贷款 AAA 级、AA 级、A 级企业利率，应分别在基准利率基础上加 0.5%、1%、1.5%，加总计算所得的利率便是套算利率。

（二）固定利率和浮动利率

根据利率与市场资金供求的关系，利率可以分为固定利率和浮动利率。

固定利率是指在贷款期限内固定不变的利率，即固定利率是在借贷期内不做调整的利率。使用固定利率便于借贷双方进行收益和成本计算，但是不适用于借贷期间利率发生较大变动的情况，利率变化会导致借贷其中一方产生重大损失，尤其是受通货膨胀影响，实行固定利率会使债权人利益受到损害。

浮动利率是指在贷款期限内可以调整的利率，即浮动利率是在借贷期内随市场利率变动而调整的利率。使用浮动利率可以规避利率变动造成的风险，但是不利于借贷双方预估收益和成本，而通货膨胀时采用浮动利率，可以使债权人减少损失。

（三）法定利率和市场利率

根据利率形成机制，利率可以分为法定利率和市场利率。

法定利率又称官定利率，是指由政府金融管理部门或者中央银行确定的利率。

市场利率是指根据市场资金借贷关系紧张程度所确定的利率，即市场利率是根据资金市场供求关系，随市场自由变动的利率。

还有一种公定利率是指由金融机构或者银行业协会按照协商办法确定的利率，这种利率标准只适合参加该协会的金融机构,对其他机构不具约束力,利率标准也通常介于官定利率和市场利率之间。

(四)单利和复利

根据利息计算方法,利率可以分为单利和复利。

单利是指在借贷期限内,只按照原来本金计算利息,对本金所产生的利息不再另外计算利息。

复利是指在借贷期限内,除了按照原来本金计算利息之外,还要把本金所产生的利息重新计入本金计算利息,俗称"利滚利"。

(五)名义利率和实际利率

根据利率与通货膨胀的关系,利率可以分为名义利率和实际利率。名义利率是指没有剔除通货膨胀因素的利率,也就是借款合同或单据上标明的利率。实际利率是指已经剔除通货膨胀因素后的利率。

根据复利计息期,利率也可以分为名义利率和实际利率。名义利率是指一年内复利次数超过一次的年利率。名义利率有可能是半年复利一次、一个季度复利一次、一个月复利一次或者一天复利一次。实际利率是指一年内只复利一次的年利率。

三、利率的影响因素

利率作为资金价格,是决定企业资本成本高低的主要因素,同时也是企业筹资、投资的决定性因素。利率水平由多种因素综合影响决定。

(1)利率受到产业平均利润水平、货币供给与需求状况和经济发展状况等因素影响。

(2)利率受到物价水平、利率管制、国际经济状况和货币政策等影响。

由于利率变动对经济有很大影响,各国都通过法律、法规和政策等形式,对利率实施不同程度的管理。当今世界,所有国家都把利率政策作为调节货币供求进而调控宏观经济的主要手段,政府往往采用经济政策干预利率水平,同时又通过调节利率影响经济。可见,决定利率及影响利率变动的因素很多、很复杂,通常一个国家经济活动状况最终起决定作用。因此,要分析一个国家利率现状及其变动,必须结合该国国情,充分考虑到该国具体情况,区分不同特点分别对待。

四、资金利率的组成

利率作为资金价格,同样由供给和需求两个方面决定。但是除了供给和需求之外,利润率水平、经济周期、通货膨胀、物价变动幅度、国家货币政策和财政政策、国际经济环境、国际政治关系、国家利率管制程度、一国历史习惯以及资金借贷期限长短等对利率变动都有不同程度的影响。因此,资金利率通常由纯利率、通货膨胀补偿率(或者通货膨胀贴水)和风险收益率等三部分组成,即

$$利率=纯利率+通货膨胀补偿率(或者通货膨胀贴水)+风险收益率 \qquad (2-1)$$

纯利率又称真实利率,是指没有风险和通货膨胀情况下的均衡点利率,即通货膨胀为零时,无风险证券的平均利率。纯利率是对丧失资金使用权利的一种补偿,一般由资金供求关系决定。通常把无通货膨胀情况下的国库券利率视为纯利率。纯利率的高低,受平均利润率、资金供求关系和国家调节等因素影响。

通货膨胀补偿率(或者通货膨胀贴水)是指由于持续通货膨胀会不断降低货币实际购买力,为补偿购买力而要求提高的利率,即对贬值的补偿。通货膨胀使货币贬值,投资者真实收益下降。投资者把资金交给借款人时,会在纯粹利息率水平基础上再加上通货膨胀附加率,以弥补通货膨胀造成的购买力损失。因此,国家每次发行国库券的利息率随预期通货膨胀率变化,近似等于纯利率+预期通货膨胀率。这样,投资人的必要投资收益率=无风险收益率+风险收益率=纯利率+通货膨胀补偿率+风险收益率。

风险收益率又称风险报酬率,是投资者因承担风险而获得的超过时间价值的那部分额外收益率,即风险收益额与原始投资额的比率。风险收益率是投资项目收益率的重要组成部分,如果不考虑通货膨胀因素,投资收益率就是时间价值率与风险收益率之和。风险收益率包括违约性风险收益率、流动性风险收益率和期限性风险收益率。

违约性风险收益率是指为了弥补因债务人无法按时还本付息而带来的风险,由债权人要求提高的利率,即是筹资人无法按时支付利息或偿还本金而给投资人带来损失的补偿。违约性风险收益率的大小主要取决于借款人信誉。如果借款人信誉良好,违约概率低,资金供应者要求的额外收益就低;相反,资金供应者则要求较高的违约性风险收益。国库券由政府发行,可以看作没有违约性风险,其利率一般较低。企业债券的违约性风险则要根据企业信用程度来决定,企业信用程度可以分为若干等级,等级越高,信用越好,违约性风险越低,利率水平也会越低;企业信誉不好,违约性风险高,利率水平自然会更高。

流动性风险收益率是指为了弥补因债务人资产流动性不足而带来的风险,由债权人要求提高的利率。短期借款期限短,流动性风险小,利率较低;长期借款期限长,流动性风险大,利率较高。一般长期借款利率高于短期借款利率的主要原因就是受到流动性风险收益率影响,而非期限性风险收益率影响。

期限性风险收益率是指为了弥补因偿债期限较长而可能带来的风险,由债权人要求提高的利率,即是因到期期间长短不同而形成利率变化的风险。任何机构发行的债券,到期期间越长,由于利率上升而使购买长期债券的投资者遭受损失的风险就越大。到期风险补偿就是对投资者负担利率变动风险的一种补偿。在一定时期内,利率变动幅度越大,期限性风险就越大;反之,期限性风险就越小。我国利率不完全由市场决定,可能会发生一定时期内短期借款利率高于长期借款利率的现象,这是因为不同资金市场虽然可以相互沟通,但是某个时间段内资金市场可能出现分割或者封闭,导致资金短期需求量增大,就会出现短期借款利率高于长期借款利率的现象,这种可能性越大,期限性风险收益率就越高。因此,随着我国市场化进程的不断深化,期限性风险收益率也会逐渐增加。

第二节 资金时间价值

资金时间价值是财务管理基本观念之一,不论是企业筹资活动还是投资活动,都需要考虑资金时间价值。

➤ 一、资金时间价值和终值现值的概念

(一)资金时间价值

资金时间价值又称货币时间价值,是指一定时期内资金在不同时点上价值量的差额。比

如当利率为 5% 时,今天 1 000 元 1 年后价值就是 1 050 元,即今天 1 000 元与 1 年后 1 050 元价值相等,差额 50 元即为资金时间价值。从现象上看,50 元差额是资金随时间变化而变化的价值,说明在不考虑风险和通货膨胀情况下,同一数量资金在不同时点上的价值不同,时间变化,价值随之变化,即时间不同,价值不同。从实质上看,因为"价值量的差额"其实是增值额。任何资金使用者把资金投入生产经营以后,劳动者便利用生产工具对生产对象进行加工,生产出新产品,创造出新"价值",都会带来利润,实现资金增值。周转使用时间越长,效率越高,获得的利润也就越多,实现的增值额也就越大。可见,资金之所以能够随着时间的推移而增值,是因为将资金进行了投资或者再投资,而如果将资金锁入保险柜、埋入地下或者不进行周转使用,资金永远都不会增值。因此,资金时间价值实质是资金在周转使用过程中由于时间因素而形成的差额价值,即资金周转使用后的增值额,就是在不考虑风险和通货膨胀情况下,资金经历一定时间投资和再投资所增加的价值。

企业财务活动或多或少存在风险,而通货膨胀也是市场经济中客观存在的经济现象。可见,资金时间价值代表着无风险和无通货膨胀的社会平均资金利润率。不能因时间价值的计算方法与有关利息的计算方法相同而把时间价值与利率混为一谈。因为利率不是资金时间价值,利率中的纯利率才是资金时间价值。但是为了计算方便,常常采用利率计算资金时间价值。因此,在不同时点上,资金不能直接相加减,不能直接比较。要相加减、要比较,就必须将不同时点上的资金转换为同一时点,变不能为可能。

还要认识到企业生产周转中的全部资金都具有时间价值。从现象上看,只有当资金流入流出时才有可能计算时间价值,而实质上,当资金使用者购入原材料或者固定资产、无形资产以后,时间价值依然要发挥作用。因为原材料积压,企业就会因延误原材料使用而丧失一定价值;设备利用率提高,企业就会因充分利用设备而获得更多价值。可见,具有时间价值的不仅是货币资金,还有物质形态和无实物形态的资金,即全部生产周转的资金都具有时间价值,这是资金运动的客观规律。因此,资金时间价值应该是企业资金利润率的最低限度。

美国学者曾经如下表述:"有钱人牺牲他现在用钱的机会,对这种牺牲,用钱人必须支付一定报酬,于是资金就产生了时间价值。"可见,资金时间价值最早产生于"借贷"。于是西方学者就解释资金所有者进行投资,就必须牺牲现时消费,要求得到推迟消费时间的报酬,认为货币时间价值就是对暂缓消费的报酬,这种解释既不全面,又不确切。因为这种解释没有说明时间价值的实质,也掩盖了时间价值的真正来源。其实,资金时间价值以市场经济高度发达和借贷关系普遍存在为前提条件或者存在基础,这是一个客观存在的经济范畴,时间价值是财务管理的基本观念。把资金时间价值引入财务管理,在筹资、投资、资金营运和分配等财务活动的各个方面考虑时间价值因素,是提高财务管理水平和财务决策的有效保证。

(二)终值和现值

计算资金时间价值应理清资金运动发生的时间和方向,即资金发生的具体时点以及资金收付。时间轴是一个能够表示各个时点的数轴,是计算资金时间价值的一种有效工具,可以直观、便捷地反映资金运动发生的时间和方向。5 期资金收付时间轴如图 2-1 所示。

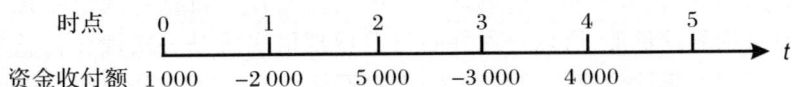

时点	0	1	2	3	4	5
资金收付额	1 000	-2 000	5 000	-3 000	4 000	t

图 2-1　5 期资金收付时间轴

在图 2-1 中,横轴表示时间数轴。时间轴上方阿拉伯数字代表不同时点,一般用字母 $t(t \to n)$ 表示,$t=0$ 表示现在(期初);时间轴下方数值代表资金收付 P(现在时点收付的资金额)或者 F(将来时点收付的资金额)或者 A(每期等额收付的资金额)或者 U(每期不等额收付的资金额)。必须注意:①除 0 点(表示第一期期初)以外,每个表示时点的阿拉伯数字都代表本期期末和下期期初两层含义,即时点 $t=1$ 代表第一期期末和第二期期初,以此类推。②时间轴下方资金收付额代表资金收入或者付出,其中正号表示资金收入,负号表示资金付出,即 1 000 表示第一期期初有 1 000 个单位资金收入额,-2 000 表示第一期期末或者第二期期初有 2 000 个单位资金付出额,以此类推。在计算资金时间价值时,一般将时间轴的建立作为第一步骤。可见,时间轴有助于正确理解和计算资金时间价值。

资金在不同时点上具有不同价值量,而时点只有现在和将来,由此产生了两个时间价值,即资金时间价值的计算只可能涉及终值和现值的计算。

终值是将来价值,又称本利和,是指一定时期内收付的资金在将来时点的价值,即一定时期内收付的资金在最后一期期末的价值。因为终值是把一定时期内收付的资金计算到将来时点的累计价值,所以终值实质是一定时期内一次性收付款项或者系列收付款项按照给定利率计算到最后一期期末的累计价值。

现值是现在的价值,又称本金,是指一定时期内收付的资金在现在时点的价值,即一定时期内收付的资金在第一期期初的价值。因为现值是把一定时期内收付的资金折现到现在时点的累计价值,所以现值实质是一定时期内一次性收付款项或者系列收付款项按照给定利率折现到第一期期初的累计价值。

时间价值中收付的资金可以细分为一次性收付款项、年金和不等额系列收付款项等三大类。终值与现值计算涉及计息方式选择,一般而言,一次性收付款项按照单利和复利计息方式计算终值和现值,年金和不等额系列收付款项则均需按照复利计息方式计算终值和现值。

二、单利和复利计息方式下一次性收付款项终值和现值计算

一次性收付款项是指一定时期内现在时点或者将来时点一次性收付的款项。如果图 2-1 中资金收付额只保留任何一个,即为一次性收付款项时间轴。比如只保留 $t=0$ 时点资金收付额 1 000,即表示 5 期一次性收付款项时间轴。

一次性收付款项终值是一次性收付款项的将来价值,是指一次性收付款项在将来时点的价值,即一次性收付款项在最后一期期末的价值。因为一次性收付款项终值是把一次性收付款项计算到将来时点的累计价值,所以一次性收付款项终值实质是一次性收付款项按照给定利率计算到最后一期期末的累计价值。如果图 2-1 中只保留 $t=0$ 时点资金收付额(一般用 P 表示)1 000,而不保留 $t=1$ 到 $t=4$ 时点资金收付额,即为一次性收付款项终值时间轴,表示 5 期一次性收付款项终值时间轴。以此类推,则 $t=0$ 时点资金收付额 1 000 在 $t=1$ 到 $t=5$ 任何一个时点都有一次性收付款项终值。

一次性收付款项现值是一次性收付款项的现在价值,是指一次性收付款项在现在时点的价值,即一次性收付款项在第一期期初的价值。因为一次性收付款项现值是把一次性收付款项折现到现在时点的累计价值,所以一次性收付款项现值实质是一次性收付款项按照给定利率折现到第一期期初的累计价值。如果图 2-1 中不保留 $t=0$ 时点资金收付额而只保留 $t=1$ 到 $t=4$ 任何一个时点资金收付额(一般用 F 表示),即为一次性收付款项现值时间轴,比如只

保留 $t=4$ 时点资金收付额 4 000,则表示 4 期一次性收付款项现值时间轴。以此类推,$-2\,000$、$5\,000$、$-3\,000$ 中任何一个资金收付额到 $t=0$ 时点都有一次性收付款项现值。

资金时间价值的计算通常有单利和复利两种计息方式可供选择。

(一)单利计息方式下的计算

单利终值和现值就是在单利计息方式下计算一次性收付款项的终值和现值。

单利是指在借贷期限内,只按照原来本金计算利息,对本金所产生的利息不再另外计算利息,即每一期只按照借贷原始金额或者本金收付利息,本金生利,利息不生利。单利计息方式就是每一期都按照初始本金计算利息,当期利息即使不取出也不计入下期本金的计算方法。可见,单利实质是每一期利息计算基础不变,都是初始本金。单利计息方式下一次性收付款项 5 期终值计算的时间轴如图 2-2 所示。

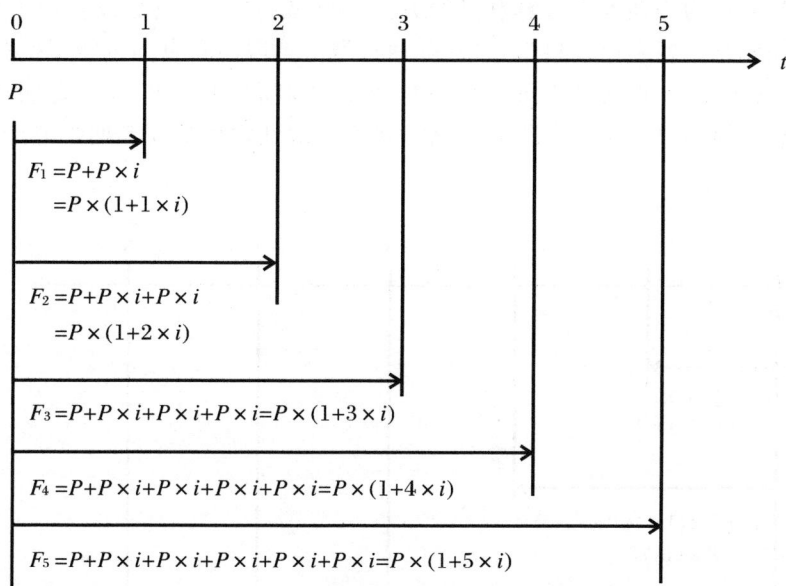

图 2-2　单利计息方式下一次性收付款项 5 期终值计算的时间轴

以此类推,即有终值=现值×(1+期数×利率),表示为

$$F=P\times(1+n\times i) \tag{2-2}$$

还可以通过如下推导得到式(2-2)。假设现在 1 000 元,年利率为 5%,单利计息方式下,第 n 年年末终值计算如下:

1 000 元 1 年后终值=$1\,000+1\,000\times5\%=1\,000\times(1+1\times5\%)$

1 000 元 2 年后终值=$1\,000+1\,000\times5\%+1\,000\times5\%=1\,000\times(1+2\times5\%)$

1 000 元 3 年后终值=$1\,000+1\,000\times5\%+1\,000\times5\%+1\,000\times5\%=1\,000\times(1+3\times5\%)$

……

1 000 元 n 年后终值=$1\,000+1\,000\times5\%+1\,000\times5\%+1\,000\times5\%+\cdots=1\,000\times(1+n\times5\%)$

【例 2-1】企业一笔资金计划 5 年后价值增加 40%。要求按照单利计算最低收益率。

$F=P\times(1+n\times i)$,即有 $P\times(1+40\%)=P\times(1+5\times i)$,求得 $i=8\%$。

由终值计算现值称为折现,所以 i 也可以称为折现率,除非特别指明,i 均指年折现率。在

单利计息方式下,现值计算与终值计算互逆,即有现值＝终值×(1＋期数×利率)$^{-1}$,表示为

$$P=F\times(1+n\times i)^{-1} \qquad (2-3)$$

【例2－2】企业计划5年后一次性收到100万元,年利率为5%。要求按照单利计算现在价值。

$$P_5=100\times(1+5\times5\%)^{-1}=80(万元)$$

(二)复利计息方式下的计算

复利终值和现值就是在复利计息方式下计算一次性收付款项的终值和现值。

复利俗称利滚利或者驴打滚,是指在借贷期限内,除了按照原来本金计算利息之外,还要把本金所产生的利息重新计入本金计算利息,即不仅借贷本金要收付利息,而且上一期利息在当期也要计息。复利计息方式就是上一期利息在下一期与原来本金一起计息,每一期计息都要以上一期本利和作为当期本金计算利息的方法。可见,复利实质是以当期末本利和为计息基础计算下一期利息。复利比较科学,是国际通行做法。因为利息不可能不生利,而且利率越高,资金收益也就越多,所以实务中可以存一期,取出本利和,再存本利和,每期都是如此,这样可以将单利计息转换为复利计息。复利计息方式下一次性收付款项5期终值计算的时间轴如图2－3所示。

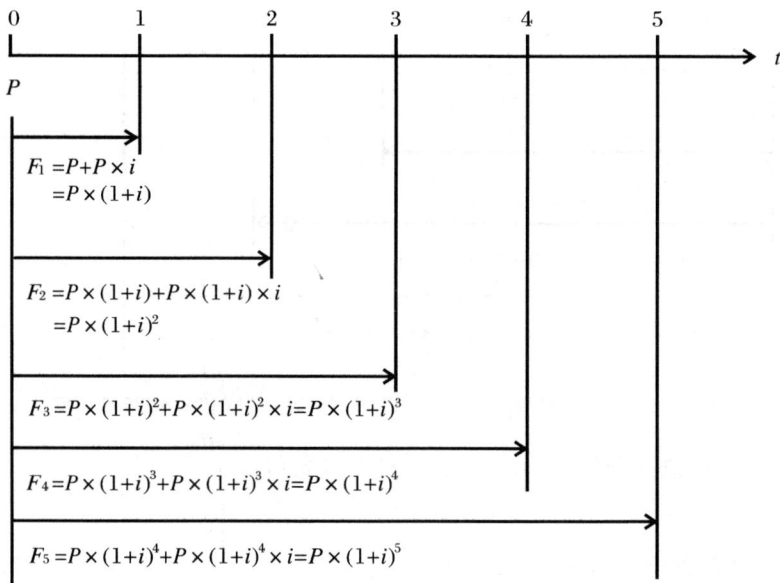

图2－3 复利计息方式下一次性收付款项5期终值计算的时间轴

以此类推,即有终值＝现值×(1＋利率)^{期数},表示为

$$F=P\times(1+i)^n \qquad (2-4)$$

还可以通过如下推导得到式(2－4)。假设现在1 000元,年利率为5%,复利计息方式下,第n年年末终值计算如下:

1 000元1年后终值＝1 000＋1 000×5%＝1 000×(1＋5%)

1 000元2年后终值＝1 000×(1＋5%)＋1 000×(1＋5%)×5%＝1 000×(1＋5%)^2

1 000元3年后终值＝1 000×(1＋5%)^2＋1 000×(1＋5%)^2×5%＝1 000×(1＋5%)^3

……

$1\ 000$ 元 n 年后终值 $=1\ 000\times(1+5\%)^{n-1}+1\ 000\times(1+5\%)^{n-1}\times5\%=1\ 000\times(1+5\%)^{n}$

式(2-4)中，$(1+i)^{n}$ 称为复利终值系数或者 1 元复利终值，可以表示为 $\text{FVIF}_{i,n}$ 或者 $(F/P,i,n)$，即是利率为 i 的 n 期复利终值系数。复利终值系数表参见附表一[行是利率 i，列是计息期数 n，相应 $(1+i)^{n}$ 数值在行和列的纵横相交处。该表也可以在已知利率 i、计息期 n 和复利终值系数 $\text{FVIF}_{i,n}$ 或者 $(F/P,i,n)$ 三者中任意两个值时，对照查找相对应的第三个值]。这样，一次性收付款项复利终值计算公式也可以表示为

$$F=P\times\text{FVIF}_{i,n}=P\times(F/P,i,n)$$

【例 2-3】相关资料同例 2-1。要求按照复利计算最低收益率。

$F=P\times(1+i)^{n}$，即有 $P\times(1+40\%)=P\times(1+i)^{5}$，求得 $i=6.96\%$。

复利终值系数与复利现值系数互为倒数，即有现值 $=$ 终值 $\times(1+$ 利率 $)^{-\text{期数}}$，表示为

$$P=F\times(1+i)^{-n} \tag{2-5}$$

式中，$(1+i)^{-n}$ 称为复利现值系数或者 1 元复利现值，可以表示为 $\text{PVIF}_{i,n}$ 或者 $(P/F,i,n)$，即利率为 i 的 n 期复利现值系数。复利现值系数表参见附表二(使用方法与"复利终值系数表"相同)。这样，一次性收付款项复利现值计算公式也可以表示为

$$P=F\times\text{PVIF}_{i,n}=F\times(P/F,i,n)$$

【例 2-4】相关资料同例 2-2。要求按照复利计算现在价值。

$P_{5}=100\times(1+5\%)^{-5}=100\times\text{PVIF}_{5\%,5}=100\times(P/F,5\%,5)=100\times0.784=78.4$（万元）

三、年金终值和现值计算

企业财务活动中除了一次性收付款项之外，还存在一定时期内多次收付款项，即系列收付款项。按照每期资金收付金额是否相等，可以分为等额系列收付款项和不等额系列收付款项。

年金是指一定时期内每期等额的系列收付款项，即一定时期内每期期初或者期末，按照等额、等间隔期(一般是一年，也可以是半年、季度、月和日等)、等列收付的系列款项。可见，年金要求一定时期内每期期初或者期末都要按照等额、等间隔期、等列收付款项。一般折旧、租金、保险金、养老金、等额分期收付款项以及零存整取或者整存零取储蓄等通常采用年金。如果图 2-1 中 $t=0$ 到 $t=4$ 每个时点资金收付额都相等(一般用 A 表示)，即为年金时间轴，表示 5 期年金时间轴。

年金终值是年金的将来价值，是指年金在将来时点的价值，即年金在最后一期期末的价值。因为年金终值是把年金计算到将来时点的累计价值，所以年金终值实质是年金按照给定利率计算到最后一期期末的累计复利终值之和。

年金现值是年金的现在价值，是指年金在现在时点的价值，即年金在第一期期初的价值。因为年金现值是把年金折现到现在时点的累计价值，所以年金现值实质是年金按照给定利率折现到第一期期初的累计复利现值之和。

年金按照每期收付时点不同，可以分为普通年金、即付年金、递延年金和永续年金等四大类。普通年金又称后付年金，是指一定时期内每期期末等额收付的系列款项，即一定时期内每期期末收付的年金。即付年金又称先付年金，是指一定时期内每期期初等额收付的系列款项，即一定时期内每期期初收付的年金。递延年金又称延期年金，是指一定时期内延期若干期后

每期期末等额收付的系列款项,即一定时期内间隔若干期后每期期末收付的年金。只要不是从第一期期末开始收付的年金都是递延年金,可以视为一种间隔若干期后普通年金的特殊存在。可见,递延年金实质是一定时期内间隔若干期后的普通年金。永续年金又称永久年金,是指无限期条件下每期期末等额收付的系列款项,即无限期条件下每期期末收付的年金。只要期限趋于无穷或者期限不能确定的年金都是永续年金,其可以视为期限趋于无穷或者期限不能确定的普通年金的特殊存在,有时也可以将利率较高、持续期限较长的年金也视同永续年金。可见,永续年金实质是期限趋于无穷或者期限不能确定,或者利率较高、持续期限较长的普通年金。

(一)普通年金终值和现值计算

普通年金是企业财务活动中最常见的年金形式。如果图 2-1 中不保留 $t=0$ 时点资金收付额,而只保留 $t=1$ 到 $t=4$ 每个时点资金收付且金额都相等(一般用 A 表示),即为普通年金时间轴,表示 4 期普通年金时间轴。

1.普通年金终值

普通年金终值是普通年金的将来价值,是指普通年金在将来时点的价值,即普通年金在最后一期期末的价值。因为普通年金终值是把普通年金计算到将来时点的累计价值,所以普通年金终值实质是普通年金按照给定利率计算到最后一期期末的累计复利终值之和。如果普通年金是零存整取储蓄存款的零存数,那么普通年金终值就是零存整取的整取数。5 期普通年金终值计算的时间轴如图 2-4 所示。

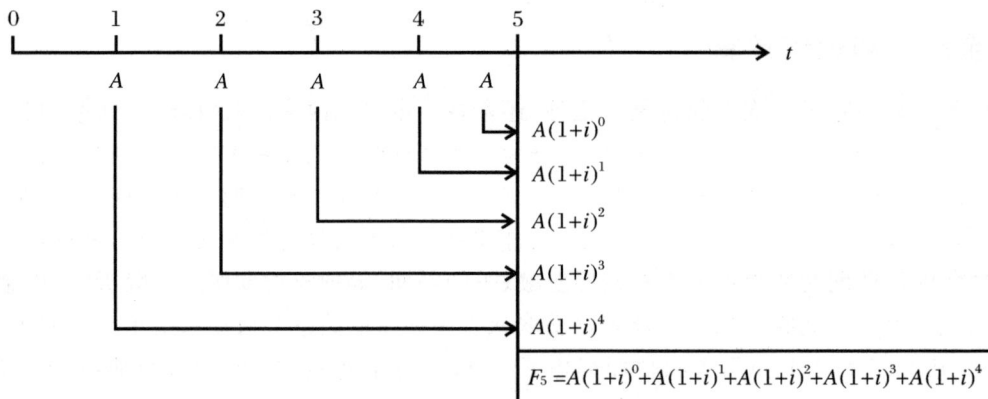

图 2-4 5 期普通年金终值计算的时间轴

以此类推,即有普通年金终值 $=A(1+i)^0+A(1+i)+A(1+i)^2+\cdots+A(1+i)^{n-1}$。按照等比数列求和后可以得到:普通年金终值 $=$ 年金 $\times \dfrac{(1+利率)^{期数}-1}{利率}$,表示为

$$F=A\times\frac{(1+i)^n-1}{i} \qquad (2-6)$$

式中,$\dfrac{(1+i)^n-1}{i}$ 称为年金终值系数或者 1 元年金终值,可以表示为 $\text{FVIFA}_{i,n}$ 或者 $(F/A,i,n)$,即利率为 i 的 n 期年金终值系数。年金终值系数表参见附表三(使用方法与"复利终值系数表"相同)。这样,普通年金终值计算公式也可以表示为

$$F=A\times\text{FVIFA}_{i,n}=A\times(F/A,i,n)$$

【例2-5】企业一个项目于计划年度的年初投产，预计投资项目存续期5年内每年可以获得收益100万元，年利率为5%。要求计算项目终止时全部收益的价值。

$$F_5 = 100 \times \frac{(1+5\%)^5 - 1}{5\%} = 100 \times \text{FVIFA}_{5\%,5} = 100 \times (F/A, 5\%, 5) = 100 \times 5.526 = 552.6(万元)$$

偿债基金的计算是普通年金终值的逆运算。偿债基金是指为了在将来某一时点清偿债务或者积聚一定资金而需要每期等额收付的普通年金，即为了使普通年金终值达到债务额度或者资金积聚额度而需要每期等额收付的普通年金。其中，债务额度或者资金积聚额度类似于等额准备金，就是普通年金终值，每期的偿债基金就是普通年金。因此，偿债基金＝普通年金终值$\times\frac{利率}{(1+利率)^{期数}-1}$，表示为

$$A = F \times \frac{i}{(1+i)^n - 1} \tag{2-7}$$

式中，$\frac{i}{(1+i)^n - 1}$称为偿债基金系数，是普通年金终值系数的倒数，可以表示为$\text{AFVIF}_{i,n}$或者$(A/F, i, n)$。通常使用普通年金终值系数的倒数直接计算得到，也可以通过偿债基金系数表查找得到。

【例2-6】企业一笔5年后到期借款的价值为100万元，年复利率为5%。要求计算借款的偿债基金。

$$A = 100 \times \frac{5\%}{(1+5\%)^5 - 1} = 100 \times \text{AFVIF}_{5\%,5} = 100 \times (A/F, 5\%, 5) = 100 \times \frac{1}{\text{FVIFA}_{5\%,5}} = 100 \times$$

$$\frac{1}{(F/A, 5\%, 5)} = 100 \times 0.181 = 100 \times \frac{1}{5.526} = 18.1(万元)$$

偿债基金折旧法作为固定资产折旧方法主要考虑资金时间价值（即利息因素），不同于直线折旧法和加速折旧法。采用偿债基金折旧法，每年提留的基金加上累积基金的利息与年度折旧数额相等。等到资产报废时，累积基金的本利和与折旧总额相等（成本减去残值），正好用于补偿固定资产原值。偿债基金折旧法的年折旧额就是偿债基金系数乘以固定资产原值。

2. 普通年金现值

普通年金现值是普通年金的现在价值，是指普通年金在现在时点的价值，即普通年金在第一期期初的价值。因为普通年金现值是把普通年金折现到现在时点的累计价值，所以普通年金现值实质是普通年金按照给定利率折现到第一期期初的累计复利现值之和。5期普通年金现值计算的时间轴如图2-5所示。

以此类推，即有$P = A(1+i)^{-1} + A(1+i)^{-2} + \cdots + A(1+i)^{-n}$。按照等比数列求和后可以得到：普通年金现值＝普通年金$\times\frac{1-(1+利率)^{-期数}}{利率}$，表示为

$$P = A \times \frac{1-(1+i)^{-n}}{i} \tag{2-8}$$

式中，$\frac{1-(1+i)^{-n}}{i}$称为年金现值系数或者1元年金现值，可以表示为$\text{PVIFA}_{i,n}$或者$(P/A, i, n)$，即利率为i的n期年金现值系数。年金现值系数表参见附表四（使用方法与"复利终值系数表"相同）。这样，普通年金现值计算公式也可以表示为

$$P = A \times \text{PVIFA}_{i,n} = A \times (P/A, i, n)$$

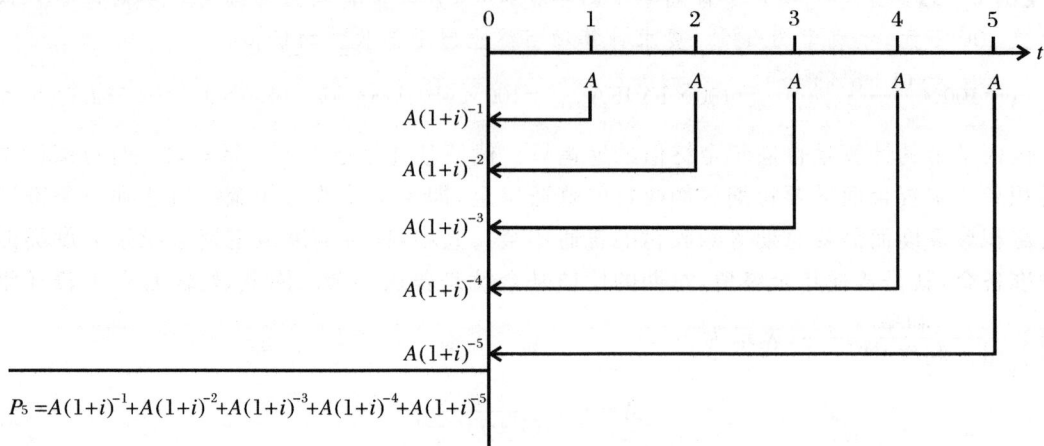

$$P_5 = A(1+i)^{-1} + A(1+i)^{-2} + A(1+i)^{-3} + A(1+i)^{-4} + A(1+i)^{-5}$$

图 2-5 5期普通年金现值计算的时间轴

【例 2-7】相关资料同例 2-5。要求计算项目全部收益计划年度年初的价值。

$$P_5 = 100 \times \frac{1-(1+5\%)^{-5}}{5\%} = 100 \times \text{PVIFA}_{5\%,5} = 100 \times (P/A, 5\%, 5) = 100 \times 4.329 = 432.9(万元)$$

资本回收额的计算是普通年金现值的逆运算。资本回收额是指为了在将来一定时期内能够等额回收初始投入资本或者等额清偿债务而需要每期等额收付的普通年金,即为了使普通年金现值达到等额回收初始投入资本或者等额清偿债务而需要每期等额收付的普通年金。其中,每期等额回收的初始投入资本或者等额清偿的债务就是普通年金。因此,资本回收额=普通年金现值$\times \dfrac{利率}{1-(1+利率)^{-期数}}$,表示为

$$A = P \times \frac{i}{1-(1+i)^{-n}} \tag{2-9}$$

式中,$\dfrac{i}{1-(1+i)^{-n}}$ 称为资本回收系数,是普通年金现值系数的倒数,可以表示为 $\text{APVIF}_{i,n}$ 或者 $(A/P, i, n)$。通常使用普通年金现值系数的倒数直接计算得到,也可以通过资本回收系数表查找得到。

【例 2-8】企业计划借款 100 万元,偿还期为 5 年,年利率为 5%。要求计算每年等额偿还额。

$$A = 100 \times \frac{5\%}{1-(1+5\%)^{-5}} = 100 \times \text{APVIF}_{5\%,5} = 100 \times (A/P, 5\%, 5) = 100 \times \frac{1}{\text{PVIFA}_{5\%,5}} =$$

$$100 \times \frac{1}{(P/A, 5\%, 5)} = 100 \times 0.231 = 100 \times \frac{1}{4.329} = 23.1(万元)$$

(二)即付年金终值和现值计算

即付年金与普通年金的区别在于资金收付时点不同,普通年金发生在每期期末,而即付年金发生在每期期初。如果图 2-1 中 $t=0$ 到 $t=4$ 每个时点资金收付金额都相等(一般用 A 表示),即为即付年金时间轴,表示 5 期即付年金时间轴。

1. 即付年金终值

即付年金终值是即付年金的将来价值,是指即付年金在将来时点的价值,即即付年金在最

后一期期末的价值。因为即付年金终值是把即付年金计算到将来时点的累计价值,所以即付年金终值实质是即付年金按照给定利率计算到最后一期期末的累计复利终值之和。5期即付年金终值计算的时间轴如图2-6所示。

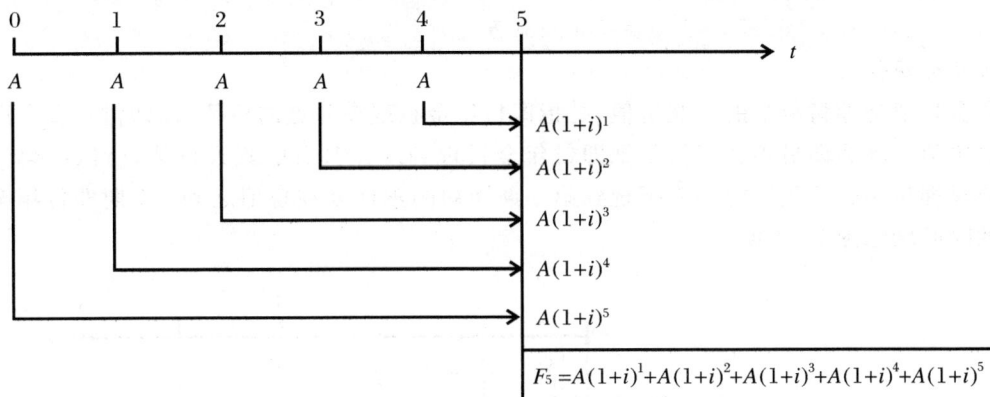

图2-6 5期即付年金终值计算的时间轴

以此类推,即有即付年金终值$=A(1+i)^1+A(1+i)^2+\cdots+A(1+i)^n$。按照等比数列求和后可以得到:即付年金终值$=$年金$\times\dfrac{(1+利率)^{期数+1}-1}{利率}-$年金,表示为

$$F=A\times\frac{(1+i)^{n+1}-1}{i}-A=A\times\left[\frac{(1+i)^{n+1}-1}{i}-1\right] \tag{2-10}$$

式中,$\dfrac{(1+i)^{n+1}-1}{i}$ 可以表示为 $\mathrm{FVIFA}_{i,n+1}$ 或者$(F/A,i,n+1)$,即利率为 i 的 $n+1$ 期年金终值系数。年金终值系数表参见附表三(使用方法与"复利终值系数表"相同)。这样,即付年金终值计算公式也可以表示为

$$F=A\times\mathrm{FVIFA}_{i,n+1}-A=A\times(\mathrm{FVIFA}_{i,n+1}-1)=A\times(F/A,i,n+1)-A=A\times[(F/A,i,n+1)-1]$$

还可以把图2-6中4期即付年金和图2-4中5期普通年金进行比较,可以看出:如果把图2-6中4期即付年金时间轴上所有时点往前推移一期,那么图2-4中5期普通年金只是比时间轴上所有时点往前推移一期的图2-6中4期即付年金多了第5期一期的一次资金收付。因此,5期普通年金终值减掉一次资金收付就是4期即付年金终值。即:$F_4=A\times\mathrm{FVIFA}_{i,5}-A=A\times(F/A,i,5)-A$。以此类推,即有式(2-10)。

另外,因为即付年金与普通年金的区别仅仅在于资金收付时点不同,所以再比较图2-6和图2-4可以看出:如果把图2-4中时间轴上所有时点往后推移一期,那么图2-6中5期即付年金终值就比图2-4时间轴上所有时点往后推移一期的5期普通年金终值少复利了一期。因此,给5期普通年金终值再复利一期,即乘以$(1+i)$,就是5期即付年金终值。以此类推,即付年金终值计算公式也可以表示为

$$F=A\times\frac{(1+i)^n-1}{i}\times(1+i)=A\times\mathrm{FVIFA}_{i,n}\times(1+i)=A\times(F/A,i,n)\times(1+i) \tag{2-11}$$

式(2-10)和式(2-11)都可以作为即付年金终值的计算公式,但是在现实经济生活中,银行等金融机构往往采用式(2-10)计算,而企业经常采用式(2-11)计算。

【例2-9】企业计划连续5个年度年初存款100万元,年利率为5%。要求计算存款5年

后的价值。

$$F_5 = 100 \times \text{FVIFA}_{5\%,5+1} - 100 = 100 \times (F/A, 5\%, 5+1) - 100 = 100 \times 6.802 - 100 = 580.2(万元)$$

或者：$F_5 = 100 \times \dfrac{(1+5\%)^5 - 1}{5\%} \times (1+5\%) - 100 \times \text{FVIFA}_{5\%,5} \times (1+5\%) - 100 \times (F/A, 5\%, 5) \times (1+5\%) = 100 \times 5.526 \times 1.05 = 580.23(万元)$

2.即付年金现值

即付年金现值是即付年金的现在价值，是指即付年金在现在时点的价值，即即付年金在第一期期初的价值。因为即付年金现值是把即付年金折现到现在时点的累计价值，所以即付年金现值实质是即付年金按照给定利率折现到第一期期初的累计复利现值之和。5 期即付年金现值计算的时间轴如图 2-7 所示。

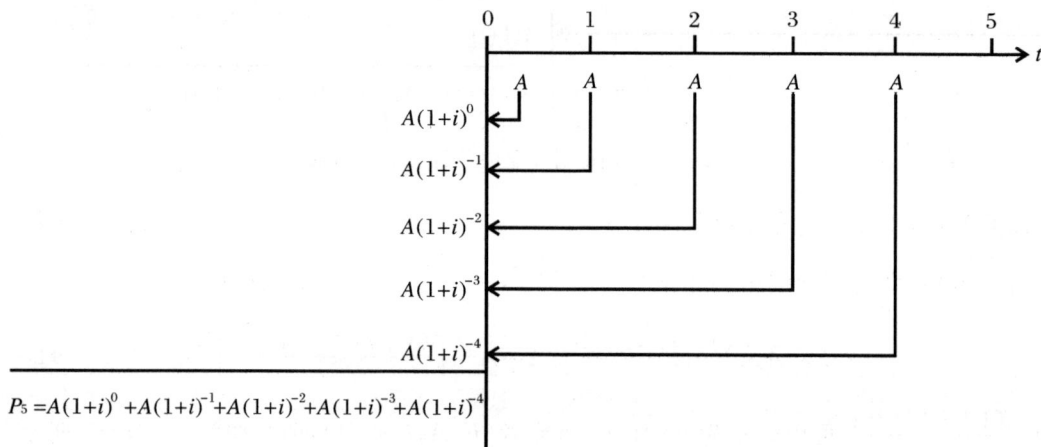

$$P_5 = A(1+i)^0 + A(1+i)^{-1} + A(1+i)^{-2} + A(1+i)^{-3} + A(1+i)^{-4}$$

图 2-7 5 期即付年金现值计算的时间轴

以此类推，即有 $P = A(1+i)^0 + A(1+i)^{-1} + A(1+i)^{-2} + \cdots + A(1+i)^{-(n-1)}$。按照等比数列求和后可以得到：即付年金现值 $=$ 年金 $\times \dfrac{1-(1+利率)^{-(期数-1)}}{i} +$ 年金，表示为

$$P = A \times \frac{1-(1+i)^{-(n-1)}}{i} + A = A \times \left[\frac{1-(1+i)^{-(n-1)}}{i} + 1 \right] \qquad (2-12)$$

式中，$\dfrac{1-(1+i)^{-(n-1)}}{i}$ 可以表示为 $\text{PVIFA}_{i,n-1}$ 或者 $(P/A, i, n-1)$，即利率为 i 的 $n-1$ 期年金现值系数。年金现值系数表参见附表四（使用方法与"复利终值系数表"相同）。这样，即付年金现值计算公式也可以表示为

$P = A \times \text{PVIFA}_{i,n-1} + A = A \times (\text{PVIFA}_{i,n-1} + 1) = A \times (P/A, i, n-1) + A = A \times [(P/A, i, n-1) + 1]$

还可以把图 2-7 中 5 期即付年金和图 2-5 中 4 期普通年金进行比较，可以看出：如果给图 2-5 中普通年金时间起点增加一次资金收付，那么图 2-5 中时间起点增加一次资金收付的 4 期普通年金就是图 2-7 中 5 期即付年金。因此，给 4 期普通年金现值时间起点增加一次资金收付就是 5 期即付年金现值。即：$P_5 = A \times \text{PVIFA}_{i,4} + A = A \times (P/A, i, 4) + A$。以此类推，即有式（2-12）。

另外，因为即付年金与普通年金的区别仅仅在于资金收付时点不同，所以再比较图 2-7 和图 2-5 可以看出：如果把图 2-5 中时间轴上所有时点往后推移一期，那么图 2-5 时间轴上所有时点往后推移一期的 5 期普通年金现值就比图 2-7 中 5 期即付年金现值少复利了一

期。因此,给5期普通年金现值再复利一期,即乘以$(1+i)$,就是5期即付年金现值。以此类推,即付年金现值计算公式也可以表示为

$$P=A\times\frac{1-(1+i)^{-n}}{i}\times(1+i)=A\times\mathrm{PVIFA}_{i,n}\times(1+i)=A\times(P/A,i,n)\times(1+i) \quad (2-13)$$

式$(2-12)$和式$(2-13)$都可以作为即付年金现值的计算公式,但是在现实经济生活中,银行等金融机构往往采用式$(2-12)$计算,而企业经常采用式$(2-13)$计算。

【例2-10】相关资料同例2-9。要求计算存款现在的价值。

$$P_5=100\times\mathrm{PVIFA}_{5\%,5-1}+100=100\times(P/A,5\%,5-1)+100=100\times3.546+100=454.6(万元)$$

或者:$P_5=100\times\dfrac{1-(1+5\%)^{-5}}{5\%}\times(1+5\%)=100\times\mathrm{PVIFA}_{5\%,5}\times(1+5\%)=100\times$

$(P/A,5\%,5)\times(1+5\%)=100\times4.329\times1.05=454.55(万元)$

(三)递延年金终值和现值计算

因为递延年金是一种间隔若干期后普通年金的特殊存在,所以延期s期递延年金的时间轴如图2-8所示。

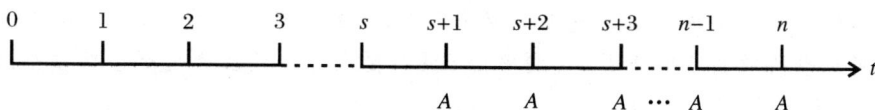

图2-8　延期s期递延年金的时间轴

1. 递延年金终值

递延年金终值是递延年金的将来价值,是指递延年金在将来时点的价值,即递延年金在最后一期期末的价值。因为递延年金终值是把递延年金计算到将来时点的累计价值,所以递延年金终值实质是递延年金按照给定利率计算到最后一期期末的累计复利终值之和。延期s期递延年金终值计算的时间轴如图2-9所示。

因为递延年金是一种间隔若干期后普通年金的特殊存在,所以如图2-9所示,把延期s期的第$s+1,s+2,s+3,\cdots,n-1,n$期递延年金逐个复利到将来时点n点后求和就是递延年金终值,即有$P=A(1+i)^0+A(1+i)^1+\cdots+A(1+i)^{n-s-3}+A(1+i)^{n-s-2}+A(1+i)^{n-s-1}$。

按照等比数列求和后可以得到:递延年金终值=年金$\times\dfrac{(1+利率)^{期数-递延期}-1}{利率}$,表示为

$$F=A\times\frac{(1+i)^{n-s}-1}{i} \quad (2-14)$$

式中,$\dfrac{(1+i)^{n-s}-1}{i}$可以表示为$\mathrm{FVIFA}_{i,n-s}$或者$(F/A,i,n-s)$,即利率为i延期s期递延年金终值系数。年金终值系数表参见附表三(使用方法与"复利终值系数表"相同)。这样,递延年金终值计算公式也可以表示为

$$F=A\times\mathrm{FVIFA}_{i,n-s}=A\times(F/A,i,n-s)$$

还可以这样理解:因为递延年金是一种间隔若干期后普通年金的特殊存在,所以间隔若干期后普通年金终值就是递延年金终值,只是时间起点不是0点,而是s点。

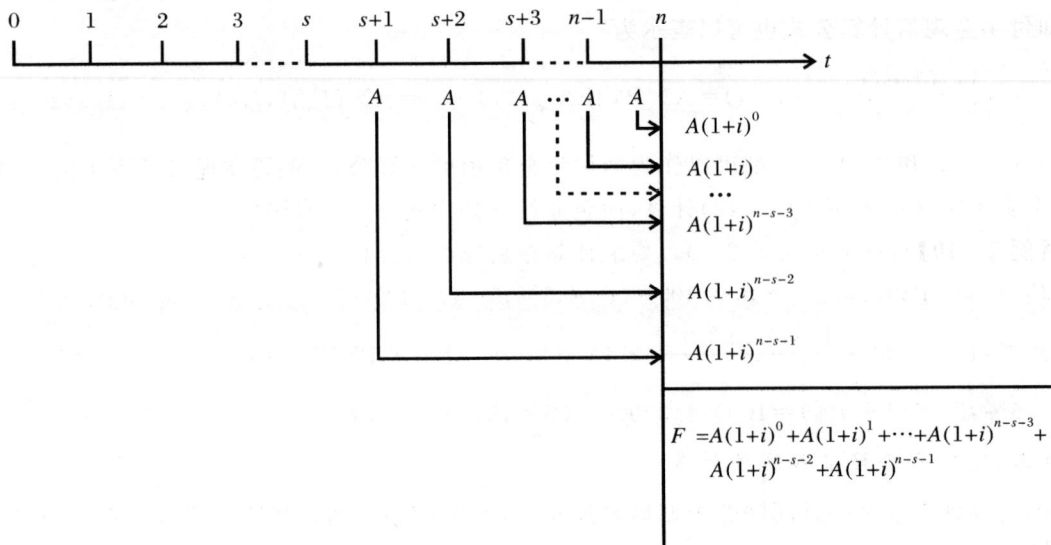

图 2-9 延期 s 期递延年金终值计算的时间轴

【例 2-11】 企业一个项目由于施工延期了 5 年,于第 6 年年初投产,预计投资项目存续期 5 年内每年可以获得收益 100 万元,年利率为 5%。要求计算项目终止时全部收益的价值。

$$F = 100 \times \frac{(1+5\%)^{10-5}-1}{5\%} = 100 \times \text{FVIFA}_{5\%,10-5} = 100 \times (F/A, 5\%, 10-5) = 100 \times 5.526 = 552.6(万元)$$

2. 递延年金现值

递延年金现值是递延年金的现在价值,是指递延年金在现在时点的价值,即递延年金在第一期期初的价值。因为递延年金现值是把递延年金折现到现在时点的累计价值,所以递延年金现值实质是递延年金按照给定利率折现到第一期期初的累计复利现值之和。延期 s 期递延年金现值计算的时间轴如图 2-10 所示。

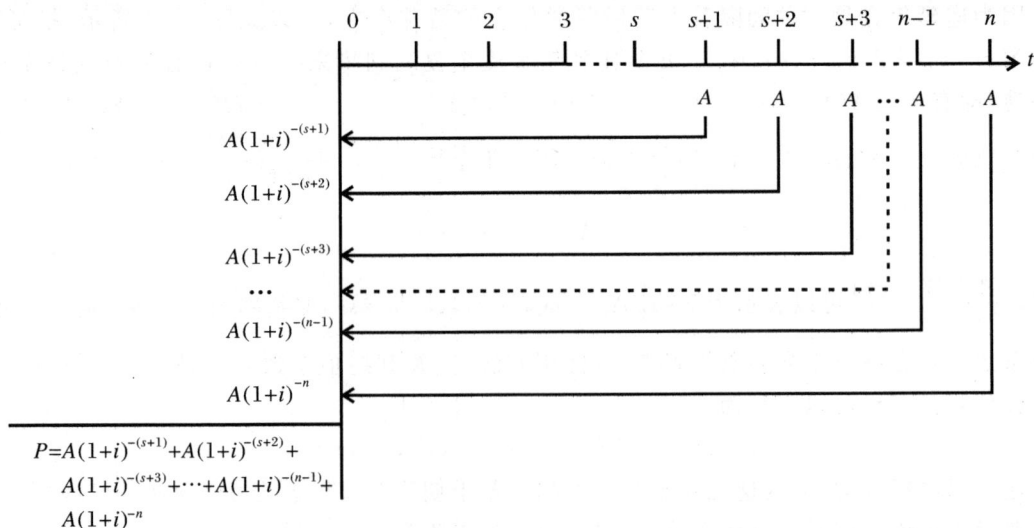

图 2-10 延期 s 期递延年金现值计算的时间轴

因为递延年金是一种间隔若干期后普通年金的特殊存在，所以如图 2-10 所示，把延期 s 期的第 $s+1, s+2, s+3, \cdots, n-1, n$ 期递延年金逐个折现到时间起点 0 点后求和就是递延年金现值，即有 $P=A(1+i)^{-(s+1)}+A(1+i)^{-(s+2)}+A(1+i)^{-(s+3)}+\cdots+A(1+i)^{-(n-1)}+A(1+i)^{-n}$。按照等比数列求和后可以得到：递延年金现值＝递延年金 $\times \dfrac{1-(1+利率)^{-(期数-递延期)}}{利率} \times$ $(1+利率)^{-递延期}$，表示为

$$P=A \times \frac{1-(1+i)^{-(n-s)}}{i} \times (1+i)^{-s} \tag{2-15}$$

式(2-15)还可以表示为

$$P=A \times \text{PVIFA}_{i,n-s} \times \text{PVIF}_{i,s}=A \times (P/A,i,n-s) \times (P/F,i,s)$$

也可以这样理解：计算递延年金现值可以先计算 $n-s$ 期普通年金现值，然后再将其作为一次性收付款项折现 s 期，即为递延年金现值，得到式(2-15)。

此外，还可以先计算 n 期普通年金现值，然后减去延期 s 期没有资金收付的普通年金现值后得到：递延年金现值＝递延年金 $\times \left[\dfrac{1-(1+利率)^{-期数}}{利率}-\dfrac{1-(1+利率)^{-递延期}}{利率}\right]$，表示为

$$P=A \times \frac{1-(1+i)^{-n}}{i}-A \times \frac{1-(1+i)^{-s}}{i}=A \times \left[\frac{1-(1+i)^{-n}}{i}-\frac{1-(1+i)^{-s}}{i}\right] \tag{2-16}$$

式(2-16)还可以表示为

$$P=A \times (\text{PVIFA}_{i,n}-\text{PVIFA}_{i,s})=A \times [(P/A,i,n)-(P/A,i,s)]$$

式(2-15)和式(2-16)都可以作为即付年金现值的计算公式，但是在现实经济生活中，银行等金融机构往往采用式(2-16)计算，而企业经常采用式(2-15)计算。

【例 2-12】相关资料同例 2-11。要求计算项目全部收益现在的价值。

$$P=100 \times \frac{1-(1+5\%)^{-(10-5)}}{5\%} \times (1+5\%)^{-5}=100 \times \text{PVIFA}_{5\%,10-5} \times \text{PVIF}_{5\%,5}=100 \times$$
$$(P/A,5\%,10-5) \times (P/F,5\%,5)=100 \times 4.329 \times 0.784=339.39(万元)$$

或者：$P=100 \times \left[\dfrac{1-(1+5\%)^{-10}}{5\%}-\dfrac{1-(1+5\%)^{-5}}{5\%}\right]=100 \times (\text{PVIFA}_{5\%,10}-\text{PVIFA}_{5\%,5})=$
$100 \times [(P/A,5\%,10)-(P/A,5\%,5)]=100 \times (7.722-4.329)=339.3(万元)$

（四）永续年金终值和现值计算

因为永续年金是期限趋于无穷或者期限不能确定的普通年金的特殊存在，所以永续年金的时间轴如图 2-11 所示。

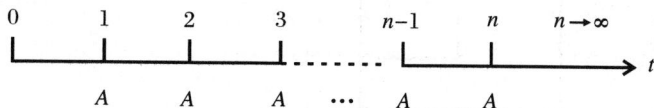

图 2-11　永续年金的时间轴

因为永续年金是期限趋于无穷或者期限不能确定，或者利率较高、期限较长的普通年金的特殊存在，即永续年金不能确定将来时点，所以永续年金终值无法计算，即永续年金没有终值。

永续年金现值是永续年金的现在价值，是指永续年金在现在时点的价值，即永续年金在第一期期初的价值。因为永续年金现值是永续年金折现到现在时点的累计价值，所以永续年金

现值实质是永续年金按照给定利率折现到第一期期初的累计复利现值之和。既然永续年金是期限趋于无穷的普通年金的特殊存在，那么可以通过普通年金现值推导出永续年金现值。当 $n \to \infty$，则 $(1+i)^{-n} \to 0$，即有永续年金现值＝永续年金 $\times \dfrac{1}{利率}$，表示为

$$P = A \times \frac{1}{i} \tag{2-17}$$

【例2-13】企业计划每年末支付大学生奖学金100万元，年利率为5%。要求计算企业一次性存款金额。

$$P = 100 \times \frac{1}{5\%} = 100 \times 20 = 2\,000(万元)$$

➢ 四、不等额系列收付款项终值和现值计算

企业财务活动中除了一次性收付款项和年金之外，还有不等额系列收付款项（一般用 U 表示）。不等额系列收付款项是指一定时期内每期不等额系列收付款项。广义的不等额系列收付款项，不仅包括不相等金额，还包括不相等间隔期、不等列或者不连续性的系列收付款项。显然，一定时期内每期不等额系列收付款项仅仅是一种狭义的不等额系列收付款项，要求在一定时期内每期期初或者期末按照不相等金额、相等间隔期、等列收付的系列款项。因为既可以在期初也可以在期末收付不等额系列收付款项，因此不等额系列收付款项包括先付（每期期初收付资金）不等额系列收付款项和后付（每期期末收付资金）不等额系列收付款项。后付不等额系列收付款项是企业财务活动中常见的资金收付形式，所以下面就以后付不等额系列收付款项为例说明不等额系列收付款项终值和现值计算。

(一)不等额系列收付款项终值

不等额系列收付款项终值是不等额系列收付款项的将来价值，是指不等额系列收付款项在将来时点的价值，即不等额系列收付款项在最后一期期末的价值。因为不等额系列收付款项终值是把不等额系列收付款项计算到将来时点的累计价值，所以不等额系列收付款项终值实质是不等额系列收付款项按照给定利率计算到最后一期期末的累计复利终值之和。5期不等额系列收付款项终值计算的时间轴如图2-12所示。

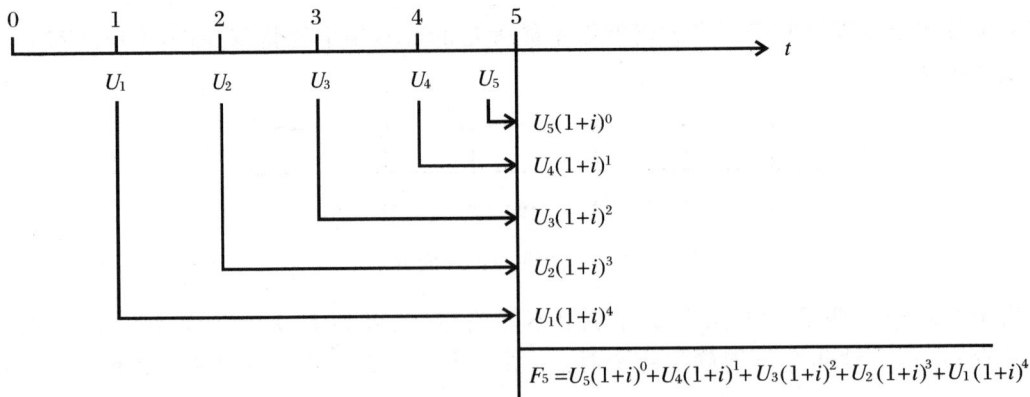

图2-12 5期不等额系列收付款项终值计算的时间轴

以此类推,即有不等额系列收付款项终值 $=U_n(1+i)^0+U_{n-1}(1+i)^1+U_{n-2}(1+i)^2+\cdots+U_2(1+i)^{n-2}+U_1(1+i)^{n-1}$,可以得到:不等额系列收付款项终值 $=\sum\limits_{t=0}^{n}[$ 不等额系列收付款项 $\times(1+$ 利率 $)^{\text{总期数}-\text{个别期数}}]$,表示为

$$F=\sum_{t=0}^{n}[U_t\times(1+i)^{n-t}] \tag{2-18}$$

式中, $(1+i)^{n-t}$ 可以表示为 $\text{FVIF}_{i,n-t}$ 或者 $(F/P,i,n-t)$,即利率为 i 的 $n-t$ 期复利终值系数。这样,式(2-18)还可以表示为

$$F=\sum_{t=0}^{n}[U_t\times\text{FVIF}_{i,n-t}]=\sum_{t=0}^{n}[U_t\times(F/P,i,n-t)]$$

【**例 2-14**】企业一个项目于计划年度年初投产,预计项目存续期 5 年内每年收益分别为 100 万元、200 万元、300 万元、400 万元、500 万元,年利率为 5%。要求计算项目终止时全部收益的价值。

$$\begin{aligned}F_5&=100\times(1+5\%)^4+200\times(1+5\%)^3+300\times(1+5\%)^2+400\times(1+5\%)^1+500\\&=100\times1.216+200\times1.158+300\times1.103+400\times1.05+500=1\ 604.1(\text{万元})\end{aligned}$$

(二)不等额系列收付款项现值

不等额系列收付款项现值是不等额系列收付款项的现在价值,是指不等额系列收付款项在现在时点的价值,即不等额系列收付款项在第一期期初的价值。因为不等额系列收付款项现值是把不等额系列收付款项折现到现在时点的累计价值,所以不等额系列收付款项现值实质是不等额系列收付款项按照给定利率折现到第一期期初的累计复利现值之和。不等额系列收付款项无外乎完全不等额系列收付款项和不完全不等额系列收付款两种情况。

1. 完全不等额系列收付款项现值

因为完全不等额系列收付款项是每期收付金额全部不相等的不等额系列收付款项,要求在一定时期内每期期末按照完全不相等金额、相等间隔期、等列收付款项,所以完全不等额系列收付款项现值实质是完全不等额系列收付款项按照给定利率折现到第一期期初的累计复利现值之和。5 期完全不等额系列收付款项现值计算的时间轴如图 2-13 所示。

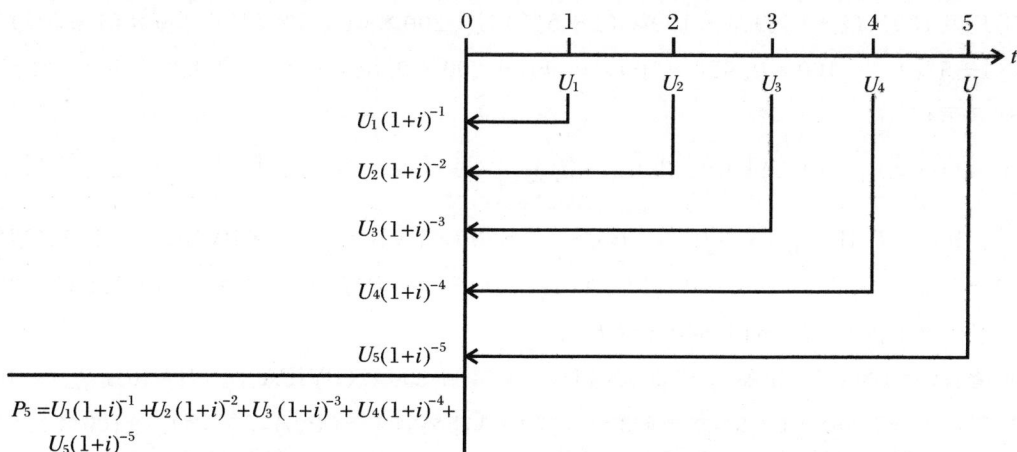

图 2-13　5 期完全不等额系列收付款项现值计算的时间轴

以此类推，即有完全不等额系列收付款项现值$=U_1(1+i)^{-1}+U_2(1+i)^{-2}+U_3(1+i)^{-3}+\cdots+U_n(1+i)^{-n}$，可以得到：完全不等额系列收付款项现值$=\sum\limits_{t=0}^{n}$［完全不等额系列收付款项$\times(1+$利率$)^{-\text{期数}}$］，表示为

$$P=\sum_{t=0}^{n}\left[U_t\times(1+i)^{-t}\right] \tag{2-19}$$

式中，$(1+i)^{-t}$可以表示为$\text{PVIF}_{i,-t}$或者$(P/F,i,-t)$，即利率为i的t期复利现值系数。这样，式(2-19)还可表示为

$$P=\sum_{t=0}^{n}\left[U_t\times\text{PVIF}_{i,-t}\right]=\sum_{t=0}^{n}\left[U_t\times(P/F,i,-t)\right]$$

【例2-15】相关资料同例2-14。要求：①计算项目全部收益在计划年度年初投产时的价值。②如果项目年初投产1 000万元，对项目进行投资决策。

①$P_5=100\times(1+5\%)^{-1}+200\times(1+5\%)^{-2}+300\times(1+5\%)^{-3}+400\times(1+5\%)^{-4}+500\times(1+5\%)^{-5}=100\times0.952+200\times0.907+300\times0.864+400\times0.823+500\times0.784=1\ 257$（万元）

②因为将来5年全部收益现值为1 257万元，大于1 000万元，所以投资项目可行。

2. 不完全不等额系列收付款项现值

因为不完全不等额系列收付款项是个别连续相等金额（即年金）收付的不等额系列收付款项，要求在一定时期内每期期末按照不完全不相等金额、相等间隔期、等列收付款项，所以不完全不等额系列收付款项现值实质是不完全不等额系列收付款项按照给定利率折现到第一期期初的累计复利现值之和。为了简化计算过程，对于其中个别年金可以分段计算现值。

【例2-16】企业一个项目于计划年度年初投产，预计项目存续期5年内每年收益分别为100万元、100万元、200万元、300万元、300万元，年利率为5%。要求：①计算项目全部收益在计划年度年初投产时的价值。②如果项目年初投产1 000万元，对项目进行投资决策。

①$P_5=100\times(1+5\%)^{-1}+100\times(1+5\%)^{-2}+200\times(1+5\%)^{-3}+300\times(1+5\%)^{-4}+300\times(1+5\%)^{-5}=100\times0.952+100\times0.907+200\times0.864+300\times0.823+300\times0.784=840.8$（万元）

或者：$P_5=100\times\dfrac{1-(1+5\%)^{-2}}{5\%}+200\times(1+5\%)^{-3}+300\times\dfrac{1-(1+5\%)^{-(5-3)}}{5\%}\times(1+5\%)^{-3}=100\times\text{PVIFA}_{5\%,2}+200\times(1+5\%)^{-3}+300\times\text{PVIFA}_{5\%,5-3}\times\text{PVIF}_{5\%,3}=100\times(P/A,5\%,2)+200\times(1+5\%)^{-3}+300\times(P/A,5\%,5-3)\times(P/F,5\%,3)=100\times1.859+200\times0.864+300\times1.859\times0.864=840.55$（万元）

或者：$P_5=100\times\text{PVIFA}_{5\%,2}+200\times(1+5\%)^{-3}+300\times(\text{PVIFA}_{5\%,5}-\text{PVIFA}_{5\%,3})=100\times(P/A,5\%,2)+200\times(1+5\%)^{-3}+300\times[(P/A,5\%,5)-(P/A,5\%,3)]=100\times1.859+200\times0.864+300\times(4.329-2.723)=840.5$（万元）

②因为将来5年全部收益现值为840.8万元，小于1 000万元，所以投资项目不可行。

➤ 五、时间价值系数中利率推算

在企业财务活动中,尤其是筹资活动和投资活动中经常需要推算时间价值系数中的利率与期数。

时间价值系数中利率可以视作折现率或者贴现率、银行利率(存款利率或者贷款利率)、资本成本率、必要投资收益率(内含收益率)等。时间价值系数中利率一般可以按照如下三个步骤进行推算。

第一步:计算终值或现值系数。

对前述各项终值或者现值计算公式进行移项,可以得到如下终值或者现值系数计算公式:

$$一次性收付款项终值系数 = FVIF_{i,n} = (F/P,i,n) = F/P$$
$$一次性收付款项现值系数 = PVIF_{i,n} = (P/F,i,n) = P/F$$
$$普通年金终值系数 = FVIFA_{i,n} = (F/A,i,n) = F/A$$
$$普通年金现值系数 = PVIFA_{i,n} = (P/A,i,n) = P/A$$
$$即付年金终值系数 = FVIFA_{i,n+1} = (F/A,i,n+1) = F/A+1$$
$$即付年金现值系数 = PVIFA_{i,n-1} = (P/A,i,n-1) = P/A-1$$

第二步:在期数行上横向查找到终值或者现值系数表中对应的利率。

计算出终值或者现值系数之后,如果与期数(n 或者 $n+1$、$n-1$)行上横向查找到的数值相等,那么终值或者现值系数表中对应 i 即为所求利率。

【例 2-17】企业甲项目于计划年度年初投资 432.9 万元,预计项目存续期 5 年内每年可以获得收益 100 万元。要求计算甲项目的必要投资收益率。

因为:$432.9 = 100 \times PVIFA_{i,5} = 100 \times (P/A,i,5)$

所以:$PVIFA_{i,5} = (P/A,i,5) = 432.9/100 = 4.329$

在年金现值系数表中 5 期行上横向查找到 4.329 与 5 期利率为 5% 的年金现值系数 $PVIFA_{5\%,5}$ 即 $(P/A,5\%,5)$ 相等,5% 即为所求项目的必要投资收益率。

但是计算的终值或者现值系数如果与期数(n 或者 $n+1$、$n-1$)行上横向查找到的数值都不相等,那么就要进入第三步。

第三步:用内插法(或者公式法)推算利率。

如果没有查找到等于计算的终值或者现值系数,那么就要在终值或者现值系数表中期数(n 或者 $n+1$、$n-1$)行上查找到最接近的两个左右相邻数值对应的利率 i_1 和 i_2(要求 $i_1 < i < i_2$ 或者 $i_2 < i < i_1$),利用内插法推算利率 i。

【例 2-18】相关资料同例 2-17。再假设年初投资变更为 350 万元。要求计算甲项目的必要投资收益率。

因为:$350 = 100 \times PVIFA_{i,5} = 100 \times (P/A,i,5)$

所以:$PVIFA_{i,5} = (P/A,i,5) = \dfrac{350}{100} = 3.5$

在年金现值系数表中 5 期行上横向查找到 $PVIFA_{13\%,5} = (P/A,13\%,5) = 3.517$ 和 $PVIFA_{14\%,5} = (P/A,14\%,5) = 3.433$ 两个相邻数值,即所求利率在 13% 和 14% 之间。利用内插法具体计算如下:

$$13\%-14\%\begin{cases}13\% \\ i \\ 14\%\end{cases}13\%-i \qquad 3.517-3.433\begin{cases}3.517 \\ 3.5 \\ 3.433\end{cases}3.517-3.5$$

按照内插法原理,即有 $\dfrac{13\%-i}{13\%-14\%}=\dfrac{3.517-3.5}{3.517-3.433}$,计算得到: $i=13.2\%$。

还可以利用公式法(以普通年金现值为例),即: $i=i_1+\dfrac{\text{PVIFA}_{i_1,n}-\text{PVIFA}_{i,n}}{\text{PVIFA}_{i_1,n}-\text{PVIFA}_{i_2,n}}\times(i_2-i_1)=$ $i_1+\dfrac{(P/A,i_1,n)-(P/A,i,n)}{(P/A,i_1,n)-(P/A,i_2,n)}\times(i_2-i_1)$,其他以此类推。

如本例利用公式法,即有 $i=13\%+\dfrac{3.517-3.5}{3.517-3.433}\times(14\%-13\%)=13.2\%$。

➤ 六、时间价值系数中期数推算

时间价值系数中期数可以视作期间、投资回收期等。时间价值系数中期数推算原理和步骤与上述时间价值系数中利率推算原理和步骤基本相同,只需将上述利率对应换成期数、行对应换成列、横向查找对应换成纵向查找即可推算期数。

【**例 2 - 19**】企业乙项目于计划年度年初投资 432.9 万元,预计项目存续期内每年可以获得收益 100 万元,利率为 5%。要求计算乙项目的投资回收期。

因为: $432.9=100\times\text{PVIFA}_{5\%,n}=100\times(P/A,5\%,n)$

所以: $\text{PVIFA}_{5\%,n}=(P/A,5\%,n)=\dfrac{432.9}{100}=4.329$

在年金现值系数表中利率为 5% 列上纵向查找到 4.329 与 5 期利率为 5% 的年金现值系数 $\text{PVIFA}_{5\%,5}$ 即 $(P/A,5\%,5)$ 相等,5 年即为所求乙项目的投资回收期。

【**例 2 - 20**】相关资料同例 2 - 19。再假设年初投资变更为 350 万元。要求计算乙项目的投资回收期。

因为: $350=100\times\text{PVIFA}_{5\%,n}=100\times(P/A,5\%,n)$

所以: $\text{PVIFA}_{5\%,n}=(P/A,5\%,n)=\dfrac{350}{100}=3.5$

在年金现值系数表中利率为 5% 列上纵向查找到 $\text{PVIFA}_{5\%,3}=(P/A,5\%,3)=2.723$ 和 $\text{PVIFA}_{5\%,4}=(P/A,5\%,4)=3.546$ 两个相邻数值,即所求投资回收期在 3 年和 4 年之间。利用内插法具体计算如下:

$$3-4\begin{cases}3 \\ n \\ 4\end{cases}3-n \qquad 2.723-3.546\begin{cases}2.723 \\ 3.5 \\ 3.546\end{cases}2.723-3.5$$

按照内插法原理,即有 $\dfrac{3-n}{3-4}=\dfrac{2.723-3.5}{2.723-3.546}$,计算得到 $n=3.94$(年)。

还可以利用公式法(以普通年金现值为例),即: $n=n_1+\dfrac{\text{PVIFA}_{i_1,n}-\text{PVIFA}_{i,n}}{\text{PVIFA}_{i_1,n}-\text{PVIFA}_{i_2,n}}\times(n_2-n_1)=$ $n_1+\dfrac{(P/A,i_1,n)-(P/A,i,n)}{(P/A,i_1,n)-(P/A,i_2,n)}\times(n_2-n_1)$,其他以此类推。

如本例利用公式法,即有 $n=3+\dfrac{2.723-3.5}{2.723-3.546}\times(4-3)=3.94$(年)。

七、计息期短于一年的资金时间价值计算

计息期是计算利息的周期,是指用以表示计算利息的时间单位,即每次计算利息的期限。计息期有可能是半年、一个季度、一个月或者一天,除非特别指明,计息期一般指一年,以年为计算单位。

单利计息方式下,通常按年计算利息。计息期不足一年计息时,可以先按照年利率乘以计息期天数,再除以 365 天来计算利息。因此,单利计息方式下通常不需要规定计息期。

复利计息方式下,计息期可能短于一年,如半年、季、月或者天等。如果按年复利计息,一年就是一个计息期;如果按半年复利计息,半年就是一个计息期,一年就有两个计息期;以此类推。可见,计息期越短,一年中按照复利计息的次数就越多,利息就会越大。因此,复利计息方式下,可以事先规定计息期长短。

在企业财务活动中,计息期短于一年时,要求期利率与之对应,即计息期为半年,就要求采用计息半年数,即半年利率;计息期为一个季度,就要求采用计息季数,即季利率;以此类推。按照国际惯例,如果没有明确说明,i 就是年利率。国际上大多数国家规定的利率都是年利率。因此,当计息期短于一年,而利率又是年利率时,则期利率和计息期数就要加以换算。换算公式如下:

$$期利率＝年利率÷年复利次数$$
$$计息期数＝年数×年复利次数$$

【例 2－21】企业计划向银行借款 100 万元,年利率为 16％,银行按季度复利。要求:按照期利率计算 5 年后借款的价值。

因为:$i＝16％÷4＝4％$;$n＝5×4＝20$

所以:$F_5＝100×(1＋4％)^{20}＝100×FVIF_{4％,20}＝100×(F/P,4％,20)＝100×2.191＝219.1$(万元)

此外,如前所述,根据复利计息期不同,利率还有名义利率和实际利率之分。一年内复利次数超过一次的年利率就是名义利率;而一年只复利一次的利率才是实际利率。因此,当计息期短于一年时,还可以将名义利率换算为实际利率进行资金时间价值计算。因为利率可以使用终值与现值的差额除以现值来计算,所以经过公式推导,即有

$$实际利率＝\left(1＋\frac{名义利率}{年复利次数}\right)^{年复利次数}－1 \qquad (2－20)$$

【例 2－22】相关资料同例 2－21。要求按照实际利率计算 5 年后借款的价值。

因为:$i＝\left(1＋\dfrac{16％}{4}\right)^4－1≈17％$

所以:$F_5＝100×(1＋17％)^5＝100×FVIF_{17％,5}＝100×(F/P,17％,5)＝100×2.192＝219.2$(万元)

综上所述,资金时间价值必须注意以下"五要":①要分清是计算终值还是现值。如果计算开始时(现在时点)价值就是计算现值;如果计算结束时(将来时点)价值就是计算终值。②要分清是计算一次性收付款项还是年金或是不等额系列收付款项终现值。如果给出一笔收付款项,则是计算一次性收付款项终现值;如果给出多笔且金额相等、间隔期相等的等列收付

款项,则是计算年金终现值;如果给出多笔但是金额不相等、间隔期却相等的等列收付款项,则是计算不等额系列收付款项终现值。③要理清年金终现值和不等额系列收付款项终现值实质。年金终现值实质是把所有年金计算到最后一期期末或者折现到第一期期初的累加值;不等额系列收付款项终现值实质却是把不等额收付款项计算到最后一期期末或者折现到第一期期初的累加值。④要分清是计算普通年金还是即付年金终现值。如果是每期期末收付年金则是计算普通年金终现值;如果是每期期初收付年金则是计算即付年金终现值。必须明确,即付年金终现值计算结果都可以是普通年金终现值再复利一期即再乘以$(1+i)$的计算结果。⑤要注意期间与利率统一。年、月、日必须一一对应年利率、月利率和日利率。

第三节　风险价值

资金时间价值是在没有风险和通货膨胀条件下的社会平均资金利润率,而在企业财务活动中,风险客观存在。因此,企业必须考虑冒着风险能否获得更多收益的问题。

➤ 一、风险的概念和种类

(一)风险的概念

"风险"一词最早来源于远古时期渔民们出海捕捞打鱼中的"风"(带给渔民们无法预测无法确定的危险),意味着"险"。经济学理论认为,当事物发展变化存在多种可能结果,而这些结果都能预测并知道其发生的可能性大小即概率,只不过最终发生还是不发生不能肯定时,便称该事物存在风险。损失不确定性是狭义的风险概念;而广义的风险概念是不确定性,既包括损失不确定性,还包括盈利不确定性。因此,风险是指未来结果的预期不确定性。因为企业从事生产经营活动时,只能事先估计到可能出现的结果以及每种结果出现的可能性大小,未来实际结果却不能事先确定,所以风险实质是未来实际收益偏离预期收益的可能性。比如投资意味着可能出现与取得投资收益愿望相背离的结果,但是在投资活动中,由于主观努力、把握时机,往往能有效避免投资失误,取得较高收益。

1.风险不是现在的结果,而是尚未发生的未来结果

从财务角度来看,风险是企业一项财务活动未来多种可能财务后果的不确定性,一般表现为一项财务活动未来结果的变动程度,而不是现在的财务后果。风险的大小会随着时间延续而不断变化,未来一定时期内,随着时间推移,影响财务活动的因素不断缩小,直至活动完成,结果才能完全肯定。

2.风险不是危险,而是未来结果的多样性

因为危险是遭受损失、伤害、不利或者毁灭的可能性,所以危险只会造成一类肯定坏的不良结果,比如触电带来危险;而风险既可能有好的结果,也可能有坏的结果,是未来结果的多样性。显然,危险只是风险的一部分,另一部分则是机会。对于危险,需要识别、衡量和防范、控制,并进行管理。比如保险就是一种危险管理,是为同类危险聚集资金,对特定危险后果提供经济保障的一种风险转移机制。对于机会,需要识别、衡量和选择、获取。企业财务活动不仅要管理危险,还要识别、衡量和选择、获取增加收益的机会。因此,风险的概念反映了危险与机

会并存。

3.风险不是损失，而是未来收益的不确定性

因为损失是非故意、非计划和非预期经济利益的流出，所以损失只会造成收益减少；而风险是收益既可能不同程度地增加，也可能不同程度地减少，是未来收益的不确定性。如果说风险是一种损失，那么"股市有风险，投资需谨慎"岂不成了"股市有损失，别来买股票"，即不会有人愿意冒风险。正是因为人们普遍对风险具有反感心理，所以一提到风险，多数人都会将其误解为损失，而事实上，风险不仅能带来超出预期的损失，而且还可能带来超出预期的收益。因此，风险是未来结果的预期不确定性。从财务角度来看，风险就是发生经济损失的可能性，就是在企业财务活动过程中，由于各种有形、无形（难以预料或者无法控制）因素的作用，企业实际收益与预计收益发生背离，从而导致经济损失的可能性。

因此，从风险视角来看，企业财务活动具有确定性、不确定性和风险性。所谓确定性就是企业财务活动的未来结果已知或者不变，即企业财务活动的预期结果完全可以肯定。比如购买国库券肯定获得收益，因为国家实力雄厚，到期肯定可以兑付。所谓不确定性就是企业财务活动的未来结果不仅不能完全确定，而且各种结果发生的可能性也无法确定，即企业财务活动的预期结果事先不可预测。比如矿产勘探事先很难预料。所谓风险性就是企业财务活动的未来结果虽然不能完全确定，但是各种结果发生的可能性大小能够估计测算，即企业财务活动的预期结果事先可以预测概率。概率又称或然率，是指随机事件出现的可能性大小。一般用百分数或者 $0\sim1$ 表示，即 $0 \leqslant P_i \leqslant 1$，且 $\sum P_i = 1$。因为企业财务活动存在很多不确定性因素，完全确定性情况却很少出现，所以企业一般都是在不确定性情况下进行财务决策，实务中对不确定性情况也可以进行概率定量估计。因此，在企业进行财务决策时，对风险性和不确定性不做严格区分，往往统称为风险。

（二）风险的种类

按照不同标准，风险可以分为不同种类。按照风险能否抵消（即从财务主体角度），风险可以分为市场风险与企业特有风险。企业特有风险按照风险成因（即从风险成因角度），又可以分为经营风险和财务风险。

1.市场风险

市场风险又称系统风险，是指给所有企业带来影响的风险，即所有企业共同面临的风险。市场风险一般源于政治、经济和社会环境等企业外部不确定性因素给所有企业带来经济损失的可能性。比如通货膨胀、利率和汇率波动、国家宏观经济政策变化、战争、政权更迭、所有制改造等。这些全局性因素来自企业外部，个别企业无法抗拒也无法回避。因此，系统风险实质是一种不可分散风险。一旦发生，所有企业都不可避免受到影响，只不过是不同企业受到影响的大小不同，一般不能通过多样化投资来分散。在证券投资组合中，作为一种不可分散风险，系统风险对所有证券都有影响，不能通过持有证券的多样化来抵消风险。个别证券的系统风险一般用 β 系数衡量。

β 系数是市场风险指数，用来衡量个别证券收益与市场所有证券平均收益的背离程度，是反映个别证券相对于市场所有证券的平均风险变动程度的一个指标。即 β 系数实质是不可分散风险指数。市场收益是所有证券组成市场投资组合的收益，从理论上讲，市场投资组合由市

场所有证券组成,市场收益无法确定。但是实务中,就证券投资而言,通常以一些具有代表性的证券指数作为市场投资组合,再根据证券指数中个别证券收益率来估计市场投资组合收益率,然后采用一定方法来估算 β 系数。计算公式为 $\beta_J = \dfrac{\mathrm{Cov}(K_J, K_M)}{\sigma_M^2} = \dfrac{r_{JM}\sigma_J\sigma_M}{\sigma_M^2} = r_{JM}\left(\dfrac{\sigma_J}{\sigma_M}\right)$,简化如下:

$$\beta\,系数 = \frac{个别证券风险收益率}{市场上所有证券的平均风险收益率}$$

$$= \frac{个别证券投资收益率\,R_i - 无风险收益率\,R}{市场上所有证券的平均投资收益率\,R_m - 无风险收益率\,R} \qquad (2-21)$$

$$= \frac{R_i - R}{R_m - R}$$

这是一个高度简化的公式,实际计算过程非常复杂,实务中一些机构会定期计算公布 β 系数。一般有如下三类:

β 系数>1,说明个别证券风险高于市场所有证券的平均风险。比如 β 系数=2,即股票市场上涨 1%,该种证券就要上涨 2%;反之,股票市场下跌 1%,该种证券跟着下跌 2%。

β 系数=1,说明个别证券风险等于市场所有证券的平均风险。即股票市场上涨 1%,该种证券就要上涨 1%;反之,股票市场下跌 1%,该种证券跟着下跌 1%。

β 系数<1,说明个别证券风险低于市场上所有证券的平均风险。比如 β 系数=0.6,即股票市场上涨 1%,该种证券上涨 0.6%;反之,股票市场下跌 1%,该种证券下跌 0.6%。

可以看到,β 系数是事后计算结果,经常用于证券投资组合理论分析,而实务中对于证券投资组合的实用性不大。因此,当证券市场出现系统风险(不可分散风险)时,规避风险最好的方式就是尽快离场;而当非系统风险(可分散风险)主导证券市场时,就要选择业绩较好的证券积极入场,进行证券投资组合。

虽然一些机构会定期计算公布个别证券的 β 系数,供投资者参考使用,不需要投资者计算,但是在进行投资组合时,证券投资组合的 β 系数则需要投资者自行计算。

证券投资组合的 β 系数是指以个别证券投资额占证券投资组合全部投资额的比重为权数,对个别证券的 β 系数进行加权平均所计算的加权平均 β 系数。计算公式为

$$证券投资组合\,\beta_p\,系数 = \sum_{i=1}^{n}(个别证券投资额比重\,w_i \times 个别证券\,\beta_i\,系数) \qquad (2-22)$$

因为个别证券的 β 系数不尽相同,所以通过替换证券投资组合中个别证券或者改变个别证券在证券投资组合中的投资额比重,可以改变证券投资组合系统风险。比如一个 β 系数较高的股票($\beta_i>1$)被加入一个证券投资组合(β_p)中,则证券投资组合风险会随之提高;反之,一个 β 系数较低的股票($\beta_i<1$)被加入一个证券投资组合(β_p)中,则证券投资组合风险会随之降低。

【例 2-23】企业计划投资甲、乙、丙三种股票,股价分别为 20 元、30 元和 40 元,分别购买 500 股、200 股和 100 股,β 系数分别为 0.8、1.2 和 1.6。要求计算企业证券投资组合系统风险。

$$\beta_p = \frac{20 \times 500}{20 \times 500 + 30 \times 200 + 40 \times 100} \times 0.8 + \frac{30 \times 200}{20 \times 500 + 30 \times 200 + 40 \times 100} \times 1.2 +$$

$$\frac{40 \times 100}{20 \times 500 + 30 \times 200 + 40 \times 100} \times 1.6$$

$$= 50\% \times 0.8 + 30\% \times 1.2 + 20\% \times 1.6 = 1.08$$

2.企业特有风险

企业特有风险又称非系统风险,是指发生于个别企业特有事项所造成的风险,即只有个别企业面临的风险。企业特有风险一般是指由于个别企业经营决策失误、劳资纠纷、领导班子不团结和新产品试制失败等因素导致个别公司产生的风险。企业特有风险一旦发生,只对个别企业有影响,对其他企业没有影响。因此,企业特有风险实质是一种可分散风险。其一般源于随机事件的单个特殊因素对个别企业带来损失的可能性,与其他企业不存在系统全面联系,能够通过多样化投资来分散。在证券投资活动中,作为一种可分散风险,企业特有风险只对个别证券有影响,对其他证券没有影响,能够通过持有证券多样化来规避风险,抵消掉一部分非系统风险。这就涉及证券投资组合中不同证券的选择问题,要选择证券,就要研究不同证券之间的相互关联程度,即相关系数 γ。

相关系数又称线性相关系数,用来度量两个变量间的线性关系。在证券投资中,相关系数反映两种不同证券之间相互依存关系的密切程度,计算公式如下:

$$\gamma = \frac{\text{Cov}(x,y)}{\sqrt{\text{Var}[x] \times \text{Var}[y]}} = \frac{\text{Cov}(x,y)}{\sqrt{\sigma_x^2 \times \sigma_y^2}} = \frac{\sum_{i=1}^{n} \left[(x_i - \overline{x}) \times (y_i - \overline{y})\right]}{\sqrt{\sum_{i=1}^{n}(x_i - \overline{x})^2} \times \sqrt{\sum_{i=1}^{n}(y_i - \overline{y})^2}} \qquad (2-23)$$

式中,$\text{Cov}(x,y)$ 表示 x 与 y 的协方差,$\text{Var}[x]$ 表示 x 的方差,$\text{Var}[y]$ 表示 y 的方差。相关系数 γ 的变化区间为 $-1 \sim +1$,即 $-1 \leqslant \gamma \leqslant +1$。

$\gamma = -1$,即完全负相关,说明证券风险收益在同一种经济情况下变化完全不一致,一增或者一减,且增减幅度相同。这种完全负相关的证券投资组合能够分散全部非系统风险,从而获得证券投资平均收益。完全负相关股票组合如表 2-1 所示。

表 2-1　甲、乙股票及甲乙股票组合收益率(投资额各占 50%)

股票	第一年	第二年	第三年	第四年	第五年	平均收益率	标准离差
甲股票	40%	-10%	35%	-5%	15%	15%	22.60%
乙股票	-10%	40%	-5%	35%	15%	15%	22.60%
甲乙股票组合	15%	15%	15%	15%	15%	15%	0

从表 2-1 可以看出,甲、乙两种股票的收益率完全负相关,也就是甲、乙两种股票的收益率变化方向和变化幅度完全相反。当甲、乙两种股票单独持有时,都有一定风险,但是当甲、乙两种股票组成甲乙股票组合时,却没有非系统风险。这样,就可以利用甲种股票和乙种股票组成一个无风险股票投资组合,甲种股票和乙种股票收益率之间相互呈现出反周期变动,即当甲种股票收益率下降时,乙种股票收益率上升,反之亦然。

$\gamma = 0$,即完全不相关,说明证券风险收益不相关,彼此独立,风险收益变动不存在必然关系。

$\gamma = +1$,即完全正相关,说明证券风险收益在同一种经济情况下变化完全一致,同增或者同减,且增减幅度相同。这种完全正相关的证券投资组合不能分散任何非系统风险。当两种证券投资额比重相同时,投资组合与单种股票风险相同。完全正相关股票组合如表 2-2 所示。

表 2-2　丙、丁股票及丙丁股票组合收益率（投资额各占 50%）

股票	第一年	第二年	第三年	第四年	第五年	平均收益率	标准离差
丙股票	－10%	40%	－5%	35%	15%	15%	22.60%
丁股票	－10%	40%	－5%	35%	15%	15%	22.60%
丙丁股票组合	－10%	40%	－5%	35%	15%	15%	22.60%

从表 2-2 可见,投资组合标准离差等于单种股票标准离差,当投资组合由完全正相关股票组成时,无法分散非系统风险。

$0 < \gamma < +1$,即非完全正相关,说明证券风险收益在同一种经济情况下变化并非完全一致,虽然同增或者同减,但是增减幅度不相同。这种非完全正相关的证券投资组合可以分散一部分非系统风险,起到降低风险的作用,但是不可能分散全部非系统风险。

可见,当证券完全负相关时,所有非系统风险都能被分散;而当证券正相关时,非系统风险无法分散。实际上,证券完全正相关和完全负相关的情况几乎不可能存在。因此,实务中证券相关系数 γ 通常表现为 $0 < \gamma < +1$,即绝大多数证券两两之间都具有非完全的正相关关系。

一般而言,在证券投资组合中,随着证券种数不断增加,可分散风险无限趋于零,但是不等于不可分散风险,除非拥有全部证券才可能抵消全部可分散风险,如图 2-14 所示。

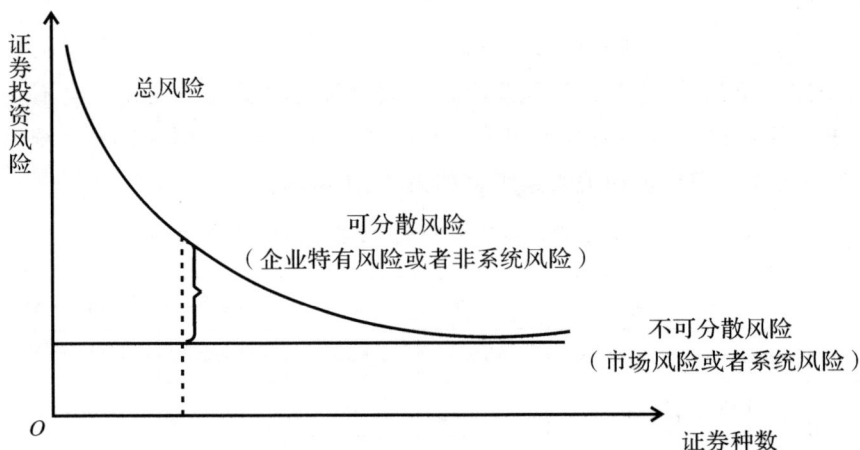

图 2-14　证券投资风险

3. 经营风险

经营风险又称营运风险或者营业风险,是指企业生产经营给企业盈利带来的不确定性,即生产经营方面原因使企业未来实际利润偏离预计利润的可能性。这是企业在不使用债务或者不考虑负债资金来源的前提下,仅仅由企业生产经营导致的未来收益不确定性。一般采用息税前利润变动程度来计量经营风险的大小。企业生产经营活动一般都会受到企业外部和内部等诸多客观因素的影响,具有较大的不确定性。比如经济形势和经营环境变化、市场供求和价格变化、新材料和新设备出现、竞争对手和消费者变化、税收政策和金融政策调整等外部因素,以及企业内部生产设备、产品结构、生产组织、生产质量、成本水平、研发能力、销售决策、推销政策和货款回收等因素变化。因此,所有生产经营方面的内外部因素变化,都会使企业获利随之发生变化。

4.财务风险

财务风险又称筹资风险或者融资风险,是指举债给企业经营成果带来的不确定性。狭义的财务风险仅仅是企业筹资带来的风险,如果企业全部是自有资金,没有负债借入资金,那么企业只有经营风险;而如果企业负债借入资金,那么就会产生财务风险。通常用净资产收益率(ROE)或每股收益(EPS)变动来计量财务风险大小,财务风险主要来源于利率、汇率变化的不确定性以及企业负债比重的大小。如果企业经营收入不足以偿付到期利息和本金,就会使企业陷入财务危机,甚至导致企业破产。广义的财务风险是指企业丧失偿债能力的可能性和股东未来收益的可变性。随着债务、租赁和优先股筹资在企业资本结构中所占比重的不断提高,固定费用支出不断增加,使企业丧失现金偿付能力的可能性增大,同时还涉及股东可能获得收益的相对离差。可见,企业丧失偿债能力的可能性和股东未来收益的可变性都同企业经营风险即预期收益离差直接相关。因此,企业财务风险通常包括流动风险、信用风险、筹资风险和投资风险等,具有可控和不可控两种性质,贯穿于企业筹资、投资、资金营运和分配等四大财务活动全过程。

➤ 二、风险价值衡量

在市场经济条件下,企业生产经营活动和财务活动都会面临各种各样的风险。风险价值又称风险收益或者在险价值或者风险报酬,是指在不考虑通货膨胀条件下,投资者冒着风险进行投资而获得的超过资金时间价值的额外收益。在企业财务活动中,风险价值通常表现为投资风险价值。在有效市场前提下,风险和收益之间存在着一种均衡关系,即风险收益均衡,就是一定量风险应当取得与所承担风险相对等的收益。因为在财务决策中任何投资项目都存在风险,所以必须使用风险收益对风险进行补偿。

风险收益可以用绝对数"风险收益额"表示,还可以用相对数"风险收益率"表示。投资者冒着风险进行投资而获得的超过时间价值的额外收益额称为风险收益额;风险收益额与投资额的比率称为风险收益率。企业财务活动中通常以风险收益率表示。

企业投资收益率包括两部分:一部分是资金时间价值,即在没有风险和通货膨胀条件下的社会平均资金利润率,一般用无风险收益率表示;另一部分是风险价值,即投资者冒着风险进行投资而获得的超过资金时间价值的额外收益,一般用风险收益率表示。投资收益(率)如图2-15所示。

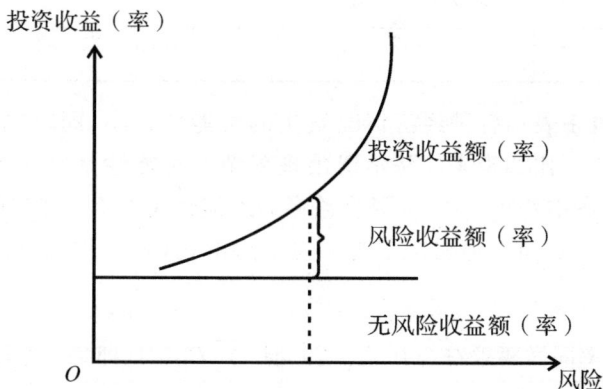

图 2-15　投资收益(率)

从图 2-15 可以得到：投资收益额（率）＝无风险收益额（率）＋风险收益额（率），所以风险收益额（率）计算公式如下：

$$风险收益额（率）＝收益额（率）－无风险收益额（率） \tag{2-24}$$

企业财务活动中，风险价值衡量一般表现为投资风险价值衡量，主要包括单项投资风险价值计量和投资组合风险价值计量两大类。

三、单项投资风险价值计量

单项投资风险价值计量一般可以通过以下步骤予以估算。

(一)第一步：投资收益期望值计算

因为风险价值具有不易计量特性，所以计量一定风险条件下的投资收益率（也可以是投资收益额、收益额或者投资报酬率、投资报酬额、报酬率、报酬额等），就需要使用概率论方法对投资收益率平均偏离程度进行估量。

1. 概率分布

概率又称或然率，是指随机事件出现的可能性大小。一般用百分数或者 $0\sim1$ 表示，即 $0 \leqslant P_i \leqslant 1$，且 $\sum_{i=1}^{n} P_i = 1$。一个事件在相同条件下可能发生也可能不发生时，就称这个事件为随机事件。随机事件概率是一个事件某种后果可能发生的机会，表示随机事件发生的可能性大小。概率越大，表示随机事件发生的可能性越大；反之，概率越小，表示随机事件发生的可能性越小。比如投资收益率为 20％ 的概率为 0.3，就意味着获得 20％ 投资收益率的可能性是 30％。如果把一个事件所有可能性结果都列示出来，并对每一种可能性结果都估计一个概率，那么便可以形成随机事件概率分布。

【例 2-24】企业预计年度内一个项目有甲、乙两个方案，投资额均为 1 000 万元，投资收益率概率分布表如表 2-3 所示。

表 2-3　投资收益率概率分布表

经济情况	概率（P_i）	甲方案投资收益率（随机事件 X_i）	乙方案投资收益率（随机事件 X_i）
繁荣	0.3	90％	20％
一般	0.4	15％	15％
较差	0.3	－60％	10％

从表 2-3 可见，概率表示各种经济情况发生的可能性大小，同时也表示各种不同投资收益率出现的可能性大小。比如未来经济情况出现繁荣的可能性是 0.3，甲方案可以获得 90％ 投资收益率，即在甲方案中获得 90％ 投资收益率的可能性是 0.3。现实中，投资收益率作为一个随机事件（随机变量），受到多种因素影响。为了简单化，表 2-3 假设投资收益率只受经济情况影响。

当然，随机事件概率同样要求符合 $0 \leqslant P_i \leqslant 1$，且 $\sum_{i=1}^{n} P_i = 1$，即每一个随机事件概率的最小值为 0，最大值为 1，不会出现小于 0 或者大于 1 的情况；随机事件全部概率之和必须等于 1 或者 100％。

2.期望值

根据随机事件概率分布情况,可以计算随机事件期望值。期望值是指一个概率分布中所有可能性结果以各自相应概率为权数计算的加权平均值。投资收益率期望值就是以概率为权数,对投资收益率进行加权平均所计算的加权平均投资收益率。作为加权平均的中心值,投资收益率期望值反映未来投资收益率的平均化,代表着投资者合理期望或者合理预期。如果 n 是未来可能出现的所有投资收益率的个数,则计算公式如下:

$$期望值\ \overline{E}=\sum_{i=1}^{n}(概率\ P_i\times 投资收益率\ X_i)=\sum_{i=1}^{n}(P_i\times X_i) \qquad (2-25)$$

根据表2-3资料,计算如下:

甲方案投资收益率期望值 $=\overline{E}_甲=0.3\times 90\%+0.4\times 15\%+0.3\times(-60\%)=15\%$

乙方案投资收益率期望值 $=\overline{E}_乙=0.3\times 20\%+0.4\times 15\%+0.3\times 10\%=15\%$

计算结果表明,甲、乙两个方案的投资收益率期望值都是15%。一般而言,在投资收益率期望值相等情况下,投资风险大小(程度)同投资收益率概率分布密切相关,可以根据概率分布表绘制概率分布图进行分析。根据表2-3资料可以绘制离散型概率分布图,如图2-16所示。

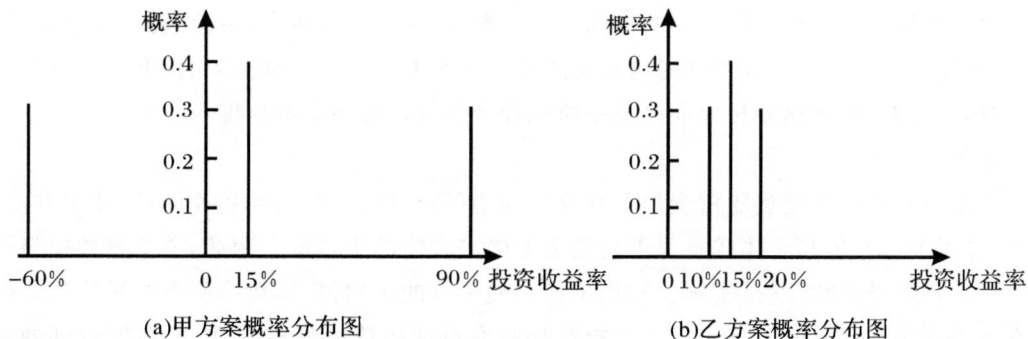

(a)甲方案概率分布图　　　　　　　　(b)乙方案概率分布图

图2-16 离散型概率分布图

如果对 n 个(无数个)投资收益率全部估计概率,就可以绘制连续型概率分布图。以表2-3资料可以绘制连续型概率分布图,如图2-17所示。

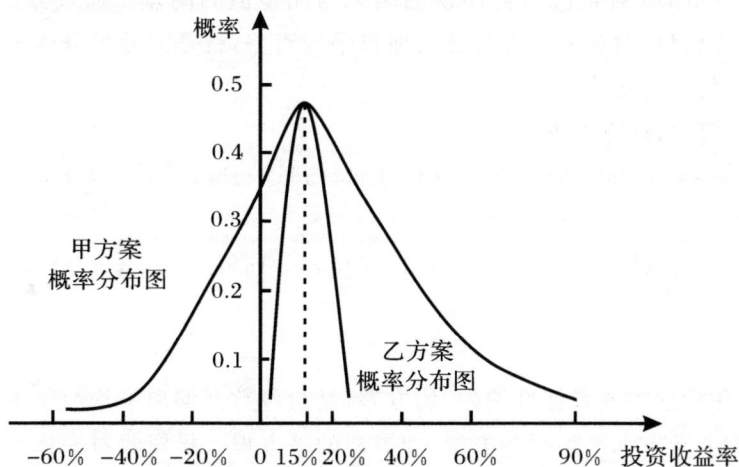

图2-17 连续型概率分布图

图 2-16 和图 2-17 表明：①虽然甲方案与乙方案投资收益率期望值都是 15％，但是两者概率分布不同。甲方案投资收益率变动范围为−60％～90％，离散（分散）程度较大；乙方案投资收益率变动范围为 10％～20％，离散（分散）程度较小。显然，概率分布越集中，未来投资收益率就越接近投资收益率期望值，未来投资收益率低于投资收益率期望值的可能性就越小，即投资风险（程度）越小；反之，概率分布越分散，投资风险（程度）越大。②虽然甲方案与乙方案的投资收益率期望值都是 15％，但是未来投资收益率往往偏离期望值 15％。比如甲方案在经济情况繁荣时离差（或者偏差，下同）为 75％（90％−15％），经济情况一般时离差为 0（15％−15％），经济情况较差时离差为−75％（−60％−15％）；同理乙方案在经济情况繁荣时离差为 5％（20％−15％），经济情况一般时离差为 0（15％−15％），经济情况较差时离差为−5％（10％−15％）。这种情况下，要计量未来投资收益率与期望值的综合偏离程度就不能用三个离差简单相加进行计量。因此，为了计量风险大小，就要使用概率分布离散程度指标进行计量。

（二）第二步：离散程度计算

离散程度是用来计量风险大小的指标。一般而言，离散程度越大，风险越大；反之，离散程度越小，风险越小。反映离散程度的指标主要包括平均差、方差、标准离差、标准离差率和全距（极差）等，而方差、标准离差和标准离差率即可计量投资收益率离散程度。

1.方差

概率论中方差用来度量随机变量和其数学期望（即均值）之间的偏离程度；统计中方差（样本方差）是每个样本值与全体样本值平均数之差的平方值的平均数。因此，方差是数据与平均数之差平方和的平均数，就是实际值与期望值之差平方的平均值，即离差平方的平均数。投资收益率方差是用来反映概率分布中每个投资收益率对期望值的偏离程度，即离散程度的一个数值。在已知每个投资收益率概率的情况下，方差计算公式如下：

$$方差\ \sigma^2 = \sum_{i=1}^{n}(投资收益率\ X_i − 期望值\ \overline{E})^2 × 概率\ P_i = \sum_{i=1}^{n}(X_i − \overline{E})^2 × P_i \quad (2-26)$$

式中，$(X_i − \overline{E})^2$ 表示第 i 种情况可能出现的结果与期望值的离差。通过方差计算公式，方差可表述为以概率为权数，对离差平方计算的加权平均离差，就是离差平方的一个加权平均中心值，反映离差平方的平均化。

根据表 2-3 资料，计算如下：

甲方案方差 $=\sigma^2_甲=(90％−15％)^2×0.3+(15％−15％)^2×0.4+(−60％−15％)^2×$
$0.3=33.75％$

乙方案方差 $=\sigma^2_乙=(20％−15％)^2×0.3+(15％−15％)^2×0.4+(10％−15％)^2×0.3=$
$0.15％$

2.标准离差

标准离差又称标准差或者标准偏差、均方差，是指各数据偏离平均数距离（离均差）的平均数的方根，是离均差平方和平均后的方根，即方差的平方根。投资收益率标准离差也是用来反映概率分布中每个投资收益率对期望值的偏离程度，即离散程度的一个数值。标准离差计算公式如下：

$$标准离差 \sigma = \sqrt{方差 \sigma^2}$$

$$= \sqrt{\sum_{i=1}^{n}(投资收益率 X_i - 期望值 \overline{E})^2 \times 概率 P_i} = \sqrt{\sum_{i=1}^{n}(X_i - \overline{E})^2 \times P_i}$$

$$(2-27)$$

根据表 2-3 资料,计算如下:

甲方案标准离差 $\sigma_{甲} = \sqrt{\sigma_{甲}^2} = \sqrt{33.75\%} = 58.09\%$

乙方案标准离差 $\sigma_{乙} = \sqrt{\sigma_{乙}^2} = \sqrt{0.15\%} = 3.87\%$

以上方差和标准离差计算结果表明,甲方案和乙方案的投资收益率期望值相等,而 $\sigma_{甲}^2 >$ $\sigma_{乙}^2$,且 $\sigma_{甲} > \sigma_{乙}$,即甲方案的方差和标准离差均大于乙方案。显然,方差和标准离差是由随机事件(投资收益率)与期望值之间的差距决定的。差距越大,说明随机事件(投资收益率)可变性越大,意味着随机事件(投资收益率)与期望值离散程度越大,即风险越大;反之,差距越小,说明随机事件(投资收益率)越接近期望值,意味着随机事件(投资收益率)与期望值离散程度越小,即风险越小。因此,在期望值相同的情况下,方差或者标准离差与风险正相关,即在期望值相同的情况下,方差或者标准离差越大,风险越大;反之,方差或者标准离差越小,风险越小。由此可见,表 2-3 中甲方案比乙方案风险大。

标准离差是用绝对值来反映随机事件(投资收益率)离散程度的一个指标,只能用来比较投资收益率相同项目的风险程度。为了比较投资收益率不同项目的风险程度,就需要计算相对数标准离差率。

3. 标准离差率

标准离差率又称变化系数或者变异系数、离散系数、标准离差系数或者标准差系数,是指标准离差与均值的比率。投资收益率标准离差率是标准离差与期望值的比率,是以相对数反映随机事件(投资收益率)离散程度的一个指标。计算公式如下:

$$标准离差率 V = \frac{标准离差 \sigma}{期望值 \overline{E}} = \frac{\sigma}{\overline{E}} \tag{2-28}$$

【例 2-25】企业预计年度内一个项目有丙、丁两个方案,投资额均为 1 000 万元,丙方案的期望收益率为 20%,标准离差为 15%;丁方案的期望收益率为 13%,标准离差为 10%。要求对丙、丁两个方案的风险大小进行投资决策。

因为丙、丁两个方案的投资收益率期望值不同,所以不能根据标准离差来比较风险大小,只能根据标准离差率来比较风险大小。

丙方案标准离差率 $V_{丙} = \dfrac{15\%}{20\%} = 75\%$

丁方案标准离差率 $V_{丁} = \dfrac{10\%}{13\%} = 76.92\%$

以上计算结果表明,如果错误采用标准离差比较丙、丁两个方案的风险大小,必然得出错误结论。

当然,也可以采用标准离差率来比较甲、乙两个方案的风险大小。根据表 2-3 资料,计算如下:

甲方案标准离差率 $V_甲 = \dfrac{58.09\%}{15\%} = 387.27\%$

乙方案标准离差率 $V_乙 = \dfrac{3.87\%}{15\%} = 25.8\%$

计算结果表明,在期望值相同的情况下,标准离差率比较风险大小与标准离差比较风险大小的结果相同。但是值得注意的是,在期望值不同的情况下,只能采用标准离差率来比较风险大小。因此,标准离差率与风险正相关,即标准离差率越大,风险越大;反之,标准离差率越小,风险越小。

投资收益率的标准离差率可以代表投资者所冒风险大小,反映投资者所冒风险程度,但是投资收益率的标准离差率却不是风险收益率,必须把投资收益率的标准离差率转换成风险收益率才能比较。

(三)第三步:应得风险收益率计算

投资收益率的标准离差率转换成风险收益率的基本原理是所冒风险程度越大,得到的投资收益率应该越高,风险收益率应该与反映风险程度的标准离差率成正比例关系。借助于风险价值系数这个参数,即有

$$应得风险收益率\ R_R = 风险价值系数\ b \times 标准离差率\ V = b \times V \qquad (2-29)$$

式中,风险价值系数 b 这个参数大小,一般由投资者根据以往同类项目的有关数据确定,或者由企业管理当局确定,或者由国家有关部门组织专家确定。

【例 2-26】相关资料同例 2-25。再假定投资者确定的风险价值系数为 8%。要求计算丙、丁两个方案的应得风险收益率。

丙方案应得风险收益率 $= R_{R丙} = 8\% \times 75\% = 6\%$

丁方案应得风险收益率 $= R_{RT} = 8\% \times 76.92\% = 6.15\%$

当然,也可以计算甲、乙两个方案的应得风险收益率。根据表 2-3 资料,计算如下:

甲方案应得风险收益率 $= R_{R甲} = 8\% \times 387.27\% = 30.98\%$

乙方案应得风险收益率 $= R_{RZ} = 8\% \times 25.8\% = 2.06\%$

(四)第四步:预测风险收益率计算

应得风险收益率是在现有风险程度下要求的风险收益率。为了判断投资方案优劣,可以将预测风险收益率同应得风险收益率进行比较,研究预测风险收益率和应得风险收益率大小关系。对于投资者而言,预测风险收益率越大越好。根据无风险收益率和预测收益率,可以求得预测风险收益率,计算公式如下:

$$预测风险收益率 = 预测收益率 - 无风险收益率 \qquad (2-30)$$

式中,预测收益率可以使用收益率期望值来计算。

【例 2-27】相关资料同例 2-25。再假定无风险收益率为 5%。要求计算丙、丁两个方案的预测风险收益率。

丙方案预测风险收益率 $= 20\% - 5\% = 15\%$

丁方案预测风险收益率 $= 13\% - 5\% = 8\%$

当然，也可以计算甲、乙两个方案的预测风险收益率。根据表2－3资料，计算如下：

甲方案预测风险收益率＝乙方案预测风险收益率＝15％－5％＝10％

比较预测风险收益率和应得风险收益率，即可对投资方案进行评价。如上述甲方案预测风险收益率10％＜甲方案应得风险收益率30.98％，说明甲投资方案所冒风险大，而预测可得风险收益率小，甲方案不符合投资原则，不可取。乙、丙和丁方案同理可以进行投资决策。

如果有多个投资方案进行投资决策，总原则就是投资收益率越高越好，风险程度越低越好。具体而言：①如果两个投资方案的投资收益率期望值基本相同，应当选择标准离差率较低的投资方案。②如果两个方案的标准离差率基本相同，应当选择投资收益率期望值较高的投资方案。③如果第一个方案的投资收益率期望值高而标准离差率低于第二个方案，应当选择第一个方案。④如果第一个方案的投资收益率期望值高且标准离差率也高于第二个方案，就要取决于投资者对待风险的态度。如果投资者愿意冒较大风险，追求较高投资收益率，可能选择第一个方案；如果投资者不愿意冒较大风险，宁肯接受较低收益率，可能选择第二个方案；如果第一个方案投资收益率期望值高于第二个方案程度较大而标准离差率高于第二个方案程度较小时，投资者可能选择第一个方案。

应当注意，风险价值计量结果具有一定假定性，并不精确。进行投资决策时，关键要树立风险价值观念，认真权衡风险收益关系，选择有可能避免风险、分散风险，并能够获得较多收益的投资方案。

四、投资组合风险价值计量

投资组合又称组合投资，是指投资者把资金投放于两个或者两个以上项目的投资。因为两个或者两个以上项目往往是多种有价证券，所以又称证券组合或者证券投资组合。在进行证券投资时，并不是把所有资金都投资于一种证券，而是有选择地投资于一组包括股票、债券、金融衍生产品等多种证券。投资组合一般针对可分散风险而言，即非系统风险主导证券市场时，可以通过不同证券投资组合规避风险，抵消掉一部分非系统风险，就是投资学里"不要把所有鸡蛋都放在一个篮子里"。可见，投资组合可以规避非系统风险，但是风险减少了，对应收益也就不可能很高。因此，理想或者最优投资组合应该是当风险给定时收益最高，或者当收益给定时风险最小。

投资组合风险价值计量一般可以通过以下步骤予以估算。

(一)第一步：投资组合收益期望值计算

投资组合收益期望值可以表现为投资组合期望收益率（也可以是期望收益额、期望投资收益率、期望投资收益额或者期望投资报酬率、期望投资报酬额、期望报酬率、期望报酬额等）。

投资组合理论认为，证券投资组合收益率期望值又称投资组合期望收益率，是指以个别证券投资额占全部证券投资额的比重为权数，对证券投资收益率进行加权平均所计算的加权平均收益率，计算公式如下：

$$投资组合期望收益率\overline{r_p} = \sum_{i=1}^{n}（个别证券投资额比重\ w_i \times 证券投资期望收益率\overline{r_i}）= \sum_{i=1}^{n}（w_i \times \overline{r_i}）$$

$$(2-31)$$

【例2-28】企业预计年度内拟购买甲、乙两种股票，投资额均为1 000万元，股票期望收益率分别为10%和18%。要求计算投资组合期望收益率。

$$\overline{r_{\mathrm{p}}} = \frac{1\,000}{2\,000} \times 10\% + \frac{1\,000}{2\,000} \times 18\% = 14\%$$

值得注意的是，投资组合期望收益率是投资组合中证券投资收益率期望值的加权平均值，只是收益率的理论预估，实际收益率很可能与期望收益率不同，即投资组合同样存在风险。

（二）第二步：投资组合离散程度计算

1. 标准离差

与期望值不同，投资组合风险不是各种证券标准离差的简单加权平均数，投资组合收益率概率分布的标准离差一般按照如下公式计算：

$$\sigma_{\mathrm{p}} = \sqrt{\sum_{i=1}^{n}\sum_{k=1}^{n}(w_i \times w_k \times \sigma_{ik})} \tag{2-32}$$

式中，n 表示组合内证券总数；w_i 表示第 i 种证券在投资总额中所占比重；w_k 表示第 k 种证券在投资总额中所占比重；σ_{ik} 表示第 i 种证券与第 k 种证券收益率的协方差。

2. 协方差

协方差在概率论和统计学中用于衡量两个变量的总体误差，即表示两个变量的总体误差。如果两个变量变化趋势一致，即如果其中一个大于自身期望值，另外一个也大于自身期望值，那么这两个变量之间的协方差就是正值；如果两个变量变化趋势相反，即其中一个大于自身期望值，另外一个却小于自身期望值，那么这两个变量之间的协方差就是负值。

投资组合中两种证券收益率的协方差是一个用来测量投资组合中一种证券投资相对于另一种证券投资风险的统计指标，用来衡量两种证券之间的共同变动程度，计算公式如下：

$$\sigma_{ik} = \gamma_{ik}\sigma_i\sigma_k \tag{2-33}$$

式中，γ_{ik} 表示证券 i 和证券 k 收益率之间的预期相关系数；σ_i 表示第 i 种证券的标准离差；σ_k 表示第 k 种证券的标准离差。

前已述及，当证券完全负相关时，证券投资组合能够分散全部非系统风险；而当证券完全正相关时，证券投资组合不能分散任何非系统风险。实务中证券相关系数 γ 通常表现为 $0 < \gamma < +1$，即绝大多数证券两两之间都具有非完全的正相关关系。这样就有 $0 < \sigma_{\mathrm{p}} < (w_1\sigma_1 + w_2\sigma_2)$，即证券投资组合收益率标准离差小于组合中各种证券收益率标准离差的加权平均值，也就是证券资产组合风险小于组合中各种证券风险的加权平均值。因此，绝大多数情况下，证券投资组合能够分散一部分非系统风险，但是不能分散全部非系统风险。

3. 协方差矩阵

在式（2-32）中，根号内双重 $\sum$ 符号表示对所有可能配对组合的协方差分别乘以两种证券投资比例之后，再求其总和。

假设 $n=3$，所有可能配对组合协方差矩阵如下所示：

$\sigma_{1,1}$	$\sigma_{1,2}$	$\sigma_{1,3}$
$\sigma_{2,1}$	$\sigma_{2,2}$	$\sigma_{2,3}$
$\sigma_{3,1}$	$\sigma_{3,2}$	$\sigma_{3,3}$

　　左上角组合(1,1)是σ_1与σ_1之积，即标准离差的平方，称为方差，此时，$j=k$。从左上角到右下角，共有三种$j=k$组合，在这三种情况下，影响投资组合标准离差的是三种证券的方差。当$j=k$时，相关系数是1，并且$\sigma_j \times \sigma_k$变成σ_j^2，即对于矩阵左对角线位置上的投资组合，协方差就是各种证券自身的方差。

　　组合$\sigma_{1,2}$代表证券1和证券2收益率之间的协方差，组合$\sigma_{2,1}$代表证券2和证券1收益率之间的协方差，两者数值相同，即需要计算两次证券1和证券2之间的协方差。对于其他不在左对角线上的配对组合的协方差，同样需要计算两次。

　　双重求和符号，就是把由各种可能配对组合构成的矩阵中所有方差项和协方差项加起来。3种证券组合，一共有9项，由3个方差项和6个协方差项(3个计算了两次的协方差项)组成。

　　可见，证券投资组合标准离差不仅取决于投资组合中每种证券的标准离差，而且还取决于证券之间的协方差。当一个证券投资组合扩大到能够包含所有证券时，只有协方差最重要，而方差项不重要。因此，充分证券投资组合的风险只会受到证券之间协方差的影响，与投资组合中各种证券方差无关。

　　【例2-29】相关资料同例2-28。再假设甲、乙两种股票的标准离差分别为12%和20%。当甲、乙两种股票的投资收益率期望值的相关系数分别为1和0.2时，计算甲乙股票投资组合的标准离差。

　　当甲、乙两种股票投资收益率期望值的相关系数为1时，甲乙股票投资组合不能分散非系统风险。在等比例投资条件下，甲乙股票投资组合标准离差等于甲、乙两种股票标准离差率的简单算数平均数，即

$$甲乙股票投资组合标准离差 = \frac{12\% + 20\%}{2} = 16\%$$

　　当甲、乙两种股票投资收益率期望值的相关系数为0.2时，甲乙股票投资组合标准离差小于加权平均标准离差，即

$$\sigma_p = \sqrt{0.5 \times 0.5 \times 1.0 \times 12\%^2 + 2 \times 0.5 \times 0.5 \times 0.2 \times 12\% \times 20\% + 0.5 \times 0.5 \times 1.0 \times 20\%^2}$$
$$= \sqrt{0.0036 + 0.0024 + 0.01} = 12.65\%$$

　　以上计算结果表明，当两种证券投资收益率期望值的相关系数<1时，证券投资组合收益率标准离差<各种证券投资收益率标准离差加权平均数。

　　4.投资组合机会集

　　1961年，米勒和莫迪利安尼在研究股利政策与企业价值相关性的论文《股利政策、成长和股票估价》中，首次提出投资机会集概念。他们认为企业价值是现有营运资产在未来持续产生盈余所带来的价值，加上未来所有可能期望净现值为正的投资计划所带来的价值，而后者就是投资机会集。投资机会集不仅包括裁决性资本支出(如新产品研发支出、现有产品扩大再生产支出、设备或者厂房更新支出等)，也包括各种裁决性费用支出(如企业进行组织重构时所发生的员工退职补偿金、提前结束雇佣合同而支付的违约金等费用)。投资机会集不仅受到行业特性(如产品生命周期、行业进入屏障等)影响，还会受到企业外部环境、产品质量以及差异性等影响，更会受到企业所面临风险的负面影响以及企业规模的不利影响。

　　如果证券投资组合内投资额比重发生变化，那么投资组合期望收益率和标准离差也会随

之发生变化,即随着证券投资额比重改变,期望收益率与风险之间的曲线称为投资组合机会集,反映风险与收益之间的均衡关系。两种证券投资组合机会集如图 2-18 所示。

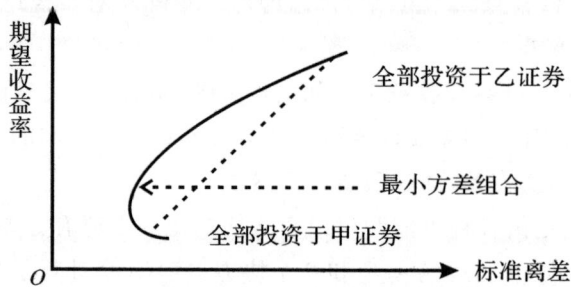

图 2-18　两种证券投资组合机会集

在图 2-18 中,假设投资组合由甲、乙两种证券组成,两种证券投资组合机会集具有如下三大特征:

(1)分散化效应。比较曲线和虚线之间距离长短可以判断分散化效应大小。该虚线是由全部投资于甲证券和全部投资于乙证券所对应的两点连接而成的,该图是当两种证券完全正相关(无分散化效应)时的投资组合机会集曲线。可见,依据曲线到虚线距离长短,可以判断投资组合风险的分散效果。

(2)最小方差组合。曲线最左端的点称为最小方差组合,在投资组合的各种组合中标准离差最小。离开此点,无论增加或减少乙证券投资额比重,都会导致标准离差小幅上升。

(3)投资组合的有效集合。两种证券进行投资组合时,投资者的所有投资机会只能出现在机会集曲线上,而不会出现在曲线上方或下方。改变投资组合中的投资额比重,只会改变投资组合在机会集曲线上的位置。可见,最小方差组合以下所有投资组合与最小方差组合相比,不仅标准离差较大(即风险较大),而且收益率较小,投资者不会持有期望收益率比最小方差组合期望收益率还小的投资组合。因此,最小方差组合以下所有投资组合无效。

必须注意,多种证券投资组合机会集不同于两种证券投资组合机会集,如图 2-19 所示。

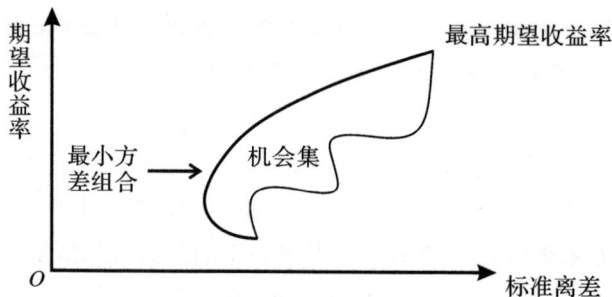

图 2-19　多种证券投资组合机会集

两种证券的所有可能投资组合都会落在一条曲线上,而两种以上证券的所有可能投资组合却会落在一个平面中,如图 2-19 中曲线围成的机会集区域。多种证券投资组合机会集反映投资者所有可能的投资组合,机会集区域中每一点都与一种可能的投资组合相对应。随着可供投资组合证券数量的增加,所有可能的投资组合数量将呈几何级数上升。最小方差组合是图中曲线最左端的点,具有最小投资组合标准离差。多种证券投资组合机会集外缘有一段向后弯曲,这与两种证券投资组合相类似,即不同证券收益率波动相互抵消,产生了风险分散化效应。

在图 2-19 中,以粗线描出的部分称为有效集或有效边界,位于机会集顶部,从最小方差组合点起到最高期望收益率点止,投资者应在有效集上寻找投资组合。有效集以外投资组合与有效边界上投资组合相比,一般具有相同标准离差和较小期望收益率、相同期望收益率和较大标准离差以及较小期望收益率和较大标准离差等三种情况,都是无效投资组合。如果投资组合无效,可以通过改变投资组合中投资额比重转换到有效边界上的个别投资组合,以达到提高期望收益率而不增加风险、降低风险而不降低期望收益率或者得到一个既提高期望收益率又降低风险的投资组合。

5.资本市场线

资本市场线是指表明有效投资组合期望收益率和标准离差之间一种简单线性关系的一条射线,即沿着投资组合有效边界,由风险资产和无风险资产构成的投资组合,如图 2-20 所示。

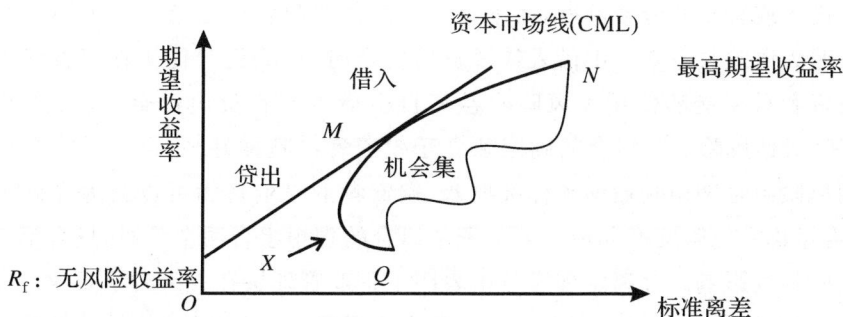

图 2-20 资本市场线

在图 2-20 中,以无风险收益率(Y 轴上的 R_f)为起点,绘制一条有效边界的切线(切点为 M),即是资本市场线(CML)。资本市场线包括风险资产和无风险资产等所有资产的有效集,切点表示最优投资组合,代表投资者所能获得的最高满意度,具体说明如下:

(1)假定存在无风险资产。在资本市场投资者可以借入资金用作投资资本或者贷出资金,无论借入还是贷出,利率即是无风险资产收益率。R_f 代表无风险收益率,标准离差为零,即收益率确定。

(2)在存在无风险资产情况下,投资者可以贷出资金,降低风险和期望收益率。最厌恶风险的投资者可以购买政府债券,持有至到期而贷出全部资金;偏好风险的投资者可以借入资金,购买风险资产,增加期望收益率。

当总期望收益率$=Q×$风险组合期望收益率$+(1-Q)×$无风险收益率(其中:Q 代表投资者投资于风险组合 M 的资金占自有资本的比重;$1-Q$ 代表投资于无风险资产的比重)时,贷出资金 $Q<1$,借入资金 $Q>1$。

当总标准离差$=Q×$风险组合标准离差(不考虑无风险资产,因为无风险资产标准离差等于零)时,贷出资金 $Q<1$,投资者所承担的风险小于资本市场平均风险;借入资金 $Q>1$,投资者所承担的风险大于资本市场平均风险。

（3）切点 M 是市场均衡点，代表唯一的最有效风险资产组合，是以投资组合中所有证券的个别市场价值为权数的加权平均投资组合，即"市场组合"。任何理性投资者都可以选择 XMN 线上任何有效投资组合（在任何给定风险水平下收益最大）。可见，无风险资产的存在使得投资者可以同时持有无风险资产和市场组合（M），从而导致位于 MR_f 直线上的任何一点，即 MR_f 直线上的投资组合与 XMN 曲线上投资组合的收益率相同而风险较小或者风险相同而收益率较高，或者 MR_f 直线上的投资组合比 XMN 曲线上投资组合的收益率较高而风险较小。

（4）图 2 - 20 中的直线表明了不同投资额比重的无风险资产和市场组合情况下的风险和期望收益率的均衡关系。直线截距表示无风险收益率，即为等待收益率。直线斜率代表风险市场价格，即标准离差增长幅度与收益率增长幅度相同。直线上任何一点即是投资于市场组合和无风险资产的投资额比重。M 点左侧是无风险资产和风险资产的投资组合；M 点右侧不仅是投资市场组合 M，而且还会借入资金增加投资市场组合 M。

（5）投资者效用偏好与最佳风险资产组合相互独立（或者相互分离），即投资者对待风险的态度仅仅影响借入或贷出的资金额度，而不会影响最佳风险资产组合。因为当存在无风险资产并且可以按照无风险收益率自由借入或者贷出资金时，市场组合优于任何投资组合。不同偏好风险的投资者只要能够使用无风险收益率自由借入或者贷出资金，就会选择市场组合 M，即分离定理（最佳风险资产组合的确定独立于投资者风险偏好）。最佳风险资产组合取决于各种可能的风险组合期望收益率和标准离差，投资者的投资行为可以分为先确定最佳风险资产组合后，再考虑无风险资产和最佳风险资产组合的理想组合两个阶段，只有第二个阶段受投资者风险反感程度影响。分离定理实务中表明了企业管理层在决策时不必考虑每一位股东对风险的态度，因为证券价格信息完全可以反映投资者要求的收益率，而该收益率可以指导企业管理层进行相关决策。

五、资本资产定价模型

资本资产定价模型的英文简写为 CAPM，是由美国学者夏普、林特尔、特里诺和莫辛等人于 1964 年在马科维茨的资产组合理论和资本市场理论的基础上发展提出的一个证券投资理论，主要研究证券市场中资产预期收益率与风险资产之间的关系以及均衡价格的形成，是现代金融市场价格理论的支柱，广泛应用于投资决策和公司理财领域。

资本资产定价模型是在分析有效投资组合中证券风险与要求的收益率之间均衡关系的基础上，确定与给定风险相适应的基本收益率，即每一个理性投资者都会持有证券投资组合而非单种证券，投资者只会关注证券投资组合的系统风险，而非证券投资组合中单种证券的非系统风险。资本资产定价模型表示证券投资组合与系统风险 β_p 系数的线性关系。在资本资产定价模型中，对一个有效证券投资组合中个别证券风险用 β 系数度量，而个别证券风险与收益之间关系用一条以 $(R_m - R_i)$ 为斜率的直线来表示，这条直线称为证券市场线，即资本资产定价模型用图形表示就是证券市场线，如图 2 - 21 所示。

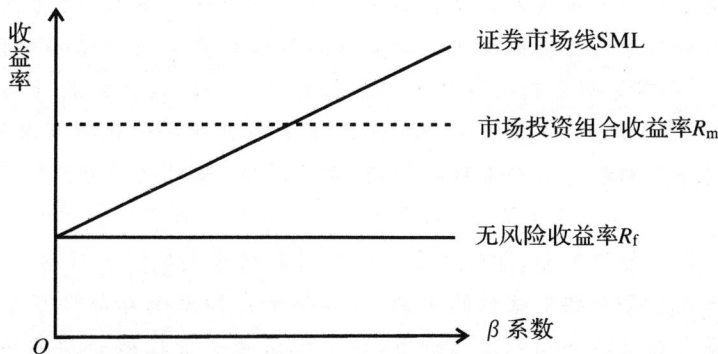

图 2-21 证券市场线

在图 2-21 中,纵轴表示收益率,横轴则是以 β 系数表示的风险。因为无风险证券 $\beta = 0$,所以 R_f 成为证券市场线在纵轴的截距。证券市场线斜率 $(R_m - R_i)$ 表示经济系统中风险厌恶感程度。一般来说,投资者对风险的厌恶感越强,证券市场线的斜率越大,对证券所要求的风险补偿越大,证券收益率也就越高。β 系数是对风险的衡量,β 系数越大,收益率越高。因此,从证券市场线可以看出,投资收益率不仅取决于市场风险,而且还取决于无风险收益率(证券市场线的截距)和市场风险补偿程度(证券市场线的斜率)。因为无风险收益率和市场风险补偿程度始终处于变动之中,所以证券市场线也会随之变动。当通货膨胀发生时,无风险收益率会随之提高,导致证券市场线向上平移;当风险厌恶感加强时,证券市场线斜率也会随之提高。证券市场线用公式可以表示为

证券投资组合中个别证券收益率 R_i = 无风险收益率 R_f + 个别证券 β 系数 × (市场投资组合收益率 R_m - 无风险收益率 R_f) = $R_f + \beta \times (R_m - R_f)$ (2-34)

【例 2-30】企业预计年度内投资 1 000 万元购买甲、乙两种股票,β 系数分别为 2 和 1.3,市场上所有股票的平均收益为 10%,无风险收益率为 6%。要求分别计算甲、乙两种股票的收益率。

$R_甲 = 6\% + 2 \times (10\% - 6\%) = 14\%$

$R_乙 = 6\% + 1.3 \times (10\% - 6\%) = 11.2\%$

扩充内容

案例研究

本章小结

资金以利率为价格标准进行融通,实质是通过利率对剩余价值进行再分配。利率是指一定时期内利息额与借贷资金额(本金)的比率,表示一定时期内利息与本金的比率,实质是借款人需要就所借资金支付的代价。利率可以按照不同标准进行分类,主要有基准利率和套算利率、固定利率和浮动利率、法定利率和市场利率、单利和复利以及名义利率和实际利率。资金利率通常由纯利率、通货膨胀补偿率(或者通货膨胀贴水)和风险收益率等三部分组成,风险收益率主要包括违约性风险收益率、流动性风险收益率和期限性风险收益率。

资金时间价值是指一定时期内资金在不同时点上价值量的差额,实质是资金在周转使用过程中由于时间因素而形成的差额价值。资金时间价值计算涉及终值和现值,可以细分为一次性收付款项、年金和不等额系列收付款项终现值计算。一次性收付款项终值是一次性收付款项在最后一期期末的价值,一次性收付款项现值是一次性收付款项在第一期期初的价值。年金是一定时期内每期期初或者期末按照等额、等间隔期、等列收付的系列款项。年金按照每期收付时点不同,可以分为普通年金、即付年金、递延年金和永续年金等四大类。普通年金是一定时期内每期期末收付的年金,即付年金是一定时期内每期期初收付的年金,递延年金是一定时期内间隔若干期后每期期末收付的年金,永续年金是指无限期条件下每期期末收付的年金。年金终值是年金在最后一期期末的价值,年金现值是年金在第一期期初的价值。不等额系列收付款项终值实质是不等额系列收付款项按照给定利率计算到最后一期期末的累计复利终值之和,不等额系列收付款项现值实质是不等额系列收付款项按照给定利率折现到第一期期初的累计复利现值之和。

风险是指未来结果的预期不确定性,实质是未来实际收益偏离预期收益的可能性。从风险视角来看,企业财务活动具有确定性、不确定性和风险性。按照不同标准,风险有不同分类,主要包括市场风险与企业特有风险、经营风险和财务风险。市场风险是所有企业共同面临的风险,实质是一种不可分散风险,一般用 β 系数衡量。企业特有风险是只有个别企业面临的风险,实质是一种可分散风险。不同证券之间相互关联程度一般用相关系数 γ 表示。风险价值在企业财务活动中通常表现为投资风险价值,在有效市场前提下,风险收益均衡。风险价值衡量一般表现为投资风险价值衡量,主要包括单项投资风险价值计量和投资组合风险价值计量两大类。单项投资风险价值计量一般可以通过计算期望值(包括概率分布)、离散程度(包括方差、标准离差和标准离差率)、应得风险收益率和预测风险收益率等四个步骤予以估算。投资组合风险价值计量一般可以通过计算期望值、离散程度(包括标准离差、协方差、协方差矩阵、机会集、资本市场线)等两个步骤予以估算。资本资产定价模型主要研究证券市场中资产预期收益率与风险资产之间的关系以及均衡价格的形成,用图形表示就是证券市场线,广泛应用于投资决策和公司理财领域。

思考与练习

一、思考题

1.什么是资金时间价值? 如何计量?

2.年金现值与不等额系列收付款项现值有何相同点和不同点?

3.请从企业财务活动中举例说明资金风险价值的运用,并进而说明在企业财务决策中权衡资金风险价值的重要性。

4.什么是市场风险和可分散风险? 二者有何区别?

5.证券组合的作用是什么? 如何计算证券组合的期望收益率?

6.β 系数的定义是什么? 用来衡量什么性质的风险?

二、计算分析题

1.资产组合 M 的期望收益率为 18%,标准离差为 27.9%;资产组合 N 的期望收益率为 13%,标准离差率为 1.2。投资者张某和赵某决定将其个人资金投资于资产组合 M 和 N 中,张某期望的最低收益率为 16%,赵某投资于资产组合 M 和 N 的资金比例分别为 30% 和 70%。

要求：

(1)计算资产组合 M 的标准离差率。

(2)判断资产组合 M 和 N 哪个风险更大。

(3)为实现其期望的收益率，张某应在投资组合 M 上投资的最低比例是多少？

(4)判断投资者张某和赵某谁更厌恶风险，并说明理由。

2.A 公司拟添置一套市场价格为 6 000 万元的设备，需筹集一笔资金。现有三个筹资方案可供选择(假定各方案均不考虑筹资费用)：

(1)发行普通股。该公司普通股的 β 系数为 2，一年期国债利率为 4%，市场平均收益率为 10%。

(2)发行债券。该债券期限为 10 年，票面利率为 8%，按面值发行。公司适用的所得税税率为 25%。

(3)融资租赁。该项租赁租期为 6 年，每年租金为 1 400 万元，期满租赁资产残值为零。

要求：

(1)利用资本资产定价模型计算普通股资本成本。

(2)利用非折现模式(即一般模式)计算债券资本成本。

(3)利用折现模式计算融资租赁资本成本。

(4)根据以上计算结果，为 A 公司选择筹资方案。

3.小 W 购买个人住房向甲银行借款 300 000 元，年利率为 6%，每半年计息一次，期限 5 年，自 2019 年 1 月 1 日至 2024 年 1 月 1 日止，小 W 选择等额本息还款方式偿还贷款本息，还款日在每年的 7 月 1 日和 1 月 1 日。2020 年 12 月末小 W 收到单位发放的一次性年终奖 60 000 元，考虑这笔奖金的两种使用方案：

①2021 年 1 月 1 日提前偿还银行借款 60 000 元。(当日仍需偿还原定的每期还款额)

②购买乙国债并持有至到期，乙国债为 5 年期债券，每份债券面值 1 000 元，票面利率为 4%，单利计息，到期一次还本付息，乙国债还有 3 年到期，当前价格 1 020 元。

要求：

(1)计算投资乙国债的到期收益率。小 W 应选择提前偿还银行借款还是投资国债，为什么？

(2)计算当前每期还款额，如果小 W 选择提前偿还银行借款，计算提前还款后的每期还款额。

4.已知：现行国库券的利率为 5%，证券市场组合平均收益率为 15%，市场上 A、B、C、D 四种股票的 β 系数分别为 0.91、1.17、1.8 和 0.52，B、C、D 股票的必要收益率分别为 16.7%、23% 和 10.2%。

要求：

(1)采用资本资产定价模型计算 A 股票的必要收益率。

(2)计算 B 股票价值，为拟投资该股票的投资者做出是否投资的决策，并说明理由。假定 B 股票当前每股市价为 15 元，最近一期发放的每股股利为 2.2 元，预计年股利增长率为 4%。

(3)计算 A、B、C 投资组合的 β 系数和必要收益率。假定投资者购买 A、B、C 三种股票的比例为 1:3:6。

(4)已知按 3:5:2 的比例购买 A、B、D 三种股票，所形成的 A、B、D 投资组合的 β 系数为 0.96，该组合的必要收益率为 14.6%。如果不考虑风险大小，请在 A、B、C 和 A、B、D 两种投资组合中做出投资决策，并说明理由。

即测即评

案例分析

央行建利率走廊,降准压力减小

为完善公开市场操作机制,提高公开市场操作的针对性和有效性,中国人民银行决定延续前期增加公开市场操作频率的有关安排。根据货币政策调控需要,原则上每个工作日均开展公开市场操作。如因市场需求不足等原因未开展操作,也将发布《公开市场业务交易公告》予以说明。这一方面意味着短期内有可能降低存款准备金率下调的可能性,另一方面意味着央行在货币政策工具使用上更为多元化和侧重价格型工具,在构造利率走廊的同时进一步推动利率市场化。

值得注意的是,公开市场操作频次进一步提升的意义不可单纯地看作只是对降准操作的一种替代,更重要的意义在于央行有意通过加强公开市场操作来打造利率走廊,助推利率市场化。

中国人民银行研究局首席经济学家此前曾在工作论文中发表观点称,有必要建立利率走廊操作系统。利率走廊操作系统在控制短期利率波动上具有优越性,可以降低央行货币政策的操作成本。利率市场化进程中另外两项重要任务是强化金融机构市场化定价能力和进一步疏通利率传导机制。要让金融市场和机构更多使用诸如 SHIBOR、短期回购利率、国债收益率、基础利率等市场利率作为产品定价基础,逐步弱化对央行基准存贷款利率的依赖;同时,要通过一系列改革来疏通利率传导机制,让短期利率变化(和未来政策利率)能够有效地影响各种存贷款利率和债券收益率。这两个领域的实质性进展是向新的货币政策框架转型的重要基础。实际上,央行货币政策框架已经在从使用数量型工具逐步向更多地使用价格型工具转型。MLF、PSL 等央行货币政策工具箱中工具的创新,都意味着未来这类利率工具所发挥的作用将逐步超越降准等传统方式的作用。

资料来源:张莫.央行建利率走廊 降准压力减小[N].经济参考报,2016-02-19(1-2).

思考

1. 利率走廊的含义是什么?

2. 利率市场化的影响因素有哪些?

3. 本案例有何启示?

案例分析思路

第三章

筹资管理

学习目标

本章主要介绍筹资管理的基本理论、资金需要量预测以及权益性、债务性和混合性筹资方式。通过本章学习,应熟悉企业筹集资金的渠道和方式,了解筹资的种类及意义,理解筹集资金的基本原则与动机,掌握资金需要量预测,掌握各种常见权益资金、负债资金及混合筹资方式的基本内容和方法。

引导案例

Today 是中国本土便利店品牌,从 2014 年进入武汉开始,Today 进入门店规模快速扩张期,目前全国总门店数近 300 家,其中近 250 家集中在武汉。Today 便利店曾在 2014 年获得 A 轮融资、2015 年完成 A+轮融资,打算在接下来 2~3 年以武汉为中心,渗透长沙、郑州、合肥、南昌等城市,之后进一步向全国扩张。

2017 年 11 月,Today 便利店完成了超 2 亿元 B 轮融资,该轮融资由信中利资本集团领投,A 轮领投方红杉资本继续增持其股权比例,据悉,该轮融资后,公司估值超过 20 亿元。这也是 Today 便利店继 2014 年、2015 年融资后,再次获得资本市场的青睐。Today 创始人、CEO 宋迎春表示,通过本次融资所获得的 2 个多亿元资金将继续用于加大对供应链的投入,进一步精选商品并夯实鲜食品类的核心竞争力,以加大 Today 商品的优势;同时大幅加大新技术投入,利用大数据建设零售云平台,进一步打破管理和组织的边界。

2018 年 6 月 1 日,Today 便利店发布融资消息,宣布已获得 3 亿元 B+轮融资,该轮由泛大西洋资本集团(General Atlantic)投资,泰合资本担任财务顾问,目前估值超过 30 亿元。宋迎春透露,该笔融资将围绕"单店极致"的战略,全部投入于武汉、长沙两座城市,不断刷新迭代,加深领跑壁垒。具体策略包括提升商品研发能力、营运效率,继续加大对鲜食品类供应链的投入;重仓投入新零售新技术,通过自建零售平台和引进更多行业顶尖人才,实现科技赋能零售。半年时间内,Today 便利店融资金额超过 5 亿元。

Today 便利店几次融资的目的是什么? Today 便利店在融资中要考虑哪些问题? 应如何预测所需融资资金量? Today 便利店有哪些融资渠道和融资方式? Today 便利店如何进行融资决策?

任何企业正常运营,都离不开资金。新建企业要按照所确定的企业规模、性质筹措所需资金,以满足厂房建设、设备购置以及资金周转的需要;现存企业往往因扩大经营规模或对外投资需要大量的资金。因此,筹资是企业一项重要的财务活动。筹资管理不仅是企业财务管理的重要内容,也是企业面临的最大难题。

第一节　筹资管理概述

➤ 一、企业筹资动机

企业筹资是指企业为了满足其日常经营活动、投资活动、资本结构调整等需要,通过一定的渠道,采用适当的方式,获取所需资金的一种行为。资金是企业设立、生存和发展的物质基础,是企业开展生产经营活动的基本前提;筹集资金是企业资金运动的起点。企业进行筹资,首先必须了解筹资的具体动机,把握筹资渠道与方式,遵循筹资的基本需求。

(一)设立筹资动机

设立筹资动机是指企业设立时,为取得企业资本金并形成开展经营活动的基本条件而产生的筹资动机。任何企业设立都离不开资金。根据《中华人民共和国公司法》《中华人民共和国合伙企业法》《中华人民共和国个人独资企业法》等相关规定,任何一个企业或公司在设立时都要有符合企业章程或公司章程规定的全体股东认缴的出资额。企业初创时,要按照企业经营规模核定资金的需要量,购置厂房设备等,安排流动资金,形成企业生产能力。这样企业就需要筹措注册资本等股权资金,股权资金不足部分则需要通过举债的方式进行筹措。

(二)扩张筹资动机

扩张筹资动机是企业因扩大生产经营规模或追加投资而产生的筹资动机。具有良好发展前景、处于成长期的企业,通常会产生扩张筹资动机。例如:企业生产的产品供不应求,需要购置设备增加市场供应;引进技术开发生产适销对路的新产品;扩大或开拓有发展前途的对外投资规模和领域等。扩张筹资动机所产生的直接结果,是企业资产总额和权益总额的增加。

(三)偿债筹资动机

偿债筹资动机是指企业为了偿还某项债务而形成的筹资动机。能够偿还到期债务是企业生存的一个基本条件,否则,企业将会面临破产清算的风险。当债务到期时,企业如果没有能力偿还,就不得不筹集资金以还旧债。如果企业现有的支付能力已不足以偿付到期债务,被迫举借新债偿还旧债,说明企业财务状况已经恶化。

(四)调整筹资动机

因调整现有资本结构的需要而产生的筹资动机即企业的调整筹资动机。资本结构是企业各种资金来源的比例构成,其合理与否决定了企业资本成本的高低和财务风险的大小。随着企业所处环境的变化,现有的资本结构可能不再合理,需要企业通过筹资调整现有的资本结构,使之趋于合理。

(五)混合筹资动机

企业筹资的目的可能不是单纯和唯一的。比如,通过追加筹资,既满足了生产经营规模或投资的扩张,又达到了调整资本结构的目的。再如,为了偿债而进行的权益性筹资或者债务性筹资,同时也调整了企业资本结构。这种兼具以上两种或两种以上筹资动机的情况,被称为混合性筹资动机。如企业对外投资需要大额资金,其资金来源通过增加长期贷款或发行公司债券解决,这种情况既扩张了企业规模,又使得企业资本结构有较大的变化。

➤ 二、筹资原则

为了经济有效地筹集资金,企业筹资时必须遵循一定的原则。

(一)合法性原则

企业筹资活动不仅为自身的生产经营活动提供资金来源,而且也会影响投资者的经济利益,影响社会经济秩序。企业筹资行为和筹资活动必须遵循国家的相关法律法规,依法履行法律法规和投资合同约定的责任,合法合规筹资,依法进行信息披露,维护各方的合法权益。

(二)合理性原则

企业筹集资金,首先要合理预测资金的需要量。筹资规模与资金需要量应当匹配一致,既要避免因筹资不足影响生产经营的正常进行,又要防止筹资过多造成的资金闲置。其次,要综合考虑股权资金与债权资金的关系、长期资金与短期资金的关系,合理安排资本结构,保持适当偿债能力,防范企业财务危机,提高筹资效益。

(三)及时性原则

企业筹集资金,还需要合理预测确定资金需要的时间。要根据资金需求的情况,合理安排自己的筹集时间,适时获取所需资金,使筹资与用资在时间上相衔接,既避免过早筹资形成的资金投放前闲置,又防止取得资金的时间滞后,错过资金投放的最佳时间。

(四)经济性原则

企业筹集资金都要付出资本成本的代价,不同的筹资渠道和筹资方式所取得的资金,其资本成本各有差异。企业应当在考虑筹资难易程度的基础上,针对不同来源资金的成本进行分析,尽可能选择经济、可行的筹资渠道与方式,力求降低筹资成本。

➤ 三、筹资分类

企业筹资可以按不同的标准进行分类。

(一)权益性筹资、债务性筹资和混合性筹资

按企业所取得资金的属性不同,筹资可分为权益性筹资、债务性筹资及混合性筹资三类。

权益性筹资形成股权资本,是企业依法长期拥有、能够自助调配运用的资本。在企业持续经营期间内,投资者不得抽回,故而也称之为企业自有资本或股东权益资本。企业股权资本通过吸收直接投资、发行股票、利用留存收益等方式取得。股权资本一般不用还本,形成了企业永久性资本,因而财务风险小,但付出的资本成本相对较高。

债务性筹资,是企业通过借款、发行债券、融资租赁等方式取得的资金,形成在规定期限内要清偿的债务。由于债务性筹资到期要归还本金和支付利息,对企业经营状况不承担责任,因而具有较大的财务风险。从经济意义上说,债务性筹资也是债权人对企业的一种投资,债权人也要依法享有企业使用债务所取得的经济利益,因而也称为债权人权益。

混合性筹资包括兼具股权与债务性质的衍生工具筹资,例如可转换债券、认股权证等。

(二)直接筹资与间接筹资

直接筹资是企业直接与资金供应者协商融通资本的一种筹资活动。直接筹资方式主要有吸收直接投资、发行股票、发行债券等。按照法律规定,发行股票、债券筹资往往通过中介机

构,但证券公司所起到的只是承销的作用,资金拥有者并未向证券公司让渡资金使用权,因此发行股票、债券属于直接向社会筹资。

间接筹资是企业借助银行等金融机构融通资本的筹资活动,包括银行借款、融资租赁等方式。在间接筹资方式下,银行等金融机构发挥了中介的作用,预先筹集资金,资金拥有者先向银行等金融机构让渡资金使用权,然后由银行等金融机构将资金提供给企业。

(三)内部筹资与外部筹资

内部筹资是指企业通过利润留存而形成的资金来源。内部筹资数额的大小取决于企业可分配利润的多少和利润分配政策。

外部筹资是指企业向外部筹措资金而形成的筹资来源。对于初创期和成长期的企业来说,由于内部资金来源有限,其往往依靠外部筹集资金。

(四)长期筹资与短期筹资

短期筹资是指企业筹资使用期限在 1 年以内的资金筹集活动。短期筹资主要用于企业的流动资产和日常资金周转,一般需要在短期内偿还。

长期筹资是指企业筹资使用期限在 1 年以上的资金筹集活动。长期筹资的目的主要在于形成和更新企业生产和经营能力,或扩大企业生产经营规模,或为对外投资而筹集资金。长期筹资通常采用吸收直接投资、发行股票、发行债券、取得长期借款等方式。

第二节 资金需要量预测

资金是企业进行生产经营活动的基本条件,企业在不同时期会有不同的资金筹集目的。企业筹集资金管理,先要确定筹集资金的规模,在确定筹资数量后再考虑通过何种方式筹集资金。企业财务人员要根据资金筹集要求,采用一定的方法预测资金需要数量,通过预测,合理确定筹集资金的需要量。只有这样才能使筹集来的资金既能保证满足生产经营的需要,又不会有太多的闲置。

➤ 一、资金需要量预测依据

企业经营和投资业务的资本需要额是筹资的数量依据,必须科学合理地进行预测。开展企业资金需要量预测的基本目的是保证企业经营和投资业务的顺利进行,使筹集的资金既能保证满足生产经营和投资的需要,又不会有太多的闲置,从而促进企业财务管理目标的实现。

影响企业资金需要量预测的条件和因素有很多,诸如法律规范方面的限定、企业经营和投资方面的因素等。归纳起来,企业资金需要量预测的基本依据主要有以下方面。

1.法律方面的限定——注册资本限额的规定

新修订的《中华人民共和国公司法》虽取消了对公司制企业具体的资本限额的规定,但《中华人民共和国公司法》《中华人民共和国合伙企业法》《中华人民共和国个人独资企业法》等相关法律都规定企业或公司在设立时要有符合企业章程或公司章程规定的全体股东认缴的出资额。所以,企业或公司要根据相关章程的规定筹措既定的资金。

2.经营和投资的规模

一般而言,企业经营和投资的规模越大,所需资本越多;反之,越少。在企业筹划重大投资项目时,需要进行专家的投资预算。

3.其他因素

利率的高低、对外投资规模的大小、对外融资能力的大小、企业资信等级的优劣等,都会对筹资数量产生一定的影响。

二、定性预测法

定性预测法是指利用直观的资料依靠个人的经验和主观的分析、判断能力预测未来资金需要量的方法。这种方法通常在企业缺乏完备、准确的历史资料情况下采用。其预测过程是:首先,由熟悉财务情况和生产经营情况的专家根据过去所积累的经验,进行分析判断,提出预测的初步意见;其次,通过召开座谈会或发出各种表格等形式,对上述预测的初步意见进行修正补充。这样经过一次或多次以后,得出预测的最终结果。

定性预测法是十分有用的,但它不能准确揭示资金需要量与有关因素之间的数量关系。例如:资金需要应和企业生产经营规模相联系。生产规模扩大,销售数量增加,会引起资金需求增加;反之,则会使资金需求减少。

三、定量预测法

(一)营业收入比例法

营业收入比例法是资金需要量预测的一种最为复杂的方法。

1.营业收入比例法的原理

营业收入比例法是根据营业业务与资产负债表和利润表项目之间的比例关系,预测各个项目资本需要量的方法。例如,某企业每年为销售 100 元的货物,需有 20 元存货,存货与营业收入的比例是 20%(即 20÷100)。若营业收入增至 200 元,那么该企业须有 40 元(200×20%)存货。由此可见,在某项目营业收入比例既定的前提下,便可预测未来一定销售额下该项目的资本需要额。

2.营业收入比例法的运用

运用营业收入比例法,一般要借助预计利润表和预计资产负债表。通过预计利润表预测企业留用利润这种内部资本来源的增加额,通过预计资产负债表预测企业资本需要总额和外部筹资的增加额。

采用营业收入比例法,有三个基本假设:一是企业部分资产与部分负债与营业收入成比例变化;二是资产负债表中给出的各项资产、负债占营业收入的比例为最优比例,企业在未来予以继续保持;三是假设企业在股利分配后的留存收益可先用于企业生产经营,故可以从新增资金需要量中扣除。采用营业收入比例法进行预测时,须按以下步骤进行:

第一步,收集基年实际资产负债表、利润表资料,计算确定资产负债表各项目与营业收入的比例关系。

第二步,编制预计资产负债表和预计利润表,并运用一定方法预测营业收入。

第三步,计算预测营业收入下的资产、负债的数额。

第四步,利用预测年度税后利润预计数和预定的留用比例,测算留存收益的数额。

$$预计留存收益增加额 \Delta E = 预计营业收入 \times 销售净利率 \times 留存收益率$$

第五步,根据资产负债表的平衡原理,确定预测期需要追加的外部筹资额。

$$融资需求量_{t+1} = \frac{资产_t}{销售额_t} \times \Delta 销售额 - \frac{负债_t}{销售额_t} \times \Delta 销售额 - 预计留存收益 \qquad (3-1)$$

【**例 3-1**】新星公司 2019 年的营业收入为 20 万元,现在还有剩余生产能力,假定公司销售净利率为 10%,预测 2020 年的营业收入将提高到 24 万元(增加 20%)。公司预计留存收益率为 40%。新星公司 2019 年 12 月 31 日的资产负债表见表 3-1。

要求:请用营业收入比例法预测新星公司 2020 年的资金需要量。

表 3-1 新星公司资产负债表(简表)

新星公司   2019 年 12 月 31 日   单位:元

资产	金额	负债及所有者权益	金额
货币资金	10 000	应付账款	20 000
应收账款	30 000	应付费用	10 000
存货	60 000	短期借款	50 000
固定资产净值	60 000	应付债券	20 000
		实收资本	40 000
		留存收益	20 000
资产合计	160 000	负债及所有者权益合计	160 000

解析:

第一步,根据历史数据确定营业收入比例,具体见表 3-2。

表 3-2 新星公司营业收入比例表

资产	占营业收入比例	负债及所有者权益	占营业收入比例
货币资金	5%	应付账款	10%
应收账款	15%	应付费用	5%
存货	30%	短期借款	—
固定资产	—	应付债券	—
		实收资本	—
		留存收益	—
合计	50%	合计	15%

第二步,运用一定方法预测营业收入。

2020 年新星公司的营业收入 $=20\times(1+20\%)=24$(万元)

第三步,计算预计营业收入下的资产、负债。

预计总资产 $=24\times(5\%+15\%+30\%)+6=18$(万元)

预计总负债 $=24\times(10\%+5\%)+7=10.6$(万元)

第四步,预计留存收益。

预计留存收益增加 $=24\times10\%\times40\%=0.96$(万元)

预计 2020 年的所有者权益 $=0.96+4+2=6.96$(万元)

第五步,计算需追加外部筹资数额。

外部筹资数额＝预计总资产－预计总负债－预计所有者权益＝18－10.6－6.96＝0.44(万元)

3. **营业收入比例法的评价**

营业收入比例法的主要优点是能为财务管理提供短期预计的财务报表,以适应外部筹资的需求,且易于使用。但是这种方法也有缺点,倘若有关项目营业收入的比例跟实际不符,据以进行预测就会形成错误的结果,因此在有关因素发生变动的情况下,必须相应地调整原有的营业收入比例。

(二)资金习性预测法

资金习性是指资金变动与产销量变动之间的依存关系。按资金习性可将资金分为不变资金、变动资金和半变动资金。不变资金是指一定产销量范围内,不受产量变动影响的资金;变动资金是指随产销量变动而同比例变动的资金;半变动资金是指虽然随产销量变动而变动,但不成正比例变动的资金。资金习性预测法是根据资金习性预测未来资金需要量的方法。

1. **回归直线法**

回归直线法是根据若干期业务量和资金占用的历史资料,用最小平方法原理计算不变资金和单位销售量变动资金的一种资金习性分析方法。

设产销量为自变量 x,资金占用为因变量 y,它们之间的关系可用式(3-2)表示:

$$y＝a＋bx \qquad (3-2)$$

式中,a 为不变资金;b 为单位销售量所需变动资金。

根据历史资料和回归分析的最小二乘法可以求出直线方程的系数 a 和 b,然后根据计划产销量和直线方程,预计资金需要量的金额。

应用线性回归必须注意以下几个问题:①资金需要量与营业业务量之间线性关系的假定应符合实际情况;②确定 a、b 数值,应利用连续若干年的历史资料,一般至少要有三年以上的资料;③应考虑价格等因素的变动情况。

2. **高低点法**

资金预测的高低点法是指根据企业一定期间资金占用的历史资料,按照资金习性原理和 $y＝a＋bx$ 直线方程式,选用最高收入期和最低收入期资金占用量之差,同这两个收入期的销售额之差进行对比,先求 b 的值,然后再代入原直线方程求出 a 的值,从而估计预测资金发展趋势。

第三节　权益性筹资

权益资金是指投资者投入企业的资本金及经营中所形成的积累,它反映所有者的权益。其出资者是企业的所有者,拥有对企业的所有权。企业可以独立支配其所占有的财产,拥有出资者投资形成的全部法人财产权。企业权益资金的筹资方式又称为股权性筹资,主要有吸收直接投资、发行股票、留存收益等。

➢ 一、企业资本金制度

(一)资本金的含义

资本金制度是企业在工商行政管理部门登记的注册资金,是国家就企业资本金筹集、管理以及所有者的责、权、利等方面所做的法律规范。资本金是企业权益资本的主要组成部分,是企业长期稳定拥有的基本资金,一定数额的资本金也是企业取得债务资本的必要保证。

(二)资本金的性质

设立企业必须有法定的资本金。资本金是投资者用以进行企业生产经营、承担民事责任而投入的资金。资本金在不同的企业表现形式不同,股份有限公司的资本金被称为股本,股份有限公司以外的一般企业的资本金被称为实收资本。

从性质上看,资本金是投资者创建企业所投入的资本,是原始启动资金;从功能上看,资本金是投资者用以享有权益和承担责任的资金,有限责任公司和股份有限公司以其资本金为限对所负债务承担有限责任;从法律地位来看,资本金要在工商行政管理部门办理注册登记,投资者只能按所投入的资本金而不是所投入的实际资本享有权益和承担责任,已注册的资本金如果追加或减少,必须办理变更登记;从时效来看,除了企业清算、减资、转让回购股权等特殊形式外,投资者不得随意从企业收回资本金,企业可以无期限占有投资者的出资。

在市场经济条件下,企业的建立或者项目的开发,首先需要具备一定数量的资本金,而这些资本金的筹集和补充必须在一定的规则或约束下进行,这些约束资本金筹集和补充的多种规则或机制的总称,就构成资本金制度。

(三)资本金的出资方式

根据公司法等法律法规的规定,投资者可以采取货币资产和非货币资产两种形式出资。投资者可以用实物、知识产权、土地使用权等可以依法转让的非货币财产作价出资,法律、行政法规规定不得作为出资的资产除外。

➢ 二、吸收直接投资

吸收直接投资,是指企业按照"共同出资、共同经营、共担风险、共享收益"原则,直接吸收国家、法人、个人资金的一种筹资方式。吸收直接投资和发行股票等都是企业筹集权益资本的基本方式,发行股票要有股票作为媒介,而吸收直接投资的企业,资本不分为等份额,无须公开发行证券。

(一)吸收直接投资的种类

1.吸收国家直接投资

国家投资是指有权代表国家投资的部门或机构,以国家资产投入公司,这种情况下形成的资本叫国家资本。吸收国家投资一般具有以下特点:①产权归属国家;②资金的运用和处置受国家的约束较大;③在国有企业采用比较广泛。

2.吸收法人投资

法人投资是指法人单位以其依法可支配的资产投入公司,这种情况下形成的资本称为法人资本。吸收法人资本一般具有以下特点:①发生在法人单位之间;②以参与公司利润分配或控制为目的;③出资方式灵活多样。

3.吸收社会公众投资

社会公众投资是指社会个人或本公司职工以个人合法财产投入公司,这种情况下形成的资本称为个人资本。吸收社会公众投资一般具有以下特点:①参与投资的人员较多;②每人投资的数额相对较少;③以参与公司利润分配为基本目的。

（二）吸收直接投资的出资方式

1. 以货币资产出资

以货币资产出资是吸收直接投资中最重要的出资方式。企业有了货币，便可以获取其他物质资源，支付各种费用，满足企业创建时的开支和随后日常周转需要。

2. 以实物资产出资

实物出资是指投资者以房屋、建筑物、设备等固定资产和材料、商品等流动资产所进行的投资。实物投资应符合以下条件：①适合企业生产、经营、研发等活动的需要；②技术性能良好；③作价公平合理。

实物出资中实物的作价，可以由出资各方协商确定，也可以聘请专业资产评估机构确定。国有及国有控股企业接受其他企业非货币资产出资，需要委托有资格的资产评估机构进行资产评估。

3. 以土地使用权出资

土地使用权是指土地经营者对依法取得的土地在一定期限内有进行建筑、生产或其他活动的权利。土地使用权具有相对的独立性，在土地使用权存续期内，包括土地所有者在内的其他任何人和单位，不得任意收回土地和非法干预土地使用权人的经营活动。企业吸收土地使用权投资应符合以下条件：①适合企业生产、经营、研发等活动的需要；②地理、交通条件适宜；③作价公平合理。

4. 以工业产权出资

工业产权通常是指专有技术、商标权、专利权、非专利技术等无形资产。投资者以工业产权出资应符合以下条件：①有助于企业研究、开发和生产出新的高科技产品；②有助于企业提高生产效率，改进产品质量；③有助于企业降低生产消耗、能源消耗等各种消耗；④作价公平合理。

（三）吸收直接投资的优缺点

1. 优点

（1）能够尽快形成生产能力。吸收直接投资不仅可以取得一部分货币资金，而且能够直接获得所需的先进设备和技术，尽快形成生产经营能力。

（2）容易进行信息沟通。吸收直接投资的投资者比较单一，股权没有社会化、分散化，甚至有的投资者直接担任公司管理层职务，公司与投资者易于沟通。

（3）吸收投资的手续相对较为简便，筹资费用较低。

2. 缺点

（1）资本成本较高。相对于股票筹资来说，吸收直接投资的资本成本较高。当企业经营较好、盈利较多时，投资者往往要求将大部分盈余作为红利进行分配，因为企业向投资者支付的报酬是按其出资额和企业实现利润的比率来计算的。

（2）企业控制权集中，不利于企业治理。采用吸收直接投资方式筹资，投资者一般都要求获得与投资数额相对应的经营管理权。如果某个投资者的投资比例较大，则该投资者对企业经营管理就会有相当大的控制权，容易损害其他投资者的利益。

（3）不利于产权交易。吸收投入资本由于没有证券为媒介，不利于产权交易，难以进行产权转让。

➤ 三、普通股筹资

(一)股票的概念和种类

1.股票的概念

股票是股份有限公司在筹集资本时向出资人发行的、用以证明出资人的股东身份和权利，并根据持有人所持有的股份数享有权益和承担义务的凭证。它代表持股人在公司中拥有的所有权。通过发行股票来筹集资本，是股份制企业筹措权益资金的基本方式。

2.股票的种类

股份有限公司根据有关法律的规定以及筹资和投资者的需要，可以发行不同种类的股票。

(1)普通股和优先股。按股票股东享有的权利和义务不同，股票可分为普通股和优先股。

普通股是公司发行的代表着股东享有平等的权利、义务，不加特别限制，股利不固定的股票。普通股是公司最基本的股票。普通股在权利和义务方面的特点是：普通股股东享有公司经营决策的参与权；普通股股利分配在优先股之后进行，并依公司盈利情况而定；公司解散清算时，普通股股东对公司剩余财产的请求位于优先股股东之后；公司增发新股时，普通股股东具有优先认购权，可以优先认购公司所发行的股票。

优先股是公司发行的优先于普通股股东分取股利和公司剩余财产的股票。优先股股东一般不能参与公司的经营活动。

(2)记名股票和无记名股票。按票面是否记名，股票可分为记名股票和无记名股票。记名股票是在股票票面和公司的股东名册上记载股东的姓名或名称的股票。《中华人民共和国公司法》规定，公司向发起人、国家授权投资机构、法人发行的股票，为记名股票；向社会公众发行的股票，可以为记名股票，也可以为无记名股票。记名股票一律用股东本名，其转让、继承要办理过户手续。

(3)面值股票和无面值股票。按股票票面是否标明金额，股票可分为面值股票和无面值股票。面值股票是在票面上标有一定金额的股票。持有这种股票的股东，对公司享有的权利和承担义务的大小，依其所持有的股票票面金额占公司发行在外股票总面值的比例而定。无面值股票是不在票面上标出金额，只载明所占公司股本总额的比例或股份数的股票。无面值股票的价值随公司财产的增减而变动，而股东对公司享有的权利和承担义务的大小，直接依股票标明的比例而定。

(4)国家股、法人股和个人股。按投资主体的不同，股票可分为国家股、法人股、个人股等。国家股是有权代表国家投资的部门或机构以国有资产向公司投资而形成的股份。法人股是企业法人依法以其可支配的财产向公司投资而形成的股份，或具有法人资格的事业单位和社会团体以国家允许用于经营的资产向公司投资而形成的股份。个人股是社会个人或公司内部职工以个人合法财产投入公司而形成的股份。

(5)A股、B股、H股、N股和S股。按发行对象和上市地点的不同，股票可分为A股、B股、H股、N股和S股等。A股即人民币普通股票，是供中国大陆地区个人或法人买卖的，以人民币标明票面金额并以人民币认购和交易的股票。B股是指供外国和我国港澳台地区的投资者，以及我国境内个人投资者买卖的，以人民币标明面值但以外币认购和交易的股票。H股、N股和S股等是指公司注册地在中国大陆，但上市地分别在中国香港、美国纽约和新加坡交易所的股票。

(二)股票发行

股份有限公司发行股票,可以分为首次公开发行(IPO)和增发(SPO)。首次公开发行是指股份有限公司首次向社会公众公开招股,而增发是指已上市的公司额外发行股份募集资金的融资方式。股票发行涉及发行条件、发行程序、发行方式与销售方式和发行价格等方面的问题。

1.发行条件

在我国,公司公开发行股票必须满足公司法和证券法的相关规定和条件,具体包括:

(1)公司公开发行新股,必须具备健全且运行良好的组织结构;具有持续的盈利能力;最近三年财务会计报告被出具无保留意见审计报告。

(2)发行人及其控股股东、实际控制人最近三年不存在贪污、贿赂、侵占财产、挪用财产或者破坏社会主义市场经济秩序的刑事犯罪。

2.发行程序

公司初次发行股票筹资,应遵循以下程序:

(1)提出募集股份申请。

(2)公告招股说明书,制作认股书,签订承销协议和代收股款协议。

(3)招认股份,缴纳股款。

(4)召开创立大会,选举董事会、监事会。

(5)办理设立登记,交割股票。

3.发行方式与销售方式

公司发行股票筹资,应当选择适当的股票发行方式和销售方式,并恰当地制订发行价格,以便及时募足资本。

(1)股票发行方式。股票的发行方式是指公司通过何种途径发行股票,一般来说有公开间接发行和不公开直接发行两种。

①公开间接发行,是指通过中介机构,公开向社会公众发行股票。我国股份有限公司采用募集设立方式向社会公开发行新股时,须由证券机构承销的做法就属于公开间接发行。这种发行方式的发行范围广、发行对象多,易于足额募集资本。股本公开发行还有助于提高公司的知名度和扩大影响力。但这种发行方式手续繁杂,发行成本较高。

②不公开直接发行,是指不公开对外发行股票,只向少数特定的对象直接发行,因而不需要经中介机构承销。用发起设立方式成立和向特定对象募集方式发行新股的股份有限公司,向发起人和特定对象发行股票,采用直接将股票销售给认购者的自销方式。这种发行方式弹性较大,发行成本低,但发行范围小、股票变现性差。

(2)股票销售方式。股票销售方式,是指股份有限公司向社会公开发行股票时所采取的股票销售方式。股票销售方式一般有自行销售和委托销售两种方式。

①自行销售方式。股票发行的自行销售方式是指发行公司自己直接将股票销售给认购者。这种销售方式可由发行公司直接控制发行过程,实现发行意图,并可以节省发行费用;但往往筹资时间长,发行公司承担全部发行风险,并需要发行公司有较高的知名度、信誉和实力。

②委托销售方式。委托销售方式是指发行公司将股票销售业务委托给证券经营机构代理。这种销售方式是发行股票所普遍采用的。公司法规定,股份有限公司向社会公开发行股票,必须与依法设立的证券经营机构签订承销协议,由证券经营机构承销。委托销售分为包销

和代销两种具体做法。包销,是根据承销协议商定的价格,证券经营机构一次性全部购进发行公司公开募集的全部股份,然后以较高的价格出售给社会上的认购者。对发行公司来说,包销的办法可及时筹足资本,免于承担发行风险。但股票以较低价格售给承销商会损失部分溢价。代销,是证券经营机构代替发行公司销售股票,并由此获得一定的佣金,但不承担发行失败的风险。

4.发行价格的确定

发行价格的确定是发行中的重点和难点,也是决定发行成功与否的最重要因素。发行价格低,发行人的筹资需求很难满足,甚至会损害原有股东的利益;发行价格高,发行人可以用较少的股份募集较多的资金降低筹资成本,但可能影响投资者购买的热情,增加发行风险。

公司法规定股票发行价格可以等于面值(平价发行),也可以超过面值(溢价发行),但不得低于面值折价发行。普通股发行价格如表 3-3 所示。

表 3-3　普通股发行价格

形式	使用范围	优缺点
等价发行:按面值发行	新成立公司发行股票,或公司向原股东配股	容易摊销,但无从取得股票溢价收入
时价发行:公司发行新股时,以流通在外的股票的现行价格为基准来确定发行价	公开发售股票	考虑了股票的现行市场价值
中间价发行:以股票面值和股票市价的中间价作为股票的发行价	向股东配股发行股票时采用	对投资者有较大吸引力,溢价收入较少

实际操作中,发行人一般会参考公司经营业绩、账面净资产、发展潜力、行业特点、股市状态等确定发行价格。具体方法有市盈率法、市净率法、折现现金流量法等。

(三)股票上市

股票上市,是指股份有限公司公开发行的股票经批准在证券交易所进行挂牌交易。经批准在交易所上市交易的股票则被称为上市股票,股票上市的股份有限公司被称为上市公司。按照国际通行的做法,非公开募集发行的股票或未向证券交易所申请上市的非上市证券,应在证券交易所外的柜台市场上流通转让;只有公开募集发行并经批准上市的股票才能进入证券交易所流通转让。

1.股票上市目的

股份公司股票上市,一般出于以下目的:

(1)资本大众化,分散风险。股票上市后,会有更多的投资者认购公司股份,公司则可以将部分股份转让给这些投资者,再将得到的资金用于其他方面,从而分散公司的风险。

(2)提高股票的变现力。股票上市后,便于投资者买卖,自然提高了股票的流动性和变现力。

(3)便于筹措新资金。股票上市,必须经过有关机构的审查批准并接受相应的管理,执行各种信息披露和股票上市的规定,这就大大增强了社会公众对公司的信赖,使之乐于购买公司的股票。同时由于一般人认为上市公司实力雄厚,也便于公司采用其他方式筹措资金。

(4)提高公司知名度,吸引更多的顾客。股票上市公司为社会所知,并被认为经营优良,会带来良好声誉,吸引更多顾客,从而扩大销量。

(5)便于确定公司价值。股票上市后,公司股票有市价可循,便于确定公司的价值,有利于促进公司价值最大化。

当然,股票上市也会给公司带来负面影响,如公司将负担较高的信息披露成本,可能会暴露公司的商业秘密;股价有时会歪曲公司的实际状况,丑化公司声誉;可能会分散公司的控制权;等等。

2.股票上市条件

为了全面推行注册制,新《中华人民共和国证券法》修改了原法中关于证券发行上市的核准制的相关规定,新法中规定:申请证券上市交易,应当符合证券交易所上市规定的上市条件。证券交易所上市规定的上市条件,应当对发行人的经营年限、财务状况、最低公开发行比例和公司治理、诚信记录等提出要求。

(四)普通股筹资的优缺点

股份有限公司运用普通股筹集股权资本,与优先股、公司债券、长期借款等筹资方式相比,有其优点和缺点。

1.普通股筹资的优点

(1)普通股筹资没有固定的股利负担。公司有盈利,并认为适合分配股利,可以分给股东;公司盈利较少,或虽有盈利但资本短缺或有更有利的投资机会,也可以少支付或者不支付股利。而对于债券或借款的利息,不论企业是否盈利及盈利多少都必须予以支付。

(2)普通股股本没有规定的到期日,无须偿还,它是公司的永久性资本,除非公司清算才予以清偿,这对于保障公司对资本的最低需要额、促进公司持续稳定经营具有重要作用。

(3)普通股筹资的风险小。由于普通股股本没有固定的到期日,一般也不用支付固定的股利,不存在还本付息的风险。

(4)发行普通股筹集股权资本能提升公司的信誉。普通股股本以及由此产生的资本公积金和盈余公积金等,是公司筹措债务资本的基础。较多的股权资本,有利于提高公司的信用价值,同时可为利用更多的债务资本筹措提供强有力的支持。

2.普通股筹资的缺点

(1)资本成本较高。一般而言,普通股筹集的成本要高于债务资本,这主要是由于投资于普通股风险较大,相应要求较高的报酬,并且股利应从税后利润中支付,而债务筹资方式的债权人风险较小,所支付的利息允许在税前扣除。此外,普通股发行成本也较高,一般来说发行证券费用最高的是普通股,其次是优先股,再次是公司债券,最后是长期借款。

(2)利用普通股筹资,出售新股,会增加新股东,一方面可能会分散公司的控制权;另一方面,新股东对公司已积累的盈余具有分享权,会降低普通股的每股收益,从而可能引起普通股股价的下跌。

(3)如果以后增发普通股,可能会引起股票价格的波动。

➤ 四、留存收益

留存收益是从企业内部自身所创造的价值中留存起来的,主要包括法定盈余公积、任意盈余公积和未分配利润等,构成企业权益资本的一部分。留存收益是企业筹集自有资本的重要方式,也是企业一种重要的内部融资方式,可以满足企业资金需要,为企业持续发展提供稳定的资金。

留存收益筹资的优点主要有：留存收益筹资不同于外部筹资方式，基本不发生筹资费用；留存收益筹资可以使企业所有者获得税收上的利益；同时留存收益属于权益资金筹集，相应增强了企业获取信用的能力，为债权人提供了保障。

留存收益筹资的缺点是：留存收益的数量常常会受到某些股东的限制；留存收益如果过多，股利支付过少，可能会影响今后的外部筹资，也可能不利于企业股票价格的上涨。

第四节　债务性筹资

债务性筹资是指企业通过借款、发行债券和融资租赁等方式筹集的长期债务资本。债务资本的出资人是企业债权人，对企业拥有债权，有权要求企业按期还本付息。

➤ 一、银行借款

银行借款筹资是各类企业通常采用的一种债务性筹资方式。

（一）银行借款的种类

银行借款是指企业向银行等金融机构以及向其他单位借入的各种借款。借款按照不同的标准可以分为不同的种类。科学地划分借款种类，有利于企业有针对性地选择相应的借款种类，也有利于银行等金融机构加强信贷管理。

1. 银行借款按期限可分为短期借款和长期借款

短期借款是指企业向银行或其他金融机构借入的偿还期限在一年以内的各种借款。短期借款的目的主要是解决企业对资金的临时性需求，以缓解资金周转困难的压力，保证生产经营的顺利进行。

长期借款的偿还期在一年以上。长期借款的目的主要是解决企业长期资金的不足和资金需求量的增加，以满足企业对长期资金的需求。比如企业为了扩大生产规模而构建或改建固定资产、为了提高产品科技含量而增加研发支出等，这必然会增加企业对长期资金的需求，长期借款是企业筹措此类资金的一种选择。

2. 借款按提供贷款的机构可分为政策性银行贷款、商业银行贷款和其他金融机构贷款

政策性银行贷款，是执行国家政策性贷款业务的银行（通称为政策性银行）提供的贷款，通常为长期贷款。

商业银行贷款包括短期贷款和长期贷款。其中，长期贷款的一般特征为：期限长于一年；银行与企业之间要签订借款合同，含有对借款企业具体限制条件；规定的借款利率可固定，亦可随基准利率的变动而变动；主要实行分期偿还方式，一般每期偿还金额相等，也可采用到期一次偿还方式。

其他金融机构贷款一般较商业银行贷款的期限更长，要求的利率较高，对借款企业信用要求和担保的选择也比较严格。

3. 银行借款按有无担保可分为担保贷款和信用贷款

担保贷款是指以一定的财产做抵押或以一定的保证人做担保为条件而取得的借款。担保贷款按担保方式又分为保证担保贷款、抵押贷款和质押贷款。

信用贷款是指不需要任何担保的贷款，即仅凭借款企业信用而发放的贷款。信用贷款通

常仅由借款企业出具签字的文书,一般是贷给那些资信优良的企业。对于这种贷款,由于风险较高,银行通常要收取较高的利息,并附加一定的限制条件。

（二）银行借款的程序

（1）提出借款申请。企业根据筹资需求向银行提出书面申请,按银行要求的条件和内容准备资料和填写借款申请书。

（2）银行审批。银行按照有关政策和贷款条件,对借款企业进行信用调查,依据审批权限,核准公司申请的借款金额和用款计划。银行审查的主要内容包括公司的财务状况、信用情况、盈利的稳定性、发展前景、借款投资项目的可行性、抵押品或担保情况。

（3）签订合同。贷款申请获得批准后,银行与企业进一步协商贷款的具体条件,签订正式的借款合同,规定贷款的数额、利率、期限和一些约束性条款。

（4）取得借款。借款合同签订后,企业在核定的贷款指标范围内,根据用款计划和实际需要,一次或分次将贷款转入企业存款账户,以便使用。

（三）银行借款的信用条件

按照国际惯例,银行借款往往附加一些信用条件,主要有授信额度、周转信贷协议、补偿性余额等。

1. 授信额度

授信额度是借款企业与银行间正式或非正式协议规定的企业借款的最高限额。如借款人超过限额继续借款,银行将停止办理。此外,如果企业信誉恶化,银行也有权停止借款。对授信额度银行不承担法律责任,没有强制义务。

例如:银行核定某企业某一年内的信贷额度为200万元,那么该企业在这一年内如需要资金,可在限额内向银行申请借款,但累计的借款数额不能超过核准的授信额度200万元。银行并不承担提供全部信贷限额的义务。

2. 周转信贷协议

周转信贷协议是指银行具有法律义务地承诺提供不超过某一最高限额的贷款协定。在协定的有效期内银行必须满足企业在任何时候提出的借款要求。企业享用周转信贷协议必须对贷款限额的未使用部分向银行付一笔承诺费。银行对周转信贷协议负有法律业务。

【例3-2】新星公司与银行协定的信贷额度是1 000万元,承诺费率为1%,企业年度内使用了700万元（使用时间为一整年）。企业应向银行支付多少承诺费?

企业应向银行支付承诺费＝（1 000－700）×1%＝3（万元）

3. 补偿性余额

补偿性余额是指银行要求借款人在银行中保留借款限额或实际借款额的一定百分比计算的最低存款余额。银行通常都有这种要求,目的是降低银行贷款风险,提高贷款的有效利率,以补偿银行的损失。企业在使用资金的过程中,通过资金在存款账户的进出,始终保持一定的补偿性余额在银行存款的账户上。这实际上增加了借款企业利息,提高了借款的实际利率,加重了企业财务负担。

【例3-3】新星公司按利率8%向银行借款100万元,银行要求保留15%的补偿性余额。求该笔借款的实际利率。

实际利率＝（100×8%）÷[100×（1－15%）]＝9.41%

（四）企业对贷款银行的选择

企业除了考虑借款种类、借款成本等因素外，还需对贷款银行进行分析，做出选择。对贷款银行的选择，通常要考虑以下几个方面。

1. 银行对贷款风险的政策

银行通常都对其贷款的风险做出政策性的规定。有些银行倾向于保守政策，只愿意承担较小的贷款风险；而有些银行则富有开拓性，敢于承担较大的风险。这与银行的实力和环境有关。

2. 银行与借款企业的关系

银行与借款企业现存关系，是由以往借贷业务形成的。一个企业可能与多家银行有业务往来，这种关系的亲密程度不同。当借款企业面临财务困难时，有的银行可能大力支持，帮助企业渡过难关；而有的银行可能会施加更大的压力，迫使企业偿还贷款，或付出高昂的代价。

3. 银行为借款企业提供的咨询与服务

有些银行会主动帮助借款企业分析潜在的财务问题，提出解决问题的建议和办法，为企业提供咨询与服务，同企业交流有关信息，这对借款企业具有重要的参考价值。

4. 银行对贷款专业化的区分

一般而言，大多银行都设有不同类别的部门，分别处理不同行业的贷款，如工业、商业、农业，这种专业化的区分会影响不同行业的企业对银行的选择。

（五）借款合同的内容

借款合同是规定借贷当事人各方权利和义务的契约。借款企业提出的借款申请经贷款银行审查认可后，双方即可在平等协商的基础上签订借款合同。借款合同依法签订后，即具有法律约束力，借贷当事人各方必须遵守合同条款，履行合同约定的义务。

1. 基本条款

根据我国有关法规，借款合同具备下列基本条款：①借款种类；②借款用途；③借款金额；④借款利率；⑤借款期限；⑥还款资金来源及还款方式；⑦保证条款；⑧违约责任等。

其中，保证条款是规定借款企业申请借款应具有银行规定比例的自有资本，若有适用的财产物资做贷款保证，当借款企业无力偿还到期贷款时，贷款银行有权处理作为贷款保证的财产物资；必要时还可规定保证人，保证人必须具有足够代偿借款的财产，当借款企业不履行合同时由保证人承担偿付本息的连带责任。

2. 限制条款

除合同的基本条款外，按照国际惯例银行对借款企业通常都约定一些限制性条款，主要有三类。①一般限制条款。它主要包括：企业需持有一定额度的现金及其他流动资产，以保持其资产的合理流动性及支付能力；限制企业支付现金股利；限制企业资本支出的规模；限制企业借入其他长期资金等。②例行性限制条款。多数借款合同都有这类条款。它一般包括：企业定期向银行报送财务报表；债务到期要及时偿付；不能出售太多的资产；禁止应收账款的转让等。③特殊性限制条款。例如：不准企业投资于短期内不能收回资金的项目；要求企业主要领导人购买人身保险；要求贷款专款专用等。限制条款，只在特殊情形下才生效。

（六）银行借款筹资的优缺点

1. 银行借款的优点

（1）借款筹资速度较快。企业利用银行借款筹资，一般所需时间较短，程序较为简单，可以快速获得现金。而发行股票、债券等筹集资金方式,须做好发行前的各种工作,发行也需一定时间,故耗时较长,程序复杂。

(2)借款资本成本较低。利用借款筹资,其利息可在所得税前列支,故可减少企业实际负担的成本,因此比股票筹资的成本要低得多;与债券相比,借款利率一般低于债券利率;此外,由于借款属于间接筹资,因此筹资费用也相对较少。

(3)借款筹资弹性较大。在借款时企业与银行直接商定贷款的时间、数额和利率等;在用款期间,企业如因财务状况发生某些变化,亦可与银行再行协商,变更借款数额及还款期限等,因此对企业而言,银行借款筹资具有较大的灵活性。

(4)企业利用借款筹资,与债券筹资一样,可以发挥财务杠杆的作用。

2.银行借款的缺点

(1)借款筹资风险较大。借款通常有固定的利息负担和固定的偿付期限,故借款企业筹资风险较大。

(2)借款筹资限制条件较多。这可能会影响到企业以后的筹资和投资活动。

(3)借款筹资数量有限。它一般不像股票、吸收直接投资那样可以一次筹集到大笔资金。

二、发行债券

债券是债务人为筹集债务资本而发行的,约定在一定期限内向债权人还本付息的有价证券。发行债券是企业筹集债务资本的重要方式。按照我国公司法和国际惯例,我国非公司企业发行的债券称为企业债券,股份有限公司和有限责任公司发行的债券称为公司债券。公司发行债券通常是为其大型投资项目一次筹集大笔长期资金。

(一)债券分类

1.记名债券和不记名债券

按发行方式的不同,公司债券可以分为记名债券和无记名债券。记名债券是指发行债券时发行公司保留一份标有债券持有者姓名和地址记录的债券。当债券的持有者变更时,发行公司及时更改记录。到付息日时,发行公司根据记录中的名单支付利息。无记名债券也称息票债券,即在发行公司信托管理人那里不保留债券持有者的名单,但在公司债券上附有息票,债券持有者凭息票领取利息,凭到期债券收取本金。

2.担保债券和无担保债券

按有无担保,公司债券可分为担保债券和无担保债券。担保债券以被抵押的特定财产作为发行债券的保证。当债券发行公司违约时,债权人就可以将抵押财产变卖,而后支付债券持有者的欠款。无担保债券,又称信用债券,是指没有抵押财产作为保证的债券,其发行完全凭公司的信用。由于这种债券的风险较大,利率一般较高,一般来说,只有声誉卓著和前景乐观的公司,才有可能成功地发行这种公司债券。

3.固定利率债券和浮动利率债券

按利率是否变动,公司债券可分为固定利率债券与浮动利率债券。固定利率债券的利率在发行债券时既已确定,并载于债券券面。浮动利率债券的利率在发行债券之初不固定,而是根据有关利率如银行存款利率等加以确定。

4.不可转换债券和可转换债券

按照债券是否可转换为股权,公司债券可分为不可转换债券和可转换债券。不可转换债券是指在债券存续期内不可以转换为公司股票的债券,大多数公司债券属于这种类型。可转换债券是指债券持有者在规定时间内可以将债券按规定价格转换为发债公司的股票,这种债券在发行时,对转换为股票的价格和比例都做了详细的规定。

此外,为了更灵活地运用资金,公司通常发行一种可以提前收回的债券即可收回债券。如果公司预期在将来可以按低于原先发行债券的利率筹集资金时,发行这种债券无疑是可取的。

(二)发行债券的资格与条件

1.发行债券的资格

根据《中华人民共和国公司法》的规定,股份有限公司、国有独资公司和两个以上的国有企业或者其他两个以上的国有投资主体投资设立的有限责任公司,具有发行公司债券的资格。

2.发行债券的条件

根据《中华人民共和国证券法》的相关规定,公开发行公司债券,应当符合下列条件:

(1)具备健全且运行良好的组织机构;

(2)最近三年平均可分配利润足以支付公司债券一年的利息;

(3)国务院规定的其他条件。

公开发行公司债券筹集的资金,必须按照公司债券募集办法所列资金用途使用;改变资金用途,必须经债券持有人会议作出决议。此外,公开发行格式债券筹集的资金,不得用于弥补亏损和非生产性支出。

有下列情形之一的,不得再次公开发行公司债券:

(1)对已公开发行的公司债券或者其他债务有违约或者延迟支付本息的事实,仍处于继续状态;

(2)违反《中华人民共和国证券法》规定,改变公开发行公司债券所募集资金的用途。

(三)发行债券的程序

公司发行债券需要遵循一定的程序,办理有关手续。

(1)做出发行决议。股份有限公司、有限责任公司发行债券,由董事会制订方案,股东会做出决议;国有独资公司发行债券,由国家授权投资的机构或国家授权的部门做出决议。决议的内容主要包括发行总额、票面金额、利率、发行价格、偿还期限等。

(2)提出发行申请。按照公司申请发行债券,由国务院证券管理部门批准。公司申请应提交公司登记证明、公司章程、公司债券募集办法等有关文件。

(3)公告募集办法。发行公司债券经批准后,应当公告募集办法。募集办法应当载明公司名称、债券总额和票面金额、债券利率、还本付息的期限和方式、债券发行的起止日期、公司净资产额、已发行尚未到期的公司债券总额、债券的承销机构等。

(4)发行债券。公募间接发行是各国通行的公司债券发行方式,在这种发行方式下发行公司与承销团签订承销协议,承销团由数家证券公司或投资银行组成,承销方式与发行股票一样,有代销和包销两种。

(5)收缴债券款,登记债券存根簿。公司发行债券应当在规定的时间结束,公开发行债券应当在截止日期后向承销机构收缴债券款项,同时在公司债券存根簿上登记。

(四)发行价格

债券的发行价格是债券发行时使用的价格,即投资者购买债券时所支付的价格。它与债券的面值可能一致也可能不一致。影响债券发行价格的因素有以下几个：

(1)债券面值。债券面值即债券票面上标明的金额,是影响债券发行价格的基本因素。面值越大,发行价格越高;反之,则低。

(2)票面利率。票面利率可分为固定利率和浮动利率两种。一般地,企业应根据自身资信情况、公司承受能力、利率变化趋势、债券期限长短等决定选择何种利率形式与利率的高低。一般来说,票面利率越高,发行价格就越高;反之,则低。

(3)债券期限。期限越长,债权人的风险越大,债券的发行价格与面值的差距越大;反之,则小。因此,越接近到期日,债券的价格越接近面值。

(4)市场利率。债券发行时的市场利率是衡量债券票面利率高低的参照系,两者往往不一致,因此共同影响债券的发行价格。一般而言,债券的市场利率越高,债券的发行价格越低;反之,越高。

债券的面值、票面利率、期限在债券发行前已参照市场利率和发行公司的具体情况确定下来,一并记载于债券之上。但在发行债券时已确定的票面利率不一定与当时的市场利率一致,为了协调债券购销双方在债券利息上的利益,就要调整发行价格,即当票面利率高于市场利率时,溢价发行债券;当票面利率低于市场利率时,以折价发行债券;当票面利率与市场利率一致时,则以平价发行债券。理论上债券发行价格是债券的面值和要支付的年利息按发行当时的市场利率折现的现值。计算公式为

$$P = \sum_{i=1}^{n} \frac{I_t}{(1+K)^t} + \frac{K}{(1+K)^n} \qquad (3-3)$$

式中,P 为债券发行价格;I_t 为第 t 期支付的利息;F 为债券到期本金;K 为市场利率;n 为债券期限。

【例3-4】新星公司发行面额为 100 元、票面利率为 10%、期限 10 年的债券,每年末付息一次。其发行价格可分为以下三种情况来分析测算。

(1)如果市场利率为 10%,与票面利率一致,该债券属于平价发行。其发行价格为

$$\sum_{t=1}^{10} \frac{10}{(1+10\%)^{10}} + \frac{100}{(1+10\%)^{10}} = 100(元)$$

(2)如果市场利率为 8%,低于票面利率,该债券属于溢价发行。其发行价格为

$$\sum_{t=1}^{10} \frac{10}{(1+8\%)^{10}} + \frac{100}{(1+8\%)^{10}} = 113.4(元)$$

(3)如果市场利率为 12%,高于票面利率,该债券属于折价发行。其发行价格为

$$\sum_{t=1}^{10} \frac{10}{(1+12\%)^{10}} + \frac{100}{(1+12\%)^{10}} = 88.7(元)$$

由此可见,在债券的票面金额、票面利率和期限一定的情况下,发行价格因市场利率的不同而有所不同。

(五)债券信用评级

债券评级最早于 20 世纪初产生于美国,现在各国都有其相应的信用评级机构。在美国主要的债券评级机构有标准·普尔公司、穆迪投资服务公司、惠誉国际信用评级有限公司等。

公司发行债券,一般要经独立的信用评级机构评级,以反映该债券的风险程度。债券等级对公司很重要。首先,债券等级是债券风险的指示器,债券等级对债券利率和公司的资本成本有着直接的、显著的影响;其次,公司债券等级的变化对公司长期资本的借款能力以及这些资

本的成本有着举足轻重的影响。债券评级机构要定期检查市场流通的债券。因此,在考虑发行债券筹资时,财务经理必须认真对待预期的债券等级。

不同的国家,对债券的评级不尽相同,即使同一国家内的不同评级机构,其评级也不相同。但总的来说,债券等级取决于:①公司违约的可能性;②公司违约时,贷款合同所能提供给债权的保护等。下面以美国标准·普尔公司和穆迪投资服务公司提供的债券等级分类为例说明,如表3-4所示。

表3-4　债券信用评价等级

标准·普尔公司		穆迪投资服务公司	
AAA	最高级	Aaa	最高质量
AA	高级	Aa	高质量
A	中上级	A	中上质量
BBB	中级	Baa	中下质量
BB	中下级	Ba	具有投机因素
B	投机级	B	通常不值得正式投资
CCC	完全投机级	Caa	可能违约
CC	最大投机级	Ca	高投机性,经常违约
C	规定盈利付息但未能盈利付息	C	最低级

(六)债券筹资的优缺点

1.债券筹资的优点

(1)债券筹资成本较低。与股票的股利相比,债券的利息允许在所得税前支付,发行公司可享受节税利益,故公司实际负担的债券成本一般低于股票成本。

(2)债券筹资可以发挥财务杠杆的作用。不论发行公司的盈利多少,债券持有人一般只收取固定的利息,而更多的利润可分配给股东或留用公司经营,从而增加股东和公司的财富。

(3)债券筹资能够保障股东的控制权。债券持有人无权参与发行公司的管理决策,因此,公司发行债券不像增发新股那样可能会分散股东对公司的控制权。

(4)融资具有一定的灵活性。公司可根据自身的融资要求,结合资金市场的实际情况,确定债券的利率、发行价格、偿还期限和偿还方式。

2.债券筹资的缺点

(1)债券有固定的到期日,并须定期支付利息,发行公司必须承担按期还本付息的义务,在公司经营不景气时,亦须向债券持有人还本付息,这会给公司带来更大的财务困难,甚至导致破产。

(2)债券筹资的限制条件较多,发行债券的限制条件一般要比长期借款、租赁筹资的限制条件多且严格,从而限制了公司对债券筹资方式的使用,甚至会影响公司以后的筹资能力。

(3)债券投资的数量有限。公司利用债券筹资一般受一定额度的限制,多数国家对此都有规定。

三、融资租赁

融资租赁筹资是一种特殊的筹资方式,适用于各类企业。

(一)租赁的含义与分类

1.租赁的含义

租赁是出租人以收取租金为条件,在契约或合同规定的期限内,将资产租借给承租人使用的一种经济行为。租赁行为在实质上具有借贷属性,但其直接涉及的是物而不是钱。在租赁业务中,出租人主要是各种专业租赁公司,承租人主要是其他各类企业,租赁物大多为设备等固定资产。

租赁活动由来已久,现代租赁已经成为企业筹集资金的一种重要方式,用于弥补或部分代替其他筹资方式。在租赁业务发达的条件下,它为企业所普遍采用,是企业筹资的一种特殊方式。

2.租赁的种类及特点

现代租赁的种类很多,通常按性质分为经营租赁和融资租赁两大类。

(1)经营租赁。经营租赁,又称营运租赁、服务租赁,是由出租人向承租企业提供租赁设备,并提供设备维修保养和人员培训等的服务性业务。经营租赁通常为短期租赁。承租企业采用经营租赁的目的主要不是融通资本,而是获得设备的短期使用以及出租人提供的专门技术服务。从承租企业无须先筹资再购买设备即可享有设备使用权的角度来看,经营租赁也有短期筹资的功效。

经营租赁的特点主要有:①承租企业根据需要可随时向出租人提出租赁资产;②租赁期较短,不涉及长期而固定的义务;③在设备租赁期内,如有新设备出现或不需用租入设备时,承租企业可按规定提前解除租赁合同,这对承租企业比较有利;④出租人提供专门服务;⑤租赁期满或合同终止时租赁设备由出租人收回。

(2)融资租赁。融资租赁又称资本租赁、财务租赁,是由租赁公司按照承租人企业要求融资购买设备,并在契约或合同规定的较长期限内提供给承租企业使用的信用性业务,是现代租赁的主要类型。承租企业采用融资租赁的主要目的是融通资本。一般融资的对象是资本,而融资租赁集融资与融物于一身,具有借贷的性质,是承租企业筹集长期借入资本的一种特殊方式。

融资租赁通常为长期租赁,可满足承租企业对设备的长期要求,故有时也称为资本租赁。其主要特点有:①一般由承租企业向租赁公司提出正式申请,由租赁公司融资购进设备租给承租企业使用;②租赁期限较长,大多为设备使用年限的一半以上;③租赁合同比较稳定,在规定的租期内非经双方同意任何一方不得中途解约,有利于维护双方的利益;④由承租企业负责设备的维修保养和投保事宜,但无权自行拆卸改装;⑤租赁期满时,按事先约定的办法处置设备,一般有续租、留购或退还三种选择,通常由承租企业留购。

(二)融资租赁的方式

融资租赁按其业务的不同特点,可细分为不同具体方式。

1.直接租赁

直接租赁是融资租赁的主要形式,即承租方提出租赁申请时,出租方按照承租方的要求选购,然后再出租给承租方。

2. 售后租赁

售后租赁是指承租方由于急需资金等各种原因,将自己的资产售给出租方,然后以租赁的形式从出租方收回资产的使用权。

3. 杠杆租赁

杠杆租赁是指涉及承租人、出租人和资金出借人三方的融资租赁业务。一般来说,当所涉及的资产价值昂贵时,出租方自己只投入部分资金,通常为资产价值的 20%～30%,其余资金则通过将该资产以抵押担保的方式向第三方(通常为银行)申请贷款解决。然后租赁公司将购进的设备出租给承租方,用收取的租金偿还贷款,该资产的所有权属于出租方。出租人既是债权人也是债务人,如果出租人到期不能按期偿还借款,资产所有权则转移给资金的出借方。这种融资租赁形式,由于租赁收益一般大于借款成本支出,出租人可获得财务杠杆利益,故被称为杠杆租赁。

(三)融资租赁租金的计算

在融资租赁筹资方式下,承租企业须按合同规定支付租金。租金的数额和支付方式对承租企业未来财务状况具有直接的影响,因此是租赁筹资决策的重要依据。

1. 决定租金的因素

融资租赁每期支付租金的多少,主要取决于以下几个因素:①租赁设备的购置成本。它包括设备的买价、运杂费和途中的保险费等。②预计租赁设备的残值。它是指设备租赁期满时预计残值的变现净值。③利息。利息是指租赁公司为承租企业购置设备融资而应既得的利息。④租赁手续费。租赁手续费包括租赁公司承办租赁设备的营业费用以及一定的盈利。租赁手续费的高低一般无固定标准,通常由承租企业与租赁公司协商确定,按设备成本的一定比例计算。⑤租赁期限。一般而言,租赁的期限长短会影响租金总额,进而影响到每期租金的数额。⑥租金的支付方式。租金的支付方式影响每期租金的多少。一般而言,租金的支付次数越多,每次的支付额越小。支付租金的方式也有很多种:按支付间隔期,分为年付、半年付、季付和月付;按在期初还是期末支付分为先付和后付;按每次是否等额支付,分为等额支付和不等额支付。在实务中,承租企业和租赁公司商定的租金支付方式大多为后付等额年金。

2. 融资租赁租金的测算方法

目前,国际上流行的租金计算方法主要有平均分摊法、等额年金法、附加利率法、浮动利率法。在我国融资租赁实务中,大多采用平均分摊法和等额年金法。

(1)平均分摊法。平均分摊法是指先以商定的利息率和手续费率计算出租赁期间的利息和手续费,然后连同设备成本按支付次数平均。这种方法没有考虑时间价值因素。每次应付租金的计算公式可表示为

$$A = \frac{(C-S)+F+I}{N} \tag{3-4}$$

式中,A 表示每次支付的租金;C 表示租赁设备购置成本;S 表示租赁设备预计残值;I 表示租赁期间利息;F 表示租赁期间手续费;N 表示租期。

【例3-5】新星公司于 2019 年 1 月 1 日从租赁公司租入一套设备价值 50 万元,租期为 5 年,预计租赁期满时的残值为 1.5 万元,归租赁公司,年利率为 9%,租赁手续费率为设备价值的 2%,租金每年末支付一次,则该套设备租赁每次支付的租金为多少?

$$A = \frac{(50-1.5)+50 \times 2\% + [50 \times (1+9\%)^5 - 50]}{5} = 15.29(万元)$$

（2）等额年金法。等额年金法是指运用年金现值的计算原理测算每期应付租金的方法。在这种方法下通常以资本成本率作为折现率。

根据本书第二章后付年金现值的计算公式，经推导可得到后付等额租金方式下每年末支付租金的计算公式为

$$A = \frac{P_n}{(P/A,i,n)} \tag{3-5}$$

式中，A 表示每年支付的租金；P_n 表示等额租金现值，即年金现值；$(P/A,i,n)$ 表示等额租金现值系数；n 表示支付租金期数；i 表示资本成本率。

【例 3-6】根据例 3-5 资料，假设设备残值归属承租企业，资本成本率为 11％，则承租企业每年末支付的租金为

$$A = \frac{50}{(P/A,11\%,5)} = 13.53（万元）$$

如果为先付等额租金方式，则每年初支付的租金为

$$A = \frac{50}{(P/A,11\%,4)+1} = 12.19（万元）$$

（四）融资租赁筹资的优缺点

1. 融资租赁的优点

（1）在资金缺乏情况下，能迅速获得所需资产。融资租赁集"融资"与"融物"于一身，融资租赁使企业在资金短缺的情况下引进设备成为可能。对于中小企业、新创企业而言，融资租赁是一条重要的融资途径。有时大型企业对于大型设备、工具等固定资产，也需要通过融资租赁解决巨额资金的需要，如商业航空公司的飞机，大多是通过融资租赁取得的。

（2）财务风险小，财务优势明显。融资租赁与购买的一次性支出相比，能够避免一次性支付的负担，而且租金支出是未来的、分期的，企业无须一次筹集大量资金偿还。还款时，租金可以通过项目本身产生的收益来支付，是一种基于未来的"借鸡生蛋，生蛋还钱"的筹资方式。

（3）融资租赁的限制条件比较少。企业运用股票、债券、银行借款等筹资方式，都受到相当多的资格条件的限制，如足够的抵押品、影响贷款的信用标准、发行债券的政府管制等。相比之下，租赁筹资的限制条件很少。

（4）租赁能延长资金融通的期限。通常为设备而贷款的借款期限比该资产的物理寿命要短得多，而租赁的融资期限却可以接近其全部使用寿命期限；并且其金额随设备价款金额而定，并无融资额度的限制。

（5）避免设备陈旧过时的风险。随着科学技术的不断进步，设备陈旧过时的风险很高，而多数租赁协议规定此种风险由出租人承担，承租企业可以免受这种风险。

（6）租赁的租金费用允许在所得税前扣除，承租企业能够享受节税利益。

2. 融资租赁的缺点

融资租赁也有其不足之处，主要是：租赁筹资的成本较高，租金总额通常要比设备价值高出 30％，尽管与借款方式比，融资租赁能够避免到期一次性集中偿还的财务压力，但高额的固定租金也给各期的经营带来了分期的负担；承租企业在财务困难时期，支付固定的租金也将成为一项沉重的负担；另外，租赁筹资方式如不能享有设备残值，也可视为企业一种机会成本。

➢ 四、商业信用

商业信用是由商品交易中钱与货在时间上的分离而产生的。它产生于银行信用之前，但银行信用出现之后，商业信用依然存在。

(一)商业信用的含义

商业信用是指商品交易中的延期付款或延期交货所形成的借贷关系,是企业之间的一种直接信用关系。它产生于商品交换之中,是所谓的"自然性融资",在企业运用广泛,在短期负债筹资中占有相当大的比重。

(二)商业信用的条件

信用条件是指销货人对付款时间和现金折扣所做的具体规定,通常包括信用期限、现金折扣和折扣期限。

信用期限即企业允许客户从购货到付款之前的时间,或者说企业给予客户的付款时间;现金折扣是指企业为了鼓励客户提前还款,企业早日收回货款,而给予客户一定的价格优惠;折扣期限是指规定客户享受现金折扣的付款时间。如"2/10,n/30"便属于一种信用条件,其含义是允许客户在 30 天内付款,则信用期限为 30 天;如果客户购买商品后 10 天付款,可享受 2%的现金折扣。

(三)商业信用的形式

早在简单的商品生产条件下,就已经出现赊销赊购现象,到了商品经济发达的资本主义社会,商业信用得到广泛发展,赊购赊销成为一种最典型、最常见的商业信用形式。其后随商品经济的进一步发展,继而出现了预收货款的形式,在这种形式下,卖方要先向买方收取货款,但要延迟到一定时期以后交货,这等于卖方向买方先借一笔资金,是另一种典型的商业信用形式。我国商业信用的推行正日益广泛,形式多样,主要有以下几种形式。

1. 应付账款

应付账款是企业赊购货物而形成的债务,它可以满足短期的资金需求。在这种销售方式下,买方无须签署任何形式正式契约作为债务的依据,而采用这种方式的前提是卖方对买方的充分信任。一般来说,卖方往往规定一定信用条件,以便促使买方按期付款或提前付款。

(1)应付账款成本。

①免费信用。

免费信用即买方在规定的付款期付款或在规定的现金折扣期内享受折扣而获得的信用。例如:甲公司以"2/20,n/60"的信用条件从乙公司买入货款为 30 000 元的原材料。如果甲公司在 20 天内付款,则可以获得最长为 20 天的免费信用。其享受的折扣数额为 30 000×2%=600(元),其免费信用额为 30 000−600=29 400(元)。

②放弃现金折扣成本。

如果买方企业购买货物后未能在折扣期内付款,即放弃折扣,在折扣期内付款但不超过信用期付款,该企业便要承受因放弃折扣而造成的隐含利息成本。放弃现金折扣的成本如下:

$$放弃折扣成本 = \frac{CD}{1-CD} \times \frac{360}{N} \qquad (3-6)$$

式中,CD 为现金折扣率;N 为延长付款期限。

公式表明,放弃现金折扣的成本与折扣百分比的大小、折扣期的长短同方向变化,与享受信用期的长短反方向变化。可见,如果买方企业放弃折扣而获得信用,其代价是较高的。然而,企业在放弃折扣的情况下,推迟付款的时间越长,其成本就会越小。

【例 3−7】新星公司拟以"2/10,n/30"的信用条件购买一批价值 10 000 元的原材料,则该信用条件下放弃现金折扣的成本为多少?

$$放弃折扣成本＝\frac{2\%}{1-2\%}×\frac{360}{20}＝36.73\%$$

（2）现金折扣决策。

企业是否放弃现金折扣，通常应将放弃现金折扣的成本与短期融资的成本相比较。如果短期融资成本低于放弃现金折扣成本，买方就不应该放弃卖方提供的折扣优惠，因为买方可通过其他融资渠道筹集到成本较低的资金，来提前支付这笔款项，以享受现金折扣带来的好处；反之，则应放弃折扣。

买方是否放弃现金折扣，其决策原则归纳如下：如果放弃现金折扣的成本大于短期融资成本，则应选择在折扣期内付款；如果放弃现金折扣的成本小于短期融资成本，则应选择在信用期内付款。

2. 应付票据

应付票据是企业进行延期付款商品交易时开具的反映债权债务关系的票据。根据承兑人的不同，应付票据分为商业承兑汇票和银行承兑汇票两种，支付期最长不超过 6 个月。应付票据可以带息，也可以不带息。应付票据的利率一般比银行借款的利率低，且不用保持相应的补偿余额和支付协议费，所以应付票据的筹资成本低于银行的借款成本。但是应付票据到期必须偿还，如若延期便要交付罚金，因而风险较大。

3. 预收账款

预收账款是卖方企业在交付货物之前向买方预先收取部分或全部货款的信用形式。对于卖方来讲，预收货款相当于向买方借用资金后用货物抵偿。预收账款一般用于生产周期长、资金需要量大的货物销售，如轮船、飞机等。此外，企业往往还存在一些非商品交易中产生但亦为自发性筹资的应付费用，如应付职工薪酬、应交税费、其他应付款等。应付费用使企业收益在前、费用支付在后，相当于享用了收款方的借款，一定程度上缓解了企业资金需求。应付费用的期限具有强制性，不能由企业自由斟酌使用，但通常不花费代价。

（四）商业信用筹资的优缺点

1. 商业信用筹资的优点

作为一种比较常用的短期筹资方式，商业信用筹资的优点主要有以下几点：

（1）筹资便利。因为商业信用与商品买卖同时进行，属于一种自然性融资，不用进行非常正规的安排，而且不需办理手续，一般也不附加条件，使用比较简便。

（2）筹资成本低。如果没有现金折扣，或企业不放弃现金折扣，则利用商业信用筹资没有实际成本。

（3）限制条件少。如果企业利用银行借款筹资，银行往往对贷款的使用规定一些限制性条件，而商业信用则限制较少。

2. 商业信用筹资的缺点

（1）筹资期限短。商业信用的时间一般较短，尤其是应付账款，不利于公司对资本的统筹运用，如果拖欠，则有可能导致公司信用地位和信用等级下降。

（2）放弃现金折扣成本高。如果放弃现金折扣，则公司会付出较高的资本成本；但若享受现金折扣，则付款时间会更短。

（3）信用风险高。在法制不健全的情况下，若公司缺乏信誉，容易造成公司之间相互拖欠，影响资金运转。

第五节 混合性筹资

混合性筹资通常包括优先股筹资和可转换债券筹资、认股权证筹资等。

一、优先股筹资

优先股股票简称优先股,是公司发行的相对于普通股具有一定优先权的股票。

(一)优先股的特点

优先股是相对于普通股而言的,是较普通股具有某些优先权利,同时也受到一定限制的股票。优先股的含义主要体现在"优先权利"上,包括优先分配股利和优先分配公司剩余财产。具体的优先条件须由公司章程予以明确规定。

优先股与普通股具有某些共性,如优先股亦无到期日,公司运用优先股所筹资本亦属于股权资本。但是,它又具有公司债券的某些特征。因此,优先股被视为一种混合性证券。

与普通股相比,优先股主要具有如下特征:

(1)优先分配固定的股利。优先股股东通常优先于普通股股东分配股利,且其股利一般是固定的,受公司经营状况和盈利水平的影响较小。所以,优先股类似固定利息的债券。

(2)优先分配公司的剩余财产。当公司因解散、破产等进行清算时,优先股股东将优先于普通股股东分配公司的剩余财产。

(3)优先股股东一般无表决权。在公司股东大会上,优先股股东一般没有表决权,通常也无权参与公司的经营管理,仅在涉及优先股股东的利益问题时享有表决权。因此,优先股股东不大可能控制整个公司。

(4)优先股可由公司赎回。发行优先股的公司,按照公司章程的有关规定,根据公司的需要,可以一定的方式将所发行的优先股购回,以调整公司的资本结构。

(二)优先股的种类

根据优先股所包含的优先权利不同,优先股又可分为不同的类别。

(1)按股利能否累积,优先股可分为累积优先股和非累积优先股。

累积优先股是指公司以前年度未支付的股利可以累积计算,由以后年度的利润补足付清的优先股。累积优先股的特点在于,股利率固定,并可累积计算。因此,累积优先股可以保证优先股股东有稳定的股利收入。多数情况下,优先股均为累积优先股。

非累积优先股是指公司以前年度未支付的股利不可以累积计算,不可以由以后年度的利润来补足付清的优先股。其特点在于股利率固定,但只限于在本经营年度内分取。

(2)按能否参与剩余利润分配,优先股可分为参与优先股和非参与优先股。

参与优先股是指当公司盈利较多时,不仅按规定分得固定股利,还能够与普通股一道参与分得额外股利的优先股。在公司章程中,参与分享额外收益的条款较少提供。

非参与优先股是指只能获得事先规定股利的股票,是优先股的一般形式。

(3)按是否有赎回优先股的权利,优先股可分为可赎回优先股和不可赎回优先股。

可赎回优先股是指股份有限公司出于减轻股利负担或调整资本结构的目的,可按规定以一定价格赎回的优先股。

不可赎回优先股是指在有关合同条款中，没有赋予公司以某一价格或方式收回优先股权利的股票。公司如果要收回此类优先股股票，只能在证券市场上按市价收购，或者以其他证券调换优先股股票。

(三)发行优先股的动机

股份有限公司发行优先股，筹集股权资本只是其目的之一。由于优先股有其特性，因此公司发行优先股往往还有其他动机。

(1)防止公司股权分散化。由于优先股股东一般没有表决权，发行优先股就可以避免公司股权分散，保障公司的原有控制权。

(2)调剂现金余缺。公司在需要现金时发行优先股，在现金充足时将可赎回的优先股购回，从而调整现金余缺。

(3)改善资本结构。公司在安排债务资本与股权资本的比例关系时，可较为便利地利用优先股的发行与转换来进行调整。

(4)维持举债能力。公司发行优先股，有利于巩固股权资本的基础，维持乃至增强公司的举债能力。

(四)优先股筹资的优缺点

1.优先股筹资的优点

(1)优先股一般没有固定的到期日，不用偿付本金。发行优先股筹集资本，实际上相当于得到一笔无期限的长期贷款，公司不承担还本义务，也无须再做筹资计划。

(2)优先股筹资有利于增加公司财务的弹性。对可赎回优先股，公司可在需要时按一定价格购回，这就使得利用这部分资金更具有弹性。在财务状况较差时发行优先股，又在财务状况好转时购回，有利于结合资本需要加以调剂，同时也便于掌握公司的资本结构。

(3)股利的支付既固定又有一定的灵活性。对固定股息的支付并不构成法定义务，因此，支付股息可以根据公司的盈利情况适当加以调整，不会像偿还债务额本息那样到期非履行不可。在付不出优先股股息时，可以拖欠，不会进一步加剧公司资本周转的困难。

(4)保持公司的控制权。由于优先股股东一般没有表决权，因此，公司原有股东的控制权不会旁落。所以发行优先股不会引起普通股股东的反对，从而采用此种方式筹资可顺利进行。当使用债务筹资风险很大、利率很高，而发行普通股又会引起控制权被稀释的可能性时，采用优先股筹资不失为一种最理想的筹资方式。

(5)从法律上讲，优先股股本属于股权资本，发行优先股筹资能够增强公司的股权资本基础，提高公司的举债能力。

2.优先股筹资的缺点

(1)筹资成本较高。优先股的资本成本虽低于普通股，但一般高于债券。

(2)可能形成较重的财务负担。优先股要求支付固定股利，但不能税前扣除，当盈利下降时，优先股的固定股息可能会成为公司一项较重的财务负担，有时不得不延期支付，从而影响公司的形象。

(3)优先股筹资的制约因素较多。例如，为了保证优先股的固定股利，当企业盈利不多时，普通股就可能分不到股利。

➤ 二、可转换债券筹资

可转换债券是公司债券的一种,是可以在特定时间、按特定条件转换为普通股票的特殊企业债券。

(一)可转换债券的性质

1. 债权性质

可转换债券首先是一种公司债券,是固定收益证券,具有确定的债券期限和定期利率,这一方面为可转换债券投资者提供了稳定的利息收入和还本保证,因此可转换债券具有较充分的债权性质;但另一方面也意味着可转换债券持有人虽可以享有还本付息的保障,但与股票投资者不同,他不是企业拥有者,不能获得股票红利,不能参与公司决策。

2. 股票期权性质

可转换债券为投资者提供了转换成股票的权利,这种权利具有选择权。也就是投资者既可以行使转换权,将可转换债券转换成股票;也可以放弃这种转换权,持有债券到期。也就是说,可转换债券包含了股票买入期权的特征,投资者通过持有可转换债券可以获得股票上涨的收益。因此,可转换债券是股票期权的衍生,往往将其视为期权类的二级金融衍生产品。

由此可见,可转换债券具有债权和期权的双重性质,其持有人可以选择持有债券到期,获取公司还本付息;也可以选择在约定的时间内转换成股票,享受股利分配和资本增值。所以可转换债券对投资者而言是保证本金的股票。

另外,可转换债券一般还具有赎回和回售等特征,其属性较为复杂,但以上两个是可转换债券最基本的属性。

(二)可转换债券的发行资格与条件

根据国家有关规定,上市公司和重点国有企业具有发行可转换债券的资格,但应经省级政府或国务院有关企业主管部门推荐,报证监会审批。《上市公司证券发行管理办法》规定,上市公司发行可转换债券,除了满足发行债券的一般条件外,还应符合下列条件:

(1)最近三个会计年度加权平均净资产收益率平均不低于6%。扣除非经常性损益后的净利润与扣除前的净利润相比,以低者作为加权平均净资产收益率的计算依据。

(2)本次发行后累计公司债券总额不超过最近一期期末净资产额的40%。

(3)最近三个会计年度实现的年均可分配利润不少于公司债券一年的利息。

此外,上市公司可以公开发行认股权证和债券分离交易的可转换债券(简称分离交易的可转换债券)。分离交易的可转换债券是指发行人一次捆绑发行公司债券和认股权证两种交易品种。

(三)可转换债券的基本要素

1. 票面利率

与普通债券一样,可转换债券也设有票面利率。在其他条件相同的情况下,较高的票面利率会对可转换债券的转换形成压力,发行公司也将为此支付更高的利息。可见,票面利率的大小对发行者和投资者都有重要影响。可转换债券的票面利率通常要比普通债券低,有时甚至还低于银行存款利率。

2.面值

我国可转换公司债券面值是 100 元,最小交易单位是 1 000 元。境外可转换债券由于通常在柜台交易系统进行交易,最小交易单位通常较高。

3.发行规模

可转换债券的发行规模不仅影响企业偿债能力,而且影响未来企业资本结构,因此发行规模是可转换债券很重要的因素,根据有关规定,可转换债券的发行额不少于 1 亿元,发行后资产负债率不高于 70%。

4.期限

(1)债券期限。可转换债券发行公司通常根据自己的偿债计划、偿债能力以股权扩张的步伐来制订可转换债券的期限,国际市场上可转换债券期限通常较长,一般在 5~10 年,但我国发行的可转换债券的期限规定在 1~6 年,发行公司调整余地不大。

(2)转换期。转换期是指可转换债券转换为股份的起止时间。根据不同的情况,转换期通常有以下四种:①发行一段时间后的某日至到期日前的某日;②发行一段时间后的某日至到期日;③发行日至到期日前的某日;④发行日至到期日。

在前两种情况下,发行可转换债券之后,发行公司锁定了一段特定的期限,在该期限内公司不受理转股事宜,这样做的目的是不希望过早地将负债变为资本金而稀释原有的股东权益;在后两种情况下,发行公司在可转股之前对可转换债券没有锁定一段期限,这样做的目的主要是为了吸引更多的投资者。转换期的起始日和截止日是影响可转换公司债券转股速度的重要方面。

《上市公司证券发行管理办法》规定,可转换债券自发行结束之日起 6 个月后方可转换为公司股票,转换期限由公司根据可转换公司债券的存续期限及公司财务状况确定。

5.转股价格

转股价格是指可转换公司债券转换为每股股票所支付的价格。这种转换价格通常由发行公司在发行可转换债券时约定。按我国的有关规定,上市公司发行可转换债券的,以发行可转换债券前一个月股票的平均价格为基准,上浮一定幅度作为转换价格。

【例 3-8】某上市公司拟发行可转换债券,发行前一个月该公司股票的平均价格经测算为每股 20 元。预计本股票的未来价格有明显的上升趋势,因此确定上浮的幅度为 25%,则该公司可转换债券的转换价格为多少?

转换价格＝20×(1＋25%)＝25(元)

可转换债券的转换价格并非固定不变。公司发行可转换债券,并约定转换价格后,由于又增发新股、配股及其他原因引起公司股份发生变动的,应当及时调整转换价格,并向社会公布。

与转股价格紧密相连的是转换比率。转换比率是一个单位的债券转换成股票的数量,即

$$转换比率＝债券面值÷转股价格$$

【例 3-9】某上市公司发行的可转换债券每份面值 1 000 元,转换价格为每股 25 元。则转换比率为多少?

转换比率＝1 000÷25＝40(股)

即每份可转换债券可以转换 40 股股票。

6.赎回条款

赎回是指在一定条件下公司按事先约定的价格买回未转股的可转换债券。发行公司设立

赎回条款的主要目的是降低发行公司的发行成本、减轻财务压力。通常该条款可以起到保护发行公司和原有股东权益的作用。赎回实际上是买权,是赋予发行公司的一种权利,发行公司可以根据市场的变化而选择是否行使这种权利。

7.回售条款

回售条款是为投资者提供的一项安全性保障,当可转换公司债券的转换价值远低于债券面值时,持有人必定不会行使转换权利,此时投资人依据一定的条件可以要求发行公司以面额加计利息补偿金的价格收回可转换债券。为了降低投资风险吸引更多的投资者,发行公司通常设置该条款。它在一定程度上保护了投资者的利益,是投资者向发行公司转移风险的一种方式。回售实际上是一种卖权,是赋予投资者的一种权利,投资者可以根据市场的变化而选择是否行使这种权利。

(四)可转换债券筹资的优缺点

1.可转换债券筹资的优点

(1)资本成本较低。可转换债券的利率低于同一条件下普通债券的利率,降低了公司的筹资成本;此外,在转换为股票时,公司无须另外支付筹资费用,又节约了股票的筹资成本。

(2)筹资灵活。可转换债券将债券和股票的筹资功能结合起来,筹资性质和时间上具有灵活性,不论在熊市或牛市都可以发挥可转换债券的正常融资功能。股市处于牛市时,可考虑将可转换债券主要作为一种债权融资工具;当股市处于熊市,上市公司股价低于实际价值时,可通过发行可转换债券低成本地筹资。

(3)有利于调整资本结构。可转换债券是一种兼有债务筹资和股权筹资双重性质的筹资方式。可转换债券在转换前属于发行公司的一种债务,若发行公司希望可转换债券持有人转股,还可以借助诱导,促其转换,借以调整资本结构。

(4)有利于避免筹资损失。当公司的股票价格在一段时期内连续高于转换价格超出某一幅度时,发行公司可按赎回条款中事先约定的价格赎回未转换的可转换债券,从而避免筹资上的损失。

2.可转换债券筹资的缺点

(1)转股后可转换债券将失去利率较低的好处。

(2)财务风险较高。不管公司经营状况如何,债券筹资都要按规定的时间还本付息,增加了公司财务压力。特别是公司确需股票筹资,但股价并未上升,可转换债券持有人不愿转股时,发行公司将背负沉重的负担。

(3)回售条款的规定可能使发行公司遭受损失。当公司的股票价格在一段时期内连续低于转换价格并达到一定幅度时,可转换债券持有人可按事先约定的价格将所持债券回售公司,从而使发行公司受损。

➢ 三、认股权证筹资

发行认股权证是上市公司的一种特殊筹资手段。其主要功能是辅助公司的股权性筹资,并可直接筹措现金。

(一)认股权证的含义

认股权证是由股份公司发行的可认购其股份的一种买入期权。它赋予持有者在一定期限内以事先约定的价格购买发行公司一定股份的权利。

(二)认股权证的种类

在国内外公司筹资实务中,认股权证形式灵活多样,可区分为不同的种类。

1.长期认股权证与短期认股权证

认股权证按允许购买的期限分为长期认股权证和短期认股权证。长期认股权证的购股期限通常持续几年,有时是永久性的。短期认股权证的认股期限比较短,一般在 90 天以内。

2.单独发行认股权证与附带发行认股权证

按发行方式,认股权证可分为单独发行认股权证和附带发行认股权证。单独发行认股权证是指不依附于其他证券独立发行的认股权证。附带发行认股权证是指依附于债券、优先股、普通股或短期票据发行的认股权证。

3.备兑认股权证与配股权证

备兑认股权证是每份备兑权证按一定比例含有几家公司的若干股票。配股权证是确认老股东配股权的证书,它按股东持股比例定向派发,赋予其优惠价格认购公司一定份数的新股。

(三)认股权证的作用

认股权证在筹资中的运用十分灵活,对发行公司具有一定作用。

(1)为公司筹集额外现金。认股权证不论是单独发行还是附带发行,大多都为公司额外筹措一笔现金,从而增强公司的资本实力。

(2)促进其他筹资方式的运用。单独发行认股权证有利于将来发售股票。附带发行认股权证可促进相关证券筹资的效率。例如,认股权证依附于债券发行,以促进债券的发售。

(四)认股权证的特点

认股权证一般具有融资便利、对冲风险、高杠杆等特点,具体来说有五个特点。

(1)认股权证的持有者有权利而无义务。在资金不足、股市形势不明朗的情况下,投资者可以购买权证而推迟购买股票,减少决策失误而造成的损失。

(2)风险有效、可控性强。从投资风险看,认股权证的最大损失是权证买入价,其风险锁定,便于投资者降低风险。

(3)权证为投资者提供了杠杆效应。投资人可用少量资金购买备兑权证,取得认购一定数量股份的权利,可能赢得一旦这些股份上市可获得的价差,具有以小搏大的特征。

(4)结构简单、交易方式单一。认股权证是一种个性化的最简单的期权。它的认购机理简单,交易方式与股票相同,产品创新的运作成本相对较低。大部分衍生产品都以现金进行交割,而认股权证可以用实券交割,更符合衍生产品发展初期投资者的交易习惯。

(5)权证的发行不涉及发行新股或配股。它的发行是因为发行人已拥有大量已发行的股票,或通过市场吸纳了现有的股票,以备兑权证持有者行使权利,因此发行备兑权证具有套现的目的,它并不增加证券的总量,不会摊薄正股的每股盈利;而一般认购证因涉及发行新股或配股,所以在发行时都伴随着股本的扩张,具有筹资的目的。

此外,认股权证的认股权被行使后,投资者在一定期限内以约定的认购价格购入规定比例的股票。对上市公司而言,股东权益资本随之增加。在认股权行使前后,一定时期内,公司债权资本保持不变,随着股东权益资本的增加,公司资本结构中股权资本与债权资本之比增大,资产负债率降低。当公司资本结构中债权资本比例过高时,可以通过认股权证的行使优化公司资本结构。因此发行认股权证融资成本低,改善公司未来资本结构,这与可转换证券融资相似。不同之处在于认股权证的执行增加的是公司的权益资本,而不改变其负债。当然,认股权证融资也有稀释股权以及当股价大幅度上升时,导致认股权证成本过高等不利方面。

公司应当根据自身的需要,在资本市场选择适合自己的融资方式,使融资成本和风险降到最低,从而实现自己在资本市场上的融资。

扩充内容

案例研究

本章小结

企业因为设立、扩张、偿还债务或调整资本结构而产生筹资的动机。企业筹资必须遵循一定的原则。要做到筹资经济合理,必须要先预测资金的需要量。资金需要量的预测方法主要有营业收入比例法、资金习性预测法等。

企业筹集资金可以有不同的筹资渠道和筹资方式。筹资按企业所取得的资金的属性不同,可分为权益性筹资、债务性筹资和混合筹资三类,这也是企业筹资方式最常见的分类方法。

权益性筹资形成股权资本,是企业依法长期拥有、能够自主调配运用的资本。权益性筹资可以通过吸收直接投资、发行股票、留存收益等方式取得。股权资本,由于一般不用还本,形成了企业永久性资本,因而财务风险小,但付出的资本成本相对较高。

债务性筹资是企业通过借款、发行债券、融资租赁以及商业信用等方式取得的资金形成在规定期限内需要清偿的债务。由于债到期要归还本金和支付利息,对企业经营状况不承担责任,因而具有较大的财务风险,但付出的资本成本相对较低。

混合性筹资包括兼具股权与债务特性的混合融资和其他衍生工具融资,包括优先股、可转换债券、认股权证等。

思考与练习

一、思考题

1. 企业筹资的动机是什么?资金来源有哪些分类?

2. 普通股股东具有哪些基本权利?普通股筹资的优缺点有哪些?

3. 长期借款筹资有何优缺点?

4. 分析融资租赁租金的决定因素。

5. 说明可转换债券筹资的优缺点。

二、计算分析题

1. 某公司按年利率5%向银行借款100万元,期限为3年,根据公司与银行签订的贷款协议,银行要求保持贷款总额15%的补偿性余额,不按复利计息。计算该公司实际可用的借款额和实际负担的年利率。

2.新星公司拟发行面额为 1 000 元、票面利率为 6%、5 年期的债券一批,每年年末付息一次。分别测算该债券在不同市场利率下的发行价格:①市场利率为 5%;②市场利率为 6%;③市场利率为 7%。

3.新星公司采用融资租赁方式,于 2020 年 1 月 1 日从租赁公司租入设备一台,设备价款 20 000 元,期限为 4 年,双方约定租赁期满后设备归承租方,所有租赁期间折现率为 10%,以后付等额年金方式支付租金。测算新星公司该设备每年年末应支付的租金额。

4.某公司按"2/20,n/40"的信用条件购入价值 30 000 元的原材料,并在第 35 天支付货款,请计算该公司的商业信用资本成本率。

即测即评

案例分析

苏宁电器发展中的融资

1990 年 12 月 26 日,张近东以 10 万元自有资金,在南京宁海路租下一个 200 平方米的门面房,取名为苏宁家电,专营空调。2004 年 7 月 21 日,苏宁电器在深圳证券交易所上市,公开发行 2 500 万股,融资 40 825 万元,成为国内首家在 A 股上市的家电连锁企业。2006 年 6 月 22 日,苏宁电器对外披露股票增发再融资结果,公告显示:其非公开发行的再融资方案获得巨大成功,非公开发行的 2 500 万股股票被 7 家基金管理公司以每股 48 元的价格认购完毕,再融资金额达到 12 亿元。与此同时,苏宁电器的留存比例非常高,公司只是在 2004 年和 2005 年分配了约为当年净利润 5% 和 3% 的红利。

思考

苏宁电器是如何筹集自己的创业以及发展的资金的?

腾讯音乐娱乐赴美 IPO

自从完成对中国音乐集团(CMC)的收购之后,腾讯一直是腾讯音乐娱乐的控股股东,预计腾讯音乐娱乐完成 IPO 上市之后,腾讯会继续作为控股股东。腾讯音乐娱乐的最大股东是其母公司腾讯,拥有腾讯音乐 58.1% 的股权。腾讯音乐娱乐是腾讯内容生态系统中不可或缺的一部分,也受益于腾讯在中国的品牌名声和市场地位。

2016 年腾讯就收购了中国音乐集团的控股股权和海洋音乐,中国音乐集团当初的所有服务和业务都归属在腾讯音乐旗下运营,腾讯旗下三驾马车阵容齐整,包括 QQ 音乐、酷狗音乐和酷我音乐。

2016 年、2017 年腾讯音乐娱乐不仅完成了与华纳、索尼、环球三大国际唱片公司的版权战略合作,同时还与阿里音乐、太合音乐、网易云音乐、唱吧以及 Apple Music、Spotify、KKBOX 等十余家平台达成音乐版权转授权合作。这里值得一提的是,腾讯与 Spotify 的合作,腾讯音乐娱乐是 Spotify 的股东,Spotify 也是腾讯音乐娱乐的股东,两者之间是"互相持股"的关系。2016 年初创时,腾讯音乐娱乐的估值只有 60 亿美元,而在与 Spotify 进行换股交易前进行的一轮融资中,它的估值已经达到 100 亿美元。从这一点来说,腾讯音乐娱乐去美股上市对于两家公司之间的股票流通以及未来腾讯音乐娱乐在美国音乐版权市场的开拓以及在世界范围内的兼并投资具有极大的助力作用。

腾讯音乐娱乐与国际国内各大版权商达成战略合作,确定了数字版权格局,为其探索新型的业务模式解决了最重要的版权难题。

在结束了以版权为核心的用户竞争之后,在版权内容、技术和数据的支持下,平台向用户提供包括在线音乐视听、在线 K 歌、以音乐为核心的在线直播产品,且价值的产生均以社交为重要的驱动力。例如,用户可以将自己的 K 歌作品在全民 K 歌上与其他用户进行分享,或者通过 QQ、微信与好友互动。腾讯音乐娱乐通过"一站式"的产品服务生态,为用户创造了可以进行多元消费的环节;另外,腾讯音乐娱乐目前所拥有的包括付费订阅、数字专辑、虚拟礼物、增值会员在内的多元变现模式,在触发更多消费点的同时,也反哺了目前正在发展中的在线音乐付费市场。"发现、听、唱、看、演出、社交"六大场景体验丰富用户社交娱乐生活。

思考

腾讯音乐娱乐赴美上市的原因有哪些?其上市的不利因素有哪些?采取了怎样的措施?从中可以得到怎样的启示?

案例分析思路

第四章
资本成本与资本结构

学习目标

　　本章主要介绍资本成本及其测算、杠杆原理和资本结构。通过本章学习,应了解资本成本的含义、种类和作用,掌握个别资本成本和加权平均资本成本的计算和应用,掌握经营杠杆、财务杠杆和复合杠杆的基本原理和应用,了解互联网融资资本成本,了解资本结构相关理论和影响因素,掌握企业筹资决策即最佳资本结构确定方法。

引导案例

　　2019年新星公司计划扩大经营规模,进军智能机器人领域,公司正在研究如何筹集资金。项目共需要筹集资金2.5亿元,可以利用企业现有的留存收益3 500万元,其余资金2.15亿元需从外部筹集。公司可以选择的筹资方式有银行借款、发行债券、发行普通股。如果发行债券,企业债券的利率为9%,还要发生2%的手续费;如果发行普通股,每股股价36元,发行费用约为筹资额的3%;如果从银行借款,借款利率为7%;企业还可以考虑互联网融资:通过众筹融资吸收新的投资者,或者通过P2P平台融资。那么,企业进行筹资决策要考虑哪些因素呢? 企业筹资时需考虑的风险有哪些? 选择哪种筹资方式最划算? 企业是采用传统的筹资方式,还是采用最新的互联网融资方式?

　　2000年2月前后,盈科数码动力与新加坡电信争夺香港电讯的收购权,最终盈科数码动力胜出。在这场收购大战中,盈科数码动力获胜的一个重要因素,是为争夺香港电讯控制权,向多家银行筹措了100亿美元(约770亿港元)的过渡性贷款,每年负担50亿港元的利息支出。虽然这次收购成功了,但是公司随后面临着巨大的还款压力。一年后,该公司由于债务负担过重出现亏损。如何进行筹资决策才能规避高负债筹资带来的财务风险?

　　企业筹资方式主要有股票、债券、银行借款、留存收益等,由于不同方式筹集的资金承担的风险不同,所以其筹集和使用资金的费用不同,即资金成本不相同。固定成本和利息费用的存在,给企业带来了经营杠杆和财务杠杆效应,将其利用得好会给企业带来经营和财务杠杆利益,利用不当则会给企业带来经营风险和财务风险。企业目标是企业价值最大化,那么企业应如何选择筹资方式使企业资本成本最低、企业价值最大,并合理控制风险,即如何选择不同的筹资组合使企业形成最佳的资本结构?

第一节　资本成本及其测算

一、资本成本概述

(一)资本成本的概念

在市场经济下,投资者将资金投入企业,其目的是获得投资报酬;从企业角度来看,从各种途径筹集到的资金,都不是无偿使用的,必须要向投资者支付利息或者股利等。所以,资本成本是企业筹集和使用资金而支付的各种费用,包括筹资费用和用资费用两类。企业筹集和使用任何短期和长期资金都要支付费用,但短期资金一般不影响企业长期的资本结构,因此这里的资本成本主要指长期资金的成本,也称为资本成本。

1.筹资费用

筹资费用是指企业在筹集资金的过程中所支付的各种费用,包括为发行股票、债券支付的广告费、印刷费、评估费、公证费、代理发行费等费用,银行借款的手续费等。筹资费用一般在筹集资金时一次性支付,在资金使用过程中不再发生。因此,筹资费用可从筹资总额中扣除,得到筹资净额,作为计算资本成本的基础。

2.用资费用

用资费用是指企业在使用资金的过程中付出的费用,例如支付给股东的股利、给银行或者债券持有人支付的利息、P2P融资模式下支付给投资者的利息等。

3.资本成本计算公式

资本成本是企业选择资金来源、确定筹资方案的重要依据,一般情况下,企业会选择资本成本较低的筹资方式。资本成本可以用绝对数(金额)表示,也可以用相对数(比率)表示。由于筹资金额的不同,资本成本的绝对数大小很难比较,因此财务管理中一般用相对数表示资本成本,是用资费用与筹资净额的比率,即资本成本率。资本成本通用的计算公式如下:

$$资本成本 = \frac{年用资费用}{筹资总额 - 筹资费用} = \frac{年用资费用}{筹资总额 \times (1 - 筹资费用率)} \tag{4-1}$$

$$或者 \quad K = \frac{D}{P-F} = \frac{D}{P(1-f)} \tag{4-2}$$

式中,K 表示资本成本,以百分比表示;P 表示筹资总额;F 表示筹资费用;D 表示年用资费用;f 表示筹资费用率。

(二)资本成本的种类

不同的决策环境下使用不同的资本成本,具体可以分为以下三类:

(1)在比较各种不同的筹资方式时,使用各种资金的个别资本成本,包括长期借款成本、债券成本、优先股成本、普通股成本、留存收益成本;

(2)在进行资本结构决策时,使用的是不同筹资组合的加权平均资本成本;

(3)在进行追加筹资决策时,使用的是追加筹资方案的边际资本成本。

(三)资本成本的作用

资本成本对企业筹资活动、投资活动、经营管理等都有非常重要的作用。

(1)资本成本是企业比较各种筹资方式、选择筹资方案、进行资本结构决策的依据。个别资本成本是企业选择何种筹资方式的依据,综合资本成本是企业资本结构决策的依据,边际资本成本是企业追加筹资的依据。

(2)资本成本是企业评价投资项目、比较投资方案、进行投资决策的经济标准。一个投资项目在经济上是否可行,要看项目的投资收益率是否高于项目所需资本的资本成本率。只有项目的投资报酬率大于资本成本率,项目在经济上才可行,否则就会发生亏损。进行投资决策时,通常把资本成本率作为折现率,计算项目的净现值和现值指数。

(3)资本成本可以作为企业整体经营业绩评价的基准。企业整体经营业绩可以用企业全部投资的报酬率来衡量,并与企业全部资本的加权平均资本成本率进行比较,分析企业经营管理的好坏。如果全部投资的报酬率高于全部资本的加权平均资本成本率,则企业经营是有利的;反之,则企业经营不利,需要改善经营管理、降低资本成本、提高利润率。

➤ 二、个别资本成本计算

个别资本成本是企业使用各种长期资本的成本,包括长期债务资本成本和权益资本成本。

(一)长期债务资本成本

企业长期债务资本包括企业向银行等金融机构借入的长期借款和企业发行的长期债券,因此,长期债务资本成本包括银行借款成本和长期债券的成本。

1.长期借款成本

企业向银行借款时会发生手续费,使用银行借款要支付利息。银行借款利息在所得税前扣除,具有节税效应。因此,企业长期借款的资本成本计算公式如下。

(1)一次还本、分期付息长期借款资本成本。

$$K_t = \frac{I_t(1-T)}{L(1-f_t)} \tag{4-3}$$

$$或者 \quad K_t = \frac{i_t(1-T)}{1-f_t} \tag{4-4}$$

式中,K_t 表示长期借款的资本成本率;L 表示长期借款额;I_t 表示长期借款的年利息费用;i_t 表示长期借款的年利息率;f_t 表示长期借款的筹资费用率;T 表示所得税税率。当长期借款的筹资费用(主要是借款的手续费)很小时,也可以忽略不计。

【例4-1】新星公司为购买某生产设备从银行取得5年期长期借款100万元,年利率为6%,每年付息一次,到期一次还本,筹资费用率为0.5%,企业所得税税率为25%。则该长期借款的资本成本为多少?

$$K_t = \frac{100 \times 6\% \times (1-25\%)}{100 \times (1-0.5\%)} = 4.52\%$$

(2)存在补偿性余额的银行长期借款资本成本。

如果银行要求企业从贷款总额中保留一部分补偿性余额,那么银行借款的资本成本在计算时应扣除补偿性余额,这时企业实际利率和资本成本率都会提高。

【例4-2】新星公司向银行借入100万元,期限为5年,年利率为6%,每年年末支付利息,第5年末一次还本,所得税税率为25%,假设不考虑筹资费。银行要求公司保持10%的补偿性余额。则该长期借款的资本成本率为多少?

$$K_t = \frac{100 \times 6\% \times (1-25\%)}{100 \times (1-10\%)} = 5\%$$

（3）年利息支付次数大于一次的银行长期借款资本成本。

如果银行要求的年利息支付次数大于一次，则借款的实际利率会高于名义利率，借款利息用实际利率计算，银行借款的资本成本率会上升。

【例4-3】新星公司向银行借款1 000万元，年利率为6%，期限为5年，每季度支付利息一次，到期一次性还本，企业所得税税率为25%。假设不考虑筹资费用，则该长期借款的资本成本率为多少？

$$银行借款的实际利率 = \left(1 + \frac{6\%}{4}\right)^4 - 1 = 6.14\%$$

$$K_t = \frac{1\,000 \times 6.14\% \times (1 - 25\%)}{1\,000} = 4.61\%$$

2.债券成本

企业发行债券的筹资费用包括申请费、注册费、印刷费、上市费等，用资费用是按照债券面值乘以票面利率计算的利息。债券的利息和长期借款的利息一样具有节税效应。债券资本成本的计算公式为

$$K_b = \frac{I_b(1 - T)}{B(1 - f_b)} \tag{4-5}$$

式中，K_b表示债券的资本成本；I_b表示债券的年利息费用（等于债券的面值乘以票面利率）；B表示债券筹资额；f_b表示债券的筹资费率；T表示所得税税率。

【例4-4】新星公司平价发行总面值为1 000万元的10年期债券，票面利率为8%，债券的发行费率为3%，公司所得税税率为25%。则该债券的资本成本为多少？

$$K_b = \frac{1\,000 \times 8\% \times (1 - 25\%)}{1\,000 \times (1 - 3\%)} = 6.19\%$$

【例4-5】假设例4-4中的债券溢价发行，发行价格为1 100万元。其他条件不变，则该债券的资金成本为多少？

$$K_b = \frac{1\,000 \times 8\% \times (1 - 25\%)}{1\,100 \times (1 - 3\%)} = 5.62\%$$

【例4-6】假设例4-4中的债券折价发行，发行价格为900万元。其他条件不变，则该债券的资金成本为多少？

$$K_b = \frac{1\,000 \times 8\% \times (1 - 25\%)}{900 \times (1 - 3\%)} = 6.87\%$$

（二）权益资本成本

权益资本融资可以通过发行普通股和优先股的方式筹资，还可以利用企业留存收益。优先股和普通股股利从税后净利润中支付，不减少公司应纳所得税；而债务利息税前支付，有节税作用。

1.优先股成本

发行优先股和发行长期债券一样需要支付筹资费用，如注册费、代销费等。优先股的股利固定，并且定期支付股利。优先股资本成本的计算公式为

$$K_p = \frac{D_p}{P_p(1 - f_p)} \tag{4-6}$$

式中，K_p表示优先股的资本成本；D_p表示优先股每年的股利；P_p表示优先股的筹资额；f_p表示优先股的筹资费率。

【例 4-7】新星公司按面值发行 1 000 万元的优先股,筹资费用率为 4%,每年支付 10% 的股利。则该优先股的资本成本为多少?

$$K_p = \frac{1\,000 \times 10\%}{1\,000 \times (1 - 4\%)} = 10.42\%$$

2.普通股成本

普通股股东投资的目的是获得必要的投资报酬率。企业发行普通股筹集资金需要多项筹资费用,当企业盈利的时候会给普通股股东支付现金或股票股利。普通股的资本成本测算方法有股利折现模型、资本资产定价模型和无风险利率加风险溢价法。

(1)股利折现模型。

$$P_c = \sum_{t=1}^{\infty} \frac{D_t}{(1 + K_c)^t} \tag{4-7}$$

式中,P_c 表示普通股筹资额,即股票的发行价格扣除发行费用;D_t 表示普通股第 t 年的股利;K_c 表示普通股投资必要的报酬率,也是普通股的筹资成本。

①固定股利模型。

如果企业实行的是固定股利政策,每年支付的股利相等,则普通股的资本成本为

$$K_c = \frac{D}{P_c \times (1 - f_c)} \tag{4-8}$$

式中,K_c 表示普通股的资本成本;P_c 表示普通股筹资额;D 表示普通股每年的股利;f_c 表示普通股筹资费用率。

【例 4-8】新星公司拟发行普通股 1 000 万股,每股发行价为 18 元,每股筹资费用为 2 元,公司执行固定股利政策,预计每年每股分派现金股利 2 元。则该普通股的资本成本为多少?

$$K_c = \frac{2}{18 - 2} = 12.5\%$$

②固定增长率模型。

如果企业实行的是股利固定增长率政策,假设每年股利的固定增长率为 g,则普通股的资本成本为

$$K_c = \frac{D_0(1 + g)}{P_c(1 - f_c)} + g = \frac{D_1}{P_c(1 - f_c)} + g \tag{4-9}$$

式中,D_0 表示期初的股利或上期期末的股利;D_1 表示第一期的股利;g 表示股利的固定增长率;其他字母含义同上。

【例 4-9】新星公司拟发行普通股 1 000 万股,每股发行价为 18 元,每股筹资费用为 2 元,公司执行固定增长率股利政策,预计第一年每股分派现金股利 1.7 元,以后每年股利增长 2%。则新星公司普通股的资本成本为多少?

$$K_c = \frac{1.7}{18 - 2} + 2\% = 12.63\%$$

【例 4-10】新星公司流通在外的普通股股数为 5 000 万股,每股面值为 15 元,目前每股市场价格为 20 元,年初每股支付的股利为 1.2 元,预计以后每年股利按 10% 增长,筹资费率为发行价格的 5%。则新星公司普通股的资本成本为多少?

$$K_c = \frac{1.2 \times (1 + 10\%)}{20 \times (1 - 5\%)} + 10\% = 16.95\%$$

（2）资本资产定价模型。

按照资本资产定价模型，普通股的资本成本等于无风险报酬率加上风险报酬率，风险报酬率等于经企业 β 系数调整的市场风险溢价。

$$K_c = R_f + \beta_i(R_m - R_f) \qquad (4-10)$$

式中，K_c 表示普通股的资本成本；R_f 表示无风险报酬率；R_m 表示市场报酬率；β_i 表示第 i 种股票的贝塔系数。

【例 4-11】假设短期国债利率为 4%，根据历史数据分析在过去的 5 年里，市场投资组合的风险溢价在 6%～7% 之间变动，经分析以 7% 作为计算依据。新星公司股票的 β 系数为 1.2。则新星公司股票的资本成本为多少？

$$K_c = 4\% + 1.2 \times 7\% = 12.4\%$$

【例 4-12】假设新星公司股票的 β 系数为 1.5，市场报酬率为 10%，无风险报酬率为 4%。则新星公司股票的资本成本为多少？

$$K_c = 4\% + 1.5 \times (10\% - 4\%) = 13\%$$

（3）无风险利率加风险溢价法。

企业破产的时候，普通股的索求权位于债权和优先股之后，是最后得到补偿的，因此普通股的风险大于债券的风险，普通股的股东会要求一定的风险补偿，也就是风险溢价。因此普通股资本成本的计算公式为

$$\text{普通股资本成本} = \text{债券成本} + \text{普通股高于债券投资的风险溢价} \qquad (4-11)$$

通常是通过测算出企业普通股股票期望收益率超出无风险报酬率的部分作为风险溢价 R_p。无风险报酬率 R_f 一般用同期国债的收益率来表示。所以普通股资本成本公式为

$$K_c = R_f + R_p \qquad (4-12)$$

无风险利率加风险溢价法虽然不需要计算 β 系数，并且无风险报酬率和长期债券的利率比较容易确定。但是风险溢价却较难确定，风险溢价在 4%～6% 之间。

【例 4-13】新星公司已发行债券的资本成本为 7%，现在拟增发股票，经分析企业股票高于债券的风险溢价为 6%。则新星公司股票的资本成本为多少？

$$K_c = 7\% + 6\% = 13\%$$

3. 留存收益成本

留存收益是企业以前年度未分配利润的累积，归股东所有，企业利用留存收益相当于股东对企业追加投资。股东把留存收益用于企业，也是为了获取投资收益，因此企业使用留存收益不是无偿的，也是有资本成本的。其资本成本是股东失去利用留存收益对外投资的机会成本。因此留存收益资本成本与普通股资本成本的计算基本相同，只是留存收益不考虑筹资费用。因此，留存收益资本成本的计算公式为

$$K_r = \frac{D}{P_c} \text{（固定股利模型）} \qquad (4-13)$$

$$K_r = \frac{D_1}{P_c} + g \text{（固定增长率模型）} \qquad (4-14)$$

式中，K_r 为留存收益的成本；D_1 为第一年的股利；其他符号和前面的公式含义相同。

4. P2P 融资成本

P2P 融资是近年来比较热的互联网融资模式，由 P2P 平台作为中介平台把投资者和借款

人联系起来,借款人在平台发布经平台审核后的借款相关信息,投资者进行竞标向借款人借款,借款资料、资金、合同、手续等都通过网络实现。P2P可以把众多投资者的小额资金聚集起来满足借款人的借款资金需求。平台收取手续费、管理费等费用,投资者收取利息,借款人支付相关利息和费用。P2P是一种把互联网和民间借贷融合发展的融资模式。

　　企业通过P2P平台融资的成本较高,一般是在银行等金融机构无法取得资金的企业通过P2P平台融资。P2P融资的成本包括显性成本和隐性成本。显性成本包括利息、平台手续费、平台服务费、风险保证金等,隐性成本包括竞价成本、信用成本、信息成本、技术成本、其他成本等。各平台的年综合成本不同,基本为 $10\%\sim25\%$ 。P2P按照平台的类别分为银行系、上市公司系、国资系、民营系、风投系P2P平台,各类平台的服务对象和服务方式都有差别,因此资本成本差别较大。企业需根据实际情况和融资成本选择适合企业的平台融资。

三、综合资本成本计算

　　由于受多种因素的制约,企业一般不可能只使用单一的筹资方式,需要通过多种方式筹集所需资金。综合资本成本是指企业全部长期资本的总成本。通常以各种长期资本的比重为权数,对各种长期资本的个别资本成本进行加权平均取得综合资本成本,因此其也称为加权平均资本成本。其计算公式为

$$K_w = \sum_{j=1}^{n} K_j W_j = K_t W_t + K_b W_b + K_p W_p + K_c W_c + K_r W_r \qquad (4-15)$$

式中,K_w 表示综合资本成本(加权平均资本成本);K_j 表示第 j 种长期资本的资本成本;W_j 表示第 j 种长期资本占全部长期资本的比例(权数)。

　　综合资本成本可以分为两步计算:第一步,先计算各种长期资本占全部资本的比重;第二步,计算综合资本成本。也可以合并直接计算。

　　【例4-14】新星公司账面上的长期资金共 8000 万元,其中长期借款 1000 万元,长期债券 2000 万元,留存收益 2000 万元,普通股 3000 万元,资本成本率分别为长期借款 6%、长期债券 7%、留存收益 12%、普通股 12.5%。则新星公司的加权平均资本成本为多少?

　　第一步,先计算各种长期资本占全部资本的比重。

$$长期借款占全部资本的比重 = \frac{1\ 000}{8\ 000} \times 100\% = 12.5\%$$

$$长期债券占全部资本的比重 = \frac{2\ 000}{8\ 000} \times 100\% = 25\%$$

$$留存收益占全部资本的比重 = \frac{2\ 000}{8\ 000} \times 100\% = 25\%$$

$$普通股占全部资本的比重 = \frac{3\ 000}{8\ 000} \times 100\% = 37.5\%$$

　　第二步,计算综合资本成本。

$$K_w = \sum_{j=1}^{n} K_j W_j = 6\% \times 12.5\% + 7\% \times 25\% + 12\% \times 25\% + 12.5\% \times 37.5\% = 10.2\%$$

或者直接计算

$$K_w = 6\% \times \frac{1\ 000}{8\ 000} + 7\% \times \frac{2\ 000}{8\ 000} + 12\% \times \frac{2\ 000}{8\ 000} + 12.5\% \times \frac{3\ 000}{8\ 000} = 10.2\%$$

个别长期资本占全部资本的比重的确定方法有账面价值权数、市场价值权数或者目标价值权数。例 4-14 中的个别长期资本占全部资本的比例是按其账面价值确定的，虽然资料很容易取得，但是当资金的账面价值与市场价值相差较大，例如股票、债券的市场价格变动较大时，计算结果可能与实际有较大的差异，会影响筹资决策。为解决这一问题，个别资金占全部资金比例的确定可以按照市场价值或目标价值来确定，分别称作市场价值权数或目标价值权数。市场价值权数是以债券、股票的现行市场价格来确定的权数。按此计算的加权平均资本成本能反映企业目前的实际情况，有利于筹资决策。但其不足之处是证券市场价格变动频繁，常选用平均价格进行计算。目标价值权数是以债券、股票未来预计的目标市场价值确定的权数。由于这种权数能体现期望的资本结构，而不是像账面价值权数和市场价值权数那样只反映过去和现在的资本结构，所以按目标价值权数计算的加权平均资本成本适用于企业筹集新资金。但其不足之处是企业很难客观、合理地确定证券的目标价值，所以这种方法不易推广。

➤ 四、边际资本成本计算

(一)边际资本成本的概念

企业各种长期资金的个别资本成本不是固定不变的，会随着企业筹资数额变化而变化。一般来说，当筹资金额超过一定金额时，企业财务风险就会增大，企业继续筹集资金的资本成本就会增大。因此，在企业进行筹资决策时，就需要知道追加筹资时不同筹资额度所引起的资本成本的变化，从而进行正确的决策。这里就要用到边际资本成本的概念。

边际资本成本是指资金每增加一个单位而增加的成本。在企业筹资额较大或者目标资本结构既定的情况下，企业往往需要采用多种筹资方式的组合来筹集资金，这时边际资本成本采用加权平均计算的方法，也就是追加筹资时的加权平均资本成本。

(二)边际资本成本的计算

边际资本成本的计算步骤如下：

首先，确定目标资本结构。

其次，计算各种筹资方式的个别资本成本。

再次，计算筹资总额分界点。筹资总额分界点是指在某一资本成本的条件下，企业可以筹集到的资金总限度。一旦筹资额超过筹资分界点，在维持现有的资本结构下，企业资本成本会增加。

$$筹资总额分界点 = \frac{某种筹资方式的成本分界点}{目标资本结构中该种筹资方式所占比重} \qquad (4-16)$$

最后，计算边际资本成本。根据计算出的筹资分界点，可以得出许多新的筹资范围，分别计算各筹资范围的加权平均资本成本，即各种筹资范围的边际资本成本。

【例 4-15】新星公司现有资金 10 000 万元，其中长期借款 1 000 万元，长期债券 2 000 万元，优先股 1 500 万元，普通股(含留存收益)5 500 万元。企业拟扩大经营规模，需要筹集资金。请测算新星公司追加筹资的边际资本成本。

第一步，新星公司需要确定目标资本结构。财务人员经分析测算后认为，目前的资本结构处于目标资本结构范围内,在增加筹资时予以保持。目前的资本结构:长期借款10%,长期债券20%,优先股15%,普通股55%。

第二步,测算各种筹资方式的资本成本。财务人员分析了资本市场状况、企业筹资能力,认为随着公司筹资规模的扩大,企业各种资本的成本率也会发生变化,测算结果如表4-1所示。

表4-1　新星公司筹资资料

筹资方式	目标资本结构	追加筹资数量范围	个别资本成本
长期借款	0.1	0～50万元 50万元以上	6% 7%
长期债券	0.2	0～120万元 120万元以上	8% 9%
优先股	0.15	0～300万元 300万元以上	10% 11%
普通股权益	0.55	0～550万元 550万元～2 200万元 2 200万元以上	12% 13% 14%

第三步,计算筹资总额分界点。新星公司的筹资总额分界点计算见表4-2。

表4-2　新星公司筹资总额分界点计算

筹资方式	个别资本成本	各种筹资方式的筹资范围	筹资总额分界点	筹资总额范围
长期借款	6% 7%	0～50万元 50万元以上	$\frac{50}{0.1}=500$	0～500万元 500万元以上
长期债券	8% 9%	0～120万元 120万元以上	$\frac{120}{0.2}=600$	0～600万元 600万元以上
优先股	10% 11%	0～300万元 300万元以上	$\frac{300}{0.15}=2\,000$	0～2 000万元 2 000万元以上
普通股权益	12% 13% 14%	0～550万元 550万元～2 200万元 2 200万元以上	$\frac{550}{0.55}=1\,000$ $\frac{2\,200}{0.55}=4\,000$	0～1 000万元 1 000万元～4 000万元 4 000万元以上

第四步,计算边际资本成本。根据第三步计算的筹资总额分界点,可以得出如下六组新的筹资范围:0～500万元,500万元～600万元,600万元～1 000万元,1 000万元～2 000万元,2 000万元～4 000万元,4 000万元以上。新星公司边际资本成本计算见表4-3。

表4-3 新星公司各筹资范围边际资本成本的计算

序号	筹资总额范围/万元	筹资方式	目标资本结构	个别资本成本	边际资本成本
1	0～500	长期借款	0.1	6%	0.6%
		长期债券	0.2	8%	1.6%
		优先股	0.15	10%	1.5%
		普通股权益	0.55	12%	6.6%
	第一个筹资范围的边际资本成本＝10.3%				
2	500～600	长期借款	0.1	7%	0.7%
		长期债券	0.2	8%	1.6%
		优先股	0.15	10%	1.5%
		普通股权益	0.55	12%	6.6%
	第二个筹资范围的边际资本成本＝10.4%				
3	600～1 000	长期借款	0.1	7%	0.7%
		长期债券	0.2	9%	1.8%
		优先股	0.15	10%	1.5%
		普通股权益	0.55	12%	6.6%
	第三个筹资范围的边际资本成本＝10.6%				
4	1 000～2 000	长期借款	0.1	7%	0.7%
		长期债券	0.2	9%	1.8%
		优先股	0.15	10%	1.5%
		普通股权益	0.55	13%	7.15%
	第四个筹资范围的边际资本成本＝11.15%				
5	2 000～4 000	长期借款	0.1	7%	0.7%
		长期债券	0.2	9%	1.8%
		优先股	0.15	11%	1.65%
		普通股权益	0.55	13%	7.15%
	第五个筹资范围的边际资本成本＝11.3%				
6	4 000 以上	长期借款	0.1	7%	0.7%
		长期债券	0.2	9%	1.8%
		优先股	0.15	11%	1.65%
		普通股权益	0.55	14%	7.7%
	第六个筹资范围的边际资本成本＝11.85%				

第二节　杠杆原理

➤ 一、杠杆效应的含义

物理学的杠杆原理,是指利用杠杆用较小的力量便可以撬起较重的物体。财务管理中的杠杆原理,则是指由于某种固定费用(包括生产经营方面的固定费用和负债的固定利息费用)的存在,当业务量发生较小的变化时,利润会产生较大的变化。杠杆效应与企业风险和收益相关,是企业资本结构决策的重要内容。资本结构决策需要在杠杆收益和风险之间进行合理的权衡。很多企业由于固定成本过高或者负债成本过高引发巨大的杠杆效应,造成企业巨额亏损甚至陷入财务危机、破产。

➤ 二、经营杠杆

(一)成本习性的含义与分类

所谓成本习性,是指成本总额与业务总量之间在数量上的依存关系。按成本习性可把全部成本划分为固定成本、变动成本和混合成本。

1. 固定成本

固定成本是指其总额在一定时期和一定业务量范围内,不随业务量的变化而发生任何变化的成本,如管理人员的工资、办公费、保险费、按平均年限法计算的折旧费等都属于固定成本。其特征是固定成本总额在一定的产量下不变,单位固定成本将随着产量的增加而逐渐变小。

固定成本总额在一定时期和一定业务量范围内保持不变,这里指的一定范围,通常为相关范围。超过了相关范围,固定成本也会发生变动。因此,固定成本必须和一定时期、一定业务量联系起来进行分析。从较长时间来看,所有的成本都在变化,没有绝对不变的固定成本。

2. 变动成本

变动成本是指其总额随业务量呈正比例变动的成本,如直接材料、直接人工等都属于变动成本。但从产品的单位成本来看,产品的单位成本中的直接材料、直接人工将保持不变。与固定成本相同,研究变动成本也要考虑相关范围,即只有在一定范围内,产量和成本才能完全呈同比例变化,当超过这一范围时,这一关系就不存在了。如,企业在创建初期,由于处于不成熟阶段,其直接材料和直接人工消耗可能较大。在这一阶段,变动成本不一定与产量完全同比例变动,而是表现为小于产量增减幅度。在这之后,生产过程比较稳定,变动成本与产量同比例变动,这一阶段的产量便是变动成本的相关范围。然而当产量达到一定程度后,大幅度增产可能会出现一些新的不利因素,使成本的增长速度大于产量的增长幅度。尤其是现在是买方市场,互联网销售所占比例不断提高,顾客需求多样化,少量多样化的生产、定制化生产不断增加,企业变动成本范围不断扩大,变动成本变化较大。

3. 混合成本

混合成本是指成本虽然也随着业务量的变动而变动,但不呈正比例变动,不能简单地归入变动成本或固定成本。混合成本按其与业务量的关系,可以分为半变动成本和半固定成本。

（1）半变动成本。该类成本通常有一个初始量，类似于固定成本，在这个初始量的基础上随产量的增长而增长，又类似于变动成本，如电费、水费、电话费等均属于半变动成本。

（2）半固定成本。该类成本随着产量的变化而呈阶梯增长，产量在一定限度内，这种成本不变，当产量增加一定限度后，成本就会跳跃到一个新的水平。例如化验员、质检员的工资均属于半固定成本。

4. 总成本模型

通过以上分析，成本习性可分为固定成本、变动成本、混合成本。混合成本又可以按照一定的方法分解成半固定成本、半变动成本。因此，总成本模型可用公式表示为

$$y = a + bx \tag{4-17}$$

式中，y 表示总成本；a 表示固定成本总额；b 表示单位变动成本；x 表示产销量。

（二）经营杠杆的概念

在影响企业经营风险的各因素中，固定成本所占比重的影响非常重要。固定成本是任何生产水平都必须承担的费用，包括租金、固定资产的折旧等。在企业经营中，由于固定成本的存在而导致的息税前利润变动率大于销售量变动率的杠杆效应，称为经营杠杆。由于经营杠杆对经营风险的影响较为综合，因此常常用来衡量经营风险的大小。经营杠杆作用越大的企业，经营风险越高，企业资本成本也就越大。因此，经营风险是决定企业资本结构的一个重要因素。

（三）经营杠杆系数计算及应用

经营杠杆作用的大小一般用经营杠杆系数来表示，经营杠杆系数是企业息税前利润变动率与销售额变动率之间的比率。计算公式如下。

公式一：定义公式。

$$\text{DOL} = \frac{\Delta \text{EBIT}/\text{EBIT}}{\Delta x/x} \tag{4-18}$$

公式二：简化公式。

为便于计算，还可将式（4-18）进行进一步推导：

由于

$$\text{EBIT} = px - bx - a = (p-b)x - a = M - a$$

故

$$\text{DOL} = \frac{\dfrac{\Delta \text{EBIT}}{\text{EBIT}}}{\dfrac{\Delta x}{x}} = \frac{(p-b)\Delta x/(p-b)x-a}{\Delta x/x} = \frac{(p-b)x}{(p-b)x-a} \tag{4-19}$$

$$\text{DOL} = \frac{M}{M-a} \tag{4-20}$$

式中，DOL 表示经营杠杆系数；ΔEBIT 表示息税前利润变动额；EBIT 表示基期息税前利润；Δx 表示销售变动量；x 表示基期销售量；a 表示固定成本；p 表示单价；b 表示单位变动成本；M 表示边际贡献。

【例 4-16】假设新星公司经营良好，销量大幅增加，有关资料如表 4-4 所示，测算其经营杠杆利益。

表 4-4　新星公司经营杠杆利益计算

项目	2018 年	2019 年	变动率
销售额/万元	10 000	13 000	30%
变动成本/万元	5 000	6 500	
边际贡献/万元	5 000	6 500	
固定成本/万元	3 000	3 000	
息税前利润/万元	2 000	3 500	75%

$$\mathrm{DOL}=\frac{10\ 000-5\ 000}{10\ 000-5\ 000-3\ 000}=2.5$$

在一定销售额范围内,企业固定成本 3 000 万元不变。2019 年与 2018 年相比,销售额增长率为 30%,而息税前利润的增长率为 75%,息税前利润的增长率是销售额增长率的 2.5 倍。由此可以看出,新星公司利用固定成本带来的经营杠杆效应,获得了经营杠杆利益。

【例 4-17】假定新星公司经营不善,销量下滑,息税前利润大幅降低,有关资料如表 4-5 所示,测算其经营风险。

表 4-5　新星公司经营风险计算

项目	2018 年	2019 年	变动率
销售额/万元	10 000	8 500	−15%
变动成本/万元	5 000	4 250	
边际贡献/万元	5 000	4 250	
固定成本/万元	3 000	3 000	
息税前利润/万元	2 000	1 250	−37.5%

$$\mathrm{DOL}=\frac{10\ 000-5\ 000}{10\ 000-5\ 000-3\ 000}=2.5$$

在一定销售额范围内,企业固定成本 3 000 万元不变。2019 年与 2018 年相比,销售额下降了 15%,而息税前利润却下降了 37.5%,息税前利润的下降率是销售额下降率的 2.5 倍。由此可以看出,新星公司由于固定成本的存在带来的经营杠杆效应,导致了经营风险。

【例 4-18】新星公司的甲产品销售单价为 600 元,单位变动成本为 300 元,变动成本率为 50%,固定成本总额为 8 000 000 元。当销售量分别为 40 000、50 000、80 000 件,新星公司经营杠杆系数分别为

$$\mathrm{DOL}=\frac{40\ 000\times(600-300)}{40\ 000\times(600-300)-8\ 000\ 000}=3$$

$$\mathrm{DOL}=\frac{50\ 000\times(600-300)}{50\ 000\times(600-300)-8\ 000\ 000}=2.14$$

$$\mathrm{DOL}=\frac{80\ 000\times(600-300)}{80\ 000\times(600-300)-8\ 000\ 000}=1.5$$

经营杠杆系数为 2.14 的含义:息税前利润的变动率是销售收入(或销售量)变动率的 2.14

倍。当销售额增长 1% 时,息税前利润将增长 2.14%,表现为经营杠杆收益;反之,当销售额下降 1% 时,息税前利润将下降 2.14%,表现为经营风险。

从上面计算的结果可以看出,企业固定成本一定时,企业产销业务量大小对企业经营杠杆系数的影响。一般来说,经营杠杆系数越大,企业经营杠杆利益和经营风险越高;反之,经营杠杆系数越小,企业经营杠杆利益和经营风险越低。

引起企业经营风险的主要原因是市场需求和成本等因素的不确定性,经营杠杆本身并不是息税前利润不稳定的根源。但是由于固定经营成本的存在而产生的经营杠杆效应却扩大了市场和生产等不确定性因素对利润变动的影响。因此,对于固定成本比重较高的企业来说,应尽量扩大商品的销售额,降低单位产品的固定成本,利用经营杠杆利益,避免经营不善带来的经营风险。

(四)经营风险影响因素

经营风险是指企业因经营状况及环境的变化而导致利润变动的风险,经营风险影响企业按时还本付息的能力。经营风险不仅因行业而异,即使同一行业也差别很大。影响企业经营风险的因素很多,主要有:

(1)产品需求。市场对企业产品的需求越稳定,经营风险越小;反之,经营风险越大。

(2)产品售价。产品售价越稳定,企业经营风险越小;售价变动越大,经营风险越大。

(3)产品成本。产品成本变动越小,企业经营风险越小;反之,产品成本变动越大,导致企业利润不稳定,因此经营风险越大。

(4)调整价格的能力。如果企业具有较强的调整产品价格的能力,当产品成本变动时,产品售价能随之调整,经营风险就小;反之,经营风险就大。

(5)固定成本的比重。如果企业固定成本的比重较大,单位产品分摊的固定成本会较高。在产品销售量发生变动时,单位产品分摊的固定成本会随之变动较大,从而导致利润以更大幅度变动,导致经营风险较大;反之,经营风险就小。

企业经营风险影响因素很多,如治理结构、人力资本、内部控制、市场环境、资本市场等,本教材仅从财务角度列举了因素。现在是互联网时代,消费者的消费需求多样化,互联网销售不断扩大,许多企业未能及时跟随消费者需求的变化,使企业顾客群不断流失,企业销售量不断下降。而固定成本的存在,给企业带来巨大的经营风险。同时互联网时代网络直销,竞争对手多,对产品售价的影响较大,另外多样化需求和个性化生产使得企业变动成本变化大。我国很多传统企业未能跟随市场的变化,从行业的引领者逐渐衰退,甚至销声匿迹;而有些企业吸取经验教训重新转型。

➢ 三、财务杠杆

(一)财务杠杆的概念

企业在经营中会借入一定的资金,不管企业盈利还是亏损,债务的利息不会变化,是一项固定费用,对企业是固定的负担。因此,当企业息税前利润变动时,每一元息税前利润所负担的利息费用就会相应地变动,由于利息在所得税前支付,具有节税效应,从而使得每股收益的变动率会大于息税前利润的变动率。由于负债的固定利息费用存在使得每股收益的变动率大于息税前利润变动率的杠杆效应称为财务杠杆。

（二）财务杠杆系数计算及应用

财务杠杆作用的大小通常用财务杠杆系数表示。财务杠杆系数越大，表示财务杠杆作用越大，财务风险也就越大；财务杠杆系数越小，表示财务杠杆作用越小，财务风险也就越小。财务杠杆系数的计算公式如下。

公式一：定义公式。

$$DFL = \frac{\Delta EAT/EAT}{\Delta EBIT/EBIT} \tag{4-21}$$

$$DFL = \frac{\Delta EPS/EPS}{\Delta EBIT/EBIT} \tag{4-22}$$

公式二：简化公式。

$$\because EPS = (EBIT - I)(1 - T)/N$$
$$\Delta EPS = \Delta(EBIT - I)(1 - T)/N$$
$$\therefore DFL = \frac{EBIT}{EBIT - I} \tag{4-23}$$

式中，DFL 表示财务杠杆系数；ΔEAT 表示税后利润变动额；EAT 表示基期税后利润；ΔEPS 表示普通股每股收益变动额；EPS 为基期普通股每股收益；$\Delta EBIT$ 为息税前利润变动额；EBIT 为基期息税前利润；I 为负债的年利息；T 为所得税税率；N 为流通在外的普通股股份数。

【**例 4-19**】假定新星公司经营良好，息税前利润大幅提高，有关资料如表 4-6 所示，测算其财务杠杆利益。

表 4-6 新星公司财务杠杆利益计算

项目	2018 年	2019 年	变动率
息税前利润/万元	2 000	3 000	50%
负债利息/万元	1 000	1 000	
所得税（25%）/万元	250	500	
净利润/万元	750	1 500	
普通股股数/万股	1 000	1 000	
每股收益/元	0.75	1.5	100%

$$DFL = \frac{\Delta EPS/EPS}{\Delta EBIT/EBIT} = \frac{100\%}{50\%} = 2$$

或者 $$DFL = \frac{EBIT}{EBIT - I} = \frac{2\ 000}{2\ 000 - 1\ 000} = 2$$

在一定的资本结构下，假定企业债务利息保持不变，2019 年与 2018 年相比，息税前利润增长率为 50%，而每股收益的增长率为 100%，每股收益的增长率是息税前利润增长率的 2 倍。由此可以看出，新星公司利用财务杠杆为企业获得了财务杠杆利益。

【**例 4-20**】假定新星公司经营不善，息税前利润大幅降低，有关资料如表 4-7 所示，测算其财务风险。

表 4-7 新星公司财务风险计算

项目	2018 年	2019 年	变动率
息税前利润/万元	2 000	1 500	−25%
负债利息/万元	1 000	1 000	
所得税(25%)/万元	250	125	
净利润/万元	750	375	
普通股股数/万股	1 000	1 000	
每股收益/元	0.75	0.375	−50%

$$DFL = \frac{\Delta EPS/EPS}{\Delta EBIT/EBIT} = \frac{-50\%}{-25\%} = 2$$

或者 $$DFL = \frac{EBIT}{EBIT - I} = \frac{2\,000}{2\,000 - 1\,000} = 2$$

在一定的资本结构下,假定企业债务利息保持不变,2019 年与 2018 年相比,息税前利润降低率为 25%,而每股收益的降低率却为 50%,每股收益的降低率是息税前利润降低率的 2 倍。由此可以看出,新星公司因为固定利息支出的财务杠杆效应为企业带来了财务风险。

【例 4-21】新星公司债务资本为 5 000 万元,债务资本的年利率为 6%,所得税税率为 25%,息税前利润为 1 500 万元。则新星公司的财务杠杆系数为

$$DFL = \frac{EBIT}{EBIT - I} = \frac{1\,500}{1\,500 - 5\,000 \times 6\%} = 1.25$$

财务杠杆系数为 1.25 的含义:普通每股收益的变动率是息税前利润变动率的 1.25 倍。当息税前利润增长 1% 时,普通股每股收益将增长 1.25%,表现为财务杠杆利益;反之,当息税前利润下降 1% 时,普通股每股收益将下降 1.25%,表现为财务风险。

当新星公司的债务资本变为 1.5 亿元时,其他条件不变,则财务杠杆系数为

$$DFL = \frac{EBIT}{EBIT - I} = \frac{1\,500}{1\,500 - 15\,000 \times 6\%} = 2.5$$

当新星公司债务资本的年利率变为 8% 时,其他条件不变,则财务杠杆系数为

$$DFL = \frac{EBIT}{EBIT - I} = \frac{1\,500}{1\,500 - 5\,000 \times 8\%} = 1.36$$

当新星公司的息税前利润变为 2 000 万元时,其他条件不变,则财务杠杆系数为

$$DFL = \frac{EBIT}{EBIT - I} = \frac{2\,000}{2\,000 - 5\,000 \times 6\%} = 1.18$$

从上面的计算可以看出,财务杠杆系数受息税前利润以及债务资本的比重、规模和利率的影响。一般来说,财务杠杆系数越大,财务杠杆收益和财务风险越大;财务杠杆系数越小,财务杠杆收益和财务风险越小。因此,企业应合理控制负债资本的比重,合理运用财务杠杆,使财务杠杆利益抵消风险增大所带来的不利影响。许多企业由于负债过多,利息负担过重,而企业息税前利润却没有达到预期,导致企业资金链破裂,陷入困境。企业通过负债筹资要对企业未来的市场、经营和发展有合理预期,不能盲目自信,否则负债筹资将可能给企业带来巨大的财务风险。

四、复合杠杆

(一)复合杠杆的概念

经营杠杆通过销售的变动影响息税前利润,财务杠杆通过息税前利润影响每股收益。一般企业同时存在固定成本和债务资本,则财务杠杆和经营杠杆同时发挥作用,会导致普通股每股收益的变动率大于销售量变动率的杠杆效应,称为复合杠杆,也称为综合杠杆、联合杠杆或总杠杆。

(二)复合杠杆系数计算及应用

复合杠杆作用的程度用复合杠杆系数(DCL)表示。复合杠杆系数是指每股收益变动率相当于产销量(额)变动率的倍数。其计算公式为

$$DCL = \frac{\Delta EPS/EPS}{\Delta Q/Q} \tag{4-24}$$

$$DCL = \frac{\Delta EPS/EPS}{\Delta S/S} \tag{4-25}$$

复合杠杆和经营杠杆、财务杠杆的关系:

$$DCL = DOL \times DFL \tag{4-26}$$

【例4-22】新星公司的经营杠杆系数为2.14,财务杠杆系数为1.25,计算新星公司的复合杠杆系数。

$$DCL = DOL \times DFL = 2.14 \times 1.25 = 2.675$$

复合杠杆系数为2.675的含义:当公司销售量或销售额变动1倍时,普通股每股收益变动2.675倍。如果销售增长,则为复合杠杆利益;如果销售下降,则为复合杠杆风险。

因此,企业应在维持总风险一定的情况下,根据实际情况选择不同的经营风险和财务风险的组合,对企业资本结构和风险进行管理。现实情况是企业总是存在一定的固定成本,企业要取得低成本的资金会有一定的负债资金,许多企业固定成本和负债资金同时存在,综合杠杆作用总是存在,企业应在资本结构、风险和收益之间进行权衡,保持适当风险的同时取得杠杆收益。

第三节 资本结构

一、资本结构概述

(一)资本结构的概念

资本结构是指企业各种资金的价值构成及其比例关系。在企业筹资管理活动中,资本结构有广义资本结构和狭义资本结构。广义资本结构是指企业全部资本价值的构成及其比例关系,既包括短期资本,还包括长期资本。狭义资本结构是指企业各种长期资本的价值构成及其比例关系,主要是长期的权益资本和负债资本的构成和比例关系。企业短期负债是作为营运资本来管理的,所以本章中的资本结构指的是狭义资本结构。

资本结构是企业筹资决策的核心问题。企业资本结构是由企业采用的多种筹资方式筹集资金形成的,各种筹资方式不同的组合类型决定着企业资本结构及其变化,从而影响企业资本

成本和每股收益等。企业应综合考虑有关影响因素,运用适当的方法确定最佳资本结构,不断调整现有不合理的资本结构,尽量降低企业资本成本。

(二)资本结构的影响因素

影响企业资本结构的因素有很多,主要有以下方面:

1.企业销售的增长情况

企业销售收入会影响经营杠杆系数。如果销售以较快的速度增长,使用具有固定利息费用的债务筹资,就会增加普通股的每股收益;如果销售不断下降,则减少债务筹资,就会降低财务风险。

2.企业发展阶段

企业所处的发展阶段不同,筹资方式不同,资本结构就不同。初创期,一般债务资本比例较低;成长期,债务资本比例增加;成熟期,资本结构比较稳定;衰退期,债务资本比例会下降。

3.企业所有者和经营者的态度

企业资本结构决策最终是由股东和管理者做出的。企业股东作为所有者最关心的资本结构问题是不同筹资方式对企业控制权的分散程度。如果企业股权比较分散,股东不担心控制权的旁落,会更多采用发行股票的方式来筹资;如果企业控制权比较集中,股东们很重视控制权问题,为了保证少数股东的绝对控制权,则多会采用负债或优先股的方式筹资。

企业管理者对待风险的态度也会对资本结构产生重要影响。如果管理者喜欢冒险,可能会更倾向于较高比例的负债筹资;而稳健态度的管理者则会较少利用财务杠杆,尽量减少负债资本的比例。

4.债权人的态度

通常情况下,企业管理者往往会向贷款人和信用评级机构咨询企业财务结构,并充分尊重他们的意见。大部分贷款机构(债权人)不希望企业负债比例过高,否则企业将无法取得借款。如果企业债务过多,信用评级机构可能会降低企业信用等级,从而影响企业筹资能力,提高企业负债筹资的资本成本,严重的将不能取得负债资金。

5.企业财务状况和发展能力

财务状况好、获利能力强、变现能力强、发展能力强的企业,财务风险的承受能力强,就更容易取得外部资金,并且倾向负债筹资。而财务状况和发展能力不好的企业无法顺利发行股票或者从银行借款,只能以高利率发行债券或者留存收益来筹集资金,甚至筹集不到资金。

6.企业资产结构

企业资产结构会影响企业资本结构:固定资产比重高的企业往往通过长期负债和发行股票筹集资金;流动资产较多的企业,会通过流动负债来筹集资金;适合抵押贷款的资产多的企业一般负债筹资较多;高新技术企业等以技术研究开发为主的企业一般权益筹资较多,债务资金很少。

7.税收政策

负债资金的利息可以节税,而股利不能节税。企业所得税税率越高,负债筹资的节税收益越多;相反,如果所得税税率很低,采用负债筹资的节税收益不明显,则会考虑权益资金筹资。

8.利率水平的变动趋势

如果企业管理人员认为利率暂时较低,但未来有可能上升的话,便会大量发行长期债券,从而在以后的若干年内把利率固定在较低水平上。

9.行业和规模差别

不同行业、不同规模的企业,资本结构相差较大。因此,企业管理者尤其是财务管理人员,应重视分析企业所处行业的特征、自身的规模、市场环境等,以行业资本结构为基准,结合企业自身的竞争优势和劣势确定资本结构。有学者对近年来我国企业资本结构的稳定性、资本结构的趋势、过度负债的影响等进行了研究,详见本章二维码"扩充内容"。

➤ 二、资本结构理论

资本结构理论是关于公司资本结构、综合资本成本与公司价值三者之间关系的理论,是企业筹资决策的重要理论基础。从资本结构理论的发展过程来看,主要有早期古典资本结构理论、MM 资本结构理论和新的资本结构理论。早期古典资本结构理论是由美国经济学家杜兰德(David Durand)提出的,把当时对资本结构的研究划分为三种类型:净收益理论、净营业收益理论和介于两者之间的传统理论。1958 年,莫迪利安尼和米勒提出了著名的 MM 资本结构理论。在此基础上,学者们进一步提出了代理成本理论、信号传递理论、啄序理论等。

(一)早期古典资本结构理论

早期古典资本结构理论主要有净收益理论、净营业收益理论和传统资本结构理论三种。

1.净收益理论

净收益理论认为,利用负债筹资可以降低企业资本成本。在企业资本结构中,负债资金比例越高,公司的净利润或税后利润越多,从而企业价值越高。无论负债程度多高,企业债务资本成本率与权益资本成本率都不会变化。因此,只要债务资本成本低于权益资本成本,负债越多的企业加权资本成本就越低,企业净收益或税后利润就越多,企业价值就越大。当负债比率为 100% 时,企业加权资本成本就达到最低,企业价值达到最大值。净收益理论如图 4-1 所示。

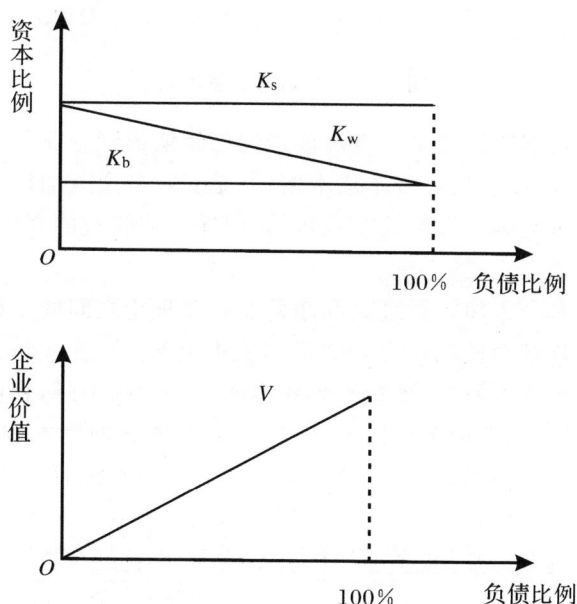

图 4-1　净收益理论

这是一种极端的资本结构理论观点。这种理论虽然考虑到财务杠杆利益,但却忽略了财务风险。如果公司的债务资本过多、比例过高,财务风险就会很高,公司的综合资本成本就会上升,公司价值会下降。

2.净营业收益理论

净营业收益理论认为,不论财务杠杆如何变化,企业加权资本成本都是固定的,因而企业总价值也是固定不变的。原因是即使企业增加负债筹资时的资本成本不变,但是企业利用财务杠杆会使企业权益资本的风险加大,从而提高权益资本的成本,最终企业所有资本的加权平均资本成本保持不变,并不会因为负债比例的提高而降低。所以,该理论认为企业资本结构与企业的价值无关,认为决定企业价值的是企业净营业收益。净营业收益理论见图4-2。

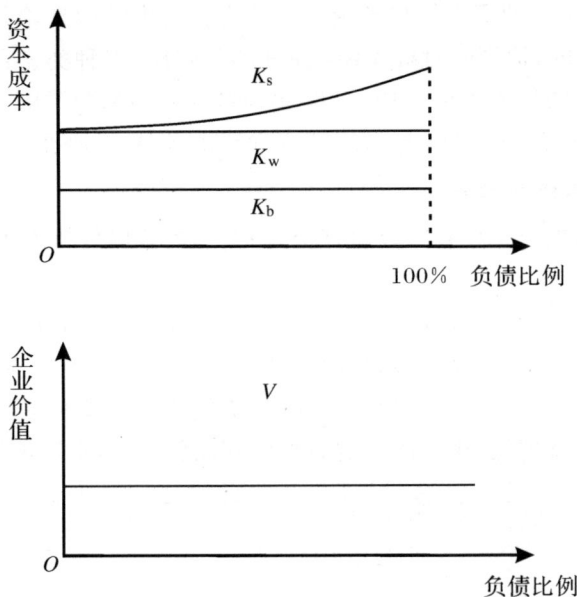

图 4-2 净营业收益理论

这也是一种极端的资本结构理论观点。该理论已经认识到企业负债资本比例的变动会影响财务风险,也可能会影响企业权益资本成本率,但是实际中企业加权平均资本成本不可能是一个常数。企业净营业收益确实会影响企业价值,但净营业收益的多少不是唯一的影响因素。

3.传统资本结构理论

传统资本结构理论是介于净收益理论和净营业收益理论之间的一种理论。传统资本结构理论认为尽管利用财务杠杆会使权益资金的资本成本上升,但在一定范围内却不能完全抵消利用负债筹集资金的低成本的好处,加权平均资本成本会不断下降,企业价值逐步上升。当负债筹集资金超过一定范围,企业财务风险不断增大,权益资金的资本成本继续上升,超过了负债筹资的低成本优势,加权平均资本成本便会逐步上升。同时随着债务资本的增加,债务的资本成本也会上升,与权益资本成本的上升共同作用,最后企业加权平均资本成本上升速度加快。加权平均资本成本的最低点,是企业最佳资本结构,也就是在企业加权平均资本成本从下降变化为上升的转折点。

关于资本结构理论的早期观点建立在对投资者行为的假设基础上,比较片面,具有一定的缺陷,没有形成系统的资本结构理论,只是对资本结构的一些初级认识,对企业资本结构理论的应用没有多大实际意义。

（二）MM 资本结构理论

1. MM 资本结构理论的基本观点

美国著名财务管理学家、诺贝尔经济学奖得主莫迪利安尼和米勒于 1958 年 6 月在《美国经济评论》上发表《资金成本、公司财务与投资理论》一文，深入讨论了企业资本结构和企业价值之间的关系，从企业经营者的目标和行为以及投资者的目标和行为角度出发，探索在一定市场环境下这种目标和行为的相互冲突与一致性，由此形成了著名的 MM 资本结构理论。MM 资本结构理论是现代资本结构理论的起点，开创了现代资本结构理论的研究。

MM 资本结构理论的基本假设如下：①公司在无税收的环境中经营；②公司经营风险的高低由息税前利润标准差来衡量，公司经营风险决定其风险等级；③投资者对所有公司未来盈利及风险的预期相同；④投资者不支付证券交易成本，所有债务利率相同；⑤公司为零增长公司，年平均盈利额不变；⑥个人和公司均可发行无风险债券，并有无风险利率；⑦公司无破产成本；⑧公司的股利政策与公司价值无关，公司发行新债不会影响已有债权的市场价值；⑨存在高度完善和均衡的资本市场。

MM 资本结构理论的基础结论是在符合 MM 理论的假设之下，公司的价值与其资本结构无关。公司的价值取决于其实际资产，而不是其各类债权和股权的市场价值。

MM 资本结构理论的假设在现实经济生活中部分是不成立的，因此早期 MM 资本结构理论的结论并不完全符合现实情况。之后莫迪利安尼和米勒以及其他学者以 MM 资本结构理论为起点，不断放宽假设条件继续进行研究。

2. 权衡理论

MM 资本结构理论只是考虑负债资金带来的节税收益，却没考虑负债带来的财务风险和额外费用。1963 年，莫迪利安尼和米勒合作发表了另外一篇论文《公司所得税与资本成本：一项修订》。取消了原来 MM 理论公司所得税的假设，提出了修正后的新 MM 理论，即税负利益——破产成本的权衡理论。权衡理论提出了财务拮据成本（也称为破产成本）和代理成本的概念。财务拮据成本是指当企业没有足够的偿债能力，不能及时偿还到期债务时产生的额外费用和机会成本。财务拮据成本会降低企业价值。代理成本是指由于企业所有者将企业委托经理人管理而产生的额外费用或机会成本。代理成本的存在会提高企业债务成本，降低负债带来的利益。

权衡理论提出：有债务的企业价值等于有相同风险但无债务企业价值加上债务的节税利益。由于负债存在税负利益，企业价值会随负债的增加而增加，但当超过一定程度时，企业破产成本会增加，负债税负利益会逐渐被破产成本抵消并超过。权衡理论不仅考虑了负债带来的减税利益，而且考虑了负债带来的各种成本，并对它们进行适当平衡以确定资本结构。权衡理论是对 MM 资本结构理论的发展，考虑了更多的现实因素，更符合实际情况。

（三）新资本结构理论

20 世纪七八十年代以后，出现了代理成本理论、信号传递理论和啄序理论等一些新的资本结构理论。

1. 代理成本理论

代理成本理论通过研究代理成本与资本结构之间的关系提出：公司债务的违约风险是财务杠杆系数的增函数，随着公司债务资本的增加，债权人的监督成本随之提升，债权人会要求更高的利率。这种代理成本最终要由股东来承担,公司资本结构中债务比率过高会导致股东价值的降低。根据代理成本理论,债务资本适度的资本结构会增加股东的价值。资本结构的代理成本理论仅限于债务的代理成本。除此之外,还有一些代理成本涉及公司的雇员、消费者和社会等,在资本结构的决策中也应予以考虑。

2. 信号传递理论

信号传递理论认为,公司可以通过调整资本结构来传递有关公司获利能力和风险方面的信息、公司对待股票市价的信息等。按照资本结构的信号传递理论,公司价值被低估时会增加负债资本;反之,公司价值被高估时会增加股权资本。事实上公司的筹资选择并非完全如此。例如,公司有时可能并不希望通过筹资行为让公众了解公司价值被高估的信息,而是通过增加债务资本让公众以为公司价值被低估。

3. 啄序理论

1984年,梅耶斯等学者提出了一种新的优序融资理论,即啄序理论。该理论以不对称信息理论为基础,并考虑交易成本的存在,认为权益融资会传递企业经营的负面信息,而且外部融资要支付各种成本,因此,企业融资的一般顺序为内部融资、债务融资、权益融资。

啄序理论下企业没有设定明显的目标资本结构。虽然留存收益和发行股票都是股权筹资,但企业首先选择留存收益,最后才考虑发行股票。企业获利能力也会影响企业筹资顺序。例如:获利能力较强的企业一般会选择较低的债务资本比例,主要是企业资金比较充裕,不需要外部筹资;而获利能力较差的企业由于盈利较少,没有足够的留存收益,只能退而选择债务筹资,在外部筹资选择中首先选择债务资本。

资本结构理论为企业筹资决策提供了有价值的理论参考,可以用于指导决策行为。但是,企业筹资活动和外部环境比较复杂,不同行业不同企业具体情况不同,目前仍难以准确地揭示财务杠杆、每股收益、资本成本和企业价值之间的关系。所以,筹资决策在一定程度上要依靠管理人员和财务人员的经验和主观判断。

➤ 三、资本结构优化决策

企业资本结构优化决策就是确定最佳资本结构。最佳资本结构是指在一定条件下使企业加权平均资本成本最低、企业价值最大时的资本结构。筹资决策一般从成本和风险两个方面来进行考虑,企业筹资目标是使企业资本成本最低、风险最小、企业价值最大。

根据前面的分析可知,债务资金具有节税效应和财务风险双重作用,适当利用负债,可以降低企业资本成本,一旦企业负债比率过高,则会带来较大的财务风险。因此,企业确定最佳资本结构时必须权衡资本成本和财务风险的关系。

确定最佳资本结构的方法有资本成本比较法、每股收益无差别点法和公司价值分析法等。

(一)资本成本比较法

资本成本比较法的基本思路是:在决策前先拟订若干个筹资组合的方案,分别计算各方案的加权平均资本成本,根据各方案加权平均资本成本的高低来确定资本结构。

企业筹资分为创立初期的初始筹资和发展过程中的追加筹资,因此资本结构决策分为初始筹资的资本结构决策和追加筹资的资本结构决策。

1. 初始筹资的资本结构决策

在进行初始筹资的资本结构决策时,直接计算并比较不同筹资组合方案的资本成本即可。

【**例 4 - 23**】新星公司是新创建的企业,需要筹集资本 3 000 万元,有以下三个筹资方案可以选择,有关资料见表 4-8。新星公司应选择哪个方案?

表 4 - 8　新星公司初始筹资方案资料

筹资方式	筹资方案一		筹资方案二		筹资方案三	
	筹资额/万元	资本成本/%	筹资额/万元	资本成本/%	筹资额/万元	资本成本/%
长期借款	100	5	300	6	500	6.5
债券	300	7	400	7.5	500	8
优先股	500	10	800	11	400	10
普通股	2 100	13	1 500	13	1 600	13
合计	3 000		3 000		3 000	

首先,计算不同筹资方案的加权平均资本成本,计算数据及结果见表 4-9。

表 4 - 9　新星公司不同筹资方案的加权平均资本成本

筹资方式	筹资方案一		筹资方案二		筹资方案三	
	不同筹资方式所占的比重/%	资本成本/%	不同筹资方式所占的比重/%	资本成本/%	不同筹资方式所占的比重/%	资本成本/%
长期借款	3.3	5	10	6	16.7	6.5
债券	10	7	13.3	7.5	16.7	8
优先股	16.7	10	26.7	11	13.3	10
普通股	70	13	50	13	53.3	13
加权平均资本成本	11.64		11.03		10.68	

其次,比较不同筹资方案的加权平均资本成本,并做出选择。这三个方案中方案三的加权平均资本成本最低,在适度的财务风险下,应考虑选择筹资方案三作为最佳筹资组合,形成的资本结构为最佳资本结构。

2.追加筹资的资本结构决策

企业在持续经营的过程中,由于对外投资或扩大规模的需要,往往需要追加筹集资金。企业原来的资本结构不一定是最优的,随着企业经营环境和筹资环境的变化,追加筹资时可以调整企业资本结构,寻求企业资本结构最优。

企业追加筹资也可以提出多个筹资组合方案,在进行最佳资本结构的确定时,有两种方法:一是直接计算各备选筹资方案的边际资本成本并进行选择;二是把各备选筹资方案与企业原来的资本结构分别汇总,计算各方案汇总资本结构后的加权平均资本成本,选择最佳的筹资方案。

【**例 4 - 24**】新星公司计划投资一个新项目,需要追加筹资 2 000 万元,现有两个方案,相关资料见表 4-10。新星公司应选择哪个方案?

表 4-10 新星公司追加筹资方案测算表

筹资方式	追加筹资方案一		追加筹资方案二	
	筹资额/万元	资本成本/%	筹资额/万元	资本成本/%
长期借款	500	7	200	6.5
债券	0	0	500	9
优先股	500	10	500	10
普通股	1 000	14	800	14
合计	2 000		2 000	

(1)追加筹资方案的边际资本成本比较法。

先分别计算两个追加筹资方案的边际资本成本率：

$$方案一的边际资本成本率=\frac{500}{2\ 000}\times 7\%+\frac{500}{2\ 000}\times 10\%+\frac{1\ 000}{2\ 000}\times 14\%=11.25\%$$

$$方案二的边际资本成本率=\frac{200}{2\ 000}\times 6.5\%+\frac{500}{2\ 000}\times 9\%+\frac{500}{2\ 000}\times 10\%+\frac{800}{2\ 000}\times 14\%=11\%$$

然后,比较两个方案的边际资本成本率,并做出选择。经过比较,追加筹资方案二的边际资本成本率低于方案一,所以选择方案二,由此形成的资本结构为最佳资本结构。

(2)备选追加筹资方案与原有资本结构综合的资本成本比较法。

首先,汇总原来的资本结构和追加筹资方案的资本结构,形成追加筹资后汇总的资本结构方案。新星公司追加筹资方案和原来资本结构资料汇总表见表 4-11。

表 4-11 新星公司追加筹资方案和原来资本结构资料汇总表

筹资方式	原来的资本/万元	资本成本/%	追加方案一		追加方案二	
			筹资额/万元	资本成本/%	筹资额/万元	资本成本/%
长期借款	500	6.5	500	7	200	6.5
债券	500	8			500	9
优先股	400	10	500	10	500	10
普通股	1 600	14	1 000	14	800	14
合计	3 000		2 000		2 000	

其次,计算汇总资本结构下的加权平均资本成本率。

$$方案一的加权平均资本成本率=\left(\frac{500}{5\ 000}\times 6.5\%+\frac{500}{5\ 000}\times 7\%\right)+\frac{500}{5\ 000}\times 8\%+\frac{900}{5\ 000}\times$$
$$10\%+\frac{2\ 600}{5\ 000}\times 14\%=11.23\%$$

$$方案二的加权平均资本成本率=\frac{700}{5\ 000}\times 6.5\%+\left(\frac{500}{5\ 000}\times 8\%+\frac{500}{5\ 000}\times 9\%\right)+\frac{900}{5\ 000}\times$$
$$10\%+\frac{2\ 400}{5\ 000}\times 14\%=11.13\%$$

注意：股票同股同利，所以原有的普通股股利与新增加发行的股票股利相同，资本成本率也应相同。

最后，比较不同追加筹资方案与原来筹资方案的汇总资本成本率，确定最佳资本结构。在本例中，方案二的汇总资本成本率低于方案一，所以选择方案二的追加筹资组合。

资本成本比较法比较容易理解，并且计算简单，是确定资本结构的一种常用方法。但是拟订的筹资方案有可能把最优方案漏掉；仅以资本成本的高低选择方案，没有测算财务风险；使企业利润最大化，不一定使公司价值最大化。所以，这种方法一般适用于资本规模较小、资本结构较为简单的企业。

（二）每股收益无差别点法（EBIT－EPS 分析法）

资本结构是否合理可以通过不同资本结构下每股收益的高低来衡量，可以提高每股收益的资本结构就是可以选择的资本结构。每股收益无差别点是指两种或两种以上筹资方案下普通股每股收益相等时的息税前利润点。筹资方式的选择可以通过计算每股收益无差别点来进行，分析判断在某一销售水平（或利润水平）下适合采用负债还是股权筹资，从而达到每股收益最大。

每股收益 EPS 的计算公式为

$$\frac{(\overline{EBIT}-I_1)(1-T)}{N_1}=\frac{(\overline{EBIT}-I_2)(1-T)}{N_2} \tag{4-27}$$

式中，$\overline{EBIT}$ 表示每股收益无差异点的息税前利润；I_1 表示第一种筹资方案下负债资金的利息；I_2 表示第二种筹资方案下负债资金的利息；T 为所得税税率；N_1 表示第一种筹资方案下流通在外的普通股股数；N_2 表示第二种筹资方案下流通在外的普通股股数。

【例 4-25】新星公司现在的资本结构为：长期借款 1 000 万元，利率为 7％；发行债券 1 500 万元，利率为 10％；普通股 5 000 万元，共 500 万股；长期资本共计 7 500 万元。所得税税率为 25％。现在企业因开发新项目需要筹集 3 000 万元资金，共有两种追加筹资方案可供选择：

（1）按 11％ 的利率发行债券，原来的债务利息不变。

（2）按 15 元每股的价格增加发行普通股。

把相关数据带入每股收益无差别点的计算公式：

$$\frac{(\overline{EBIT}-70-150-330)\times(1-25\%)}{500}=\frac{(\overline{EBIT}-70-150)\times(1-25\%)}{700}$$

解得：$\overline{EBIT}=1\,375$（万元）

此时：$\overline{EPS}=1.24$（元）

当息税前利润为 1 375 万元时，两个方案下的每股收益相等，因此两个方案都可以选择。当企业息税前利润大于 1 375 万元时，增加负债筹资比发行普通股筹资更为有利；当企业息税前利润小于 1 375 万元时，发行普通股筹资比增加负债筹资更为有利。可以通过图 4-3 直观地看出每股收益无差异点的分析结果。

从图 4-3 可以看出，在每股收益无差别点，无论采用负债筹资还是股权筹资，每股收益相等；当息税前利润高于每股收益无差别点时，运用负债筹资可以获得较高的每股收益；当息税前利润低于每股收益无差别点时，运用股权筹资可以获得较高的每股收益。

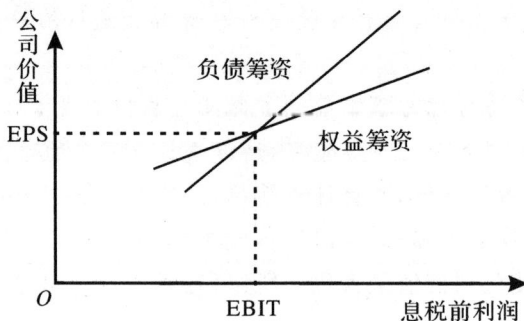

图 4 - 3 每股收益无差别点

(三)公司价值分析法

每股收益无差别点法以每股收益的高低为标准选择筹资方式,资本成本比较法以加权平均资本成本的高低为标准选择筹资方式,这两种方法都没有考虑风险因素。企业财务管理的目标是追求企业价值最大化。公司价值分析法是在充分反映公司财务风险的前提下,以公司价值的大小为标准,经过测算确定公司最佳资本结构的方法。

与资本成本比较法和每股收益无差别点法相比,公司价值分析法充分考虑了公司的财务风险和资本成本等因素的影响。进行资本结构的决策以公司价值最大为标准,更符合公司价值最大化的财务目标,但其测算原理及测算过程较为复杂,通常用于资本规模较大的上市公司。

公司价值的测算方法有以下三种。

(1)公司价值等于未来净收益或现金流量按照一定折现率折现的现值之和。计算公式如下:

$$V = \frac{\text{EAT}}{K} \tag{4-28}$$

式中,V 表示公司价值;EAT 表示每年税后利润;K 表示折现率。

该方法虽然从理论上具有一定的合理性,但是该方法在实践中难以运用。因为未来净利润和折现率都是难以确定的因素,是预测值,并且假设未来每年的净利润相等不符合实际情况。

(2)公司价值是公司股票的现行市场价值。

该方法虽然具有合理性,但是公司股票的市价受各种因素的影响,经常波动,每个交易日的市价都不相同,市场价值难以确定。并且公司的价值不仅仅包含股票的价值,还包括长期债务的价值,这两者之间相互影响。因此,该方法只考虑股票的市场价值,不能用于进行资本结构的决策。

(3)公司价值等于企业股票的价值加上长期债务的价值。计算公式如下:

$$V = B + S \tag{4-29}$$

式中,V 表示公司价值;B 表示长期债务的价值;S 表示股票的价值。

为简化起见,设长期债务的市场价值等于其面值,股票的市场价值可以通过式(4-30)计算:

$$S = \frac{(\text{EBIT} - I)(1 - T)}{K_s} \tag{4-30}$$

式中，S 表示股票的市场价值；EBIT 表示息税前利润；I 表示长期债务的年利息；T 表示所得税税率；K_s 表示股票的资本成本率。

股票的资本成本率 K_s 可以采用资本资产定价模型计算：

$$K_s = R_f + \beta(R_m - R_f) \tag{4-31}$$

式中，R_f 表示无风险报酬率；R_m 表示所有股票的市场平均报酬率；β 表示公司股票的贝塔系数。

企业全部资本的资本成本率应采用加权平均资本成本 K_w 来表示，公式如下：

$$K_w = K_B \times \frac{B}{V}(1 - T) + K_s \times \frac{S}{V} \tag{4-32}$$

式中，K_B 表示公司长期债务的税前资本成本率；K_s 表示公司普通股资本成本率；B 表示公司长期债务资本的市场价值；S 表示公司普通股的市场价值；V 表示公司价值。

【例 4-26】新星公司年息税前利润为 500 万元，资金全部由普通股资本组成，股票账面价值 2 000 万元，所得税税率为 25%。该公司认为目前的资本结构不够合理，准备用发行债券回购部分股票的办法予以调整。经咨询调查，目前的债务利率和权益资本成本的情况如表 4-12 所示。请计算新星公司的最佳资本结构。

表 4-12　不同债务水平对债务资本成本和权益资本成本的影响

债券的市场价值 B/百万元	税前债务资本成本 K_B	股票 β 值	无风险报酬率 R_f	股票平均风险收益率 R_m	权益资本成本 K_s
0	0	1.20	10%	14%	14.8%
2	10%	1.25	10%	14%	15.0%
4	10%	1.30	10%	14%	15.2%
6	12%	1.40	10%	14%	15.6%
8	14%	1.55	10%	14%	16.2%
10	16%	2.10	10%	14%	18.4%

计算新星公司不同债务水平下的加权平均资金成本以确定最佳资本结构，见表 4-13。

表 4-13　新星公司价值和资本成本

债券的市场价值 B/百万元	股票的市场价值 S/百万元	公司的市场价值 V/百万元	税前债务资本成本 K_B	权益资本成本 K_s	加权平均资本成本 K_w
0	25.34	25.34	0	14.8%	14.80%
2	24.00	26.00	10%	15%	14.42%
4	22.70	26.70	10%	15.2%	14.05%
6	20.58	26.58	12%	15.6%	14.11%
8	17.96	25.96	14%	16.2%	14.44%
10	13.86	23.86	16%	18.4%	15.72%

根据表 4-13 的计算数据可知,当没有长期债务资本的时候,企业价值等于公司股票的市场价值。随着公司利用债务资本的不断增加,债务资本的资金成本不断上升;并且随着权益资本比例的不断下降,公司权益资本的成本不断提高。随着债务资本开始替代股权资本,公司的价值开始上升,加权平均资本成本不断下降。随着债务资本的不断增加,公司的财务风险加大,公司的价值开始下降,企业加权平均资本成本又开始上升。因此,企业价值最大、加权平均资本成本最低的资本结构就是公司的最佳资本结构。本例中,当债券的市场价值为 400 万元时,公司价值最大为 2 670 万元,资本成本率最低为 14.05%。

扩充内容　　　　　　　案例研究

本章小结

企业筹资方式有银行借款、发行债券、P2P 平台借款、发行优先股、发行普通股、利用留存收益、众筹融资等,不同筹资方式的资本成本不相同。企业采用不同筹资方式的组合就是企业资本结构,是企业各种资金的构成及其比例关系。不同筹资组合具有不同的加权平均资本成本。企业财务管理的目标是企业价值最大化,企业筹资决策不仅要考虑资本成本,还要考虑风险和企业价值的大小。最佳资本结构是指在一定条件下使企业加权平均资本成本最低、企业价值最大的资本结构。确定最佳资本结构的方法有资本成本比较法、每股利润无差别点法和公司价值比较法。资本成本比较法就是根据不同筹资方案下的加权平均资本成本的大小来选择筹资方案;每股利润无差别点法也称 EBIT-EPS 分析法,通过计算每股收益无差别点的 EBIT 来选择负债筹资或权益筹资;企业价值比较法考虑公司的财务风险和资本成本等因素的影响,以公司价值最大为标准进行资本结构的决策。

经营杠杆是指由于存在固定成本而带来的息税前利润变动率大于产销量变动率的杠杆效应;财务杠杆是由于存在固定财务费用而带来的普通股每股收益变动率大于息税前利润变动率的杠杆效应;复合杠杆是由于企业固定成本和财务费用同时存在而带来的每股收益变动率大于产销量变动率的杠杆效应,是经营杠杆和财务杠杆的共同作用。因此,企业利用债务资本时不能仅仅考虑其有较低的资本成本率,还要考虑债务会给企业带来的财务风险。对于固定成本占比较大的企业来说,要防止产销业务量下降给企业带来的经营风险。互联网融资方式的资金成本包括显性成本和隐性成本,不能仅看到显性成本,隐性成本可能更高,要结合项目收益和资金需求的紧急程度综合考虑。

思考与练习

一、思考题

1. 什么是资本成本? 资本成本包括什么?

2. 什么是边际资本成本? 计算边际资本成本有什么作用?

3. 企业经营风险的影响因素有哪些? 企业经营风险与经营杠杆之间的关系是什么?

4. 企业财务杠杆的影响因素有哪些? 不同资本结构对财务杠杆系数有何影响?

5. 资本结构主要受哪些因素影响？

6. 什么是最佳资本结构？如何确定最佳资本结构？

7. 调查我国上市公司（深市或者沪市）近5年长期资金来源比重。

8. 结合近年来互联网金融融资方式和本章所讲融资方式，调查小微企业的主要融资方式，分析其融资结构。

二、计算分析题

1. 新星公司向银行借入5年期、利率为7%、每年付息一次的借款3 000万元。借款费率为2%，所得税税率为25%。试计算新星公司长期借款的资本成本率。

2. 新星公司为了开展互联网金融项目，发行了10年期、面值1 000元、票面利率为9%的债券1亿元。发行价格为980元，发行费用率为3%，所得税税率为25%。试计算新星公司长期债券的资本成本率。

3. 新星公司发行普通股筹资2亿元，普通股现行市价为30元/股，发行费用率为5%，公司实行固定增长率股利政策，上年的股利为2元/股，以后每年增长4%。试计算新星公司普通股的资本成本率。

4. 新星公司发行优先股5 000万元，优先股实行固定股利，股利支付率为8%，发行费用率为3%。试计算新星公司优先股的资本成本率。

5. 新星公司利用留存收益8 000万元投资于互联网金融项目。请计算新星公司留存收益的资本成本率，并结合1、2、3、4、5题计算新星公司各项资金的加权平均资本成本。

6. 新星公司目前拥有长期资金300万元，其中长期债券100万元，普通股200万元。公司准备扩大规模筹集新的资金，并维持目前的资本结构不变。随着筹资额的增加，各筹资方式的资本成本变化见表4-14。计算各筹资总额范围内的边际资金成本。

表4-14　新星公司追加筹资测算资料表

筹资方式	新筹资额	资金成本
债券	40万元以下	6%
	40万元～100万元	8%
	100万元以上	9%
普通股	180万元以下	12%
	180万元以上	14%

7. 新星公司2019年度的利润表有关资料如下：

销售收入　　8 000万元

变动成本　　4 800万元

固定成本　　2 000万元

息税前利润　1 200万元

利息　　　　400万元

所得税　　　400万元

要求：

(1)计算2019年新星公司的经营杠杆系数、财务杠杆系数和复合杠杆系数。

(2)若2020年公司销售收入增长30%，息税前利润与净利润增长的百分比分别是多少？

8.新星公司 2019 年销售产品 50 万件,单价 60 元,单位变动成本为 30 元,固定成本总额为 500 万元。公司负债 2 000 万元,年利率为 6%,所得税税率为 25%。

要求:

(1)计算新星公司 2019 年的边际贡献;

(2)计算新星公司 2019 年息税前利润;

(3)计算新星公司 2019 年复合杠杆系数。

9.新星公司现在的资本结构为:每股面值 10 元的普通股 500 万股;期限 10 年、利率为 10% 的债券 2 000 万元。公司拟开发新项目,需要筹集资金 3 000 万元。项目投产后预计每年可以增加息税前利润 800 万元。财务部门经过分析,提出了两个筹资方案:

方案一:按 11% 的利率发行债券;

方案二:按 15 元每股的价格发行普通股。

新星公司目前的息税前利润为 2 000 万元,假设发行费用忽略不计。

要求:

(1)分别计算两个筹资方案的每股收益。

(2)计算两个筹资方案的每股收益无差别点。

(3)分别计算筹资前、后的财务杠杆系数。

(4)根据每股收益无差别点分析公司应选择哪个筹资方案?原因是什么?

即测即评

案例分析

为什么市场不怕互联网企业亏损,却怕发债?

大家感到非常有意思的事情是:京东连续几年持续亏损,2016 年京东再爆出巨亏,股价不跌反升。但是业绩公布不久,在 2016 年 4 月,京东宣布发行总额 10 亿美元的债券,4 月 25 日京东股价下跌 3.07%,第二天再跌 8.6%,两个交易日市值蒸发 44 亿美元。京东融资 10 亿美元,股价一下子跌了 44 亿美元。

2012—2014 年 Facebook 就没赚钱,但是市值一直往上升。三年兴许还算不了什么,再看看亚马逊,十年间一直不赚钱,而且贝索斯还加了一个说明,说亚马逊没有赚钱的打算,打消你一切盼望盈利的念头。这样说也不影响它的股价,真是一飞冲天。为什么市场在亚马逊不能赚钱的时候还这么捧着它?

资料来源:苏锡嘉.为什么烧钱和亏损成了互联网企业吸引资本的利器?[EB/OL].(2017 – 03 – 10)[2019 – 10 – 25]. http://finance. sina. com. cn/zl/china/2017 – 03 – 10/zl – ifychhuq3612599. shtml? cre = finance-pagepc & mod = f & loc = 4 & r = 9 & doct = 0 & rfunc = 87.

思考

市场为什么不怕互联网企业亏损,却怕发债?

互联网企业的资本结构特征

互联网在我国虽然发展较晚,但是发展迅速。现在烧钱和亏损成了互联网企业吸引资本的利器。互联网企业能够征服人的就是告诉你"我的边界还远远没有达到",而拓展边界就是烧钱,就是亏损。据统计分析,我国互联网行业上市公司的资本结构特征如下:

1. 行业资产负债率不高,资本结构中所有者权益占主导地位

互联网和相关服务行业在国内上市的公司,其资产负债率不到30%,在所有行业中较低,最高的为金融业、建筑业和房地产业,均超过了60%。如果把在国外上市的国内互联网公司纳入范围,那么行业的整体资产负债率约为40%,与其他行业相比,仍然较低。互联网企业资本结构是所有者权益占主导地位,融资方式是以股权融资为主、债务融资为辅,企业负债经营带来的财务风险相对较小。从年度平均资产负债率来看,互联网行业上市公司的整体资产负债率在30%～40%之间波动。从2009年开始,互联网行业的资产负债率略有下降,从2011年后至2016年逐年稳定上升,整个行业相对来说发展趋于稳定。

2. 不同地点上市的互联网公司资产负债率存在明显差异

我国的互联网公司,规模相对较小的一般在国内上市,规模比较大的互联网公司都是在美国上市,如百度、搜狐、新浪等。这两类公司的资产负债率存在明显差异,在2014年末,国内上市的互联网公司资产负债率平均为29.8%,而在美国上市的国内互联网公司,其资产负债率则为46.9%。

3. 资产负债率区间相对集中

比较不同互联网公司的资产负债率,2014年选取的57家国内外上市公司中,有12家公司的资产负债率超过60%,其中60%～70%和80%以上的各有6家;有4家公司的资产负债率不到10%;有30家公司的资产负债率集中在10%～40%之间,占了所有上市公司数量的一半多;剩下11家公司的资产负债率在40%～60%之间。总的来看,资产负债率极端较高或者较低的公司较少,多数公司都在10%～50%之间,达到38家,占比为66.7%。这说明互联网行业上市公司的资产负债率不高,并且相对集中。

4. 企业负债中流动负债占据主导地位

流动负债占总负债的比例年均略有变化,但是从整体来看,在互联网行业中,负债主要由流动负债组成,最近几年占比一直在80%以上。而在流动负债中,主要项目是经营性负债以及金融借款。其中,有短期借贷的公司只占40%,这表示经营活动中形成的应付项目成为流动负债的主力。非流动负债方面,有长期借贷的公司只有26.3%,剩余的公司皆不存在长期借贷。

资料来源:王晓娟.互联网行业资本结构研究:以D企业为例[D].昆明:云南财经大学,2016.

思考

1. 结合资本结构的影响因素分析我国互联网公司的资本结构特征,包括公司规模、盈利能力、行业、成长性等因素,可以和传统制造业的资本结构进行对比分析。

2. 分析国内外互联网上市公司资本结构存在差异的原因。

案例分析思路

第五章

投资管理

学习目标

本章主要介绍投资管理基本理论、项目投资和证券投资。通过本章学习,应了解投资的含义、特点以及投资分类,理解企业项目投资和证券投资决策,掌握项目投资现金流量计算、评价指标计算及应用,了解债券和股票的含义,掌握债券和股票的估值方法。

引导案例

昊元葡萄酒业有限公司,成立于 2002 年,是一家长期从事葡萄酒生产的企业。2005 年该公司建成自有葡萄园,并引入优良的葡萄品种作为酿酒原料,生产的葡萄酒产品从口感、香气等各方面都优于当地的其他竞争企业,且质量稳定、价格合理,在当地形成了一定的品牌影响力。随着品牌知名度的扩大,该公司的产品销量快速增长,至 2019 年底,公司现有的生产能力不能满足市场需求,产品供不应求。为了扩大产能,该公司拟新增一条中型葡萄酒生产线。

该公司财务部人员通过调查,得到以下有关资料:

(1)拟投资的新生产线需一次性投入 1 000 万元,购置后立即达到可使用状态,该生产线预计可使用 10 年,使用直线法折旧,预计净残值为 100 万元。

(2)新生产线投入使用时,该公司还需垫支营运资金 200 万元。

(3)该生产线投入使用后,预计可在第 1~5 年内,每年销售收入较购置新生产线前增加 1 000万元,第 6~10 年每年销售收入较购置新生产线前增加 800 万元,每年耗用的人工和原材料等成本为当年收入的 60%。

(4)该公司所适用的企业所得税税率为 25%,资本成本为 10%。

思考

该公司财务部人员应如何评价这个项目的可行性呢?

投资是实现财务管理目标的基本前提,任何企业要实现其财务管理目标,都离不开投资活动。投资决策决定着企业未来,正确的投资决策能够使企业降低风险、取得收益,投资决策的失误可能使企业亏损,甚至破产。所以,企业应在正确原理的指导下做出正确的投资决策。

第一节 投资管理概述

一、投资的含义及特点

(一)投资的含义

投资,从广义讲,是指特定经济主体(包括政府、企业和个人等)将一定量的货币、实物等资产作为资本投放于某一个具体对象,以在未来获取预期收益的经济行为。狭义投资仅指投资于各种有价证券,进行有价证券的买卖,即证券投资,如投资于股票、债券等。对于特定企业而言,投资是企业为获取预期未来收益而将其所拥有的资产投向一定对象的经济行为。例如,购建厂房设备、购买股票和债券等经济行为,均属于投资行为。

(二)投资的特点

1. 目的性

投资是具有特定目的的经济行为。从静态的角度来说,投资是现在将一定量的资金投放于某一对象;从动态的角度来说,投资是为了获得预期未来收益的经济行为。

2. 时间性

投资的时间性是指从将一定量的资金投放于某一对象,到完成投资行为,收回投资并获利所经历的时间周期。投入的价值或牺牲的消费是现在的,而获得的价值或消费是将来的,也就是说,从现在支出到将来获得报酬,在时间上总要经过一定的间隔。投资是一个行为过程,一般来说,这个过程越长,未来报酬的获得越不稳定,风险就越大。

3. 收益性

投资目的在于取得未来收益,投资的未来收益可以是各种形式的收入,如利润、利息、股利,也可以是资本利得或资本增值。投资活动以牺牲现在价值为手段,以赚取未来价值为目标,只有未来价值超过现在价值,投资者才能得到正报酬。

4. 风险性

投资获取的未来收益具有不确定性,现在投入的价值是确定的,而未来可能获得的收益是不确定的,这种收益的不确定性即为投资风险。由于受到政治、经济、社会、技术、心理等诸多因素的影响,投资的实际收益很难与预期的一致,实际收益可能超过预期收益,可能低于预期收益,甚至有本金损失的可能。一般来讲,风险与收益呈相同的趋势变化,高收益往往蕴含着高风险,而高风险可能会给投资者带来高收益。

➢ 二、企业投资分类及意义

(一)企业投资分类

1. 直接投资和间接投资

按照投资与企业自身生产经营活动的关系,企业投资可以分为直接投资和间接投资。

直接投资,是企业不借助金融工具,将资金直接投放于形成生产经营能力的实物资产,购买并配置劳动力、劳动资料和劳动对象等生产要素,从事生产经营活动,直接谋取经营利润的企业投资。通过直接投资,投资者可以拥有全部或部分企业资产及经营的所有权,直接进行或参与投资的经营管理。

间接投资,是将资金投放于股票、债券等金融性资产,以期获得利息、股利或资本得利等收益的企业投资。之所以称为间接投资,是因为股票、债券的发行方,在筹集到资金后,再把这些资金投放于形成生产经营能力的实物资产,获取经营利润,而间接投资方不直接介入具体生产经营过程,通过股票、债券上所约定的收益分配权利,获取股利或利息收入,分享直接投资的经营利润。随着我国资本市场的发展,基于多种投资目的,企业间接投资会越来越广泛。

2. 项目投资和证券投资

按投资对象的存在形态和性质,企业投资可以分为项目投资和证券投资。

项目投资,是指企业通过投资,购买具有实质内涵的经营资产,包括有形资产和无形资产,形成具体的生产经营能力,开展实质性的生产经营活动,谋取经营利润。项目投资的目的在于改善生产条件、扩大生产能力,以获取更多的经营利润。因此,项目投资属于直接投资。例如,建造、改扩建厂房,购置新的生产线等。

证券投资,是指企业通过投资,购买股票、债券、基金等有价证券,以及基于这些有价证券的衍生品,通过证券资产上所赋予的权利,获取投资收益。证券,是一种金融资产,即以经济合同契约为基本内容、以凭证票据等书面文件为存在形式的权利性资产。债券投资代表的是未来按契约规定收取利息和收回本金的权利,股票投资代表的是对发行股票企业的经营控制权、财务控制权、收益分配权、剩余财产要求权等股东权利。证券投资的目的,是通过持有证券,获取投资收益,或控制其他企业财务或经营政策,而并不直接从事具体生产经营活动。因此,证券投资属于间接投资。

直接投资与间接投资、项目投资与证券投资,两种投资分类方式的内涵和范围是一致的,只是分类角度不同。直接投资与间接投资强调的是投资的方式性,项目投资与证券投资强调的是投资的对象性。

3. 对内投资和对外投资

按投资资金投出的方向,企业投资可以分为对内投资和对外投资。

对内投资,是指在本企业范围内部的资金投放,用于购买和配置各种生产经营所需的经营性资产。对外投资,是指向本企业范围以外的其他单位的资金投放。对外投资多以货币、实物、无形资产等资产形式,通过联合投资、合作经营、换取股权、购买证券资产等投资方式,向企业外部其他单位投放资金。

对内投资都是直接投资;对外投资主要是间接投资,也可能是直接投资。

4. 股权投资和债权投资

按投资形成的产权关系,企业投资可以分为股权投资和债权投资。

股权投资,是指投资企业以购买股票、兼并投资、联营投资等方式向被投资企业进行的投资。投资企业拥有被投资企业股权,股权投资形成被投资企业资本金。股权投资根据投资方式的不同分为股票投资和项目投资。股票投资是指企业以购买被投资公司股票的方式对其他企业进行的投资;项目投资是指企业以货币、实物、无形资产等方式对其他企业投资。

债权投资是投资企业以购买债券和租赁投资等方式向被投资企业进行的投资。投资形成被投资企业的负债,投资企业是被投资企业的债权人。债权投资根据投资方式的不同分为债券投资和租赁投资。债券投资是指企业以购买其他企业债券的方式进行的投资;租赁投资是指企业以实物资产租赁或无形资产租赁等方式对其他企业进行的投资。债权投资与股权投资相比,具有投资收益低、风险低的特点。

5. 短期投资和长期投资

按投资回收时间的长短,企业投资可以分为短期投资和长期投资。

短期投资又称为流动资产投资,是指能够并且也准备在一年以内收回的投资,主要是对现金、应收票据、各种应收款项、存货和对拟短期持有的有价证券等的投资。企业短期投资行为形成企业流动资产,属于企业营运资金的范畴。

长期投资是指需要经过一年以上才能收回的投资,主要是对厂房、机器设备等固定资产的投资,也包括对无形资产和对拟长期持有的有价证券的投资。因为企业长期投资中固定资产所占的比重较大,有时长期投资专指固定资产投资。

6.独立项目投资和互斥项目投资

按投资项目之间的相互关联关系,企业投资可以分为独立项目投资和互斥项目投资。

独立项目投资是相容性投资,各个投资项目之间互不关联、互不影响,可以同时并存。例如,某企业拟建造一个化工厂项目和建造一个纺织厂项目,这两个项目之间并不冲突,可以同时进行。对于一个独立项目投资而言,其他投资项目是否被采纳或放弃,对本项目的决策并无显著影响。因此,独立项目投资决策考虑的是该方案本身是否满足决策标准。

互斥项目投资是非相容性投资,各个投资项目之间相互关联、相互替代,不能同时并存。如某企业对一台现有设备进行更新决策,要么处置旧设备同时购买新设备,要么继续使用旧设备,这两个方案之间是互斥的。对于互斥项目投资而言,其他投资项目是否被采纳或放弃,直接影响本项目的决策,其他项目被采纳,本项目就不能被采纳。因此,互斥项目投资决策考虑的是各方案之间的排斥性,也许每个方案都是可行方案,但互斥决策需要从中选择最优方案。

(二)企业投资意义

1.投资是企业生存与发展的基本前提

企业生产经营,就是企业资产的使用和资产形态的转换过程。企业通过投资行为,购建流动资产和长期资产,形成生产条件和生产能力。不论是新建一个企业,还是新建一条生产线,都是一种投资行为。企业明确其经营方向,通过投资配置企业各类资产,并将它们有机地结合起来,形成企业综合生产经营能力。如果企业想要进入一个新的行业,或开发一种新产品,都需要先进行投资。因此,投资决策的正确与否,直接关系到企业的兴衰成败。

2.投资是实现财务管理目标的基本前提

企业财务管理的目标是不断地创造企业价值,追求企业价值的最大化,以使得企业各利益相关者都能从中受益,增加自身的财富。要达到企业价值最大化,就要采取各种措施增加企业利润和现金流量,并降低风险。从创造价值的角度来看,一个企业之所以吸引投资者进行投资,并不在于该企业拥有一定的设备、厂房、土地和员工等生产要素,而主要在于企业能够通过投资活动选择购买生产所需要的生产要素,并将这些生产要素有效地结合起来,充分发挥其效益,进而不断创造出新的、更高的价值。决定企业价值的关键不在于企业为购置所需生产要素所付出的代价,而在于企业经营者利用这些生产要素创造现金流量的能力。其他条件不变的情况下,创造的现金流量越多越稳,企业价值就越大;反之,企业价值就越小。而企业创造价值的能力,主要通过投资活动来实现。

3.投资是企业风险控制的重要手段

企业经营活动不可避免地面临着各种风险,有来自市场环境的风险,有自身资金周转的风险,还有原材料、人工费用变化的风险。企业通过投资,可以将资金投向企业生产经营的薄弱环节,使企业生产经营能力配套、平衡、协调。另外,通过投资,可以实现多元化经营,将资金投放于经营相关程度较低的不同产品和不同行业,通过投资组合分散非系统风险,稳定收益来源,降低收益的风险,增强资产的安全性。

➤ 三、企业投资过程分析

企业投资活动是一项复杂的系统工程,一些大规模的战略性投资的成功与否,直接关系到整个企业的兴衰成败。企业投资的过程,包括事前的投资项目决策阶段、事中的投资项目实施与监控阶段和投资项目结束后的事后审计与评价三个阶段。

（一）投资项目决策

投资项目决策阶段是整个投资过程的开始阶段，也是最重要的阶段。此阶段决定了投资项目的性质、资金的流向和投资项目未来的获利能力。

1. 投资项目提出

由公司的各级部门产生新的有价值的创意，进而提出多个备选投资方案是非常重要的。一般来说，公司的高层管理人员提出的投资多数是规模较大的战略性投资，如兴建一座厂房；而中层或基层人员提出的主要是战术性投资项目，如生产部门提出更新设备。

2. 投资项目评价

投资项目的评价主要包括以下几部分：①将提出的投资项目进行分类，为分析评价做好准备；②合理预计各个项目每一期的现金流量；③按照选定的某一个评价指标，对各个投资项目进行分析并根据某一标准排队；④考虑总资本限额等约束因素，编写评价报告，并做出投资预算，报请审批。

3. 投资项目决策

投资项目经过评价后，要由公司的决策层做出最后决策。决策一般分为以下三种情况：①接受这个投资项目；②拒绝这个项目，不进行投资；③发还给提出项目的部门，由其重新调查和修改后再做处理。

（二）投资项目实施与监控

一旦决定接受某一个或某一组投资项目，就要积极地实施并进行有效的监督与控制。具体要做好以下工作：①为投资方案筹集资金；②按照拟订的投资方案有计划、分步骤地实施投资项目；③实施过程中的控制与监督，即在项目的实施过程中，要对项目的实施进度、工程质量、施工成本等进行控制和监督，以使投资预算规定如期完成；④投资项目的后续分析，即在项目的实施过程中，要定期进行后续分析。将实际的现金流量与收益和预期的现金流量与收益进行对比，找出差异，分析差异存在的原因，并根据最新获取的信息做出延迟投资、放弃投资、扩充投资与缩减投资的决定。

（三）投资项目事后审计与评价

投资项目的事后审计主要由公司内部审计机构完成，将投资项目的实际表现与原来的预期相对比，通过对其差额的分析可以更深入地了解某些关键性的问题。例如，发现预测技术上存在的偏差，分析原有资本预算的执行情况和预算的精确度，查找项目执行过程中存在的漏洞，找出影响投资效果的敏感因素，总结成功的经验等。

依据审计结果还可以对投资管理部门进行绩效评价，并据此建立相应的激励制度，以持续提高投资管理效率。通过对比项目的实际值和预测值，事后审计还可以把责任引进投资预测的过程。需要说明的是，某一项目的实际值和预测值的偏差并不应该作为评价预测者能力的唯一标准。然而，如果持续地产生预测错误，则表明分析人员的预测技术确实需要改进。

第二节 项目投资现金流量分析

➤ 一、项目投资现金流量概述

（一）现金流量的含义

现金流量（cash flow）是指由一个投资项目引起的，在未来一定期间内所发生的企业现金流出和现金流入的数量。这里的现金是广义现金,它不仅包括各种货币资金,而且还包括项目需要投入的企业现有的非货币资源的变现价值。例如,一个项目需要使用原有的厂房、设备和材料等,则相关的现金流量是指它们的变现价值。

现金流量是项目投资可行性评价时必须事先计算的一个基础性数据。现金流量是项目投资财务可行性分析的主要分析对象,净现值、内含报酬率、回收期等各种财务评价指标,均是以现金流量为对象进行可行性评价的。

(二)现金流量的构成

项目投资的现金流量包括现金流出量、现金流入量和净现金流量三个具体概念。

1.现金流出量

现金流出量(cash outflow,CO),是指投资项目所引起的在未来一定期间所发生的企业现金支出的增加额。它一般包括以下几部分:

(1)长期资产建设投资。长期资产建设投资包括在固定资产、无形资产、递延资产等长期资产上的购入、建造、运输、安装、试运行等方面所需的现金支出,如购置成本、运输费、安装费等。长期资产建设投资是建设期的主要现金流出量,可能在建设期起点一次性流出,也可能在建设期内多次分期流出。

(2)垫支的营运资金。投资项目建成形成了生产能力后,必须垫支一定的营运资金才能投入运营。由于投资项目扩大了企业生产能力,原材料、在产品、产成品等流动资产规模也随之扩大,需要追加投入日常营运资金。同时,企业规模扩大后,应付账款等结算性流动负债也随之增加,自发补充了一部分日常营运资金的需要。因此,为该投资项目垫支的营运资金是需要追加的流动资产增加量与结算性流动负债增加量的净差额。垫支的营运资金,可能发生在经营期的起点,或其他指定时点。

(3)付现成本。付现成本,即现金支出成本,指经营期内每年需要支付现金的成本和费用,如材料费、人工费、燃料动力费等。成本和费用中不需要支付现金的部分称为非付现成本,其中主要是固定资产的折旧费,有时也包括无形资产和其他长期资产的摊销费等。因为按照权责发生制,企业需要每期将固定资产的折旧额、无形资产的摊销额等计入成本和费用,但此项成本和费用的发生,并不需要以现金来支付,现金是在建设期购建固定资产和无形资产时一次性支付的。付现成本,是投资项目在经营期内最主要的现金流出量。经营期内,某年的营业成本由该年付现成本和非付现成本构成。具体计算公式为

$$营业成本=付现成本+非付现成本 \tag{5-1}$$

$$付现成本=营业成本-折旧额-摊销额 \tag{5-2}$$

(4)所得税。所得税是经营期每年依法缴纳的企业所得税,需要以现金进行支付。本章中,以经营期内某年的营业利润(营业收入减去营业成本的结果)和企业所适用的企业所得税税率进行简化计算。计算公式为

$$所得税=营业利润×所得税税率$$
$$=(营业收入-营业成本)×所得税税率$$
$$=(营业收入-付现成本-非付现成本)×所得税税率 \tag{5-3}$$

2.现金流入量

现金流入量(cash inflow,CI),是指投资项目所引起的在未来一定期间所发生的企业现金收入的增加额。它一般包括以下几部分:

（1）营业收入。营业收入是投资项目在经营期内每年实现的全部销售收入，可以按投资项目在经营期内有关产品的各年预计销售单价和预测销售量进行计算。营业收入是经营期最主要的现金流入量。

（2）固定资产变价净收入。投资项目在终结期，固定资产将退出生产经营，企业对固定资产进行清理处置。固定资产变价净收入，是指固定资产出售或报废时的出售价款或残值收入扣除清理费用后的净额。

（3）垫支营运资金的收回。投资项目的经济寿命结束后，与该项目相关的存货将被出售，应收账款被收回，应付账款等也随之偿付，营运资金恢复到该项目存在之前的原有水平，该投资项目开始垫支的营运资金在项目终结时得到回收。

3. 净现金流量

净现金流量（net cash flow，NCF），是指投资项目所引起的、一定期间内现金流入量和现金流出量相抵后的差额。从投资回收时间上看，项目投资都属于长期投资，项目的经济寿命周期都超过 1 年。净现金流量发生在不同的时间，具有不同的价值，因此，应分期计算净现金流量，本章中以年为单位，按年计算净现金流量，上述"一定期间"指的是 1 年。按照净现金流量的定义，其计算公式为

$$NCF_t = CI_t - CO_t \tag{5-4}$$

式中，NCF_t 表示第 t 年的净现金流量；CI_t 表示第 t 年的现金流入量；CO_t 表示第 t 年的现金流出量。

如果现金流入量大于现金流出量，则净现金流量为正值；反之，净现金流量为负值。

（三）项目投资决策中使用现金流量的原因

企业财务会计按权责发生制确认收入和费用，计算利润，用来反映企业经营成果的多少。而在项目投资决策中，则不能以按这种方法计算的收入和支出作为评价项目经济效益高低的基础，而应以现金流入作为项目的收入，以现金流出作为项目的支出，以净现金流量作为项目的净收益，并在此基础上评价投资项目的经济效益。项目投资决策之所以要以现金流量作为评价项目经济效益的基础，主要有以下两方面原因。

1. 更符合资金时间价值理念

项目投资，从投资回收时间上看，属于长期投资，一个投资项目的各期收入和支出发生在不同的时间点，因此必须考虑资金的时间价值。在决策时收入款项和支出款项的具体时间变得很重要，因为不同时间的资金具有不同的价值。而利润是基于权责发生时间进行计算的，并不考虑资金实际收付的时间。

利润与现金流量的差异具体表现在以下几个方面：①购置固定资产付出大量资金时不计入成本和费用；②将固定资产的价值通过折旧方式每期计入成本和费用时，却没有现金流出；③计算利润时不需要考虑投资项目所需的营运资金的垫支和回收；④赊销行为发生，企业就确认当期收入，但并没有产生当期现金流入；⑤投资项目终结时，以现金的形式回收的固定资产变价净收入和垫支的营运资金在计算利润时也得不到反映。可见，要在投资决策中考虑时间价值因素，就不能用利润来衡量项目的优劣，而必须采用现金流量。

2. 更符合客观实际情况

在项目投资决策中，应用现金流量能更科学、更客观地评价投资方案的优劣。这是因为：①由于受到会计政策选择和会计估计的影响，利润的计算结果没有统一的标准，不同的存货发

出计价方法、不同的固定资产折旧方法和使用年限的估计对利润都会产生影响,形成不同的利润数据。②利润反映的是某一会计期间"应计"的现金流量,而不是实际的现金流量。若以未实际收到现金的收入作为报酬,具有较大风险,容易高估投资项目的经济效益,存在不科学、不合理的成分。

二、项目投资现金流量计算

投资项目从整个经济寿命周期来看,大致可以分为建设期、经营期、终结期三个阶段,下面分别计算这三个时期的现金流量。

(一)建设期

建设期是指投资项目从资金正式投入起至项目建成投产止所需要的时间。项目建设期的长短与投资规模、行业性质及建设方式有关,应根据实际情况加以确定。有些项目的建设期为1年或多年,如建造一座厂房、电站等。建设期第1年的年初称为建设起点(通常称为第0年),建设期最后一年的年末为建设期末,建设期末同时也是经营期的起点。而有些项目建设期为零,如外购的无须安装直接达到可使用状态的设备等。对于这类项目,投资发生在第0年,同时项目进入经营期。

建设期阶段,投资项目一般没有生产经营活动,所以其现金流量主要是现金流出量,即在该投资项目上的原始投资额,包括长期资产建设投资和垫支的营运资金。建设期阶段,原始投资通常在年内一次性投入(如外购设备),如果原始投资不是一次性投入(如建造厂房,并且分期投入资金),则应把投资归属于不同投入年份之中。为了简化计算,一般假设各年的原始投资额发生在年初。建设期内,净现金流量的计算公式为

$$NCF = -该年发生的原始投资额 \qquad (5-5)$$

(二)经营期

经营期阶段是投资项目整个经济寿命周期的主要阶段,是指从建成投产日到终结点之间的时间间隔。该阶段既有现金流入量,也有现金流出量,相抵后得到营业净现金流量。现金流入最主要是经营期各年的营业收入,现金流出量主要是各年的付现成本和所得税。

经营期内某一年发生的大修理支出,如果会计处理在本年内一次性作为收益性支出,则直接作为该年付现成本;如果作跨年摊销处理,则本年作为投资性的现金流出量,摊销年份以非付现成本形式处理。经营期内某一年发生的改良支出是一种投资,应作为该年的现金流出量,以后年份通过折旧收回。

为了简化计算,一般假定各年的营业净现金流量在各年年末一次发生。经营期内各年营业净现金流量的计算公式为

$$
\begin{aligned}
NCF &= 营业收入 - 付现成本 - 所得税 \\
&= 营业收入 - (营业成本 - 非付现成本) - 所得税 \\
&= (营业收入 - 营业成本 - 所得税) + 非付现成本 \\
&= 税后净利润 + 非付现成本 \\
&= (营业收入 - 付现成本 - 非付现成本) \times (1 - 所得税税率) + 非付现成本 \qquad (5-6)
\end{aligned}
$$

(三)终结期

投资项目的经济寿命结束,就是该项目的终结期。终结现金流量主要是现金流入量,包括

固定资产变价净收入和垫支营运资金的收回。为了简化计算,一般假设终结现金流量是经营期最后一年年末一次发生的。终结净现金流量的计算公式为

$$NCF＝固定资产变价净收入＋收回的垫支营运资金\qquad(5-7)$$

【例 5-1】新星公司拟投资建设一项固定资产,建设期为 1 年,建设起点一次性投入建设资金 1 050 万元。建成投产时,投入营运资金 30 万元,以满足日常经营需要。该项目使用年限为 5 年,使用期满后估计残值净收入为 50 万元,采用年限平均法折旧。项目投产后,每年可获得营业收入 800 万元,年付现成本为 400 万元,该企业所适用的企业所得税税率为 25%。计算该投资项目各年的净现金流量。

经营期内每年折旧额＝(1 050－50)÷5＝200(万元)

$NCF_0＝-1 050(万元)$

$NCF_1＝-30(万元)$

$NCF_{2\sim5}＝$(营业收入－付现成本－非付现成本)×(1－所得税税率)＋非付现成本

$\qquad＝(800-400-200)×(1-25\%)+200$

$\qquad＝350(万元)$

$NCF_6＝(800-400-200)×(1-25\%)+200+50+30$

$\qquad＝430(万元)$

该投资项目各年的净现金流量也可以通过编制"投资项目现金流量表"计算,如表 5-1 所示。

表 5-1　投资项目现金流量表　　　　　　　　　　　单位:万元

项目	年份						
	0	1	2	3	4	5	6
1 现金流入量			800	800	800	800	880
1.1 营业收入			800	800	800	800	800
1.2 残值净收入							50
1.3 营运资金收回							30
2 现金流出量	1 050	30	450	450	450	450	450
2.1 项目建设投资	1 050						
2.2 垫支营运资金		30					
2.3 付现成本			400	400	400	400	400
2.4 所得税			50	50	50	50	50
3 净现金流量	-1 050	-30	350	350	350	350	430

表中,所得税＝(营业收入－付现成本－非付现成本)×所得税税率

$\qquad＝(800-400-200)×25\%＝50(万元)$

➤ 三、确定现金流量应注意的问题

在投资项目每年产生的净现金流量的计算确定中,会受到很多不确定因素的影响,并且需要企业相关部门的参与。例如,经营期内,各年营业收入的估计,需要销售部门负责预测项目建成投产后产品的售价和销量,涉及产品价格弹性、广告效果、竞争者动向等多种影响因素。

在确定投资方案相关的现金流量时,应遵循的最基本的原则是:只有增量现金流量才是与

项目相关的现金流量。所谓增量现金流量,是指接受或拒绝某个投资项目后,企业总现金流量因此发生的变动。只有那些由于采纳某个项目引起的现金支出增加额,才是该项目的现金流出量;只有那些由于采纳某个项目引起的现金流入增加额,才是该项目的现金流入量。为了正确计算投资方案的增量现金流量,需要正确判断哪些支出会引起企业总现金流量的变动,哪些支出不会引起企业总现金流量的变动。在进行这种判断时,要注意以下四个问题。

(一)区分相关成本和非相关成本

相关成本是指与特定决策有关的、在分析评价时必须加以考虑的成本。例如,增量成本、差额成本、重置成本、机会成本等都属于相关成本。与特定决策无关的、在分析评价时不必加以考虑的成本是非相关成本。例如,沉没成本、账面成本等都是非相关成本。

例如,新星公司在 2018 年拟新建一个厂房,聘请某咨询公司做过财务可行性分析,并支付咨询费 10 万元。但后来由于公司有更好的投资项目,该项目被搁置下来,该笔咨询费 10 万元已计入当期费用。2020 年新星公司拟重新启动该厂房项目,在进行投资分析时,这笔咨询费 10 万元是否仍是相关成本?答案应当是否定的。该笔支出已经发生,不管公司是否采纳新建一个厂房的方案,咨询费 10 万元都无法收回,与公司未来的总现金流量无关,属于该项目的沉没成本,决策时不应考虑该项沉没成本。

确定投资项目的现金流量时,应注意区分哪些是相关成本,哪些是非相关成本。如果将非相关成本纳入投资方案的总成本,则一个有利的方案可能因此变得不利,一个较好的方案可能变为较差的方案,从而造成决策错误。

(二)不要忽视投资项目机会成本

机会成本是指在决策分析中,从各个备选方案中选取某个最优方案而放弃次优方案所失去的潜在利益。在投资方案的选择中,如果选择了一个投资方案,则必须放弃投资于其他途径的机会。其他投资机会可能取得的收益是实行本方案的一种代价,被称为这项投资方案的机会成本。机会成本不同于通常意义上的成本,它不是一种实际发生的支出或费用,而是失去的潜在收益。

例如,新星公司拟新建一个厂房,需要使用本公司拥有的一块土地,该土地使用权是公司在 10 年前通过支付土地出让金 100 万元取得的。在进行投资分析时,因为公司不必动用资金去购置土地,可否不将此土地使用权的成本考虑在内呢?答案是否定的。因为该公司如果不用这块土地来兴建厂房,则可以将这块土地另作他用,并取得一定的收益。由于在这块土地上兴建厂房才放弃了这笔收益,这笔收益就属于兴建厂房使用土地的机会成本。假设当前这块土地出售可获得净收益 50 万元,则该土地的变现价值 50 万元就是兴建车间的一项机会成本,属于决策的相关成本,决策时需要加以考虑。

(三)要考虑投资项目对公司其他项目的影响

采纳一个新的投资项目后,该项目有可能对公司的其他项目产生影响,这个影响可能是有利的,也可能是不利的。例如,如果新建厂房生产的产品为本公司原有产品的替代品,新产品上市后,公司原有产品的销量可能下降。因此,公司在进行投资分析时,不应直接将新投资项目的销售收入作为增量收入,而应扣除公司其他项目因此减少的销售收入,或加上其他项目因此增加的销售收入,这取决于新项目和原有项目是竞争关系还是互补关系。

(四)要考虑投资项目对公司营运资金的影响

当公司采纳一个新的投资项目后,公司的业务量因此扩大,一方面,对于存货和应收账款等经营性流动资产的需求会增加,公司必须筹措新的资金以满足这种额外需求;另一方面,应付账款等经营性流动负债也会同时增加,从而降低公司营运资金的实际需要。所谓营运资金的需要,是指增加的经营性流动资产与增加的经营性流动负债之间的差额。当投资项目的寿命周期终结时,存货被出售,应收账款变为现金,应付账款等也随之偿付,营运资金恢复到原有水平。通常,在进行投资分析时,假定垫支的营运资金在项目终结时收回。

第三节 项目投资决策评价指标

➤ 一、项目投资决策评价指标概述

(一)项目投资决策评价指标的含义

项目投资决策,是对各个备选方案进行分析和评价,并从中选择最优方案的过程。项目投资决策的分析和评价,需要采用一些专门的评价指标和方法。

项目投资决策评价指标是指用于衡量和比较投资项目的可行性,以便据以进行方案决策的定量化标准与尺度,它由一系列综合反映投资项目的效益和项目投入产出关系的量化指标构成。

(二)项目投资决策评价指标的分类

1.非贴现评价指标和贴现评价指标

项目投资决策评价指标按照是否考虑资金时间价值分类,可分为非贴现评价指标和贴现评价指标。

非贴现评价指标是指在指标计算过程中不考虑资金时间价值因素的指标,也称为静态指标,包括投资回收期、平均报酬率;贴现评价指标是指在指标计算过程中充分考虑和利用资金时间价值因素的指标,也称为动态指标,包括净现值、净现值率、获利指数、内含报酬率。

2.正指标和反指标

项目投资决策评价指标按指标性质不同,可分为正指标和反指标。

正指标是指在一定范围内,计算得到的指标数据越大越好的指标,如平均报酬率、净现值、净现值率、获利指数、内含报酬率。反指标是指在一定范围内,计算得到的指标数据越小越好的指标,如投资回收期。

3.绝对量指标和相对量指标

项目投资决策评价指标按指标本身数量特征不同分类,可分为绝对量指标和相对量指标。

绝对量指标是指以绝对量形式表现的指标,如投资回收期、净现值。相对量指标是指以相对量形式表现的指标,如平均报酬率、净现值率、获利指数、内含报酬率。

➤ 二、贴现评价指标

(一)净现值

1.净现值的含义和计算

净现值(net present value,NPV),是指投资项目投产后产生的未来各年净现金流量现值之和与原始投资额现值之间的差额。计算公式为

$$NPV=投产后未来各年净现金流量现值之和-原始投资额现值 \quad\quad (5-8)$$

因为在项目投入使用前的建设期内,每年的净现金流量等于负的该年发生的原始投资额,因此,上述公式还可以表述为净现值等于项目整个寿命期内各年净现金流量的现值之和,计算公式为

$$NPV = \sum_{t=0}^{n} \frac{NCF_t}{(1+i)^t} = \sum_{t=0}^{n} NCF_t \times (P/F,i,t) \quad\quad (5-9)$$

式中,NPV 表示净现值;n 表示从项目开始投资至终结时总的年数;t 表示第 t 年;NCF_t 表示第 t 年净现金流量;i 表示投资者期望达到的最低投资报酬率。

净现值的计算,一般有以下步骤:

第一,计算投资方案各年的净现金流量。

第二,选定投资方案采用的折现率。折现率可以是公司的资本成本,或本行业的基准收益率,或是投资者所期望达到的最低投资报酬率。本章采用投资者所期望达到的最低投资报酬率作为折现率。

第三,按选定的折现率,将各年的净现金流量折算成现值,计算方案的净现值。

【例5-2】新星公司有 A、B 两个投资项目,净现金流量如表5-2所示。

表5-2　A、B 投资项目净现金流量　　　　　　　　　　　　单位:万元

净现金流量	年份			
	0	1	2	3
A 项目净现金流量	−9 000	1 200	6 000	6 000
B 项目净现金流量	−12 000	4 600	4 600	4 600

假设新星公司期望的最低投资报酬率为10%,计算 A、B 两个项目的净现值。

$$NPV_A = −9\,000+1\,200 \times (P/F,10\%,1)+6\,000 \times (P/F,10\%,2)+6\,000 \times (P/F,10\%,3)$$
$$= −9\,000+10\,557$$
$$= 1\,557(万元)$$
$$NPV_B = −12\,000+4\,600 \times (P/A,10\%,3)$$
$$= −12\,000+11\,440$$
$$= −560(万元)$$

【例5-3】以例5-1中的资料为例,假定新星公司的最低投资报酬率为10%,计算投资项目的净现值。

$$NPV = −1\,050−30 \times (P/F,10\%,1)+350 \times (P/A,10\%,4) \times (P/F,10\%,1)+500 \times (P/F,10\%,6)=174.04(万元)$$

2.净现值指标决策规则

净现值指标为贴现计算的正指标,是投资项目评价最重要的指标。净现值为正,方案可行,说明方案的实际报酬率高于所要求的最低报酬率;净现值为负,方案不可取,说明方案的实际投资报酬率低于所要求的最低报酬率。当净现值为零时,说明方案的投资报酬刚好达到所要求的投资报酬,方案也可行。所以,净现值的经济含义是投资方案报酬超过基本报酬后的剩余收益。其他条件相同时,净现值越大,方案越好。

例 5-2 中,A 项目净现值为正,表明 A 项目可行;B 项目净现值为负,表明 B 项目不可行。

3.净现值指标的优缺点

净现值指标的优点是考虑了资金的时间价值,并能够以绝对量反映投资项目整个经济寿命期内总的净收益。其缺点是不能揭示投资项目本身可以达到的投资报酬率;另外,作为绝对量指标,在比较投资额不同的项目时有一定的局限性。

(二)净现值率

1.净现值率的含义及计算

净现值率(net present value rate,NPVR)是指投资项目的净现值与原始投资额现值的比率。净现值率的经济含义是单位投资现值所取得的净现值,是一个考察项目单位投资盈利能力的指标,可作为净现值的辅助评价指标。其计算公式为

$$净现值率(NPVR)=\frac{净现值}{原始投资额现值}\times100\% \qquad (5-10)$$

【例 5-4】根据例 5-2 的资料,计算 A、B 项目的净现值率。

$NPVR_A = 1\ 557 \div 9\ 000 \times 100\% = 17.3\%$

$NPVR_B = (-560) \div 12\ 000 \times 100\% = -4.7\%$

2.净现值率指标决策规则

净现值率是净现值的辅助评价指标,是一个相对量正指标。当净现值为正时,净现值率也为正,方案可行,说明方案的实际报酬率高于所要求的最低报酬率;净现值为负,净现值率也为负,方案不可取,说明方案的实际投资报酬率低于所要求的最低报酬率。当净现值为零时,净现值率也为零,说明方案的投资报酬刚好达到所要求的最低投资报酬,方案也可行。其他条件相同,净现值率越大,方案越好。

3.净现值率指标的优缺点

净现值率作为相对量指标,能够反映投资项目投入与产出的效率,但与净现值指标一样,也无法揭示投资项目本身可以达到的投资报酬率。

(三)获利指数

1.获利指数的含义及计算

获利指数(profitability index,PI),也称为现值指数,是指项目投产后未来各年净现金流量现值之和与原始投资额现值的比值。获利指数的经济含义表示单位投资现值取得的现值毛收益。获利指数也是净现值指标的辅助指标。其计算公式为

$$获利指数(PI)=\frac{投产后未来各年净现金流量现值之和}{原始投资额现值} \qquad (5-11)$$

根据净现值率和获利指数的计算公式,可得到:

$$获利指数=净现值率+1 \qquad (5-12)$$

【例 5-5】根据例 5-2 的资料,计算 A、B 项目的获利指数。

$PI_A = 10\ 557 \div 9\ 000 = 1.17$

$PI_B = 11\ 440 \div 12\ 000 = 0.95$

A 项目的 1 元投资取得 1.17 元的现值毛收益,也就是 0.17 元的现值净收益。B 项目的 1 元投资只取得 0.95 元的毛收益,1 元投资净损失 0.05 元。

2.获利指数决策规则

获利指数为相对量正指标。若获利指数大于或等于1,方案可行,说明方案实施后的投资报酬率高于或等于最低报酬率;若获利指数小于1,方案不可行,说明方案实施后的投资报酬率低于最低报酬率。其他条件相同,获利指数越大,方案越好。

3.获利指数的优缺点

获利指数是相对数,可以从动态的角度反映项目投资的资金投入与总产出之间的关系,反映投资的效率。但获利指数也无法直接反映投资项目本身可以达到的投资报酬率。

(四)内含报酬率

1.内含报酬率的含义及计算

内含报酬率(internal rate of return,IRR),也称为内部收益率,是指对项目投产后产生的未来各年净现金流量进行折现,使所得的现值恰好与原始投资额现值相等,从而使净现值等于零时的折现率。

净现值、净现值率和获利指数等指标,虽然考虑了资金的时间价值,可以说明投资项目的报酬率高于或低于投资者所期望的最低报酬率,但没有揭示项目本身可以达到的报酬率是多少。内含报酬率是根据项目的现金流量计算的,是项目本身的投资报酬率。

内含报酬率指标的基本原理是,在计算方案的净现值时,以投资者所期望的最低报酬率作为折现率计算,净现值的结果往往是大于零或小于零,这就说明方案实际可能达到的投资报酬率大于或小于投资者所期望的最低报酬率;而当净现值为零时,说明两种报酬率相等。根据这个原理,内含报酬率就是要计算出使净现值等于零时的折现率,这个折现率就是投资方案本身可以达到的投资报酬率。

内含报酬率的计算,通常需要使用"逐步测试法",具体做法是:根据已知的有关资料,先估计一次折现率,来试算净现值,如净现值大于零,为正数,表示估计的折现率低于方案实际可能达到的投资报酬率,需要重估一个较高的折现率进行试算;如果净现值小于零,为负数,表示估计的折现率高于方案实际可能达到的投资报酬率,需要重估一个较低的折现率进行试算。如此反复试算,直到净现值等于零或基本接近于零,这时所估计的折现率就是希望求得的内含报酬率。如果对测试结果的精确度不满意,可以使用插值法来改善。

【例5-6】根据例5-2的资料,计算A项目的内含报酬率。

$$NPV_A = -9\,000 + 1\,200 \times (P/F,i,1) + 6\,000 \times (P/F,i,2) + 6\,000 \times (P/F,i,3) = 0$$

第一次测试:

因为当$i=10\%$时,NPV_A大于0,所以应提高折现率进行试算。

令$i=15\%$,经查表,计算得:

$NPV_A = 525$(万元)

第二次测试:

进一步提高折现率进行试算,令$i=18\%$,经查表,计算得:

$NPV_A = -22$(万元)

第三次测试:

因为当$i=18\%$时,NPV_A小于0,所以应降低折现率进行试算。

令 $i=17\%$，经查表，计算得：

$\text{NPV}_A = 155(万元)$

由此可知，A 项目的内含报酬率在 $17\%\sim18\%$ 之间，利用插值法计算内含报酬率：

$$\frac{155-0}{17\%-\text{IRR}} = \frac{-22-155}{18\%-17\%}$$

解得 $\text{IRR}=17.88\%$，即 A 项目的内含报酬率为 17.88%。

如果投资项目的原始投资额发生在第一年年初，建设期为 0，且投产后各年净现金流量符合普通年金形式，则内含报酬率的计算可以直接通过查表，并用插值法计算，不需要进行逐步测试。

【例 5－7】根据例 5－2 的资料，计算 B 项目的内含报酬率。

$\text{NPV}_B = -12\,000 + 4\,600 \times (P/A,i,3) = 0$

$(P/A,i,3) = 2.609$

查阅年金现值系数表，寻找 $n=3$ 时系数 2.609 所对应的利率。查表得，与 2.609 接近的系数 2.624 和 2.577 分别对应 7% 和 8%。用插值法计算 B 项目的内含报酬率。

$$\frac{2.624-2.609}{7\%-\text{IRR}} = \frac{2.624-2.577}{7\%-8\%}$$

解得 $\text{IRR}=7.32\%$，即 B 项目的内含报酬率为 7.32%。

2. 内含报酬率决策规则

内含报酬率指标是相对量正指标。当项目的内含报酬率大于或等于投资者所期望的最低报酬率时，方案可行；当项目的内含报酬率小于投资者所期望的最低报酬率时，方案不可行。其他条件相同，内含报酬率越大，方案越好。

3. 内含报酬率的优缺点

内含报酬率指标考虑了资金的时间价值，并反映了投资项目本身所内含的投资报酬率，易于被高层决策人员所理解，是投资项目评价的重要指标。但内含报酬率计算过程复杂，一般要经过多次测试才能算出。

➤ 三、非贴现评价指标

(一)投资回收期

1. 投资回收期的含义及计算

投资回收期(payback period，PP)，是指投资项目投产后的未来各年净现金流量与原始投资额相等时所经历的时间，即原始投资额通过未来现金流量回收所需要的时间，代表收回投资所需要的年限。

当原始投资额一次支出，且未来每年净现金流量相等时，投资回收期的计算公式为

$$投资回收期 = \frac{原始投资额}{每年净现金流量} \tag{5－13}$$

【例 5－8】根据例 5－2 的资料，计算 B 项目的投资回收期。

$\text{PP}_B = 12\,000 \div 4\,600 = 2.61(年)$

如果未来每年净现金流量不等，应把未来每年的现金净流量逐年加总，根据累计现金流量来确定回收期。

【例5-9】根据例5-2的资料,计算A项目的投资回收期,见表5-3。

表5-3 A项目投资回收期 单位:万元

指标	年份			
	0	1	2	3
A项目净现金流量	−9 000	1 200	6 000	6 000
回收额	—	1 200	6 000	1 800
未回收额	—	7 800	1 800	0

$PP_A = 2 + (1\ 800 \div 6\ 000) = 2.3$(年)

2. 投资回收期决策规则

投资回收期是反指标。当投资回收期小于或等于投资者期望的目标回收期,项目可行;当投资回收期大于投资者期望的目标回收期,项目不可行。其他条件相同,投资回收期越短,方案越好。

3. 投资回收期的优缺点

投资回收期法的概念易于为决策人所理解,计算也简便,能够直观地反映原始投资的返本期限。但这一指标忽视了资金的时间价值,把不同时间的货币收支看成是等效的,而且没有考虑回收期满以后的现金流状况,使用该指标进行评价,会促使公司接受短期项目,放弃有战略意义的长期项目。

(二)平均报酬率

1. 平均报酬率的含义及计算

平均报酬率(average rate of return,ARR),也称为年平均投资报酬率,是投资项目寿命周期内平均的年投资报酬率。其计算公式为

$$平均报酬率(ARR) = \frac{年平均净现金流量}{原始投资额} \times 100\%$$ (5-14)

【例5-10】根据例5-2的资料,计算A、B项目的平均报酬率。

$$ARR_A = \frac{(1\ 200 + 6\ 000 + 6\ 000) \div 3}{9\ 000} = 49\%$$

$$ARR_B = \frac{4\ 600}{12\ 000} = 38\%$$

2. 平均报酬率决策规则

平均报酬率是正指标。在采用这一指标时,应先确定一个企业要求达到的最低平均报酬率,该指标高于或等于企业要求达到的最低平均报酬率,则方案可行。该指标低于企业要求达到的最低平均报酬率,则方案不可行。其他条件相同的情况下,平均报酬率越高,方案越好。

3. 平均报酬率的优缺点

平均报酬率的优点是简明、易算、易懂。其主要缺点是没有考虑资金的时间价值,第一年的现金流量与最后一年的现金流量被看作具有相同的价值。所以,如果只参考这个指标进行项目评价,有时会做出错误的决策。

第四节　投资决策指标的应用

▶ 一、独立项目投资决策

独立项目投资是相容性投资,各个投资项目之间互不关联、互不影响,可以同时并存。对于一个独立投资项目而言,其他投资项目是否被采纳或放弃,对本项目的决策并无显著影响。

独立投资方案的决策,只需要评价各方案本身是否可行,即方案本身是否达到某种预期的可行性标准。所以,按正常情况来讲,对于独立项目一般不需要排序,凡是净现值大于等于0的项目,或者内含报酬率大于等于投资者所期望的必要报酬率的所有项目,都应当被采用。

但是,当企业资本总量有限,无法为全部可行方案筹集原始投资时,就需要考虑有限的资本优先分配给哪些项目。为了使企业获得最大收益,应选择能使净现值达到最大的投资组合。一般的做法是:用穷举法列出全部投资项目的所有投资组合,剔除掉超过资本总量限额的组合,在满足资本限额要求的组合中,选择净现值合计数最大的组合作为最优投资组合。

【例 5 - 11】新星公司准备投资的三个独立投资项目,均没有建设期,投资后直接投产。A项目原始投资额为 8 000 万元,每年净现金流量为 3 000 万元,寿命为 6 年;B 项目原始投资额为 6 800 万元,每年净现金流量为 3 200 万元,期限为 4 年;C 项目原始投资额为 17 000 万元,每年净现金流量为 4 800 万元,期限为 8 年。新星公司的必要报酬率为 10%,假设新星公司可以投资的资本总量为 24 000 万元,应如何安排投资? 各项指标资料如表 5 - 4 所示。

表 5 - 4　A、B、C 项目的可行性指标

指标	A 项目	B 项目	C 项目
原始投资额/万元	8 000	6 800	17 000
每年净现金流量(NCF)/万元	3 000	3 200	4 800
期限/年	6	4	8
净现值(NPV)/万元	5 065	3 343	8 607
获利指数(PI)	1.63	1.49	1.51
内含报酬率(IRR)	29.58%	31.15%	22.76%

根据以上资料,从净现值、获利指数、内含报酬率三个指标来看,A、B、C 三个独立投资项目都是可行的,如果有足够的投资资本,三个项目都应该投资;但新星公司拥有的资本总量有限,不能同时投资于三个项目。为了寻找净现值合计数最大的组合,先列出所有可能的投资组合,如表 5 - 5 所示。

表 5 - 5　新星公司的所有投资组合　　　　　　单位:万元

序号	项目组合	原始投资额	净现值合计	排序
1	A	8 000	5 065	4
2	B	6 800	3 343	5
3	C	17 000	8 607	2

序号	项目组合	原始投资额	净现值合计	排序
4	AB	14 800	8 408	3
5	AC	25 000	13 672	超过资本总量,剔除
6	BC	23 800	11 950	1
7	ABC	31 800	17 015	超过资本总量,剔除

从表5-5可以看出,新星公司应投资于B项目和C项目,原始投资额为23 800万元,获得的净现值合计为11 950万元,是满足资本总量限额要求的所有组合中的最优组合。

二、互斥项目投资的对比与选优

互斥项目投资是非相容性投资,各个投资项目之间相互关联、相互替代,不能同时并存。对于互斥投资项目而言,其他投资项目是否被采纳或放弃,直接影响本项目的决策,其他项目被采纳,本项目就不能被采纳。

面对互斥项目,仅仅评估项目方案本身的可行性是不够的,这些互斥项目方案可能都有正的净现值。互斥方案决策需要解决的关键问题,是从这些互斥项目方案中选择最优方案,属于选择决策。

如果一个项目方案的所有评估指标,包括净现值、内含报酬率、投资回收期和平均报酬率,均比另一个项目方案好一些,则选择决策时不会有困扰。问题是这些评估指标出现矛盾时,尤其是评价的基本指标净现值和内含报酬率出现矛盾时,该如何选择。

评估指标出现矛盾的原因主要有两种:一是原始投资额不同,二是项目寿命不同。如果是原始投资额不同引起的(项目的寿命相同),对于互斥项目应当净现值法优先,因为净现值是绝对量指标,是实实在在的报酬,而不是报酬的比率。如果净现值与内含报酬率的矛盾,是项目寿命不同引起的,则可以采用共同年限法或等额年金法。

共同年限法是假设投资项目可以在终止时进行重置,通过重置使两个项目达到相同的年限(两个项目寿命期的最小公倍数),然后在相同的年限内比较其净现值。该方法有时计算量很大,所以实务中对于期限不等的互斥方案比较,一般直接按项目原始期限的等额年金指标进行决策。等额年金的计算公式为

$$等额年金 = \frac{净现值}{年金现值系数} \qquad (5-15)$$

等额年金是一个绝对量正指标,对于期限不等的互斥方案,应选等额年金较高的方案。等额年金指标的评价结果与共同年限法完全吻合,且计算比共同年限法较为简单。

【例5-12】新星公司要求的最低投资报酬率为10%,为生产某种新产品,需购置一台新设备,现有甲、乙两个设备购置方案可供选择。甲方案投资额为10 000元,可用2年,无残值,每年产生8 000元净现金流量;乙方案投资额为20 000元,可用3年,无残值,每年产生10 000元净现金流量。应该选哪个设备购置方案?

甲方案净现值＝－10 000＋8 000×(P/A,10%,2)＝3 884(元)

甲方案等额年金＝3 884÷(P/A,10%,2)＝2 238(元)

乙方案净现值＝－20 000＋10 000×(P/A,10%,3)＝4 869(元)

乙方案等额年金＝4 869÷$(P/A,10\%,3)$＝1 958(元)

因为甲方案等额年金大于乙方案等额年金,所以应选甲方案。

三、固定资产更新决策

随着技术的快速发展,企业固定资产的更新周期大大缩短,尽管旧设备使用一段时间后还能继续使用,但由于旧设备技术陈旧、使用效率低、维修费用高,还可能造成不合格产品增加,这就需要对旧设备进行更新。固定资产更新决策问题,是从继续使用旧设备与购置新设备两个方案中选择最优方案的问题,属于互斥项目投资的对比与选优问题。

固定资产更新项目不同于一般的项目投资。一般来说,用新设备来替换旧设备并不改变企业生产能力,也就不会影响企业营业收入和现金流入量(因此,固定资产更新项目中,现金流入量属于与决策无关的量),所发生的现金流量主要是现金流出量,即使有少量的残值变价收入也可视为支出的抵减,而非经常性、实质性的收入增加。由于只有项目的现金流出量,而没有适当的现金流入量,用于互斥项目投资的对比与选优的净现值法、共同年限法或等额年金法,在计算上产生了困难。

通常,两个互斥投资项目,在现金流入量相同时,可以以现金流出量较低者作为最优方案。如果新旧设备的未来使用年限相同,可以根据两者所产生的现金净流出量的现值进行比较,选择现金净流出量的现值较低的方案。在大多数情况下,新旧设备的未来使用年限是不同的,两个方案取得的"产出"不同,现金净流出量的现值就不具有可比性,应当比较两个方案一年的平均现金净流出量,即年均成本。

固定资产的年均成本,是指该固定资产现金净流出量现值的年平均值,是未来使用年限内现金净流出量现值总额与年金现值系数的比值,表示为获得该设备一年的生产能力所付出的代价,决策时应选择年均成本较低的方案。

$$固定资产的年均成本＝\frac{固定资产现金净流出量现值}{年金现值系数} \qquad (5-16)$$

【例5-13】新星公司有一台旧设备,工程技术人员提出设备更新要求。相关资料见表5-6。

表5-6　新旧设备资料

项目	旧设备	新设备
原值/万元	120	140
预计可使用年限/年	10	10
已使用期限/年	5	0
最终报废残值/万元	15	20
当前变现价值/万元	40	140
每年运营成本/万元	50	30

假设不考虑所得税因素,该公司要求的必要报酬率为12%,则该公司是否应进行设备更新?

本例中,可以把继续使用旧设备和购置新设备看作两个互斥项目投资方案,一个方案是投资40万元购买旧设备,可使用5年,另一个方案是投资140万元购买新设备,可使用10年。

本例中没有适用的现金流入量信息,且未来使用年限不同,只能通过比较新旧设备的年均成本,采用年均成本较低的方案。

$$使用旧设备的年均成本=\frac{40+50\times(P/A,12\%,5)-15\times(P/F,12\%,5)}{(P/A,12\%,5)}=58.7(万元)$$

$$使用新设备的年均成本=\frac{140+30\times(P/A,12\%,10)-20\times(P/F,12\%,10)}{(P/A,12\%,10)}=53.6(万元)$$

因购置新设备的年均成本较低,所以应进行设备更新。

第五节 证券投资

➤ 一、证券投资概述

证券投资,是指企业通过投资,购买股票、债券、基金等有价证券,以及基于这些有价证券的衍生品,通过证券资产上所赋予的权利,获取投资收益。

(一)证券投资的目的

1.利用闲置资金增加企业收益

企业在经营过程中,由于营运资金的随时变化和调整,有时会出现资金闲置、现金结余的情况。这些闲置的资金,如果存放在银行,收益较低,这对企业来说是一种损失。所以企业可以将其投资于流通性较强的股票、债券等有价证券上,获取比银行存款更高的收益,这些收益主要表现在股利收入、利息收入、证券买卖差价等方面。由于有价证券具有较强的流通性和变现能力,当企业需要资金时,这类证券能够随时变卖,收回资金。

2.满足企业扩张的需要

企业生产经营达到一定规模后,为了发展就需要不断投资。企业可以通过兴建新厂房、购置新设备等项目投资形式扩大生产经营规模,也可以通过在证券市场上购买其他企业发行的有价证券,实现不断扩张的目的。证券投资相对于项目投资,对企业来说是一种更方便的投资途径,例如,通过购买某个企业发行的股票,从而达到控制、参股该企业的目的。

3.分散投资,降低风险

根据投资组合理论,将资金投资于多个相关程度较低的项目,实行多元化经营,能有效地分散投资风险。当某个项目经营不景气而利润下降甚至导致亏损时,其他项目可能会获取较高的收益。企业将资金分成对内项目投资和对外证券投资两个部分,实现了企业投资的多元化。并且,证券投资品种多、流通性强、易于变现,企业更容易实现分散投资,实现资产的多元化,从而降低企业投资风险。

(二)证券资产的特点

1.虚拟性

证券是一种虚拟资本,证券资产不能脱离实体资产而完全独立存在。证券资产的价值取决于契约性权利所能带来的未来现金流量,是一种未来现金流量折现的资本化价值。如债券投资代表的是未来按合同规定收取利息和收回本金的权利,股票投资代表的是对发行股票企业的经营控制权、财务控制权、收益分配权、剩余财产追索权等股东权利。

2.收益性

证券资产的收益性,是指投资者持有证券,未来可获得一定数额的收益,这是投资者转让资本所有权或使用权的回报。收益性是投资者购买证券资产的根本动因。证券代表的是对一定数额的某种特定资产的所有权或债权,投资者持有证券也就同时拥有取得这部分资产增值收益的权利。证券资产的收益包括短期投机收益与长期分红、派息等两大部分。

3.风险性

证券资产的风险性是指由于多种因素的影响,投资者获得的实际收益与预期收益的背离,或者说是证券收益的不确定性。从整体上说,证券资产的风险与其收益呈正相关关系,高风险需要高收益作为风险补偿,低风险与低收益相伴随。

4.流动性

证券资产的流动性是指证券变现的难易程度。证券资产往往都是上市证券,一般都有活跃的交易市场可供及时转让,使其很容易通过二级市场出售变现,且变现的交易成本不高。另外,当企业急需现金时,可以立即将持有的证券资产变现,收回现金。

5.期限性

债券一般有明确的还本付息期限,以满足不同投资者和筹资者对融资期限以及与此相关的收益率需求,债券的期限具有法律的约束力,是对融资双方权益的保护。股票没有期限,可视为无期证券。

➢ 二、债券及其估值

债券是发行者为筹集资金发行的、在约定时间支付一定比例的利息,并在到期时偿还本金的一种有价证券。它反映证券持有者与发行者之间的债权债务关系。

(一)债券要素

1.债券面值

债券面值,是指债券的票面金额,是发行人借入并且承诺于未来某一特定日期偿付债券持有人的金额,其本质为发行人借入的本金。

2.票面利率

债券票面利率是指债券发行者预计一年内向投资者支付的利息占票面金额的比率。债券的计息和付息方式有多种,可能使用单利或复利计息,利息支付可能半年一次、一年一次或到期日一次还本付息。

3.偿还期限

债券偿还期限是指债券上载明的偿还债券本金的期限,即债券发行日至到期日之间的时间间隔。发行人要结合自身资金周转状况及外部资本市场的各种影响因素,来确定债券的偿还期。

4.发行人

这一要素指明了该债券的债务主体,既明确了债券发行人对债权人应履行偿还本息的义务,也为债权人到期追索本息提供了依据。

(二)债券分类

1.按债券是否记名分类

按债券上是否记有持券人的姓名或名称,债券可分为记名债券和无记名债券。在公司债券上记载持券人姓名或名称的为记名公司债券;反之为无记名公司债券。

2.按债券能否转换为股票分类

按能否转换为该公司股票,债券可分为可转换债券和不可转换债券。若公司债券能转换为本公司股票,为可转换债券;反之为不可转换债券。一般来讲,可转换债券的票面利率要低于不可转换债券。

3.按有无担保分类

按有无特定的担保,债券可分为担保债券和信用债券。担保债券是指以抵押、质押或保证等形式作为担保而发行的债券。因担保形式不同,担保债券又可分为抵押债券、质押债券、保证债券等多种形式。信用债券,指无须提供任何形式的担保,仅凭公司自身信用发行的债券。

4.按发行主体分类

按发行主体身份不同,债券可分为政府债券、金融债券和公司债券。政府债券是政府为筹集资金而发行的债券,主要包括中央政府债券(国债)、地方政府债券。金融债券是由银行和非银行金融机构发行的债券。公司债券指公司发行的债券。公司债券有违约风险,不同的公司债券违约风险有很大差别。一般违约风险越大,债券的票面利率越高。

(三)债券内在价值评估

按照收益资本化定价法,任何资产的内在价值是由拥有这种资产的投资者在未来时期中所接受的现金流决定的,一种资产的内在价值等于预期现金流的折现值。债券的内在价值是指将在债券投资上未来收取的利息和收回的本金折为的现值。债券的内在价值也称为债券的理论价格,只有债券内在价值大于其购买价格时,该债券才值得投资。影响债券价值的因素主要有债券的面值、期限、票面利率和所采用的折现率等因素。

1.债券估值的基本模型

债券估值的基本模型是指对有固定的票面利率、每期支付利息、到期归还本金的债券的内在价值评估模型,这种债券模式下估值模型为

$$V_b = \sum_{t=1}^{n} \frac{I_t}{(1+R)^t} + \frac{M}{(1+R)^n} \qquad (5-17)$$

式中,V_b表述债券的内在价值;I表示债券各期利息;n表示债券到期前剩余的期数;M表示债券面值;R表示投资的必要报酬率或市场利率。

【例5-14】新星公司拟投资某公司债券,债券面值为1 000元,票面利率为10%,期限为10年,每年付息一次,到期一次还本,假设市面上等风险债券的必要报酬率分别为12%、10%、8%,试分别计算该债券的内在价值。

当必要报酬率为12%时

$V_b = 1\ 000 \times 10\% \times (P/A, 12\%, 10) + 1\ 000 \times (P/F, 12\%, 10) = 887(元)$

该债券的内在价值为887元,只有其市场价格低于887元,才值得投资。

当必要报酬率为10%时

$V_b = 1\ 000 \times 10\% \times (P/A, 10\%, 10) + 1\ 000 \times (P/F, 10\%, 10) = 1\ 000(元)$

对于按年分期付息、到期一次还本的固定利率债券,当票面利率等于市场利率时,该债券的内在价值就是其面值。

当必要报酬率为8%时

$V_b = 1\ 000 \times 10\% \times (P/A, 8\%, 10) + 1\ 000 \times (P/F, 8\%, 10) = 1\ 134(元)$

该债券的内在价值为1 134元,只有其市场价格低于1 134元,才值得投资。

2.**一次性还本付息债券的估值模型**

一次性还本付息的债券,按复利计息,平时不支付利息,债券到期一次还本付息。该债券只有一次现金流动,就是到期日的本金和利息之和。该债券的估值模型为

$$V_\mathrm{b} = \frac{M(1+r)^n}{(1+R)^m} \qquad (5-18)$$

式中,V_b 表述债券的内在价值;r 表示债券票面利率;n 表示债券的期数;m 表示债券到期前剩余的期数;M 表示债券面值;R 表示投资的必要报酬率或市场利率。

【**例 5 - 15**】新星公司拟投资某公司债券,债券面值为 1 000 元,票面利率为 8%,期限为 5 年,2018 年 1 月 1 日发行,该债券为到期一次还本付息债券,假设市面上等风险债券的必要报酬率为 6%,现在是 2020 年 1 月 1 日,试计算该债券的内在价值。

$$V_\mathrm{b} = \frac{1\,000 \times (1+8\%)^5}{(1+6\%)^3} = 1\,233.68(元)$$

3.**贴现债券的估值模型**

贴现债券,指在票面上不规定利率,发行时以低于票面金额的价格折价发行,到期时按面值偿付的债券。即以低于面值发行,发行价与票面金额之差额相当于预先支付的利息,债券期满时按面值偿付的债券。这种债券在到期日前购买人不能得到任何现金支付,到期日收到本金。贴现债券的估值模型为

$$V_\mathrm{b} = \frac{M}{(1+R)^m} \qquad (5-19)$$

式中,V_b 表示债券的内在价值;m 表示债券到期前剩余的期数;M 表示债券面值;R 表示投资的必要报酬率或市场利率。

【**例 5 - 16**】新星公司拟投资某贴现债券,该债券还有 15 年到期,面值为 1 000 元,无票面利率,市面上等风险债券的必要报酬率为 12%。试计算当前该债券的内在价值。

$$V_\mathrm{b} = \frac{1\,000}{(1+12\%)^{15}} = 182.7(元)$$

➤ 三、股票及其估值

(一)股票的含义及分类

股票是股份公司发给股东的所有权凭证,是股东借以取得股利的一种有价证券。股票持有者即为该公司的股东,对该公司财产有相应的要求权。

股票可以按不同的方法和标准分类。股票按股东所享有的权利,可分为普通股和优先股;按票面是否标明持有者姓名或名称,可分为记名股票和不记名股票;按股票票面是否记明入股金额,可分为有面值股票和无面值股票;按能否向股份公司赎回自己的财产,可分为可赎回股票和不可赎回股票。

(二)股票内在价值评估

1.**股票估值的基本模型**

按照收益资本化法,股票的内在价值是在未来时期预期收到的股利的折现值。从理论上说,如果股东不中途转让股票,股票投资没有到期日,投资于股票所得到的未来现金流量是各期的股利。股票的内在价值评估,采用股利贴现模型(dividend discount model,DDM)。该模型的一般形式为

$$V_s = \frac{D_1}{(1+R)^1} + \frac{D_2}{(1+R)^2} + \cdots + \frac{D_n}{(1+R)^n} + \cdots = \sum_{t=1}^{\infty} \frac{D_t}{(1+R)^t} \qquad (5-20)$$

式中，D_t 表示第 t 年的股利；R 表示投资的必要报酬率；t 表示期数。

上述公式是股票估值的基本模型。它在实际应用时，面临的主要问题是如何预计未来每年的股利，以及如何确定折现率。股票估值的基本模型要求无限期地预计历年的股利 D_t，实际上不可能做到。因此，应用的模型都是采用各种简化办法，假定未来的股利按一定的规律变化，从而形成几种常用的股票估值模式，如假设每年股利相同或按固定比率增长等。折现率的主要作用是把所有未来不同时间的现金流入折算为现在的价值。折算现值的比率应当是投资的必要报酬率。

2. **零增长模式**

如果公司未来各期发放的股利都相等，且将无限期地持续下去，其未来现金流量形成一个永续年金，则股票价值为

$$V_s = \frac{D}{R} \qquad (5-21)$$

式中，D 表示各年的股利；R 表示投资的必要报酬率。

【例 5-17】新星公司拟投资某优先股，该优先股每年分配固定股利 2 元，投资的必要报酬率为 10%，计算该优先股的内在价值。

$$V_s = \frac{2}{10\%} = 20(元)$$

3. **固定增长模式**

有些企业股利是不断增长的，假设其每年股利增长率是固定的，如果公司本期的股利为 D_0，未来各期的股利以 g 的速度在上期股利基础上呈几何级数增长，根据股票估值基本模型，股票价值为

$$V_s = \sum_{t=1}^{\infty} \frac{D_0(1+g)^t}{(1+R)^t} \qquad (5-22)$$

因为增速 g 为常数，式（5-22）可简化为

$$V_s = \frac{D_1}{R-g} \qquad (5-23)$$

【例 5-18】新星公司准备购买 A 公司的股票，要求达到 12% 的收益率，A 公司今年每股股利 0.8 元，预计未来每年股利会以 9% 的速度增长，计算 A 股票的价值。

$$V_s = \frac{0.8 \times (1+9\%)}{12\% - 9\%} = 29.07(元)$$

如果 A 股票目前的购买价格低于 29.07 元，该公司的股票是值得购买的。

4. **阶段性增长模式**

有些公司的股利在某一阶段内有一个超常的增长率，这段时间的增长率 g 可能大于投资必要报酬率 R，而后阶段公司的股利转为固定不变或正常增长。对于阶段性增长的股票，需要分段计算，才能确定股票的价值。

【例 5-19】新星公司拟持有 A 公司股票，投资必要报酬率为 15%，预计 A 公司未来三年股利将高速增长，增长率为 20%。在此以后转为正常增长，增长率为 12%。公司最近一期支付的股利是 2 元。计算 A 公司股票的内在价值。

首先，计算非正常增长期的股利现值，如表 5-7 所示。

表 5-7 非正常增长期的股利现值计算

年份	股利(D_t)/元	现值系数(15%)	现值(P_t)/元
1	$2 \times 1.2 = 2.4$	0.870	2.088
2	$2.4 \times 1.2 = 2.88$	0.756	2.177
3	$2.88 \times 1.2 = 3.456$	0.658	2.274
前三年股利现值合计			6.539

其次,计算第四年及以后各期的股利在第三年年底的价值。

$$V_3 = \frac{D_4}{R-g} = \frac{3.456 \times (1+12\%)}{15\% - 12\%} = 129.024(元)$$

最后,计算股票内在价值。

$$V_s = 129.024 \times (P/F, 15\%, 3) + 6.539 = 91.37(元)$$

扩充内容

案例研究

本章小结

投资是企业为获取预期未来收益而将其所拥有的资产投向一定对象的经济行为,投资管理是企业财务管理的主要内容之一,本章主要从项目投资管理和证券投资管理两个角度进行阐述。

首先,对投资管理进行概述,介绍了投资的含义、分类和企业投资过程分析等。其次,介绍项目投资评价时必须事先计算的基础性数据——项目投资的现金流量,说明了现金流入量和现金流出量的构成内容,对项目投资建设期、经营期和终结期的净现金流量进行计算,并介绍确定现金流量时应注意的问题。再次,介绍项目投资决策评价指标,主要包括贴现评价指标和非贴现评价指标两类。贴现评价指标在计算中考虑了资金的时间价值因素,也称为动态指标,包括净现值、净现值率、获利指数、内含报酬率;非贴现评价指标在计算过程中不考虑资金的时间价值因素,也称为静态指标,包括投资回收期、平均报酬率。最后,介绍证券投资的目的和证券资产的特点,并对债券和股票进行估值。

思考与练习

一、思考题

1. 投资按不同标准如何分类?

2. 项目投资现金流量具体包括哪些?

3. 内含报酬率的含义是什么? 内含报酬率有哪些优缺点?

4. 证券投资的目的有哪些?

5. 股票估值原理是什么?

二、计算分析题

1. A公司拟建造一项生产线,预计建设期为2年,所需原始投资450万元于建设起点一次投入。该生产线预计使用寿命为5年,使用期满报废清理净残值为50万元,折旧方法采用直线法。这项生产线投产后每年产生息税前利润100万元,所得税税率为25%。假定A公司要求的最低投资报酬率为10%。

要求:

(1)计算该项目的净现值;

(2)用净现值指标,评价该项目的财务可行性。

2. 甲企业自行建造一项生产设备,需要投资100万元,于建设起点一次性投入,建设期为1年,该设备预计使用寿命为4年,折旧方法采用双倍余额递减法,终结期固定资产变价净收入为5万元。该设备投产后每年产生净利润30万元。假定该企业要求的最低报酬率为10%。

要求:

(1)计算该项目各年的净现金流量;

(2)计算该项目的净现值、净现值率、获利指数;

(3)利用净现值指标评价该投资项目的财务可行性。

3. 某公司准备购入一台设备以扩充生产能力,现有甲、乙两个方案可以选择。甲方案需要投资50 000元,使用寿命为5年,采用直线法计提折旧,5年后设备无残值,5年中每年销售收入为24 000元,付现成本为6 000元;乙方案需要投资60 000元,采用直线法计提折旧,使用寿命也是5年,5年后设备残值为5 000元,每年销售收入为25 000元,付现成本第一年为6 000元,以后每年增加1 000元,另外,乙方案需要垫付营运资金10 000元。假设企业适用的所得税税率为25%,该公司要求的最低报酬率为10%。

要求:

(1)计算两个方案的净现金流量;

(2)计算两个方案的净现值;

(3)计算两个方案的现值指数;

(4)计算两个方案的投资回收期;

(5)根据计算结论应选择哪个投资方案。

4. 某公司发行公司债券,面值为1 000元,票面利率为10%,期限为5年。已知市场利率为8%。要求计算并回答下列问题:

(1)假如该债券为按年付息、到期还本债券,发行价格为1 040元,投资者是否愿意购买?

(2)假如该债券为单利计息、到期一次还本付息债券,发行价格为1 040元,投资者是否愿意购买?

(3)假如该债券为贴现债券,没有利息,到期归还本金,发行价格为700元,投资者是否愿意购买?

即测即评

案例分析

美国联邦百货公司新分店的投资决策

美国联邦百货公司(Federated Department Stores)在一个中等城镇的商业区有个分店,由于该城镇人口不断迁移到郊区,联邦百货公司发现这个分店的销售额和收益都下降了。经过细致的调查,联邦百货公司决定重新选址开设一个新的分店。

为此,联邦百货公司进行了两个月的前期调研,新分店的前期调研工作共花费调研费用45 000美元。据测算,新分店的建筑物及各种配套设施的原始成本为1 000 000美元,预计可使用20年,采用直线法折旧,预计在20年使用期满后,项目没有残值收入。总公司为了协调管理新店,将增加200 000美元的净营运资金投资,用于商品存货和应收账款增加等。

在分析了顾客、人口趋势、当地竞争及其他分店经验的基础上,估计从新分店获得的年收入为900 000美元,同时,开设该新分店会使离这里不远的另一个分店的年净现金流量下降100 000美元。新分店每年发生的付现成本为450 000美元。公司所得税税率为40%,资本成本为8%。除了初始投资,假定所有现金流量都是在年末发生的。

思考

1. 如何测算新分店项目的净现值和内含报酬率。

2. 对新分店项目进行评价。

案例分析思路

第六章
营运资金管理

学习目标

本章主要介绍营运资金基本理论以及现金、应收账款和存货管理。通过本章学习,应了解营运资金管理的意义,熟悉营运资金管理原则,了解最佳现金持有量的确定,掌握应收账款信用分析方法,根据不同信用政策确定最佳信用政策,掌握存货管理方法。

引导案例

美国安然公司,成立于 1958 年,总部设在美国休斯敦,曾经是一家位于美国得克萨斯州休斯敦市的能源类公司。在 2001 年宣告破产之前,安然拥有约 21 000 名雇员,是世界上最大的电力、天然气以及电信公司之一。2000 年披露的营业额达 1 010 亿美元之巨。公司连续六年被财富杂志评选为"美国最具创新精神公司"。然而真正使安然公司在全世界声名大噪的,却是这个拥有上千亿资产的公司 2001 年在几周内破产,持续多年精心筹划乃至制度化系统化的财务造假丑闻。安然欧洲分公司于 2001 年 11 月 30 日申请破产保护,美国本部于两日后同样申请破产保护。但其破产前的资产规模为 498 亿美元并负有 312 亿美元的沉重债务。

安然公司破产原因是多方面的,但其中使其陷入危机的最直接原因是由于现金及信用不足而导致的流动性不足。安然公司拥有遍布全球的发电厂和输油管线,但是没有足够的现金及信用偿还债务,无法保证公司的流动性,公司不能正常运转。财务危机爆发时,安然也曾许诺其资金流动处于稳定态势,但是其现金还是在不到三周的时间内耗尽。安然公司的个案,使得美国监管部门密切注意有巨额利润但营业现金收入很少的公司。

思考

(1)企业营运资金管理是否重要?

(2)企业如何进行营运资金管理?

营运资金管理在企业财务管理中具有非常重要的作用。对营运资金的有效管理可以最大限度地提高企业资金使用效率,提高企业资产收益率,最大限度地降低企业资金风险。

第一节 营运资金管理概述

一、营运资金的概念及特征

(一)营运资金的概念

营运资金是企业投入生产经营活动的资金,也称营运资本。对于营运资金的理解主要有以下两个方面：

(1)广义营运资金。广义营运资金，也称总营运资金，通常是指流动资产所占用的资金数额及其资金来源，如短期借款、应付账款等。营运资金的管理既包括流动资产的管理，也包括流动负债的管理。这里所说的流动资产是指可以在一年或超过一年的一个营业周期内变现或耗用的资产，主要包括现金、应收账款、存货等。流动负债是指需要在一年或超过一年的一个营业周期内偿还的债务。流动负债已在筹资管理中讲述，所以本章重点讲述流动资产的管理。

(2)狭义营运资金。狭义营运资金是指企业流动资产减流动负债后的余额，也称净营运资金。当流动资产大于流动负债，净营运资金是正值，表明流动负债只提供了部分流动资产的资金来源，其剩余的部分则是由长期资金来源提供的，这部分就是净营运资金。

(二)营运资金的特征

营运资金一般具有以下四个特征：

(1)营运资金周转具有短期性。营运资金周转是指企业营运资金从现金投入生产经营开始，经过在采购、生产、销售等经营活动下资金多种形态变化后，又回到现金的过程。企业占用在流动资产上的资金周转一次所需时间较短，一般会在一年或超过一年的一个营业周期内收回，所以，流动资产投资所需的资金一般可通过商业信用、银行短期借款等短期筹资方式加以解决。

(2)营运资金实物形态具有变动性和易变现性。企业营运资金的实物形态是经常变化的，在循环周转过程中经过供、产、销三个阶段，其占用形态不断变化，即以现金、原材料、在产品、产成品、应收账款，最后回到现金的顺序转化。

(3)营运资金并存性与继起性。在流动资产的周转过程中，每天不断有资金流入，也有资金流出，从静态角度看，流动资产的占用具有并存性；从动态角度看，流动资产的占用具有继起性。

(4)营运资金数量具有波动性。随着企业供、产、销等条件的变化，流动资产的占用数量也时高时低，起伏不定，波动很大，具有季节性经营的企业尤其如此。随着流动资产占用量的变动，流动负债的数量也会相应变动。

二、营运资金管理原则

营运资金在企业全部资金中占有相当大的比重，而且周转期短、形态易变，所以营运资金管理是企业财务管理工作的一项重要内容。从企业财务管理的实务看，财务经理的大量时间也都用于营运资金的管理上。企业进行营运资金管理，必须遵循以下原则：

(1)认真分析生产经营状况，合理确定营运资金需求量。企业营运资金的需求量与企业生产经营活动有直接关系。当企业产销两旺时，流动资产会不断增加，流动负债也会相应增加；而当企业产销不断减少时，流动资产和流动负债也会相应减少。因此，企业财务人员应认真分析生产经营状况，采用一定的方法预测营运资金的需求数量，以便合理使用营运资金。

(2)在保证生产经营需要的前提下，节约使用资金。在营运资金管理中，必须正确处理保证生产经营需要和节约使用资金两者之间的关系，既要满足生产经营需要，又要勤俭节约，挖掘资金潜力，合理有效地使用资金。

(3)加速资金周转，提高资金利用效果。在保证资金需要及其他因素不变的情况下，加速资金周转，可以达到降低资金占用量的目的，也就相应提高了资金的利用效果。因此，企业加速存货、应收账款等流动资产的周转，以用有限的资金，取得最优的经济效益。

(4)合理安排流动资产与流动负债比例关系,保证企业有足够的短期偿债能力。流动负债是企业在短期内需要偿还的。如果企业流动资产比较多,流动负债比较少,说明企业短期偿债能力较强;反之,说明短期偿债能力较弱。但如果企业流动资产太多,流动负债太少,可能是流动资产闲置或流动负债利用不足所致,对企业也十分不利。不同类型的企业,流动资产与流动负债有不同的适合比例,因此,企业在营运资金管理中,既要合理安排流动资产和流动负债的比例关系,以便节约使用资金,又保证企业有足够的偿债能力。

企业应控制营运资金的持有数量,既要防止营运资金过度,也要避免营运资金不足。营运资金过多,风险小,但收益会降低;相反,营运资金越少,风险越大,但收益也可能较高。企业需要在风险和收益之间进行权衡,将营运资金的数量控制在一定范围之内。

第二节　现金管理

现金有广义和狭义之分,狭义现金只包括库存现金,而广义现金也就是货币资金,包括库存现金、银行存款和其他货币性资金。我们这里所讲的现金是指广义现金。现金是企业流动性最强的一种资产,也是唯一能够转化为其他任何类型资产的资产。拥有一定量的现金,对于降低企业风险、增强企业资产的流动性和债务的可清偿性有着重要的意义。

➤ 一、持有现金的动机

企业持有一定量的现金主要有以下三个方面的动机:

(1)交易性动机。交易性动机是指企业在正常生产经营条件下保持一定的现金支付能力。企业为了组织日常生产经营活动,必须保证一定数额的现金,用于购买原材料、支付工资、缴纳税款、偿付到期债务、派发现金股利等。保持一定量的现金余额是维持企业正常运转的先决条件。支付现金的数量,取决于企业销售水平。正常营业活动所产生的现金收入和支出以及它们的差额,一般同销售量呈现正比例变化。企业销售扩大,销售额增加,所需现金余额也随之增加;反之,则会减少对现金的需求。

(2)预防性动机。预防性动机是指企业持有现金以应付意外事件所产生的现金需要。由于市场情形瞬息万变和其他各种不确定因素的存在,企业有时难以对未来现金流入量与流出量做出准确的估计和预测。一旦企业对未来现金流量的预测与实际情况发生偏离,必然会对企业正常经营秩序产生不利的影响。因此,在正常业务活动现金需要量的基础上,要追加一定数量的现金余额以应付未来现金流入和流出的随机波动。企业为应付紧急事情所持有的现金余额,主要取决于以下三个方面:一是现金收支预测的可靠程度;二是企业临时借款的能力;三是企业愿意承担风险的程度。

(3)投机性动机。投机性动机是指企业持有一定现金以备满足某种投机行为的现金需要,即企业为了抓住各种瞬息即逝的市场机会,获得较大的利益而准备的现金余额。例如,如果企业预测未来利率上升,证券价格下降,投资机会将驱使企业保留现金直至预期利率不再上升为止。另外,当其他企业因破产而低价拍卖其资产时,如果企业有足够的现金就可以充分利用这样的低价购买机会。一般来说,除了金融和投资公司外,其他企业专为投机性需要而特殊置存现金的不多,遇到不寻常的购买机会,也常常会设法临时性筹集资金。

➤ 二、现金管理的目标

现金是企业流动性最强的资产,具有普遍的可接受性,但盈利性差。现金管理的过程就是在现金的流动性与收益性之间进行权衡的过程。现金管理的目标是在保证企业生产经营活动所需现金的同时,降低企业闲置的现金数量,提高资金收益率。现金管理的内容主要包括编制现金收支计划、合理确定现金持有量和对日常的现金收支进行控制。

➤ 三、最佳现金持有量的确定

最佳现金持有量是企业在正常的生产经营情况下保持现金的最低余额。在现金管理中,企业除了做好日常收支、加速现金流转速度外,还需控制好现金持有规模,也就是在权衡风险与报酬的基础上,为企业制订一个一定时期最佳的现金持有量。这是企业现金管理的重要内容。确定最佳现金持有量的方法很多,以下主要介绍两种。

(一)成本分析模型

成本分析模型是根据现金有关成本,分析预测其总成本最低时现金持有量的一种方法。企业持有现金资产需要负担一定的成本,其中与现金持有量关系最为密切的有机会成本和短缺成本。

1.机会成本

机会成本是企业因保留一定的现金余额增加的管理费用及损失的投资收益。这种投资收益是企业不能使用现金进行其他投资获得的收益,与现金持有量成正比例关系。

$$机会成本=现金持有量×有价证券收益率 \tag{6-1}$$

2.短缺成本

短缺成本是指企业现金持有量不足且又无法及时将其他资产变现而给企业造成的损失,包括直接损失和间接损失。现金的短缺成本随现金持有量的增加而下降,随现金持有量的减少而上升。

图 6-1 对这两种现金持有成本与现金持有量的关系进行了描述,当这两种成本之和,也就是总成本达到最小值时,企业所持有的现金水平为最佳持有量。

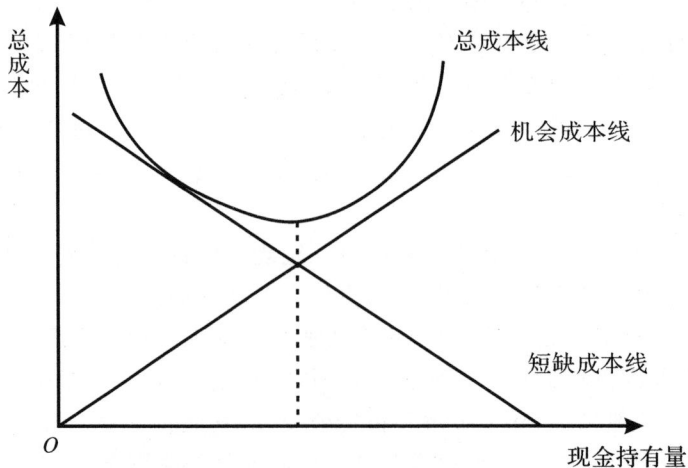

图 6-1　现金持有成本与最佳现金持有量

成本分析模型的计算步骤是：

（1）根据不同现金持有量计算各备选方案的有关成本数值。

（2）按照不同现金持有量及有关部门资料，计算各方案的机会成本和短缺成本之和，即总成本，并编制最佳现金持有量测算表。

（3）在测算表中找出相关总成本最低时的现金持有量，即最佳现金持有量。

【例6-1】新星公司有A、B、C、D四种现金持有方案，有关资料见表6-1。

表6-1　现金持有量备选方案表

项目	A	B	C	D
平均现金持有量/元	100 000	200 000	300 000	400 000
机会成本率	10%	10%	10%	10%
短缺成本/元	48 000	25 000	10 000	5 000

根据表6-1，运用成本分析法分析确定该公司最佳现金持有量。

分析：根据表6-1，可以计算出四个方案的相关总成本。计算结果见表6-2。

表6-2　最佳现金持有量测算表　　　　　　单位：元

方案	现金持有量	机会成本	短缺成本	相关总成本
A	100 000	10 000	48 000	58 000
B	200 000	20 000	25 000	45 000
C	300 000	30 000	10 000	40 000
D	400 000	40 000	5 000	45 000

通过比较分析表6-2中各方案的总成本可知，C方案的相关总成本最低，所以300 000元为企业最佳现金持有量。

（二）存货模型

存货模型又称鲍莫模型，它是由美国经济学家鲍莫（William J. Baumol）首先提出的。鲍莫认为公司现金持有量在许多方面与存货相似，存货经济批量模型可用于确定目标现金持有量，并以此为出发点，建立了鲍莫模型。

存货模型的着眼点也是现金有关成本最低，在存货模型中只考虑现金的机会成本和转换成本。转换成本是指企业用现金购入有价证券以及转让有价证券获取现金时付出的交易费，即现金同有价证券之间相互交换的成本，而不考虑现金的管理费用和短缺成本。这是因为在一定范围内，现金的管理费用与现金持有量一般没有关系，所以属于决策无关成本；同时，由于现金的短缺成本具有不确定性，其成本往往不易计量，所以在此也不予考虑。机会成本和转换成本随着现金持有量的变动而呈现出相反的变动趋势。如果现金的持有量大，则现金的机会成本高，转换成本低；反之，现金持有量小，则现金的机会成本低，转换成本高。这就要求企业必须对现金与有价证券的分割比例进行合理安排，从而使机会成本与转换成本保持最佳组合。能够使现金管理的机会成本与固定性转换成本之和保持最低的现金持有量，即为最佳现金持有量。

运用存货模型确定最佳现金持有量是以下列假设为前提的：

（1）企业所需的现金可通过证券变现取得，其证券变现的不确定性很小；

（2）企业预算期现金需要总量可以预测；

（3）现金的支出过程比较稳定，波动性较小，而且每当现金余额降至零时，均通过部分证券变现得以补足；

（4）证券的利率和报酬率以及每次固定性交易费用可以获悉。

如果以上这些条件基本得到满足，企业便可利用存货模型来确定现金的最佳持有量。

$$现金管理总成本＝持有机会成本＋转换成本$$

$$TC = \frac{Q}{2}K + \frac{T}{Q}F \qquad (6-2)$$

式中，TC 表示现金管理总成本；Q 表示最佳现金持有量；K 表示有价证券利率；T 表示特定时期内的现金总需求量；F 表示每次转换有价证券的固定成本。

对自变量 Q 进行求导数后可得出：

$$Q = \sqrt{\frac{2TF}{K}} \qquad (6-3)$$

将式（6-3）中的 Q 代入现金管理总成本的公式可得此时的最低总成本：

$$Q = \sqrt{2TKF} \qquad (6-4)$$

【例6-2】新星公司预计全年需要现金 200 000 元，现金与有价证券的转换成本为每次 400 元，有价证券的年利率为 10%，则该公司的最佳现金持有量是多少？

$$Q = \sqrt{\frac{2TF}{K}} = \sqrt{\frac{2 \times 200\,000 \times 400}{10\%}} = 40\,000（元）$$

因此，新星公司的最佳现金持有量是 40 000 元。

四、现金日常管理

确定了最佳现金持有量后，还应采取各种措施，加强现金的日常管理，以保证现金的安全、完整，最大程度发挥现金的效用。在现金日常管理中，企业除了应按照国家的《现金管理暂行条例》规定，在现金使用范围、库存现金限额等方面进行管理和控制以外，还应对日常的现金收支进行控制，加速现金的周转速度，有效地控制现金支出，提高现金使用效率。

（一）现金回收制度

现金回收管理的目的是尽快收回现金，加速现金周转。加速收款主要是尽可能缩短从客户汇款或开出支票到企业收到客户汇款或将支票兑现的过程。一般来说，企业收款时间主要包括票据邮寄时间、票据在企业停留时间、票据结算时间。企业加速收款不仅在于尽量让客户早付款，还要尽快地使这些付款转化成现金。从收款的时间看，企业应缩短客户付款的邮寄时间，缩短企业收到客户支票的兑换时间，加速资金存入自己往来银行的过程。在实际中常用的方法主要有以下两种。

1.银行业务集中法

银行业务集中法是指通过设立多个策略性的收款中心来代替通常在企业总部设立的单一收款中心，以加速账款回收的一种方法。企业不仅在其总部所在地设立收款中心，同时还根据客户地理位置的分布情况以及收款额大小，设立多个收款中心。这种方法的目的是缩短总客户寄出账款到现金收入企业账户这一过程的时间。

具体做法如下：①企业指定一个主要开户行(通常是总部所在地)为集中银行，并在收款额较集中的若干地区设立若干个收款中心；②客户收到账单后直接汇款到当地收款中心，收款中心收款后立即存入当地；③当地银行在进行票据交换后，立即转入企业总部所在地银行。

银行业务集中法的优点是可以缩短客户邮寄票据所需要的时间和票据托收所需时间，也就缩短了现金从客户到企业中间周转的时间。但采用银行业务集中法需在多处设立收款中心，而每个收款中心的地区银行都要求有一定的补偿性余额，这样开设的收款中心越多，由补偿性余额带来的闲置资金也就越多；设置收款中心需要一定的人力物力，从而增加了相应的费用支出。所以企业应在权衡利弊得失的基础上，做出是否采用银行业务集中法的决策。

2. 锁箱法

锁箱法是指企业在各主要城市租用专门用来收取客户汇款的邮箱。它是西方企业加速现金流转的一种常用方法。企业可以在各主要城市租用专门的邮政信箱，并开立分行存款户，授权当地银行每日开启信箱，在取得客户支票后立即予以结算，并通过电汇将货款拨给企业所在地银行。

随着互联网的发展，国内外的一些公司转而使用电子锁箱作为传统锁箱的替代品。在电子锁箱中，客户利用电话或互联网来点击他们的账户，查阅账单并授权支付，不再在交易中有纸单的转手。从出票人的角度看，电子锁箱比传统的账单支付方式要先进得多，这种电子锁箱方式会随着互联网的发展而越来越流行。

(二)现金支出管理

与现金回收的管理相反，在现金支出管理时，应尽可能延缓现金的支出时间。现金支出管理，包括金额上与时间上的控制，企业通常可采用的方法一般有以下几种：

1. 利用现金浮游量

现金的浮游量是指企业账户上现金余额与银行账户上的存款余额之间的差额。从企业开出支票，收款人收到支票存入银行至银行将款项划出企业账户的这段时间内，企业仍可动用银行存款账上的这笔资金，以达到最大限度地利用现金的目的。不过在使用现金浮游量时，一定要控制好使用时间，否则会发生银行存款透支。

2. 延缓应付款的支付

推迟应付账款的支付，是指企业在不影响自己信誉的前提下，尽可能地推迟应付款的支付，充分运用供货方所提供的信用优惠。如企业急需现金，甚至可以放弃供货方的折扣优惠，在信用期的最后一天支付款项。当然，这就要权衡折扣优惠以及需要现金之间的利弊得失而定。

(三)闲置现金投资安排

企业在筹资和经营活动过程中会取得大量现金，这部分现金进行投资或经营活动之前会闲置一段时间，因此当企业有闲置的现金时可投资于国库券、短期融资券、证券投资基金等，而当企业现金短缺时，又可出售各种证券，获得较多的收益。

企业现金管理的核心是确定最佳现金持有量，其关键在于协调好安全性与盈利性之间的矛盾。企业首先要保证正常经营业务的现金需求，其次才是考虑闲置现金的投资收益。因此，要求企业把闲置资金投入流动性高、风险低、交易期限短的金融工具中，以获得较多的收益。

第三节　应收账款管理

应收账款是企业流动资产的重要组成部分。由于商业竞争和销售与收款的时间差,企业在销售活动中会发生各种应收款项,包括应收账款、应收票据、其他应收款等。随着市场竞争日益激烈,赊销成为很多企业重要的销售策略,其直接后果就是产生大量的应收账款。

一、应收账款功能

1.促进销售功能

在激烈的市场竞争中,赊销是促进销售的一种重要方式。企业在销售产品时,可以采用的方式一般有两种,即现销和赊销。现销方式的最大优点是应计现金流入量与实际现金流入量完全吻合,既能避免呆坏账损失,又能及时地将收回的现金投入再增值过程,因此是企业最理想的一种销售结算方式。但是,在激烈的市场竞争条件下,仅靠这种方式是很难获取竞争优势的。采用赊销方式,在向顾客提供商品的同时,还向顾客提供了可以在一定期限内无偿使用的资金,即商业信用资金,这对顾客具有较大的吸引力,因此赊销作为一种重要的促销手段,越来越受到企业青睐。

2.减少存货功能

赊销可以加速产品销售的实现,加快产成品销售收入的转换速度,从而降低存货中的产成品数额。这有利于缩短产成品的库存时间,降低产成品的库存管理成本。因此,当产成品存货较多时,企业可以采用优惠的信用条件进行赊销,尽快实现产成品存货向销售收入的转换,变持有存货为持有应收账款,节约各项存货支出。

二、应收账款成本

应收账款成本是指企业在采用赊销方式销售商品时,因持有一定的应收账款所付出的代价。其主要包括以下几种成本。

1.机会成本

机会成本是指企业资金如果不投放于应收账款,便可用于其他投资并获得收益。如投资于有价证券,便会有利息收入,这种因投放于应收账款而放弃的其他收入,即为应收账款的机会成本。这种成本一般按有价证券的利息计算。

2.管理成本

应收账款的管理成本主要包括:①调查客户信用情况的费用;②收集各种信息的费用;③账簿的记录费用;④收账费用;⑤其他费用。

3.坏账成本

应收账款坏账成本是指应收账款因故不能收回而发生的损失。此项成本一般与应收账款的数量成正比。

三、应收账款管理目标

应收账款管理的基本目标是:通过应收账款管理发挥应收账款强化竞争、扩大销售的功能,同时尽可能降低应收账款投资的机会成本、坏账损失与管理成本,最大限度地提高应收账款投资的收益。

四、应收账款政策制定

应收账款政策又称信用政策,是企业财务政策的一个重要组成部分。企业要管好用好应收账款,必须事先制定合理的信用政策。信用政策包括信用标准、信用条件和收账政策三部分。

(一)信用标准

信用标准是客户获得企业商业信用所应具备的最低条件。满足这个最低标准的客户才可授予一定额度的信用,而不满足这个最低标准的客户则要求客户发货时付现,甚至发货前付现。

企业信用标准高低直接影响企业销售水平和风险。如果企业信用标准制订得过高,只对信用好的客户提供赊销,尽管可以降低应收账款的坏账损失和违约风险,减少应收账款的机会成本和收账费用,但同时不利于增加销售、提高市场竞争力和占有率;反之,如果企业信用标准制订得过低、较宽松,虽然会增加销售额、扩大市场销售份额,但同时会导致坏账损失风险的加大和相关成本的增加。因此,企业应在成本与收益之间进行权衡,针对不同的客户制订不同的信用标准。主要考虑以下三个方面因素:

1.同行业竞争对手情况

面对竞争对手,企业首先应考虑的是如何在竞争中处于优势地位,保持并不断扩大市场占有率。如果同行业竞争对手的实力很强,企业欲取得或保持优势地位,就需采取相对较低的信用标准;反之,其信用标准可以相应严格一些。

2.企业承担违约风险的能力

企业承担违约风险的能力强弱,对信用标准的选择也有着重要的影响。当企业具有较强的违约风险承担能力时,就可以以较低的信用标准提高竞争力,争取客户,扩大销售;反之,如果企业承担违约风险的能力比较脆弱,就只能选择严格的信用标准,以尽可能降低违约风险的程度。

3.客户资信程度

企业在设定某一客户的信用标准时,往往先要评估其赖账的可能性,这可以通过5C系统来进行。所谓5C系统是评估客户信用品质的五个方面,即品质(character)、能力(capacity)、资本(capital)、抵押(collateral)、条件(conditions)。

(1)品质。品质是指客户的信誉,即履行偿债义务的可能性。企业必须设法了解客户过去的付款记录,看其是否有按期如数付款的一贯做法,以及与其他供货企业关系是否良好。品质反映了客户履约和违约的可能性,是信用评价体系中的首要因素。

(2)能力。能力是指客户的偿债能力,即其流动资产的数量和质量以及与流动负债的比例。同时,还应注意客户流动资产的质量,看是否有过多、过时和质量下降,影响其变现能力和支付能力的情况。

(3)资本。资本是指客户的财务实力和财务状况,表明客户可能偿还债务的背景。该指标主要是根据有关的财务比率来测定客户净资产及其获利的可能性。

(4)抵押。抵押指客户拒付款项或无力支付款项时能被用作抵押的资产。这个对于不知底细或信用状况有争议的客户尤为重要。一旦收不到这些客户的款项,便以抵押品补抵。如果这些客户提供足够的抵押,就可以考虑向他们提供相应的信用。

（5）条件。条件指可能影响客户付款能力的经济环境，包括一般经济发展趋势和某些地区、行业的特殊发展情况。比如，万一出现经济不景气，会对客户的付款产生什么影响，客户会如何做，等等，这需要了解客户在过去困难时期的付款历史。

（二）信用条件

信用条件是企业评价客户等级，决定给予或拒绝客户信用的依据。当企业根据信用标准决定给客户信用优惠时，就需考虑具体的信用条件。信用条件是指企业接受客户信用订单时所提出的付款要求，主要包括信用期限、折扣期限及现金折扣率等。

1.信用期限

信用期限是指企业允许客户从购货到付款之间的时间间隔或者说是企业给予客户的付款期限。例如，若某企业允许客户在购货后的50天内付款，则信用期限为50天。信用期过短，不足以吸引顾客，在竞争中会使销售额下降；信用期过长，对销售额增加固然有利，但只顾及销售增长而盲目放宽信用期，所得的收益有时会被增长的费用抵消，甚至造成利润减少。因此，企业必须慎重研究，确定出恰当的信用期。信用期的确定，主要是分析改变现行信用期对收入和成本的影响。延长信用期，会使销售额增加，产生有利影响；与此同时，应收账款、收账费用和坏账损失增加，会产生不利影响。当前者大于后者时，可以延长信用期，否则不宜延长。如果缩短信用期，情况与此相反。

【例6-3】新星公司2019年采用30天按发票金额付款的信用政策，2020年拟将信用政策放宽至60天，仍按发票金额付款即不给折扣，该公司投资的最低报酬率为15%，其他的有关资料见表6-3。

表6-3　信用期限方案表

项目	信用期	
	30 天	60 天
销售量/件	150 000	200 000
销售额（单价5元）/元	750 000	1 000 000
变动成本（单价4元）/元	600 000	800 000
固定成本/元	60 000	60 000
收账费用/元	5 000	6 000
坏账损失/元	6 000	10 000

问题：新星公司是否应改变信用期限？

分析：

第一步，计算因信用期限增加而增加的收益。

增加的收益＝（200 000－150 000）×（5－4）＝50 000（元）

第二步，计算应收账款占用资金增加的机会成本。

30天信用期限机会成本＝750 000÷360×30×4÷5×15%＝7 500（元）

60天信用期限机会成本＝1 000 000÷360×60×4÷5×15%＝20 000（元）

机会成本增加＝20 000－7 500＝12 500（元）

第三步,计算增加的收账费用和坏账损失。

收账费用增加＝6 000－5 000＝1 000(元)

坏账损失增加＝10 000－6 000＝4 000(元)

第四步,计算改变信用期的净损益。

改变信用期的净损益＝收益增加－成本费用增加＝50 000－(12 500＋1 000＋4 000)＝32 500(元)

由于收益的增加大于成本的增加,故应采用 60 天的信用期方案。

2.现金折扣政策

现金折扣是企业对顾客在规定的信用期内提前付款而给予其在商品价格上的折减。因此,这种价格上的优惠主要目的在于吸引顾客为享受优惠提前付款,缩短企业平均收账期。另外,现金折扣也能招揽一些视折扣为减价出售的顾客前来购货,借此扩大销售量。

折扣的表示常采用如 3/10、2/20、n/30 这样一些符号形式。这三种符号的含义为:3/10 表示 10 天内付款,可享受 3％的价格优惠;2/20 表示 20 天内付款,可享受 2％的价格优惠;n/30 则表示付款的最后期限为 30 天,此时价格无优惠。

企业采用什么程度的现金折扣要与信用期结合起来考虑。比如:要求顾客最迟不超过 30 天付款,若希望顾客 20 天、10 天付款,能给予多大折扣;或者给予 3％、5％的折扣,能吸引顾客在多少天内付款。不论是信用期间还是现金折扣,都可能给企业带来收益,但也会增加成本,主要是价格折扣损失。当企业给予顾客某种现金折扣时,应当考虑折扣所能带来的收益与成本孰低,权衡利弊,确定合理的现金折扣政策。

因为现金折扣是与信用期间结合使用的,所以确定折扣程度的方法与程序,实际上与前述确定信用期间的方法与程序基本一致,只不过要把所提供的延长付款时间综合起来,计算各方案的延期与折扣能取得多大的收益增量,再计算各方案带来的成本变化,最终确定最佳方案。

【例 6－4】新星公司预测 2020 年度赊销额为 1 800 万元,其信用条件是 n/30,变动成本率为 60％,资金成本率为 10％。假设企业收账政策不变,固定成本总额不变。公司拟订了三种信用条件的备选方案,有关资料见表 6－4。

表 6－4 信用条件备选方案表

项目	甲方案 n/30	乙方案 n/60	丙方案 n/90
年销售额/万元	1 800	2 160	2 400
应收账款平均收账天数/天	30	60	90
应收账款平均余额/万元	150	360	600
维持赊销业务所需资金/万元	90	216	360
坏账损失率/％	2	3	6
坏账损失/万元	36	64.8	144
收账费用/万元	20	36	86

根据以上资料,可计算三种方案的净收益,从而选出最优方案,具体见表 6－5。

表 6-5　信用条件备选方案表　　　　　单位:万元

项目	甲方案	乙方案	丙方案
	n/30	n/60	n/90
年销售额	1 800	2 160	2 400
变动成本	1 080	1 296	1 440
边际贡献	720	864	960
机会成本	9	21.6	36
坏账损失	36	64.8	144
收账费用	20	36	86
信用成本后收益	655	741.6	694

根据表 6-5 分析可知,在三种方案中,乙方案获利最大,比甲方案增加收益 86.6 万元,比丙方案的收益要多 47.6 万元。因此,在其他条件不变的情况下,应选择乙方案。新星公司为了增加应收账款的回收,决定在乙方案的基础上,将赊销条件改为"2/10,1/10,n/60",估计将有 60% 的客户会在 10 天内付款,15% 的客户将在 20 天内付款。坏账损失率降为 1.5%,收账费用降为 30 万元。

问题:新星公司采用现金折扣政策是否合理?

分析:

根据上述资料,有关指标可计算如下。

应收账款平均收账天数 $=60\% \times 10 + 15\% \times 20 + (1 - 60\% - 15\%) \times 60 = 24$(天)

应收账款平均余额 $= 2\ 160 \div 360 \times 24 = 144$(万元)

维持赊销业务所需资金 $= 144 \times 60\% = 86.4$(万元)

应收账款机会成本 $= 86.4 \times 10\% = 8.64$(万元)

坏账损失 $= 2\ 160 \times 1.5\% = 32.4$(万元)

收账费用 $= 30$(万元)

现金折扣 $= 2\ 160 \times (2\% \times 60\% + 1\% \times 15\%) = 29.16$(万元)

信用成本后收益 $= 2\ 160 - 1\ 296 - 8.64 - 32.4 - 30 - 29.16 = 763.8$(万元)

由于采用现金折扣政策后收益为 763.8 万元,比未采用现金折扣增加收益 22.2 万元,因此企业采用现金折扣政策更为合理。

(三)收账政策

收账政策是指企业针对客户违反信用条件拖欠甚至拒付账款所采取的收账策略与措施,即企业采取何种合理的方法最大限度收回被拖欠的账款。

由于诸多原因,企业总有一部分应收账款难以收回,企业在制定信用政策时,应当充分地考虑客户有可能违反信用规定,一旦款项遭到拖欠甚至拒付时,应采取的对策。如果企业采取积极的收账政策,就会减少坏账损失,同时也会增加应收账款的收账费用;如果企业采取消极的收账措施,虽然会减少收账费用,但也会增加坏账损失。在其他条件相同时,在一定范围内相应收账费用越高,坏账比率越低,平均收账期也就越短。但是这种关系并不是线性的。初始的收款支出,可能只减少很少的坏账损失,进一步增加收账费用将产生显著作用,直至到某一点后它能减少的坏账损失越来越少,这个点称为饱和点。企业在制定收账政策时,应该考虑饱和点问题,不能无限制地增加收账费用,应在增加的收账费用与减少的坏账损失之间进行权衡。因此,判定收账政策的优劣往往在于应收账款总成本最小化的原则,可以通过比较各收账方案总成本的大小对其进行选择,同时结合有关人员的经验制定有效、得当的收账政策。

五、应收账款日常管理

对于大多数企业来说,应收账款的存在很正常,有些企业应收账款的余额还比较大。应收账款是企业对外提供商业信用的结果,其中往往蕴含着巨大的风险,因此,对企业应收账款必须加强日常的管理,采取有力的措施进行分析、控制,及时发现问题和解决问题。这些措施主要包括应收账款的追踪分析、应收账款账龄分析、平均收账期分析。

(一)应收账款的追踪分析

一般来说,客户赊销产品后能否按期偿还货款,主要取决于以下三个因素:其一,客户的信用品质;其二,客户的财务状况;其三,客户是否可以实现该产品的价值转换和增值。其中客户的信用品质和财务状况是企业在赊销之前就必须注意分析的问题。在赊销之后仍应进行追踪分析,因为这两个因素是有可能随时发生变化的。当发现客户的这两个因素有发生变化的可能性时,企业应采取果断的措施尽快地收回应收账款,哪怕是只能暂时收回部分应收账款,并且应对客户的信用记录进行相应的调整。第三个因素对客户能否及时支付应收账款也具有重大影响。如果客户可以实现该产品的价值转换,尤其是可以实现该产品的价值增值,那么客户就会愿意及时付款。原因是一方面客户此时有付款的能力,另一方面是由于其希望建立良好的信誉,为以后的交易打下基础。从这个意义上说,应收账款问题并不仅仅是交易双方的问题,常常会涉及第三方。在商品的流通过程中,有一个环节出了问题,将可能导致一系列的信用危机。所以,在进行应收账款的最终分析时,应时刻关注客户及其交易伙伴的以上三个因素的变化,以便及时做出决策。当然,企业不可能也没有必要对全部的应收账款都进行追踪分析。企业应该将主要精力集中于那些交易额大、交易次数频繁或信用品质有疑问的客户身上。

(二)应收账款账龄分析

应收账款的账龄是指未收回的应收账款从产生到目前的整个时间。企业已发生的应收账款的账龄有长有短,有的在信用期内,有的已逾期。企业进行应收账款账龄分析的重点是已逾期拖欠的应收账款。应收账款账龄分析,即应收账款账龄结构分析。所谓应收账款的账龄结构,是指各类不同账龄的应收账款余额占应收账款总体余额的百分比。在应收账款的账龄结构中,可以清楚地看出企业应收账款的分布和被拖欠的情况,以便企业加强对应收账款的管理。一般来说,应收账款被拖欠的时间越长,催收的难度就越大,成为坏账的可能性也就越高。所以,将应收账款按账龄分类,尤其是按被拖欠的时间分类,密切关注应收账款的回收情况是加强应收账款日常管理的重要环节。

(三)平均收账期分析

应收账款收账期越长,其变现能力越差,同时应收账款收账期的长短还会影响企业经营周期和现金周期,所以应加强应收账款收账期的控制和管理。在相同的信用条件下,不仅应对不同客户的应收账款收账期进行比较分析,还应对客户的实际平均收账期与同行业平均收账期

进行比较,以确定企业收账效率。应收账款的平均收账期可以用以下公式算出:

$$应收账款平均收账期 = \frac{\sum 回收期 \times 收款额}{\sum 收款额} \qquad (6-5)$$

应收账款的平均收账期分析通过对客户平均收账期的计算,来判断客户的应收账款回收期的长短,针对收账期发生较大波动的客户,应提醒收账人员高度重视。

第四节　存货管理

存货是企业流动资产的重要组成部分,在大多数企业中存货占流动资产的比重较大,如制造业、零售业,同时存货又是流动性较差的资产。存货积压会造成企业资金周转的困难,存货不足又将严重影响企业经营活动和收入,所以,企业对存货的利用及管理水平的高低,直接影响到企业流动资产的周转和财务状况的稳定。因此,存货管理的目的是在充分发挥存货功能的基础上,降低成本,增加收益,使存货保持在最佳水平。

➤ 一、存货的概念与功能

存货是指企业在生产经营过程中为销售或耗用而储备的物资,包括各类材料、商品、在产品、半成品、产成品等。

存货的功能是指存货在生产经营过程中的作用,具体包括以下几种:

1. 保证企业生产经营正常需要

必要的原材料、在产品、半成品存货是企业生产经营正常进行的前提和保障。有时未来的存货供应可能会中断或者减少,有时由于生产的不均衡可能会停工待料,所以,储备适当的存货能够维持生产的连续性,实现均衡生产,以降低成本。

2. 满足市场销售需要

企业有了足够的产成品存货,可以增强企业销售的机动性。有时市场销售的波动性可能由于企业产品库存不足而导致企业丧失推销的机会,因此失去顾客和市场。所以,储存适当的存货可以满足市场的需要。

3. 保持必要保险储备,防止意外发生

企业在采购、运输、生产和销售的各环节中,可能发生意外事故而导致存货不足,进而影响企业生产经营。所以保持适量的存货保险储备,可避免或减少损失。

➤ 二、存货成本

企业由于各种原因持有存货,由此会发生各项支出。存货成本就是企业储存一定量存货所付出的代价。存货成本包括以下几种成本。

1. 订货成本

订货成本是指企业为组织订购存货而发生的各项支出,如为订货而发生的办公费、邮资、电话电报费、采购人员差旅费、常设采购机构的基本开支等。订货成本可以分为订货变动成本和订货固定成本。订货变动成本一般与订货次数有关,如差旅费、邮资等;订货的固定成本一般与订货次数无关,如常设采购机构的基本开支。

$$订货成本 = F_1 + \frac{D}{Q}K \qquad (6-6)$$

式中,F_1 表示订货的固定成本;D 表示存货全年需求量;K 表示每次订货的变动成本;Q 表示每次进货量。

2. 采购成本

采购成本是指由购买存货而发生的支出,由买价、运杂费、装卸费等组成,其总额取决于采购数量和单位采购成本。在存货管理决策中采购成本属于无关成本,但在有数量折扣时采购成本就成为相关成本。

$$采购成本 = DU \qquad (6-7)$$

式中,U 表示存货单价。

3. 储存成本

储存成本是指在存货储存过程中发生的支出,包括仓储费、保险费、损耗费、仓库折旧费、存货占用资金的应计利息等。储存成本分为储存变动成本和储存固定成本。储存变动成本与储存存货的数量有关,如保险费、损耗费、存货占有资金的应计利息等;储存固定成本与存货的储存数量无关,如仓储折旧费、仓管人员的工资等。

$$储存成本 = F_2 + \frac{Q}{2}K_C \qquad (6-8)$$

式中,F_2 表示储存的固定成本;K_C 表示储存存货单位变动成本。

4. 缺货成本

缺货成本是指当企业因存货量不足引发的各种损失,如高价采购材料支付的代价、延期交货支付的滞纳金等。

$$缺货成本 = \frac{S^2}{2Q}C_S \qquad (6-9)$$

式中,S 表示缺货量;C_S 表示单位缺货成本。

三、存货经济批量

实现存货管理的目标,最关键在于确定一个最佳存货数量,对存货数量加以控制,使存货的总成本最低。

按照存货管理的目的需要通过合理确定进货批量和进货时间,使存货总成本最低,这个批量叫作经济批量或经济订货量。经济批量,是指能使一定时期存货的总成本达到最低点的进货量。决定存货经济批量的成本因素主要包括变动性进货订货费用、储存变动成本以及允许缺货时的缺货成本。不同的成本项目与进货批量呈现着不同的变动关系。减少进货批量,增加进货次数,可降低储存成本,但会导致进货费用与缺货成本的提高;相反,增加进货批量,减少进货次数,尽管有利于降低进货费用与缺货成本,但同时会影响储存成本的高低。因此,如何协调各项成本间的关系,使其总和保持最低水平,是企业组织进货过程需解决的主要问题。

(一)存货经济批量的基本模型

存货经济批量的基本模型是以如下假设为前提的:

(1)企业能够及时补充存货,即需要订货时便可立即取得存货;

(2)能集中到货而不是陆续入库;

(3)存货单价不变,不考虑现金折扣;

(4)需求量稳定,并且能预测;

(5)企业现金充足,不会因现金短缺而影响进货;

(6)所需存货市场供应充足,不会因买不到需要的存货而影响其他。

设立了上述假设后,存货总成本的公式可简化为

$$TC = F_1 + \frac{D}{Q}K + DU + F_2 + \frac{Q}{2}K_C \tag{6-10}$$

利用数学原理可求出经济进货批量的基本模型,并推导出最低存货相关总成本的计算公式,进而推导出存货的经济批量计算公式:

$$Q^* = \sqrt{\frac{2KD}{K_C}} \tag{6-11}$$

经济进货批量的相关总成本计算公式:

$$TC = \sqrt{2KDK_C} \tag{6-12}$$

【例6-5】新星公司每年需耗用甲材料1 200千克,该材料的单位采购成本为400元,单位储存成本为6元,该公司的经济批量和相关总成本是多少?

$$Q^* = \sqrt{\frac{2KD}{K_C}} = \sqrt{\frac{2 \times 400 \times 1\ 200}{6}} = 400(千克)$$

$$TC = \sqrt{2KDK_C} = \sqrt{2 \times 400 \times 1\ 200 \times 6} = 2\ 400(元)$$

(二)数量折扣条件下的存货经济批量模型

在实际工作中,购买存货通常还存在着数量优惠,购买越多,企业可获得的价格优惠会越大。因此,在存在商业折扣的情况下,计算经济批量时,既要考虑存货的进货和储存成本,又要考虑存货的买价。因为此时的存货进价成本已经与进货数量的大小有了直接的联系,属于决策的相关成本,存货的总成本应等于进价、进货费用及储存成本之和。

享受数量折扣条件下经济进货批量模型计算的基本步骤是:先按照基本模型确定出无数量折扣情况下的经济进货批量及其总成本,然后加以考虑不同批量的进价成本差异因素,通过比较确定出成本总额最低的进货批量,即为有数量折扣时的经济进货批量。

【例6-6】新星公司每年需耗用乙材料4 000千克,每千克单价为20元。销售方规定:客户每批购买数量达到1 000千克时价格可优惠2%,购买量达到2 000千克时价格可优惠3%。已知,每批订货成本为60元,单位材料的储存成本为3元,计算该公司的经济批量。

分析:

第一步,计算没有数量折扣时的经济进货批量。

$$Q^* = \sqrt{\frac{2KD}{K_C}} = \sqrt{\frac{2 \times 60 \times 4\ 000}{3}} = 400(千克)$$

相关总成本为

$$TC = DU + \sqrt{2KDK_C} = 4\ 000 \times 20 + \sqrt{2 \times 60 \times 4\ 000 \times 3} = 81\ 200(元)$$

第二步,计算进货批量为1 000千克时,可享受2%的价格优惠下的相关总成本。

$$TC = 4\ 000 \times 20 \times (1 - 2\%) + \frac{4\ 000}{1\ 000} \times 60 + \frac{1\ 000}{2} \times 3 = 80\ 140(元)$$

第三步,计算进货批量为2 000千克时,可享受3%的价格优惠下的相关总成本。

$$TC = 4\ 000 \times 20 \times (1 - 3\%) + \frac{4\ 000}{2\ 000} \times 60 + \frac{2\ 000}{2} \times 3 = 80\ 720(元)$$

第四步,比较得出结论。

通过上述比较可知,成本总额最低的经济进货批量是1 000千克。

（三）允许缺货的经济进货模式

允许缺货的情况下，企业对经济进货批量的确定，就不仅要考虑进货费用与储存费用，而且还必须对可能的缺货成本加以考虑，即能够使三项成本总和最低的批量就是经济进货批量。但实际中，缺货成本的度量往往比较困难，企业应根据缺货后对企业造成的损失来进行估计，比如材料供应中断造成的停工损失、成品供应中断导致延误发货的信用损失以及丧失销售机会的损失等。

➤ 四、存货日常控制

存货日常管理的目标是保证企业生产经营正常进行的前提下尽量减少库存，防止积压。实践中常用的方法有存货归口分级管理和存货 ABC 管理法。

（一）存货归口分级管理

存货归口分级管理是企业实行存货管理责任制的一个重要方法。企业存货以各种实物形态分布在企业生产经营的每个环节，由从事生产经营活动的各有关职能部门和生产部门掌握和使用，只有每个职能部门的参与，才能真正管理好企业存货。企业存货管理应当在财务部门牵头进行集中管理的前提下，实行存货的归口分级管理。实行存货归口分级管理，有利于调动各职能部门和员工管理好存货的积极性和主动性，把存货管理同企业生产经营结合起来，贯彻责权利相结合的原则。

存货归口分级管理的基本做法是在企业总经理的领导下，财务部门对企业存货资金实行集中统一管理，财务部门应该掌握整个企业存货资金的占用、耗费和周转情况，实现企业资金使用的综合平衡，加速资金周转。财务部门集中管理存货资金，应当负责以下具体工作：

（1）根据企业财务通则、财务制度规定结合企业具体情况，统一制订并组织执行企业存货管理制度。

（2）核定并平衡各项存货资金定额，编制存货资金计划。

（3）将各项存货资金计划指标进行分解，并分配落实到各有关职能部门。

（4）统筹调度各项存货资金的使用，实现资金收支平衡，保证生产经营所需要的资金。

（5）统一办理企业对外结算，加速企业存货资金周转。

（6）对各部门的资金运用情况进行检查和分析，统一考核资金的使用情况。

存货资金的归口分级管理要根据使用资金与管理资金相结合、物资管理和资金管理相结合的原则，将存货管理落实到各个部门。每项存货资金由哪个部门使用，就归口给哪个部门负责管理。各项资金归口管理的分工如下：

（1）原材料、辅助材料、燃料、包装物等占用的资金归供应部门管理。

（2）工具、器具等低值易耗品占用的资金归工具管理部门管理。

（3）修理用备件占用的资金归设备动力部门管理。

（4）办公用品等占用的资金归行政部门管理。

（5）在产品和自制半成品资金归生产部门管理。

（6）产成品和外购商品归销售部门管理。

实行存货资金的分级管理就是各归口管理部门应根据本部门的具体情况，将存货资金定额分配给所属单位或个人实行资金的分级管理。分级管理应当遵循责权利相结合的原则，明确各个单位或人员管理和使用资金的权限与责任，并作为其业绩考核的一个重要指标。

(二)存货 ABC 管理法

ABC 管理法是意大利的经济学家帕累托于 19 世纪首创的,以后经过不断发展和完善,现已广泛运用于存货管理、成本管理和生产管理。

一般来说,企业存货品种繁多,数量巨大。如何对这些存货加强管理是财务管理工作的重要课题。存货 ABC 管理法就是将存货按照一定的标准分为 A、B、C 三类,然后按照各类存货的重要程度分别采取不同的方法进行管理。这样企业就可以分清主次,突出管理重点,提高存货管理的整体效率。存货的划分标准主要两个:一是存货的金额,二是存货的品种数量,以存货的金额为准。其中:A 类存货标准是存货金额很大,存货的品种数量很少;B 类存货标准是存货金额较大,存货的品种数量较多;C 类存货标准是存货金额较小,存货的品种数量繁多。

将存货划分为 A、B、C 三类后再采取不同的管理方法。A 类存货应进行重点管理,经常检查这类存货的库存情况,严格控制该类存货的支出。由于该类存货的品种数量很少,而占用企业资金很多,所以企业应对其按照每一品种分别进行管理。B 类存货的金额相对较大,数量也较多,可以通过划分类别的方式进行管理。C 类存货占用的金额比重很小,品种数量很多,可以只对其进行总量控制和管理。

【例 6-7】新星公司有 20 种材料,总金额为 2 000 000 元,按金额多少的顺序排列后,根据上述原则划分为 A、B、C 三类,具体资料见表 6-6。

表 6-6　存货资金占用表

材料品种(编号)	金额/元	类别	品种	品种比重/%	金额/元	金额比重/%
1	800 000	A	2	10	1 400 000	70
2	600 000					
3	150 000	B	4	20	400 000	20
4	120 000					
5	80 000					
6	50 000					
7	30 000	C	14	70	200 000	10
8	25 000					
9	22 000					
10	21 000					
11	20 000					
12	18 000					
13	13 500					
14	13 000					
15	10 500					
16	7 000					
17	6 000					
18	5 500					
19	4 500					
20	4 000					
合计	2 000 000		20	100	2 000 000	100

从表 6-6 中可以看出编号 1 和 2 两种材料属于 A 类存货,编号 3 至 6 共 4 种材料属于 B 类存货,编号 7 至 20 共 14 种材料属于 C 类存货。通过对存货进行 ABC 分类,可以使企业分清主次,采取相应的对策进行有效的管理、控制。企业对 A 类存货进行管理时应重点管理,按照材料的种类详细记录,在进行经济进货批量、储存期分析时,也可按品种、类别详细进行。对 C 类存货则可以较少控制,粗略进行记录,根据需要加以灵活掌握即可。B 类存货的管理介于 A 类、C 类存货之间。

扩充内容

案例研究

本章小结

营运资金是指在企业生产经营活动中占用在流动资产上的资金。营运资金一般包括现金、银行存款等货币资金和短期投资、应收账款及存货等。不同的营运资金,其流动性不同,管理要求也不同,企业应根据营运资金的不同特点,采用相适应的管理方法,合理有效地利用营运资金,加速营运资金周转,努力以较少资金占用,完成更多生产经营活动。

企业现金管理的目的就是保证企业在正常生产经营的前提下,尽可能地降低现金占用,减少现金成本,快速收取和延迟付现金,并及时将剩余现金进行短期证券投资。

企业对应收账款的管理,就是要对其在应收账款上的投资进行成本收益及风险的分析,制定出最佳的信用政策,并对信用政策的实施进行控制,实现企业价值最大化。

存货管理的主要目的是要合理地控制存货水平,充分发挥存货在企业生产经营中的作用,既要保证生产经营活动正常进行,又要尽可能地降低存货资金占用和各项开支,以最低总成本提供维持企业正常生产经营活动所需存货。

思考与练习

一、思考题

1. 什么是营运资金?其财务意义是什么?

2. 如何进行应收账款信用分析?

3. 应收账款成本包括哪些?

4. 简述现金日常管理举措。

5. 简单介绍存货 ABC 管理法。

二、计算分析题

1. 某企业有四种现金持有方案,具体方案数额如表 6-7 所示,试计算该企业最佳现金持有量。

表 6-7 现金持有量备选方案表

项目	A	B	C	D
现金持有量/元	25 000	50 000	75 000	100 000
机会成本率/%	8	8	8	8
短缺成本/元	20 000	12 000	6 000	0

2.公司目前的信用条件是 n/60。预计年赊销收入净额为 3 900 万元，估计坏账损失率为 3％，收账费用为 40 万元。假设公司收账政策不变，固定成本总额不变，为加速应收账款的回收，公司决定将信用条件改为"2/10，1/20，n/60"，估计约有 60％的客户会利用 2％的折扣，25％的客户将利用 1％的折扣。坏账损失率将降低为 2％，收账费用降低为 30 万元。该公司的变动成本率为 70％，资本成本率为 10％。假设不考虑所得税因素，计算分析评价该公司是否应改变目前的信用条件。

3.某公司每年需耗用甲材料 720 千克，该材料的单位采购成本为 20 元，单位储存成本为 4 元，平均每次进货费用为 40 元，假设不考虑缺货成本和数量折扣。为该公司确定最佳采购批量、相关总成本、年度最佳进货批次和经济进货批量平均占用资金。

即测即评

案例分析

小米手机的库存管理

小米公司正式成立于 2010 年 4 月，是一家专注于智能产品自主研发的移动互联网公司。"为发烧而生"是小米的产品理念。小米公司首创了用互联网模式开发手机操作系统、发烧友参与开发改进的模式。

小米手机的生产模式被称为"类 PC 生产"，这是一种"按需定制"的生产模式。小米手机通过用户的网络订单，获得市场需求，然后通过供应链采购零部件，比如向夏普采购屏幕、向高通采购芯片、向索尼采购摄像头，再通过其他厂商采购其他非关键零部件。小米手机的生产销售供应链为：零件供应商→代工工厂→线上销售→配送中心→买家。

小米手机的库存模式主要有：

(1)原材料的零库存。消费者通过网络实时下单，小米获得市场需求，进行供应链环节的采购，分别向不同的供应商采购不同的零部件，手机组装由富士康和英华达两家公司代工完成生产。这样就实现了原材料的"零库存"。

(2)产品库存管理。手机产品进入仓库，等待发货。小米的配送中心仓储库房被划分为两个部分，手机和 SD 存储卡单独放在高值区，电池、外壳等配件则放在另一个区。通过对产品的库存管理，辅助实现订单的及时配送。

资料来源：暖阳.你真的了解小米手机吗：供应链视角揭密[EB/OL]. (2018 − 08 − 14)[2019 − 10 − 28]. http://www.sohu.com/a/247008286_100093760.

思考

如何评价小米公司的存货管理？

案例分析思路

第七章
利润分配管理

学习目标

本章主要介绍利润形成及分配、股利理论、股利支付形式与程序和股利政策。通过本章学习，应熟悉股利理论、股利政策及影响因素，正确理解企业利润分配管理，掌握企业利润形成过程、利润分配程序以及分配原则。

引导案例

贵州茅台——分红"最慷慨"的公司

贵州茅台酒股份有限公司（以下简称贵州茅台）于 2001 年在上海证券交易所主板上市，其标志性产品茅台酒是中国最高端的白酒之一，长期享有"国酒"的美誉。大手笔的股利分配一直是贵州茅台近些年来主要的经营策略。该公司自成立以来，连续 18 年每年都分配股利，特别是 2010 年以来现金分红比例连续 9 年位居 A 股现金分红排行榜的首位，使得贵州茅台成为目前沪深两市上分红"最慷慨"的公司，这也引起了投资者们广泛的关注。贵州茅台 2009—2018 年股利分配情况如表 7-1 所示。

表 7-1 贵州茅台 2009—2018 年股利分配情况

年份	送股比例	现金分红比例	股息率/%	每股收益/元	净利润同比增长/%	总股本/亿元
2018	—	10 派 145.39	1.46	28.02	30.00	12.56
2017	—	10 派 109.99	1.40	21.56	61.97	12.56
2016	—	10 派 67.87	1.49	13.31	7.84	12.56
2015	—	10 派 61.71	2.11	12.34	1.00	12.56
2014	10 送 1.0	10 派 43.74	1.74	13.44	1.41	11.42
2013	10 送 1.0	10 派 43.74	2.67	14.58	13.74	10.38
2012	—	10 派 64.19	3.18	12.82	51.86	10.38
2011	—	10 派 39.97	1.55	8.44	73.49	10.38
2010	10 送 1.0	10 派 23	1.08	5.35	17.13	9.44
2009	—	10 派 11.85	0.93	4.57	13.50	9.44

为什么贵州茅台能够长期保持大手笔的现金股利分配呢？这背后最主要的原因就是其长期超强的盈利能力。贵州茅台自上市以来各年实现的净利润持续增长，即使在 2014 年和 2015 年我国白酒行业发展跌入低谷的时候，其净利润也实现了正增长。2018 年，公司实现净利润 352.04 亿元，同比增长 30%。因此，长期稳定的盈余是贵州茅台高现金股利的重要源泉，连续 18 年的"高分红"政策与其经营业绩、财务实力是相匹配的。但同时也能发现，贵州茅台在刚上市的几年里，现金股利、股票股利等多种分配方式结合使用，但最近几年其股利分配形式主要是现金分红。

思考

贵州茅台为什么能多年派发较高的现金股利？单一股利派现政策是否合理？上市公司股利派发将对股票价格产生何种影响？

利润是企业财富增长的源泉，也是评判企业业绩的主要基础。

第一节 利润形成及分配

➤ 一、利润形成

利润是企业在一定会计期间所取得的经营成果，用来衡量企业经营业绩。会计利润包括收入减去费用后的净额、直接计入当期利润的利得和损失等，即将某一会计期间内实现的各项"收入和利得"与发生的各项"费用和损失"进行比较，二者相抵后形成的差额。如果差额为正，形成企业盈利；如果差额为负，则形成企业亏损。企业利润来源于收入，没有收入就无法形成利润。利润按其构成的不同层次，可分为营业利润、利润总额和净利润。

（一）营业利润

营业利润是企业最基本经营活动的成果，是指营业收入减去营业成本、减去税金及附加、减去期间费用，加上其他收益，主要包括投资收益、公允价值变动收益、信用减值损失、资产减值损失、资产处置收益等。

（二）利润总额

利润总额是指营业利润加上营业外收入，减去营业外支出后的余额，又称税前利润。

（三）净利润

净利润是指利润总额减去所得税费用后的余额，又称税后利润。

企业利润分配管理中的利润，一般是指企业净利润，即税后利润。

➤ 二、利润分配

利润分配就是确定企业净利润在投资者和企业再投资这两方面合理分配的比例。这不仅影响到企业筹资和投资决策，而且也会涉及投资者、管理层、企业职工等多方主体的利益关系。为了合理地对利润分配进行管理，企业应遵循一定的利润分配原则和分配程序。利润分配既是对股东投资进行回报的一种形式，也是企业内部融资的一种方式。

（一）利润分配原则

1. 依法分配原则

利润分配是一项政策性很强的工作，企业进行利润分配必须符合国家相关的政策法规，这也是企业正确处理各方面利益关系的前提。我国公司法、税法以及财务管理的相关规章制度对企业利润分配的基本要求、一般程序和重大比例等内容都做出了明确的规定。企业应该认真执行，不得违反。同时企业应根据自身实际情况对利润分配的具体原则、方法和详细的决策程序等做出明确规定。

2. 资本保全原则

资本保全要求企业利润的分配不能影响投入资本的完整性，保证资本不受侵蚀。通常情况下，利润分配是企业对经营中资本增值额的分配。如果存在尚未弥补的亏损，企业应首先弥补亏损，再进行利润分配。

3. 分配与积累并重原则

企业通过经营活动获取利润，在进行利润分配时，必须正确处理长期利益和当前利益的关系，即既要保证企业再生产经营活动的持续进行，又要不断积累资本，从而扩大企业再生产的能力基础。坚持分配与积累并重的原则，在分配利润的同时，留存一部分利润作为资本积累，进而增强企业抵抗风险的能力，保证投资者的长远利益。

4. 投资与收益对等原则

投资与收益对等原则是正确处理利润分配中各种利益关系的关键，即企业在进行利润分配时要坚持谁投资谁收益、收益大小与投资比例一致的原则，根据投资者投入资本的多少来决定收益分配的比例。企业对大股东和小股东应该一视同仁，不搞幕后交易，不侵蚀小股东利益，从根本上保护所有投资者的利益。

5. 兼顾各方利益原则

企业进行利润分配，必须坚持公开、公正、公平原则，统筹兼顾、合理安排。既要满足企业自身发展对资金的需要，又要切实保护投资者和职工的切身利益，在"同股同权、同股同利"的前提下制订合理、稳定的利润分配方案，实现整体利益的最大化。

（二）利润分配程序

利润分配程序是指企业对一定会计期间内实现的净利润进行分配的先后顺序。按照《中华人民共和国公司法》《企业财务通则》等法律法规的规定，企业实现的税前利润，应首先缴纳企业所得税，缴纳所得税后的净利润按照以下程序进行分配。

1. 弥补以前年度亏损

根据我国现行财务和税务制度规定，企业年度亏损，可以用下一年度的税前利润弥补；下一年度税前利润不足弥补的，可以在 5 年内连续弥补；5 年内仍未弥补完的亏损，可用税后利润弥补。

2. 提取法定盈余公积金

当企业本年度净利润为正时需要提取法定盈余公积金。法定盈余公积金是按照净利润扣除以前年度亏损后余额的 10% 进行提取，当法定盈余公积金累计金额达到企业注册资本的 50% 时，可不再提取。对于股份制企业，法定盈余公积金主要用于弥补企业亏损和按规定转增资本金，但需注意，转增资本金后企业法定盈余公积金一般不得低于企业注册资本的 25%。

3.提取任意盈余公积金

任意盈余公积金是企业根据自身发展需要自行提取的公积金,其提取的基数与计提法定盈余公积金的基数相同,但计提与否和计提比例由企业股东大会根据实际情况自行决定。企业提取的法定盈余公积金和任意盈余公积金都会形成企业资本积累,可用于防范和抵御风险,以利于企业扩大再生产。

4.向股东分配股利

企业在按照上述程序弥补亏损、提取公积金之后,当年剩余的利润与以前年度的未分配利润构成当年可供分配利润,企业可根据制定的股利政策向股东分配股利。对于股份制企业,可供分配的利润还应该按以下顺序进行分配:首先支付优先股股利,这是企业按照利润分配方案支付给优先股股东的现金股利;其次支付普通股股利,这是企业按照利润分配方案分配给普通股股东的现金股利;最后转作资本或股本,这是企业以分派股票股利的形式将利润转作资本或股本。

企业可供分配的利润,在经过上述分配程序以后,剩余下来的形成企业未分配利润,未分配利润可留待以后年度进行分配。

【例 7－1】新星公司 2019 年有关资料如下:该公司实现利润总额 1 000 万元,企业所得税税率为 25％。企业前一年亏损 200 万元,法定盈余公积金的提取比例为 10％,任意盈余公积金的提取比例为 10％,支付 200 万股普通股股利,每股 0.2 元。分析该企业利润分配的程序并计算其数额。

(1)弥补亏损、缴纳所得税后的净利润＝(1 000－200)×(1－25％)＝600(万元)

(2)提取法定盈余公积金＝600×10％＝60(万元)

(3)提取任意盈余公积金＝600×10％＝60(万元)

(4)可用于支付股利的利润＝600－60－60＝480(万元)

(5)支付普通股股利＝200×0.2＝40(万元)

(6)年末未分配利润＝480－40＝440(万元)

第二节　股利理论

企业财务管理目标是实现企业价值最大化,股利分配是企业财务管理内容之一,股利政策制定应该以增加企业价值为出发点。对于股利政策是否会影响到企业价值这一问题,学者们进行了大量研究,从不同角度提出了许多观点,并由此形成了不同的股利理论。因此,股利理论就是研究股利分配与企业价值、股票价格之间的关系,探讨企业应当如何制定股利政策的基本理论。归结起来,股利理论可分为股利无关理论和股利相关理论两大类。

➤ 一、股利无关理论

股利无关理论认为,企业股利政策不会对企业价值产生任何影响。该理论由美国学者米勒和莫迪利安尼于 1961 年首先提出,也称为 MM 股利无关理论。MM 股利无关理论建立在一系列严格的假设基础之上:①资本市场是一个完全市场,即在该市场下投资者都是充分理性的,每个市场参与者都无法影响证券价格,市场上相关信息是充分和自由的;②不存在任何个人和企业所得税;③不存在任何筹资费用(包括发行费用和交易费用);④企业投资决策与股利决策是彼此独立的。

股利无关理论认为在完全资本市场条件下,如果企业投资决策和资本结构保持不变,那么企业价值取决于企业投资项目的盈利能力和风险情况,与企业股利政策无关。由此得出两个重要结论:

1.投资者不会关心公司股利分配情况

当企业有较好的投资机会时,就会留用较多的利润用于再投资,而分配的股利就会较少,此时投资者可以通过出售股票来换取现金。当企业股利分配较多时,投资者获得现金股利后可寻求新的投资机会,或者用现金再买入一些股票来扩大投资。因此,投资者不会太关心企业股利分配的多少。

2.股利支付水平不会影响企业价值

由于投资者不关心股利分配情况,企业价值就完全由投资项目的获利能力决定,而与股利支付水平的高低无关。

MM股利无关理论是以完全资本市场为前提的。但在现实世界中,这些假设条件并不存在,比如资本市场上税率差异是普遍存在的,信息的获取并不是完全免费而且通常具有不对称性,大部分交易都会有交易成本等。

二、股利相关理论

现实条件下,完全资本市场通常不存在。企业价值和股票价格都会受到股利政策的影响,这就形成了各种股利相关理论。其代表性观点主要有"一鸟在手"理论、信号传递理论、代理理论和税收差别理论。

(一)"一鸟在手"理论

"一鸟在手"理论源于英国一句名言"双鸟在林不如一鸟在手",其主要代表人物是迈伦·戈登(Myron Gordon)和约翰·林特(John Linter)。该理论的主要观点是:对于投资人来说,现金股利和资本利得就是"双鸟"。由于企业未来收益和风险的不确定性,投资者出于资本安全的考虑更愿意获得现金股利,而不是资本利得。因此,企业如何分配股利就会影响投资者的投资决策,进而影响股票价格和企业价值。当企业分配的现金股利较少而留用利润较多时,就会增加投资者未来获取收益的风险,投资者就会要求较高的投资报酬率,进而导致股票价格和企业价值下降;反之,当企业分配的现金股利较多而留用利润较少时,股票价格和企业价值上升。

(二)信号传递理论

在现实世界中,由于信息不对称,企业管理者对企业利润和业绩信息的了解程度和获取量都远高于股东。信号传递理论认为,股利政策通常是管理者向投资者传递的一种有关企业未来发展前景的信号。投资者通过对信号所传递出的内容进行分析,判断企业未来盈利能力的变化情况,决定是否购买其股票,进而会影响企业股票的价格。因此,企业股利政策会影响股票价格和企业价值。稳定增长的股利政策代表着企业向市场传递了一种利好信息,表明企业未来盈利能力不断增强,企业管理层对市场风险的把握有充分的信心,投资者会更倾向于购买更多的股票,股票价格就会上涨;反之,企业股利降低,投资者会认为企业发展前景不佳,管理层对企业未来发展缺乏把握和信心,往往会减少股票持有量,该股票价格就会下降。

(三)代理理论

代理理论将企业看成是由不同利益集团组成的联合体,每个集团都力求自己的利益最大化。由于信息不对称,企业各利益集团之间会形成一定的委托代理关系。由于双方利益目标不一致,代理人可能会利用信息优势通过损害委托人的利益来实现自身利益最大化。因此,如何设计有效的激励机制,最大限度地降低代理成本,从而确保委托人利益实现最大化是代理理论解决的主要问题。股利分配作为企业一种重要的财务活动,也会受到委托代理关系的影响。代理理论认为,股利政策有利于缓解企业管理者与股东、股东与债权人以及控股股东与中小股东之间的代理冲突,对协调这三种代理关系形成一种有效的约束机制。当企业存在大量自由现金时,发放较多的现金股利可以降低管理者利用自由现金谋求自身利益的潜在机会,降低控股股东通过可支配的资本对企业利益的损害,进而保护中小股东的利益。因此,代理理论主张高股利支付政策,提高股利支付水平可以降低代理成本,有利于提高企业价值。

(四)税收差别理论

一般来说,政府对股利征收的所得税要比对资本利得征收的所得税高。《中华人民共和国个人所得税法》规定个人因股票投资所获得的股息和红利,要按照20%的固定税率缴纳所得税;对于股东买卖股票而获得的资本利得则不征收资本收益税。税收差别理论认为,由于股利收入的所得税税率高于资本利得的所得税税率,这种差异会对股东财富产生不同程度的影响。因此,出于避税的考虑,投资者更偏好低股利支付政策。公司实行较低的股利支付水平可以为股东带来税收利益,有利于增加股东财富,提高股票价格。此外,纳税时间的差异也会对股东财富产生影响。股利收入是在收到股利时纳税,而资本利得的税收可以递延到股票出售时再支付,这种延期支付可以使投资者获得资金时间价值的好处。因此,当存在税收差异时,企业采用高股利支付政策会损害投资者的利益,而低股利政策则会提高股票估价,进而增加企业市场价值。

第三节 股利支付形式与程序

➤ 一、股利的主要形式

股利是股份制企业从净利润中派发给股东的部分。股利的形式通常有现金股利、股票股利、负债股利、财产股利和混合股利。我国公司实务中使用较多的是现金股利、股票股利和混合股利形式。

(一)现金股利

现金股利,是公司以现金形式支付给股东的股利,是股利支付中最常见的方式,又称为红利或股息。这种方式要求公司形成利润的同时,必须要有充足的现金。支付现金股利会导致企业现金流出,减少企业留存收益。因此,发放现金股利不会增加股东的财富总额,但是可以向市场传递积极信息,有利于增强投资者的信心,促进股价上涨。

(二)股票股利

股票股利,是公司以增发股票的形式从公司净利润中给股东分配股利的一种方式,实务中也称为送股或送红股。股份有限公司在发放股票股利时,必须经股东大会表决通过,根据股权登记日的股东持股比例将可供分配利润转为股本并按持股比例向各股东分派股票,增加股东的持股数量。采用股票股利支付方式,公司没有现金流出,只是将公司的留存收益转化为股本,进而使企业所有者权益各项目的结构发生了变化。

(三)负债股利

负债股利,是公司以负债方式支付的股利,通常以公司的应付票据支付给股东,使股东成为公司的债权人。特殊情况下有些公司也会选择发行债券来抵付股利。由于票据或债券都是带息的,且有其固定到期日,所以使用负债股利会增加公司支付利息的财务压力,这种股利支付方式会对公司的股票价格产生负面影响,因此公司在选择使用时需谨慎。

(四)财产股利

财产股利是公司以现金以外的其他资产向股东分派股息和红利,主要有实物股利和证券股利。公司可以用产成品或其他实物来支付股利,也可以以公司所拥有的其他企业有价证券,如股票、债券,作为股利支付给股东。

(五)混合股利

混合股利是指上述股利分配形式的结合,最常见的就是"部分现金、部分股票"的股利形式,即公司支付给股东的股利,一部分以现金支付,一部分以股票支付。这种混合使用的分配方式兼顾了现金股利与股票股利的优点。对于企业来说,既可以节约现金流,又向投资者传递了现金支付能力充足的信息。所以大部分企业都愿意采用混合股利的分配形式。

二、股利支付程序

股份有限公司分配股利必须遵循法定的程序,通常是先由董事会提出股利分配预案,然后提交给股东大会进行决议,股东大会决议通过后,再向股东宣布股利分配方案,并确定股权登记日、除权除息日和股利发放日。

(一)宣告日

宣告日是股东大会决议通过并由董事会对股利支付情况予以公告的日期。公司董事会应先提出利润分配预案,并提交股东大会表决,股东大会表决通过后,董事会才能对外公布。在宣布股利分配方案时,应明确股利分配的年度、范围、形式、分配的现金股利金额或股票股利的数量,并公布股权登记日、除权除息日和股利发放日。

(二)股权登记日

股权登记日是指有权领取本期股利的股东资格登记的截止日期。公司规定股权登记日是为了确定股东能否领取本期股利。只有在股权登记日收盘前在公司股东名册上登记的股东,才有权分享股利。在该日收盘后持有公司股票的投资者不能享受本次分配的权利。在股权登记日期收盘前的股票为"含权股票"或"含息股票"。

(三)除权除息日

除权除息日,是指从股价中除去股利的日期,通常为股权登记日的下一个工作日。投资者只有在除权除息日之前购买股票,才能领取本次股利,在除权除息日当天或以后购买股票,则不能领取本次股利。由于公司股本增加或者向股东分配红利,每股股票所代表的公司实际价值有所减少,需要在发生该事实之后从股票市场价格中剔除这部分因素。因股本增加而形成的剔除行为称为"除权",因现金红利分配引起的剔除行为称为"除息"。除权除息对股票价格有重要影响,股票价格会因为除权除息而相应下降。

（四）股利发放日

股利发放日，也称股利支付日，是公司将股利正式支付给股东的日期。在这一天，公司通过证券登记结算系统将股利直接划入股东在证券公司开立的资金账户。

【例7-2】新星公司董事会于2020年5月11日召开股东大会，审议通过了公司2019年度利润分配方案，并于5月12日对外发布公告。公告显示的股利分配方案如下：向2020年5月18日在册的全体股东派发现金股利，每10股派发现金股利3元，并于2020年5月22日支付股利。根据公告，试分析新星公司的股利支付程序。

从上述公告可以看出，该公司的股利宣告日为2020年5月12日；股权登记日为2020年5月18日；除息日为2020年5月19日；股利发放日为2020年5月22日。

第四节　股利政策

➤ 一、股利政策的内容

股利政策是确定企业净利润如何分配的方针和策略。企业净利润是企业从事生产经营活动所取得的剩余收益。从权益上看，企业实现的净利润属于全部投资人，无论是以股利的形式给股东分红，还是作为留用利润留在企业内部，最终都是归属于投资人的财富。通过股利相关理论分析可以得出，企业如何分配股利对企业价值和股东财富具有实质性的影响。因此，股利政策成为企业财务管理的一项重要政策，其主要内容包括以下四个方面：

（一）股利支付形式

企业在制定股利政策时所选取的股利支付形式通常有现金股利、股票股利、负债股利、财产股利和混合股利。我国公司实务中使用较多的是现金股利、股票股利和混合股利。

（二）股利支付率确定

股利支付率是公司年度股利总额与净利润总额的比率，或者是年度每股股利与每股净利润的比率。该指标用来评价企业实现的净利润中有多少用于给股东分派红利，反映了企业股利分配政策及股利支付能力。

（三）每股股利确定

每股股利是股利总额与发行在外的普通股股数的比值。每股股利越大，企业获利能力越强。通常情况下，投资者对每股股利的变动会比较敏感，企业保持稳定的每股股利有利于其股票价格的稳定。

（四）股利分配时间

股利分配时间是指企业在制定股利政策时所决定的何时分配股利和多长时间分配一次股利。

➤ 二、股利政策的影响因素

企业在制定股利分配政策时应充分考虑各种客观存在的影响因素，主要有法律因素、企业自身因素、股东因素及其他因素等。

(一)法律因素

为了保护债权人、投资人和国家的利益,各国法律(如公司法、证券法等)都会对企业股利分配进行一定的限制。

1.资本保全约束

资本保全约束要求企业在发放股利时不能用原始资本,只能用当期利润或留存收益,从而达到保全企业股权资本、维护债权人利益的目的。

2.资本积累约束

资本积累约束要求企业在分配股利之前,应当按法定的程序先从税后利润中提取法定盈余公积金和任意盈余公积金。此外,按照"无利不分"的原则,当企业出现亏损时,一般不得分配利润。

3.企业利润约束

净利润是企业发放股利的来源,企业可用当年净利润或以前年度的未分配利润发放股利,但是当以前年度的亏损没有全部弥补时,不能发放股利。

4.偿债能力约束

企业在分配股利时,必须保持充分的偿债能力,即分配股利时既要看净利润是否为正,还要看企业现金是否充足。股利分配不能影响企业偿债能力和正常的经营活动。

(二)企业自身因素

企业自身因素是指企业内部影响股利分配的各种因素及其面临的各种环境,主要包括盈利状况、现金流量、筹资能力、投资机会和资本成本等。

1.盈利状况

企业能否在未来获得长期稳定的盈利是确定股利政策的重要依据。如果企业未来的盈利能力较强而且能够长期保持稳定,企业则倾向于采用高股利支付政策;反之,企业盈利能力较弱而且不稳定,为了降低财务风险,企业通常会采用低股利支付政策。

2.现金流量

企业为了保证经营活动正常进行必须有足够的现金。因此在分配股利时必须考虑企业现金流量和资产流动性。企业现金越充足、资产流动性越强,则支付现金股利的能力越强;反之,如果现金流量越不足、资产流动性越差,则企业支付现金股利的能力就越弱。

3.筹资能力

筹资能力是影响企业股利政策的一个重要因素,主要表现在如果企业外部筹资能力较强,则对内部筹资的依赖性就会较弱,因而会制定较为宽松的股利分配政策,适当提高股利支付水平。反之,如果外部筹资能力较弱,则会采取比较紧缩的股利政策,少发放现金股利,增加留用利润。

4.投资机会

企业在制定股利政策时会考虑未来投资机会对资金的需求情况。良好的投资机会意味着需要大量的资金支持。因而当企业有良好投资机会时,往往会少发放现金股利,增加留用利润,将资本用于再投资,处于成长期的企业多采取低股利政策。反之,缺乏良好投资机会的企业会倾向于采用高股利政策。

5.资本成本

资本成本是企业选择各种筹资方式的比较依据。留存收益是企业内部筹资的主要方式,与发行普通股比较,具有资本成本低的优势。因此,从资本成本角度考虑,企业扩大规模需要增加资本时,应采取低股利政策,留下较多的留用利润,从而降低企业综合资本成本。

(三)股东因素

企业股利分配政策必须经过股东大会决议才能顺利实施。因此,股东的意愿会对企业股利政策产生影响,主要体现在以下三方面:

1. 追求稳定收入意愿

企业如果有大部分股东靠获取现金股利来维持生活,为了降低未来收益不确定性带来的收入风险,这些股东必然希望企业定期支付稳定的现金股利,反对企业保留较多的留用利润,从而鼓励企业实行较高的股利支付政策。

2. 规避所得税

税负是影响股东财富的重要因素,也是企业在进行股利分配时需要考虑的因素。由于多数国家现金股利所得税税率都高于资本利得所得税税率,企业高收入股东为了避税往往反对企业发放过多的现金股利。按照我国税法规定,股东从企业分得的红利应按照20%的税率缴纳个人所得税,而对股票交易获得的资本利得收益目前还未开征个人所得税。对于股东来说,股票价格上涨带来的资本利得比获取现金股利更具有避税作用。因此,高收入股东更倾向于实行低股利支付政策。

3. 控制权被稀释的影响

企业支付较高的现金股利,就会导致留用利润减少。当企业在未来经营中需要大量现金时,通常会通过发行新股来筹集资本,而发行新股就会稀释企业大股东的控制权。因此,企业大股东可能会主张实行低股利支付政策,少发放现金股利,从而避免自己的控制权被稀释。

(四)其他因素

影响股利政策的其他因素主要包括债务合同限制、行业因素以及通货膨胀约束等。

1. 债务合同限制

企业债权人为保护其合法权益,通常在双方签订借款合同时会对企业现金股利支付水平做出限制,防止企业由于发放股利而减少企业资本,从而增加债权人的财务风险。因此债务合同的约束会使企业采取低股利支付政策。

2. 行业因素

股利支付水平具有明显的行业特征,不同行业的股利支付率存在着一定的差异。通常情况下,成熟行业的股利支付率通常比新兴行业高;公用事业企业一般实行高股利支付政策,而高科技行业一般实行低股利支付政策。

3. 通货膨胀约束

在通货膨胀的情况下,企业固定资产折旧的购买力水平会下降,从而导致没有足够的资金重置固定资产。因此,企业会选择使用较多的留存利润弥补这部分资金。因此,通货膨胀会导致企业现金股利减少,股利支付水平比较低。

➤ 三、股利政策的类型

分配给股东的股利与留在企业的留用利润是一种此消彼长的关系。股利分配政策既关系到股东的眼前利益又关系到企业长远发展。因此,对于企业来讲制定合理的股利政策至关重要。目前常见的股利分配政策主要有剩余股利政策、固定股利支付率政策、稳定增长股利政策、固定股利政策以及低正常股利加额外股利政策。

(一)剩余股利政策

剩余股利政策是指企业在保证其最佳资本结构的前提下,将可供分配的净利润首先用于增加投资所需要的股权资本,如果还有剩余再用于分配股利。该政策的前提条件是企业有良好的投资机会,而且该投资项目的预期报酬率要高于股东要求的必要报酬率。如果投资项目的预期报酬率不能达到股东要求的必要报酬率,则股东更愿意企业发放现金股利,从而寻找其他的投资机会。因此,剩余股利政策是一种投资优先的股利政策。

采用剩余股利政策时,一般应按照以下步骤进行:

(1)根据选定的最佳投资方案,测算投资所需的资本数额;

(2)确定目标资本结构下投资所需的股东权益数额;

(3)最大限度地使用留用利润来满足投资项目所需的资本权益数额;

(4)满足投资资本需要后的剩余部分用于向股东分配股利。

采用剩余股利政策的目的是保持企业最佳资本结构,实现综合资本成本最低。因此企业税后利润应先满足投资所需的资本数额,再将剩余资金用于发放股利,从而使最佳资本结构不被破坏。

(二)固定股利支付率政策

固定股利支付率政策是指企业确定一个固定的股利支付率,并长期按此比率给股东支付股利。这是一种变动的股利政策,即企业每年发放的股利额随着当年净利润的变化而变化。在此政策下,企业股利支付与盈利状况密切相关,每股股利额的多少取决于盈利状况的好坏,体现了"多盈多分、少盈少分、不盈不分"的原则。但是,企业股利水平每年变动较大,可能会向投资者传递一种企业经营不稳定的信号,造成股票价格上下波动,因此在实务中许多企业不采用此种政策。

(三)稳定增长股利政策

稳定增长股利政策是指在一定时期内保持企业每股股利额稳定地增长。企业确定一个稳定的股利增长率,当企业盈利增加时,每股股利也会平稳地增加。这种股利政策有利于向投资者传递一种经营稳定、发展前景好的信号,有利于股票价格上涨。企业在采取稳定增长股利政策时,要使股利增长率等于或略低于利润增长率,这样才能保证股利增长具有可持续性。该股利政策适用于处于成长或成熟阶段的企业,此阶段企业经营活动和盈利水平都比较稳定。

(四)固定股利政策

固定股利政策是指企业在较长时期内将每年发放的股利额固定在一个特定水平上,当企业盈利发生一般变化时,并不影响股利的支付水平,只有当企业确定未来利润会增长,而且这种增长不会发生逆转时,才会增加每股股利。实行固定股利政策的主要目的是避免出现经营业绩不佳而使股利减少的情况。该股利政策有利于向投资者传递公司经营稳定的利好信号,进而有利于股票价格的稳定。但同时该政策会给企业带来较大的财务压力,当企业经营出现困难时,如果照常支付股利会导致现金短缺、财务状况恶化。因此,该政策适用于经营比较稳定的企业。

(五)低正常股利加额外股利政策

低正常股利加额外股利政策是介于固定股利与变动股利政策之间的一种股利分配方法。

在一般情况下,企业每年只支付固定的、数额较低的正常股利,只有在企业经营业绩非常好时,才根据实际情况发放额外的股利。该种政策一方面通过向股东发放稳定的正常股利,增强投资者对企业的信心,有利于股票价格稳定;另一方面给企业带来了政策上的灵活性。当企业盈利较少或资本需求较大时,可以只支付较低的正常股利,从而降低企业财务压力;当企业盈利较多或资本需求较小时,向股东发放额外的股利。低正常股利加额外股利政策,实现了股利分配的稳定性和灵活性,因而被很多企业采用。

扩充内容　　　　　　案例研究

本章小结

企业利润分配既涉及利润的形成、分配对象、分配原则和分配程序等基本问题,也涉及与利润分配有关的股利理论、股利政策及影响因素等基本内容。长期以来,我国上市公司利润分配存在着股利支付水平普遍较低、股利支付方式复杂多样、股利政策无连续性和稳定性及超能力派现等问题。2013年上交所发布《上市公司现金分红指引》,鼓励上市公司每年度均实施现金分红,可以选择固定金额政策、固定比率政策、超额股利政策和剩余股利政策中的一种作为现金分红政策,并且要求现金分红比例低于30%的上市公司履行更严格的信息披露义务。对于投资者来说,股利政策差异可能是反映企业盈利质量差异的有力信号。如果公司连续保持稳定股利支付水平,投资者可能对企业未来盈利能力与现金流量会更加乐观,进而有利于股价上涨。但企业发放高现金股利的同时也要承担较高代价,包括所得税负担、未来现金流短缺、丧失有利投资机会等。因此,上市公司股利政策以及与公司绩效之间的关系等问题一直是理论界研究的热点,同时也是急需解决的现实问题,上市公司应该不断探索公司利益和投资者利益均衡发展的股利分配模式。

思考与练习

1. 试述企业利润分配原则。
2. 简述企业利润分配程序。
3. 关于股利分配与企业价值、股票价格之间的关系,有哪些基本观点?
4. 试述企业在选择股利分配政策时需要考虑哪些方面因素?
5. 试述股利分配政策的类型。

即测即评

案例分析

中国神华的"土豪式"分红是杀鸡取卵吗？

上市公司现金分红是回报投资者的基本方式，是股份公司制度的应有之义，也是股票内在价值的源泉。A股上市公司中有一批上市以来从未分过红的"铁公鸡"，也有一些土豪"一掷千金"回报投资者。全年净利润仅227.12亿元的中国神华却用590亿元现金来分红的消息成为A股市场的一段"佳话"。

2017年3月17日，全球第一大煤炭企业神华集团的上市公司——中国神华能源股份有限公司宣布，公司2016年度业绩大好，净利润同比增长四成。董事会建议向全体股东派发2016年度末期（常规）股息现金0.46元/股（含税），共计90.49亿元（含税）；派发特别股息现金2.51元/股（含税），共计499.23亿元（含税），累计派发590.72亿元，现金股利远超过中国神华2016年的年度利润。对于分红的原因，中国神华董事会认为，公司目前资产负债率处于较低水平，近几年资本开支规模相对较低，且未来一个时期经营现金流入情况较好。成立20多年的神华集团，已不是一个纯粹的煤炭企业，早已成为以煤为基础，集电力、铁路、港口、航运、煤制油与煤化工为一体，产运销一条龙经营的特大型能源企业。神华集团凭借其独特的一体化和多元化优势在能源市场中"左右逢源"，逐步实现增长。

证监会对于中国神华这种"一掷千金"回报投资者的行为表示点赞，认为神华在专注主业、做大做强的同时，主动呵护、积极回报投资者，实现了上市公司与投资者的长期和谐共赢，表现出一个有责任的国有控股上市公司的良好风范。但部分人士对神华这种"土豪式"分红持否定态度。据年报显示，截至2016年12月31日，控股大股东神华集团凭借其73.06%的股份可在此次分红中获得431.58亿元。中国证券金融股份有限公司与中央汇金资产管理有限公司这两个"国家队"也因持股3.42%获得20.20亿元的分红。而对于普通投资者来说，这并非是好事。根据我国相关的个人所得税制度规定，个人从公开发行和转让市场取得的上市公司股票，其获得的股息红利应该按20%的税率计征个人所得税。大股东虽然也要支付红利税，但是这部分税款可以和自己需要交纳的企业所得税相抵扣。因此，中国神华的这次巨额现金分红实际上是大股东为了自己的利益损害了其他投资者的权益。

思考

中国神华采用的是何种股利政策？评价这种股利政策利弊，并分析公司在制定股利政策时需要考虑的因素。

案例分析思路

第八章

财务预算

学习目标

本章主要介绍财务预算的内容及编制方法。通过本章学习,应了解预算、全面预算、财务预算的内涵,理解财务预算的特征及在全面预算中的地位和作用,掌握财务预算的具体编制方法和现金预算表、预计财务报表的编制。

引导案例

预算管理自产生以来,已成为发达国家企业管理的基础性制度和必备手段,是企业核心竞争力的重要组成部分。现代社会经济的快速发展,促使越来越多的企业意识到财务预算管理对于企业生存和发展具有举足轻重的作用。财务预算管理的实施对企业加强自身内部控制和资金运营有着积极的作用,能够使企业资源的利用率达到最佳,从而促进企业效益最大化,增强企业核心竞争力。

早在 2000 年,中国石油化工集团有限公司(以下简称中石化)就已经开始实施财务管理信息系统。中石化选择预算管理作为突破口,进行成本控制体系规划时,选用海波龙(Hyperion)财务预算管理解决方案(海波龙是企业绩效管理领域的全球领导企业,致力于为企业提供全球领先的绩效管理软件,2007 年 4 月已被甲骨文公司收购)。在系统实施的过程中,出于节约费用的考虑,2003 年 9 月中石化首先在分子公司实施了海波龙财务预算管理方案。经过三个月的时间完成收入成本费用预算系统,每个分子公司一个用户,二级单位的预算输入表格由分子公司的用户统一输入。经过一年的应用,海波龙财务预算管理方案的价值开始体现,满足了总部和分子公司预算管理的需求。2004 年,在收入成本费用预算系统的基础上,中石化开始采用海波龙财务预算管理解决方案实施资金预算系统,并由德勤负责业务解决方案的设计和实施,2005 年 3 月完成后投入使用。这样,中石化将其收入成本费用预算和资金预算都纳入了预算管理的体系。企业财务预算管理体系的建设有了很大改进,有力促进了企业战略的执行和企业绩效的提升。

由中石化财务预算管理取得的成功经验不难得到,从管理的角度来看,预算管理相当重要。要实现真正的预算管理,首先必须在思想上意识到预算管理的重要性和必要性,并通过循序渐进的方式逐步完善财务预算体系,同时要有良好的业务解决方案和优秀的工具支持。结合中石化财务预算管理体系的建设,不禁让人思考:财务预算包括哪些内容;财务预算与企业其他预算是什么关系;财务预算在全面预算中处于什么样的地位;如何编制财务预算。只有理解这些基本问题,才能更好地进行财务预算管理体系的建设。

财务预算是企业全面预算的主要内容,它与其他预算一起形成了一个数字相互衔接的整体。财务预算在财务管理环节中居于重要桥梁地位。没有财务预算,财务预测和财务决策的结果便没有了载体,财务控制与财务分析也将失去一个重要依据。

第一节 财务预算概述

凡事预则立,不预则废。当今市场竞争激烈,为了实现企业既定目标,保证决策所确定的最优方案在实际工作中得到贯彻、执行,企业需要编制预算。预算是计划工作的成果,既是决策的具体化,又是控制生产经营活动的依据。财务预算是企业全面预算的一部分,与其他预算一起形成了一个数字相互衔接的整体。

➤ 一、预算的内涵

针对企业而言,预算(budget)是企业在一定时期为达到一定目的对资源进行配置的计划。预算是用数字或货币编制出来的某一时期的计划。可见预算是计划的一种形式,计划可分为总目标或使命、一定时期的目标、策略、政策、程序、规划和预算几个类别和层次,如图8-1所示。

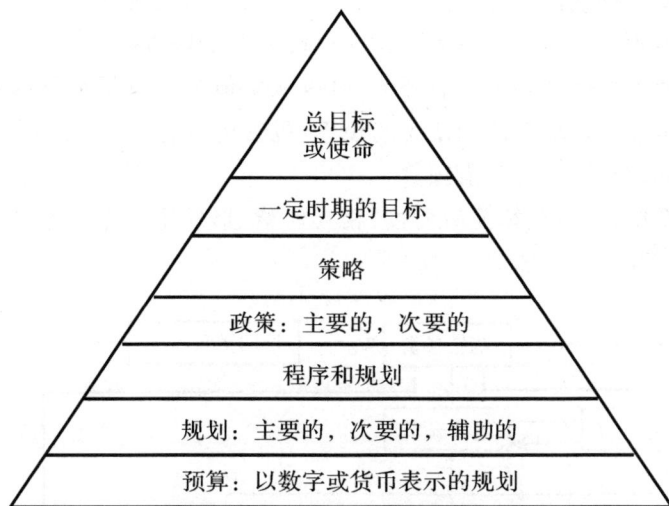

图8-1 计划的等级和层次

图8-1说明,预算是计划的有机组成部分,是计划的基础和落脚点。预算的计划职能反映了预算的本质,因此也有人将预算称为预算计划。预算计划的内涵可概括为三个方面:一是反映"多少",如实现经营目标多少、产出多少等;二是说明"为什么",即为什么投入和产出是这些;三是反映"何时",即什么时候产生投入和产出。

➤ 二、全面预算的内涵

企业通过长期和短期决策,分别确定了长期战略目标与短期经营目标。为实现既定目标,保证决策所确定的最优方案在实践中得到贯彻和执行,就需要编制全面预算。

全面预算是指在预测与决策的基础上，按照企业既定的经营目标和程序，规划与反映企业未来的销售、生产、成本、现金收支等各方面活动，以便对企业特定计划期内全部生产经营活动有效地做出具体组织与协调，通过一系列预计的财务报表及附表表示其资源配置情况的有关企业总体计划的数量说明。

全面预算按其涉及的预算期分为长期预算和短期预算。长期预算包括长期销售预算和资本预算，有时还包括长期资本筹措预算和研究与开发预算。短期预算是指年度预算或时间更短的季度与月度预算，如直接材料预算、现金预算。一般来说，长期与短期的划分以 1 年为界限，有时把 2～3 年期的预算称为中期预算。

全面预算按其涉及的内容分为专门预算和综合预算。专门预算是指反映企业某一方面经济活动的预算，如直接材料预算、制造费用预算。综合预算是指预计资产负债表和预计利润表，反映了企业总体状况，是各种专门预算的综合。

全面预算按其涉及的业务活动领域可分为经营预算、资本预算和财务预算。

经营预算也称为营业预算，是指企业日常生产经营活动中发生的各项具有实质性的基本业务的预算。它主要包括销售预算、生产预算、直接材料预算、直接人工预算、制造费用预算、销售及管理费用预算等。这类预算通常与企业利润表的计算有关，大多以实物量指标和价值量指标分别反映企业收入与费用的构成情况。

资本预算又称特种决策预算，是指为不经常发生的长期投资决策项目或一次性专门业务所编制的预算。资本预算包括经营决策预算和投资决策预算两种类型。

财务预算是全面预算体系中的最后环节，可以从价值方面总括地反映经营决策预算与业务预算的结果。它是关于资金筹措和使用的预算，包括短期的现金收支预算和信贷预算，以及长期的资本支出预算和长期资金筹措预算。

在全面预算体系中，各项预算前后衔接、相互勾稽，形成了一个完整的体系。其主要内容及各项预算之间的相互关系如图 8-2 所示。

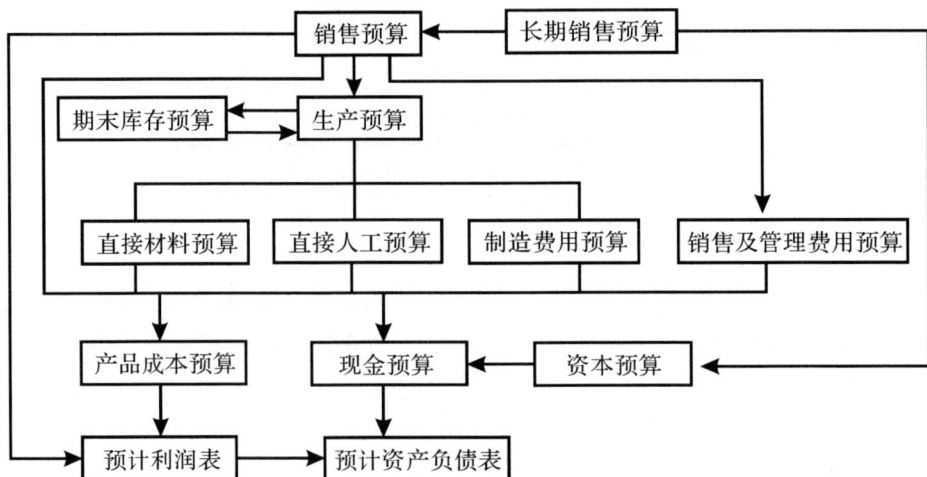

图 8-2 全面预算体系图

三、财务预算的含义与特征

(一)财务预算的含义

财务预算是以价值度量表现的、专门反映企业未来一定预算期内预计现金收支、财务状况和经营成果的一系列预算的总称。其具体内容包括现金预算、预计利润表、预计资产负债表等。

在现代企业管理实践中,财务管理工作可分为财务预测、财务决策、财务预算、财务控制和财务分析五大环节。财务预算是财务预测、财务决策结果的具体化、系统化、数量化的表达方式。财务预算一方面要服从财务预测和财务决策等;另一方面又使财务预测和决策的结果变得清晰、具体,可操作性强。可以这样说,财务预算是贯彻财务决策、实现财务目标的重要手段;同时,财务预算又是财务控制和财务分析的先导和重要依据。因此,财务预算在财务管理环节中居于重要的桥梁地位。没有财务预算,财务预测和财务决策的结果便没有了载体,财务控制与财务分析也将失去一个重要的依据。

(二)财务预算的特征

(1)全面控制。财务预算以财务收支的方式反映企业未来一定时期的各项经济活动和理财活动,并最终综合为企业目标利润和现金净流量,所以财务预算具有总量性。财务预算既是由销售、采购、生产、盈利、现金流量等单项预算组成的责任指标体系,又是公司的整体"作战方案"。作为企业最高权力机构通过的企业未来一定时期经营思想、经营目标、经营决策的财务数量说明和经济责任约束依据,这种约束来源于企业一切生产经营领域,它不只是财务部门自己的事情,而是企业综合的、全面的管理,是具有全面控制约束力的一种机制。

(2)权力规制管理。在两权分离的企业中,财务预算首先在第一层次上体现了出资人对经营者权力的授予与约束。一般而言,出资人的风险偏好和报酬预期是通过经营者的经营范围和经营成果得以体现的,只有当经营者按照出资人的意愿经营并实现其预计报酬时,经营者才会被聘用或续聘。而提出财务预算目标的主体正是出资人,这样的财务预算自然会体现出资人的基本权益以及对经营者的约束,也表明了经营者对出资人的责任。

在企业实际经营过程中,财务预算又在第二层次上体现出经营者与其下属人员之间的权力安排。财务预算不等于简单的财务预测或计划,它一经制订出来并经过讨论、决定,就表现出人格化特征,成为经营者理财方针的化身。具体到各责任单位,财务预算又使得各自的权力以表格化的形式表现,这种分权以不失去控制为最低限度。否则经营者、管理人员的权威也无从谈起。当然,前提是制订的财务预算必须建立在科学决策的基础上,是切实可行的。

(3)价值属性。财务预算的价值属性主要体现在以下几个方面:①财务预算中涉及的销售收入、成本费用额、利润、投资额、筹资额、现金流量等指标都是价值量指标,体现了财务预算指标最终都落在价值形式上;②财务预算中也使用实物量指标,但它只是作为计算价值量的基础,最终都应转化为价值指标;③财务预算中的预计资产负债表、预计利润表都属于价值报表。

(4)以利润为前提。从长期看,出资人追求自身财富最大化,表现为企业市场价值最大化。但就每个财务预算期来讲,则必须是在保证资产质量优良的条件下,利润尽可能最大化。如果持续看,每一期的总量指标利润最大,单个利润指标(资本报酬率或每股净收益)才有可能最大,进而企业市场价值最大。以利润作为财务预算目标,不仅要求企业追求销售额最大、成本费用最少,而且要求尽可能减少资本投入。同时,利润作为财务预算编制的起点,使得利润不再是预算的结果,而是预算的前提;也使得利润不再是追求销售和成本目标的最终结果,表现出一种被动性,而是为了达到利润目标,销售和成本必须达到怎样的水平,表现出一种主动性。

(5)战略管理。从企业长远发展来看,预算管理本质上是一种战略管理。首先,没有战略意识的预算不可能增强企业竞争优势,正确的预算管理过程是围绕企业战略制订、实施、控制而采用的一系列措施的全过程,这种预算管理应该具有整体性、长期性和相对稳定性。其次,企业不同时期的发展思路与方针的差异决定了企业会有不同的战略目标,所以同一企业不同时期预算管理的目标与重点不同。最后,预算管理的战略性体现在它沟通了企业战略与经营活动的关系。一般而言,企业经营战略是企业经营活动的总括方针,应该体现在中长期预算中,而近期预算作为一种行动的安排,应该能够较好地将日常经营活动和企业战略进行沟通,形成一个良好循环的预算系统。

四、财务预算在全面预算中的地位

明确财务预算在全面预算体系中的作用,首先需要理清财务预算与经营预算、资本预算之间的关系。从预算内容和功能来看,一个完善的全面预算体系不仅包括财务预算,还应包括经营预算与资本预算。财务预算是企业预算期内财务状况、经营成果和现金流量的最终结果和高度概括,经营预算与资本预算分别是对企业经营活动与投资活动的规划和反映。财务预算、经营预算与资本预算之间内含严格的逻辑关系。财务预算的编制需要经营预算和资本预算作为支撑和基础,没有经营预算和资本预算,财务预算的编制就缺乏依据而成为"无米之炊";经营预算和资本预算分别反映了企业经营活动与投资活动,如果最终不汇总编制成财务预算,就难以使经营管理者从战略层面高度把握企业未来发展趋势,也就难以全面掌控企业战略目标和战略规划。可见,财务预算不仅是全面预算的中心环节,而且是全面预算的最终反映。

因而,财务预算在全面预算体系中起到了承上启下的"中枢"作用。从预算编制来看,公司下属的业务部门和职能部门根据分解细化的预算控制指标和控制标准,结合本部门的业务特点和职能规则,编制相应的部门预算,即经营预算和资本预算,并逐层向上传递汇总,公司在此基础上审核和平衡,最终形成财务预算。因此,财务预算在全面预算体系中处于核心地位。通过财务预算,公司高层管理者可以站在战略的高度把握整个公司预算期的未来目标和发展趋势,可以从整体角度控制公司预算期的总体财务状况、经营成果和现金流量。没有财务预算,全面预算就失去了资源整合和业务活动整体控制的依据;没有财务预算,经营预算与资本预算就无法与战略规划和战略目标建立相应的联系。

五、财务预算控制程序

财务预算控制程序具有广义与狭义之分。广义财务预算程序是指预算控制系统运行的环节,包括预算目标确定、预算编制、预算控制和预算考评等环节。

狭义财务预算程序是指财务预算编制程序。财务预算编制程序视企业不同情况、不同预算模式分为自上而下、自下而上和上下结合三种类型。财务预算编制程序与企业组织类型和预算模式有关,不同类型的企业组织具有不同的预算模式,同时也有着不同的财务预算编制程序,见表8-1。

表 8 - 1　财务预算编制程序

组织类型	财务预算模式	财务预算编制程序	优点	缺点
产品单一型企业集团（集权型企业）	集中型	自上而下式	防止本位主义,有利于实现整体目标	不利于发挥部门的主观能动性
资本控股型企业集团（分权型企业）	分散型	自下而上式	有利于发挥部门的主观能动性	可能导致严重的本位主义,影响到企业整体目标的实现
产业经营型企业集团（集权与分权相结合企业）	折中型	上下结合式	既可以防止本位主义,又有利于发挥部门的主观能动性	过度的讨价还价可能削弱预算编制的战略性和严肃性,同时降低预算编制的效率

自上而下式财务预算编制程序是一种最传统的预算管理程序,其预算由企业(集团或公司)总部按照战略管理需要,结合企业外部环境和内部条件而提出,并向各分部或子公司下达执行。在这里,企业总部是财务预算权力的中心,预算目标的确定和预算平衡的编制由总部一手包办,各分部或子公司只是预算执行部门。这种方式属于集中型预算模式。该方式有利于防止本位主义,保证整体目标的实现,但其缺点也是显而易见的,即各分部和子公司的参与程度低,不利于发挥其主观能动性。

自下而上式财务预算编制程序强调来自各分部或子公司的预测,各分部和子公司才是预算编制的真正主体,企业总部对预算只具有最终审批权。总部的管理责任是确定预算目标,如目标资本报酬率;子公司的管理责任是实现这一目标。为此,各分部和子公司预算的目的,只是出于对这一行动承诺可靠性的核实。这种方式的优缺点与自上而下式相反,其最大优点在于有利于发挥各部门的积极性和主动性,强化其参与意识,并具有管理的认同感,而最大缺点在于难以避免各部门在预算编制中的"宽打窄用",可能导致严重的本位主义,从而影响到企业整体目标的实现。自下而上式更适合于资本型的控股集团,即财务控制型的母子管理关系,属于分散型预算模式。

上下结合式财务预算编制程序顾名思义为取上述两种方式之长,折中上述两种方式之短。其内涵在于:一方面体现预算目标的自上而下分解落实和预算编制的自下而上汇总平衡,另一方面反映管理总部和分部需要上下沟通和讨价还价。这种财务预算编制程序的优点在于既可以尽量避免自上而下的"武断",又可以尽可能地避免自下而上的"欺瞒"。其缺点是过度的讨价还价可能削弱预算编制的战略性和严肃性,同时降低预算编制的效率。上下结合式是现代企业预算管理在理论上最为合理、在实践中应用最为普遍的一种类型。

第二节　财务预算编制方法

财务预算编制方法可以按照不同特征和不同角度进行分类,其中:按照财务预算编制所依据的预算业务量是否固定,可分为固定预算法和弹性预算法;按照预算编制所依据的基础不同,可分为增量预算法和零基预算法;按照预算编制所依据的预算起讫期间是否固定,可分为定期预算法和滚动预算法。

不同的预算编制方法都有其适用范围和优缺点。同一个预算项目可根据具体内容的不同选取不同的方法;同一种方法也可用于不同的预算项目。企业可结合自身的经济业务特点、基础数据管理水平、生产经营周期和管理的需要,选择或者综合运用相应方法编制预算。

本节将采取对比的方法分别讲解各类预算编制方法。

一、固定预算法与弹性预算法

(一)固定预算法

固定预算法又称静态预算法,是以预算期内正常的、可实现的某一固定业务量(如产品产量、销售量)水平为基础,来确定相应预算指标的预算编制方法。

固定预算法是编制预算最基本的方法,按固定预算法编制的预算称为固定预算。

1. 固定预算法的优缺点

固定预算法简单易行,直观明了。但用固定预算法编制的预算,通常情况下金额都不变,适应性和可比性较差。如果用来衡量业务量水平经常变动的企业经营状况,特别是当实际的业务量与编制预算所根据的预计业务量发生较大差异时,相关预算指标的实际数与预算数就会因业务量基础不同而失去可比性。

2. 固定预算法的适用范围

固定预算法通常适用于下列情况:经营业务和产品销售量比较稳定的企业;能准确预测产品需求及产品成本的企业,企业经营管理活动中某些相对固定的成本费用支出;社会非营利性组织。

3. 应用固定预算法编制预算举例

【例8-1】新星公司是生产A产品的专业公司,2020年公司计划销售A产品500吨,四个季度的销售量分别是100吨、120吨、150吨、130吨,销售单价(不考虑税金因素)为每吨产品1万元。现金回款政策规定:销售货款当季收回现金80%,其余20%下一季度收回。2019年年末应收账款余额为15万元,于预算年度的第一季度收回。

根据上述资料,编制该公司2020年分季度的产品销售预算及现金回款预算如表8-2所示。

表8-2 2020年产品销售及现金回款预算

预算类别	项目	第一季度	第二季度	第三季度	第四季度	全年
产品销售预算	A产品销售量/吨	100	120	150	130	500
	销售单价/万元	1	1	1	1	1
	销售收入/万元	100	120	150	130	500
现金回款预算	期初应收账款余额/万元	15	20	24	30	15
	本期新增应收账款/万元	100	120	150	130	500
	本期预算收回货款/万元	95	116	144	134	489
	期末应收账款余额/万元	20	24	30	26	26

(二)弹性预算法

弹性预算法又称动态预算法,是在固定预算方法的基础上发展起来的一种预算编制方法。

因为固定预算法是企业根据某一固定业务量水平编制的方法,其编制的预算指标具有唯一性。这样一旦预算期内的实际业务量水平与原先预计的业务量水平不一致且相差较大时,预算指标就不能成为规划、控制和客观评价企业及职能部门经济活动与工作业绩的依据。弹性预算法恰好弥补了固定预算法的这一缺陷。它是根据预算期内可预见的多种业务量水平,分别编制相应预算指标的方法,即弹性预算法不仅适用于一种业务量水平下的预算编制,也适用于多种业务量水平下的一组预算及随着业务量变化而变化的项目预算编制。

1.弹性预算法的优缺点

弹性预算法具有以下优点:①适应性强。弹性预算法是按预算期内一系列业务量水平编制的,从而有效地扩大了预算的适用范围,提高了预算的适应性。②可比性强。由于弹性预算是按照多种业务量水平编制的,这就为实际结果与预算指标的对比提供了一个动态的、可比的基础,使实际业务量都可以找到相同或相近的预算标准,从而使预算能够更好地履行其在控制依据和评价标准两个方面的职能。

弹性预算法具有以下缺点:相对固定预算方法而言,弹性预算法的预算编制工作量较大。

2.弹性预算法的适用范围

弹性预算法适用于以下情况:变动性成本费用预算编制;变动性利润预算编制;其他与业务量水平变动有关的预算编制。

3.弹性预算法编制预算的基本步骤

第一步,选择一个恰当的、最能代表企业生产经营活动水平的业务量,如产销量、材料消耗量、直接人工小时、机器工时和价格等。

第二步,确定适用的业务量范围。该业务量范围视企业或部门业务量变化情况而定,通常在企业正常生产能力的70%～110%之间,或在历史最高业务量和最低业务量之间。

第三步,逐项研究确定成本和业务量之间的数量关系。即分析各项成本费用项目的成本习性,将其划分为变动成本和固定成本。

第四步,研究确定各经济量之间的数量关系。

第五步,根据各经济变量之间的数量关系,计算、确定在不同业务量水平下的预算数额。如在编制成本预算时,固定成本按总额控制,变动成本按不同的业务量水平做相应的调整,其计算公式如下:

$$弹性成本预算＝固定成本＋\sum（单位变动成本×预计业务量）\qquad(8-1)$$

4.弹性预算法应用

弹性预算法主要有列表法和公式法两种应用方法。

(1)列表法。

列表法又称多水平法,是在预计的业务量范围内将业务量分为若干水平,然后分别计算各项预算数额,汇总列入一个预算表格中的方法。在应用列表法时,业务量之间的间隔应根据实际情况确定。间隔越大,水平级别越小,可简化编制工作,但间隔太大就会丧失弹性预算的优点;间隔较小,用以控制成本费用的标准就较为准确,但又会增加编制预算的工作量。一般情况下,业务量的间隔以5%～10%为宜。

列表法的优点是,混合成本中的阶梯成本和曲线成本不必用数学方法修正就可以直接按成本性态模型计算填列。但由于列表法列示的业务量不连续,只限于若干业务量水平,难以描绘业务量范围内的全部情况。因此,在评价和考核实际成本时,往往使用插补法来计算实际业务量的预算成本,比较烦琐。

(2)公式法。

公式法是运用成本性态模型,测试预算期的成本费用数额并编制成本费用预算的方法。成本与业务量之间的数量关系用公式表示为:$y=a+bx$,其中 y 为总成本,a 为固定成本,b 为单位变动成本,x 为预计业务量。在公式法下,若事先确定了业务量 x 的变动范围,只要列示出参数 a 与 b,便可利用公式计算任一业务量水平的预算数值。

公式法的优点是能计算任何业务量水平下的预算成本。不过,阶梯和曲线混合成本需要用数学方法修正为直线才能应用公式法。此外,进行不同业务量预算比较时需要分别计算,应用起来不如列表法直观。

5. 应用弹性预算法编制预算举例

(1)列表法举例。

【例 8-2】新星公司 2020 年预计 A 产品的销售量为 500～600 吨,销售单价(不考虑税金因素)为每吨产品 1 万元,产品单位变动成本为 0.6 万元,固定成本总额为 100 万元。根据以上资料,采用弹性预算法的列表法按 5% 的间隔编制收入、成本和利润预算表。

表 8-3 收入、成本和利润弹性预算表(列表法)

项目	方案 1	方案 2	方案 3	方案 4	方案 5
销售量/吨	500	525	550	575	600
销售收入/万元	500	525	550	575	600
变动成本/万元	300	315	330	345	360
边际贡献/万元	200	210	220	230	240
固定成本/万元	100	100	100	100	100
利润/万元	100	110	120	130	140

如果预算期内该公司实际执行结果为销售量 550 吨,变动成本总额为 320 万元,固定成本总额为 102 万元,则固定预算、弹性预算与实际执行结果的差异分析如表 8-4 所示。

表 8-4 固定预算、弹性预算与实际执行结果差异分析

项目	固定预算	弹性预算	实际结果	预算差异	成本差异	实际与固定预算差异
计算关系	①	②	③	④=②-①	⑤=③-②	⑥=③-①
销售量/吨	500	550	550	50	0	50
销售收入/万元	500	550	550	50	0	50
变动成本/万元	300	330	320	30	-10	20
边际贡献/万元	200	220	230	20	10	30
固定成本/万元	100	100	102	0	2	2
利润/万元	100	120	128	20	8	28

从表 8-4 可看出:弹性预算与固定预算相比,销售量指标多出 50 吨,在成本费用开支维持正常水平的情况下,边际利润增加 20 万元,这 20 万元属于预算差异。但是,将实际完成结果与弹性预算相比就会发现,由于变动成本和固定成本分别减支了 10 万元和超支了 2 万元,使实际利润比弹性预算的要求增加了 8 万元,增加的这部分利润属于成本差异。这两种差异的相互补充,更好地说明实际利润比固定预算利润增加 28 万元的原因:一是由于销售量的增加使利润增加 20 万元;二是由于变动成本和固定成本的变动增加利润 8 万元。

(2)公式法举例。

仍用例 8-2,采用公式法编制总成本预算,如表 8-5 所示。

表 8-5　收入、成本和利润弹性预算表(公式法)

序号	销售量 x/吨	总成本 y/万元	销售收入/万元	利润/万元	备注
计算关系	①	②$=a+bx$	③$=$①×单价	④$=$③$-$②	已知:
1	500	400	500	100	$a=100$
2	501	400.6	501	100.4	$b=0.6$
3	502	401.2	502	100.8	单价:1 万元
4	503	401.8	503	101.2	
5	504	402.4	504	101.6	
6	505	403	505	102	
7	506	403.6	506	102.4	
8	507	404.2	507	102.8	
9	508	404.8	508	103.2	
10	509	405.4	509	103.6	
11	600	460	600	140	

二、增量预算法与零基预算法

根据出发点不同,预算编制的方法分为增量预算法与零基预算法。

(一)增量预算法

增量预算法又称调整预算法,是在基期业务量水平的基础上,根据管理需求并结合预算期业务量水平及相关影响因素的变动情况,通过调整有关基期项目及数额而编制预算的方法。用增量预算法编制的预算称为增量预算。

增量预算法应用的前提条件是:现有的每项业务活动都是企业预算期所必需的;原有的各项业务都是合理的,且在预算期内企业至少必须以现有业务量水平继续存在。

1.增量预算法的优缺点

增量预算法具有以下优点:①简便易行。预算编制工作量较少,编制方法简便,容易操作。②便于理解、易于认同。由于增量预算法考虑了基期预算的实际执行情况,所编制的预算易于得到企业各层级领导和日常各级各部门的理解和认可,易于实现协调预算。

增量预算法具有以下缺点:①预算理念保守。由于增量预算法假定上年度的经济业务活动在新的预算期内仍然发生,而且过去发生的数额都是合理的、必需的,如此不加分析地接受原有的成本项目数额,可能会使某些不合理的开支合理化。②预算结果消极。预算编制以基期的业务量水平为基础,当预算期的情况发生变化时,基期的不合理因素可能影响对预算期的判断,使企业在预算编制的过程中不加分析地保留或接受基期项目,甚至主观臆断平均消减或增加,导致预算不准确,不利于调动各部门达到预算目标的积极性。

2.增量预算法的适用范围

增量预算法适用于以下情况:经营活动变化较大的企业;与收入成正比变动的成本费用支出。

3.增量预算法编制预算举例

【例 8-3】新星公司 2020 年预计产品销售收入为 550 万元,比 2019 年增长 10%,采用增量预算法编制 2020 年销售预算。

销售预算中的折旧费、销售管理人员工资等项目一般为固定费用,不会因产品销售收入的增减而增减,因此,只对变动费用项目按增量预算法相应地增加预算数额。预算编制的基本步骤如下:

第一步,将销售费用的明细项目分解为固定费用和变动费用。

第二步,固定费用项目采用固定预算法确定预算指标(因 2020 年固定费用项目及业务范围没有发生变化,所以其预算指标与 2019 年一致),变动费用项目采用增量预算法确定预算指标,公司决定与产品销售收入保持相同的增长比率,以及按增长 10% 的比率调整预算指标(实务中,增减比率在预算编制大纲中有明确规定)。

第三步,汇总明细费用指标,确定销售费用预算总额。

采用增量预算法编制的销售费用预算如表 8-6 所示。

表 8-6 销售费用增量预算表

序号	项目	2019 年实际发生额/万元	增减比率/%	增减额/万元	2020 年预算指标/万元
一	固定费用小计	15	0	0	15
1	销售人员工资	3	0	0	3
2	租赁费	7	0	0	7
3	固定资产折旧费	3	0	0	3
4	其他固定费用	2	0	0	2
二	变动费用小计	50	10	5	55
1	销售人员工资	10	10	1	11
2	运输费	10	10	1	11
3	差旅费、会务费	5	10	0.5	5.5
4	广告宣传费	15	10	1.5	16.5
5	业务招待费	5	10	0.5	5.5
6	其他变动费用	5	10	0.5	5.5
三	合计	65	10	5	70

(二)零基预算法

零基预算法的全称为"以零为基础编制的计划和预算"。零基预算法是一切从零开始,不考虑以往期间的费用项目和金额,根据生产经营的客观需要与一定期间内资金供应的实际可能,对费用项目的合理性进行分析,并综合平衡编制预算的方法。零基预算法避免了把过去不合理的费用项目和金额延续到下一个会计期间。

运用零基预算法编制预算的基本步骤是:

第一步,根据企业预算期的利润目标、销售目标和生产指标等,分析预算期各费用项目,并预测费用水平。

第二步,拟订预算期各费用项目的预算方案,进行成本收益分析,权衡费用支出的轻重缓急,划分等级并排序。

第三步,根据预算期费用控制的总目标,按照等级和排序,将企业经济资源在各部门之间进行分配,分级落实预算。

1.零基预算法的优缺点

零基预算法具有以下优点:①有利于合理配置企业资源,确保重点、兼顾一般。零基预算法不受基期费用项目和水平的制约,能合理、有效地进行资源分配;目标明确,可区别方案的轻重缓急。②有利于发挥全员参与预算编制的积极性和创造性。零基预算法采用了典型的先"自上而下",后"自下而上",再"上下结合"式预算编制程序。这充分体现了群策群力和从严从细的精神,既有助于企业内部的沟通、协调,能够调动各基层单位参与预算的积极性和主动性,又有利于预算的贯彻执行。

零基预算法具有以下缺点:①工作量较大,费用较高。零基预算要求一切支出均以零为起点,需要进行历史资料、现有情况和投入产出分析,因此,编制预算的工作相当繁重,需要花费大量的人力、物力和时间,预算成本较高,预算编制时间较长。②主观意识较强、短期行为较重。零基预算在对费用项目进行分层、排序和资金分配时,易受主观意识影响,易于强调短期项目和当前利益,忽视长期项目和长远利益。

2.零基预算法的适用范围

零基预算法适用于以下情况:管理基础工作比较好的企业、行政事业单位、社会团体、军队,以及企业职能管理部门编制的费用预算。对于具有明显投入产出关系的产品制造活动则不适用该方法。

3.零基预算法编制预算举例

【例8-4】新星公司采用零基预算法编制2020年管理费用预算,根据公司经营目标和总体预算安排,2020年用于管理费用的总额为180万元。

管理费用预算编制的程序如下:

第一步,企业管理部门根据2020年企业总体经营目标及管理部门的具体任务,经过认真分析提出管理费用预算方案,确定了费用项目及其支出数额,如表8-7所示。

表 8-7 管理费用资金支出预算方案

序号	项目	支出金额/万元	测算依据
1	工资	100	管理人员 20 名,年均工资 5 万元/人,全年工资 100 万元
2	办公费	2	管理人员 20 名,年办公费定额 1 000 元/人,全年办公费 2 万元
3	差旅费	40	管理人员 20 名,年均差旅费 2 万元/人,全年差旅费 40 万元
4	保险费	10	管理用固定资产原值 1 000 万元,年保险费用率 1%,全年保险费 10 万元
5	培训费	30	内部培训费 10 万元,外派培训费 20 万元,共计 30 万元
6	招待费	18	每月招待费 1.5 万元,全年招待费 18 万元
7	税金	9	全年缴纳房产税、土地使用税、印花税 9 万元
8	合计	209	

第二步,企业管理部门经研究分析认为工资、办公费、保险费、税金四项费用为预算期内管理部门的最低费用支出,属于约束性费用,必须全额保证其对资金的需求;而差旅费、培训费和招待费三项开支属于酌量性支出,可在满足约束性费用需求的前提下,将剩余的资金按照其对企业受益的影响程度来择优分配。酌量性费用的重要性程度可通过成本效益分析来确定,如表 8-8 所示。

表 8-8 成本效益分析表

项目	前三年平均发生额/万元	各期平均收益额/万元	平均收益率	重要性程度
差旅费	50	150	3	0.333 3
培训费	30	120	4	0.444 5
招待费	20	40	2	0.222 2
合计	100	310	9	1

第三步,将预算期内可运用的资金 180 万元在各项费用项目之间进行分配,具体分析计算如下:

(1)全额满足约束性费用的资金需求。约束性费用所需资金总额为:工资 100 万元、办公费 2 万元、保险费 10 万元、税金 9 万元,共计 121 万元。

(2)将剩余的资金 59 万元(180 万元－121 万元),以重要性程度为比例在差旅费、培训费和招待费三项酌量性费用项目之间分配:

差旅费分配金额＝59×0.333 3＝19.7(万元)

培训费分配金额＝59×0.444 5＝26.2(万元)

招待费分配金额＝59×0.222 2＝13.1(万元)

第四步,编制管理费用预算,如表 8-9 所示。

表 8 - 9　2020 年管理费用资金支出预算　　　　　　　单位:万元

序号	项目	金额
一	约束性费用支出	121
1	工资	100
2	办公费	2
3	保险费	10
4	税金	9
二	酌量性费用支出	59
1	差旅费	19.7
2	培训费	26.2
3	招待费	13.1
三	合计	180

通过例题可以得到,按零基预算法编制各种费用预算,一方面可以杜绝不必要的费用开支,有利于降低成本费用;另一方面可以在保证企业各项经营业务资金刚性需求的前提下,合理分配和使用资金,有利于提高企业资金的使用效益。

三、定期预算法与滚动预算法

根据预算期时间特征不同,预算编制的方法分为定期预算法与滚动预算法。

(一)定期预算法

定期预算法是以固定不变的会计期间(如年度、季度、月份)作为预算期编制预算的方法。

需要说明的是:定期预算法并不是一种单纯的预算编制方法,而是以预算期间固定不变为特征的一类预算编制方法,即凡是预算期间固定不变的编制方法,都可以称为定期预算方法。如本章所介绍的固定预算法、弹性预算法、增量预算法、零基预算法等预算编制方法通常都以固定不变的起讫期间作为预算期间编制预算,所以上述预算编制方法都可以称为定期预算法,用定期预算法编制的预算也称为定期预算。

定期预算法具有以下优点:①保持了预算期间与会计期间的一致性。定期预算法编制的预算,预算期间与会计期间相互配比一致,便于预算资料的归集、预算指标的执行和预算结果的评价。②便于预算数据与会计数据的相互比较。由于预算期间与会计期间相互配比,所以预算数据与会计数据可相互比较,有利于对预算执行情况和执行结果进行分析和评价。③预算编制过程较简单。由于预算期间固定不变,所以,简化了预算编制过程。

定期预算法具有以下缺点:①预算执行难度大。企业预算一般在预算年度开始前 2～3 个月编制,大型企业则需要提前 3～5 个月。此时,预算编制部门对预算期内的某些经营活动并不十分清楚或难以准确把握,尤其是编制后半时期的预算容易带有盲目性,往往只能提出比较粗糙的预算数据。当预算期内各项经营活动发生变化时,事先确定的预算项目和预算指标就失去了指导意义,从而导致预算执行难度较大。②预算衔接难度大。由于企业各种经营活动是连续不断的,而采用定期预算法编制的预算将经营活动人为地分割成一段段固定不变的期间,间断了企业连续不断的经营活动过程,这样就必然造成了前后各个期间预算衔接的难度。

③缺乏远期指导。由于采用定期预算法编制的预算其预算期是固定的,因此,随着预算的执行,预算期会越来越短,这样会导致各级管理人员只考虑剩余期间的经营活动,过多地着眼于企业或部门的短期利益,采取短期行为,从而忽视企业长远利益和可持续发展。

(二)滚动预算法

为弥补定期预算法的不足,企业可以采用滚动预算法来编制连续不断的滚动预算。

滚动预算法又称连续预算法或永续预算法,是指在分析上期预算执行情况的基础上,调整和编制下期预算,预算内容不断补充,整个预算期间处于逐期向后滚动推移,使预算期间始终保持在一个固定长度的、永续滚动状态的预算编制方法。用滚动预算法编制的预算称为滚动预算。

1.滚动预算法的基本原理

滚动预算法的基本原理是使预算期始终保持一个固定期间(12个月或一个季度、一个月),通常以12个月为预算的固定期间。当基期年度预算编制完成后,每过一个月或一个季度,便补充下一个月或下一个季度的预算,并逐期向后滚动,使整个预算处于一种永续滚动状态,从而在任何一个时期都能使预算保持着12个月的时间跨度,所以滚动预算法又称为连续预算法或永续预算法。

2.滚动预算法的应用方式

按滚动的时间单位不同,滚动预算法可分为逐月滚动、逐季滚动和混合滚动。

(1)逐月滚动。

逐月滚动方式是指在预算编制过程中,以月份为预算的编制和滚动单位,每个月调整一次的预算方法。如在2020年1月至12月的预算执行中,需要在1月末根据1月预算的执行情况调整2月至12月的预算,同时补充下一年即2021年1月份的预算;到2月末要根据2月预算的执行情况调整3月至2021年1月的预算,同时补充2021年2月的预算;以此类推。逐月滚动预算方式的流程如图8-3所示。

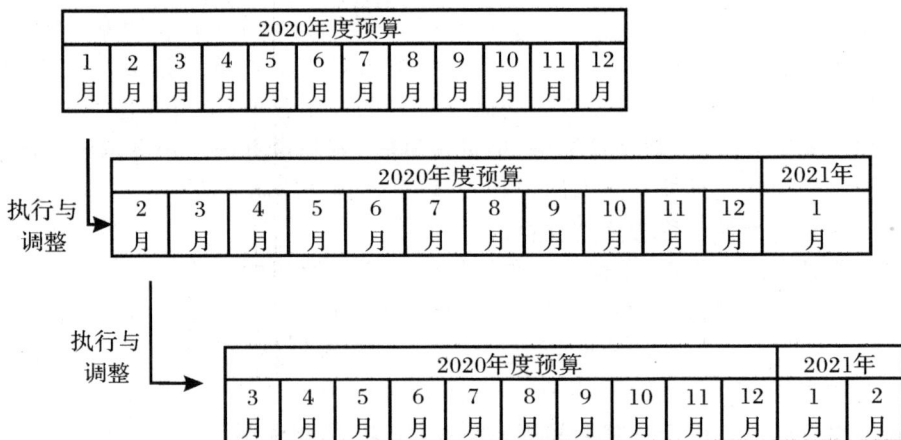

图8-3 逐月滚动预算方式示意图

逐月滚动方式编制的预算具有比较精确的优点,缺点是工作量较大。

(2)逐季滚动。

逐季滚动方式是指在预算编制过程中,以季度为预算的编制和滚动单位,每个季度调整一次预算的方法。如在2020年1月至12月的预算执行中,需要在第一个季度末根据第一季度预算执行的情况调整第二季度至第四季度的预算,同时补充2021年第一季度的预算;到第二季度末,要根据第二季度预算的执行情况,调整第三季度至 2021 年第一季度的预算,同时补充 2021 年第二季度的预算;以此类推。逐季滚动预算方式的流程如图 8-4 所示。

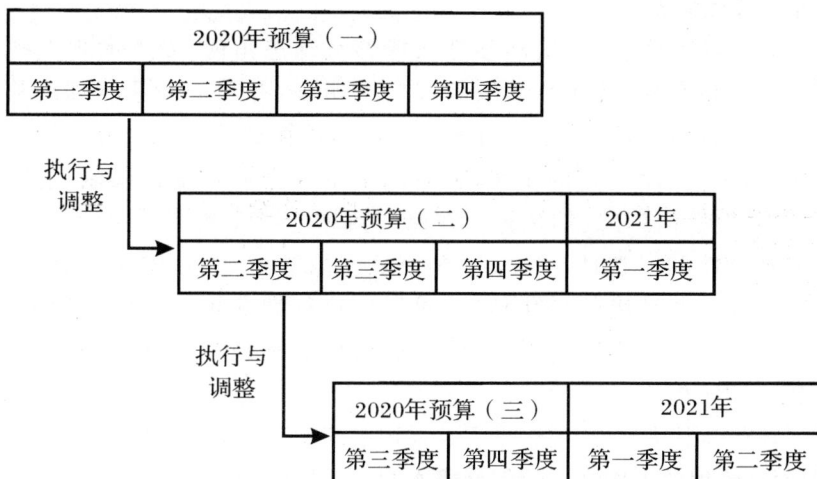

2020年预算（一）			
第一季度	第二季度	第三季度	第四季度

执行与调整

2020年预算（二）			2021年
第二季度	第三季度	第四季度	第一季度

执行与调整

2020年预算（三）		2021年	
第三季度	第四季度	第一季度	第二季度

图 8-4　逐季滚动预算方式示意图

采用逐季滚动方式编制的预算具有工作量小的优点,但存在精确度较差的缺点。

（3）混合滚动。

混合滚动方式是指在预算编制中,同时以月份和季度作为预算的编制和滚动单位,按每个季度细化调整一次预算的方法。如在 2020 年 1 月至 12 月的预算执行过程中,需要在第一季度末根据第一季度预算的执行情况,分月细化调整第二季度的预算,调整第三季度至第四季度的预算,同时补充 2021 年第一季度的预算;到第二季度末,要根据第二季度预算的执行情况,分月份细化调整第三季度的预算,调整第四季度至 2021 年第一季度的预算,同时补充 2021 年第二季度的预算;以此类推。

混合滚动预算方式的流程如图 8-5 所示。

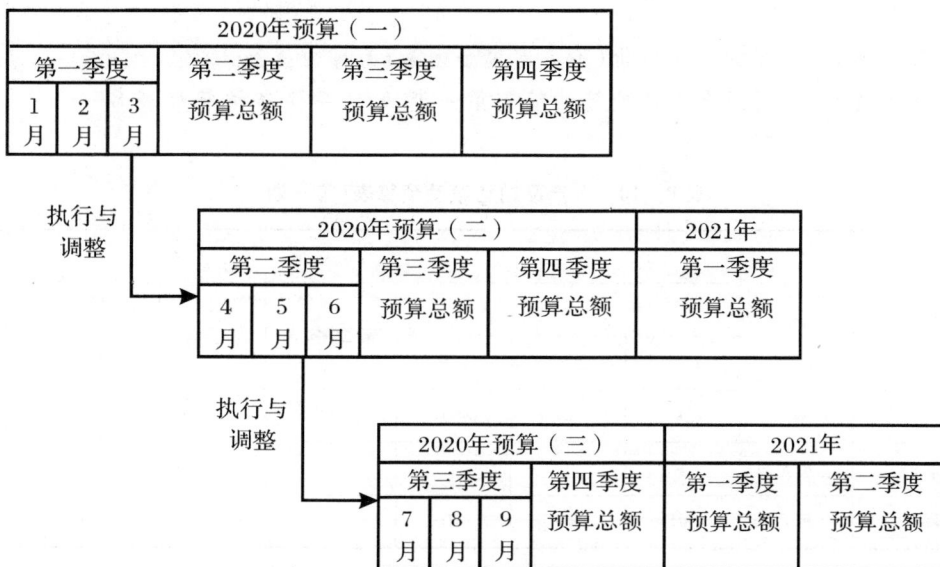

2020年预算（一）					
第一季度			第二季度预算总额	第三季度预算总额	第四季度预算总额
1月	2月	3月			

执行与调整

2020年预算（二）					2021年
第二季度			第三季度预算总额	第四季度预算总额	第一季度预算总额
4月	5月	6月			

执行与调整

2020年预算（三）				2021年	
第三季度			第四季度预算总额	第一季度预算总额	第二季度预算总额
7月	8月	9月			

图 8-5　混合滚动预算方式示意图

采用混合滚动预算方式编制预算集中了逐月滚动和逐季滚动方式的优点,规避了其缺点。因此,具有较强的实用性。

3.滚动预算法的优缺点

滚动预算法具有以下优点:①滚动预算法能够从动态角度、发展的观点把握住企业近期经营目标和远期战略布局,使预算具有较高的透明度,有利于企业管理决策人员以长远眼光统筹企业各项经营活动,将企业长期预算与短期预算很好地结合在一起。②滚动预算法遵循了企业生产经营活动变化的规律,在时间上不受会计年度的限制,能够根据前期预算的执行情况及时调整和修订近期预算。在保证预算连续性和完整性的同时,有助于确保企业各项工作的连续性和完整性。③滚动预算法采取长计划、短安排的具体做法,可根据预算执行结果和企业经营环境的变化情况,对以后执行期的预算不断加以调整和修订,使预算更接近和适应变化了的实际情况,从而更有效地发挥预算的计划和控制作用,也有利于预算的顺利执行和实施。

滚动预算法具有以下缺点:①工作量大。采用滚动预算法,由于预算的自动延伸工作较耗时,因此会增加预算管理的工作量。②编制成本高。采用滚动预算法,企业一般需要配置数量较多的专职计算人员负责编制、调控与考核,这就导致预算管理直接成本的增加。

4.滚动预算法的适用范围

滚动预算法适用于以下情况:管理基础比较好的企业预算的编制;生产经营活动与市场密切接轨时企业预算的编制;产品销售及生产预算的编制;规模较大、时间较长的工程类项目预算的编制。

5.应用滚动预算法编制预算举例

【例8-5】经预测,新星公司2020年计划销售A产品500吨,四个季度的销售量分别是100吨、120吨、150吨和130吨。其中,第一季度各月份的销售数量分别是30吨、30吨和40吨,销售单价(不考虑税金因素)为每吨1万元。

2020年3月末,在编制2020年第二季度至2021年第一季度A产品销售滚动预算时,计划第二季度各月份A产品的销售量分别为35吨、45吨、40吨;同时,根据市场供求关系,计划自第三季度开始,A产品的销售单价(不考虑税金因素)为每吨提高10%。

根据上述资料,采用混合滚动预算法编制第一期A产品销售预算如表8-10所示,第二期A产品销售预算如表8-11所示。

表8-10　A产品销售滚动预算表(第一期)

项目	计量单位	2020年						
		第一季度			第二季度	第三季度	第四季度	合计
		1月	2月	3月				
销售数量	吨	30	30	40	120	150	130	500
销售单价	万元	1	1	1	1	1	1	1
销售收入	万元	30	30	40	120	150	130	500

表 8 - 11 A 产品销售滚动预算表(第二期)

| 项目 | 计量单位 | 2020 年 | | | | | 2021 年 |
| | | 第二季度 | | | 第三季度 | 第四季度 | 第一季度 |
		4 月	5 月	6 月			
销售数量	吨	35	45	40	150	130	120
销售单价	万元	1	1	1	1.1	1.1	1.1
销售收入	万元	35	45	40	165	143	132

➤ 四、概率预算法

(一)概率预算法的概念

概率预算法是对预算期内具有不确定性的各项预算变量,根据客观情况进行分析、预测,估计其可能变动的范围以及出现在各个变动范围内的概率,再通过加权平均计算有关变量在预算期内的期望值的一种预算编制方法。用概率预算法编制的预算称为概率预算。

在预算编制过程中,往往会涉及很多变量,如产量、销量、消耗量、价格、成本等,在通常情况下,这些变量的预计可能是一个确定的值。但是在市场的供应、产销变动比较大的情况下,这些变量的数值就很难确定。这就要求根据有关因素和客观条件,对有关变量进行近似的估计,确定它们可能变动的范围,分析它们在该范围内出现的可能性(即概率),然后对各变量进行调整,计算出期望值,据以编制预算。

采用概率预算法编制出的概率预算实际上是一种修正的弹性预算,即将每一事项可能发生的概率结合应用到弹性预算的变化之中。决定概率预算质量高低的关键因素是编制人员对各预算变量概率的估计是否准确。

(二)概率预算法的优缺点与适用范围

1.概率预算法的优缺点

概率预算法具有以下优点:①准确性高。概率预算法充分考虑了各项预算期间可能发生的概率,使企业能够在预期构成变量复杂多变的情况下,确定出一个预算期内最有可能实现的数值,编制出的预算比较接近实际。②预见性强。概率预算法对于影响预算变动的各个变量的所有可能都做了客观的估计、分析和预算,拓宽了预算变量的范围,能有效提高企业对预算期内生产经营活动的预见性。

概率预算法具有以下缺点:要求编制者具有较高的预测水平,预算构成变量的概率易受主观因素的影响。

2.概率预算法的适用范围

概率预算法适用于以下情况:经营活动波动较大、不确定因素多的企业;在市场的供应、产销变动比较大的情况下编制销售预算、成本预算和利润预算。

(三)概率预算法的编制程序

在编制概率预算时,若业务量与成本的变动并无直接关系,则只要用各自的概率分布计算销售收入、变动成本、固定成本等的期望值,最后就可以直接计算出利润的期望值;若业务量的变动与成本的变动有着密切的联系,就要用计算联合概率的方法来计算期望值。概率预算法的编制程序如下:

第一步,在预测分析的基础上,测算各相关变量在预算期内可能发生的数值,并为每一个变量的不同数值估计一个可能出现的概率(P_i),取值范围是$0 \leqslant P_i \leqslant 1$,$\sum P_i = 1$。

第二步,根据预算指标各变量之间的逻辑关系,计算各相关变量在不同数值组合下对应的预算指标数值。

第三步,根据各个变量不同数值的估计概率,计算联合概率(不同变量之间各概率的乘积),并编制预期价值分析表。

第四步,根据预期价值分析表的预算指标数值以及与之相对应的联合概率,计算出预算对象的期望值,并根据各变量期望值编制概率预算。

(四)应用概率预算法编制预算举例

【例8-6】新星公司预测2020年H产品不含税销售单价1 200元/件。产品销售量有三种可能,分别是700件、750件、800件,概率分别为0.4、0.5、0.1;单位产品变动成本有三种可能,分别是500元、550元、600元,概率分别为0.1、0.6、0.3;约束性固定成本为8万元;当H产品销售量分别为700件、750件、800件时,酌量性固定成本在不同销售量水平下分别为1万元、1.2万元、1.5万元。有关的预算基础资料和概率值如表8-12所示。

表8-12 预算基础资料和概率值表

H产品销售量		销售单价/元	单位产品变动		固定成本/元	
数量/件	概率		金额/元	概率	约束性	酌量性
700	0.4	1 200	500	0.1	80 000	10 000
			550	0.6	80 000	
			600	0.3	80 000	
750	0.5	1 200	500	0.1	80 000	12 000
			550	0.6	80 000	
			600	0.3	80 000	
800	0.1	1 200	500	0.1	80 000	15000
			550	0.6	80 000	
			600	0.3	80 000	

2020年H产品利润预期价值分析如表8-13所示。

表 8 - 13　2020 年 H 产品利润预期价值分析表

组合	产品销售		产品销售单价/元	单位变动成本		固定成本/元		各组对应的利润数值/元	联合概率	利润期望值
	数量/件	概率		金额/元	概率	约束性	酌量性			
计算关系	①	②	③	④	⑤	⑥	⑦	⑧=③×①-④×①-⑥-⑦	⑨=②×⑤	⑩=⑧×⑨
1	700	0.4	1 200	500	0.1	80 000	10 000	400 000	0.04	16 000
2	700	0.4	1 200	550	0.6	80 000	10 000	365 000	0.24	87 600
3	700	0.4	1 200	600	0.3	80 000	10 000	330 000	0.12	39 600
4	750	0.5	1 200	500	0.1	80 000	12 000	433 000	0.05	21 650
5	750	0.5	1 200	550	0.6	80 000	12 000	395 500	0.30	118 650
6	750	0.5	1 200	600	0.3	80 000	12 000	358 000	0.15	53 700
7	800	0.1	1 200	500	0.1	80 000	15 000	465 000	0.01	4 650
8	800	0.1	1 200	550	0.6	80 000	15 000	425 000	0.06	25 500
9	800	0.1	1 200	600	0.3	80 000	15 000	385 000	0.03	11 550
合计									1.00	378 900

表 8 - 13 的计算步骤如下：

(1)计算不同组合,即不同销售量、不同单位变动成本情况下,对应的实现利润数值。例如,当 H 产品销售量为 700 件,销售单价为 1 200 元,单位变动成本为 500 元,约束性固定成本为 8 万元,酌量性固定成本为 1 万元时,可实现的利润数值为

$(1\ 200 \times 700) - (500 \times 700 + 80\ 000 + 10\ 000) = 400\ 000$(元)

以此类推。

(2)计算联合概率,即计算不同销售量、不同单位变动成本同时出现的可能性。例如,当 H 产品销售量为 700 件,单位变动成本为 500 元的可能性为：

$0.4 \times 0.1 = 0.04$

以此类推。

(3)根据联合概率,计算不同销售量、不同单位变动成本情况下对应实现利润所占利润期望值的数额。例如,实现利润 400 000 元的可能性为 0.04,占利润期望值的数额为

$400\ 000 \times 0.04 = 16\ 000$(元)

以此类推。

(4)汇总计算,得出预算期的利润期望值：

$16\ 000 + 876\ 000 + \cdots + 25\ 500 + 11\ 550 = 378\ 900$(元)

也可以采取先计算销售量、单位变动成本的期望值,然后再计算利润期望值的方法。

①计算销售量的期望值。

700×0.4＋750×0.5＋800×0.1＝735(件)

②计算单位变动成本的期望值。

500×0.1＋550×0.6＋600×0.3＝560(元/件)

③计算酌量性固定成本期望值。

10 000×0.4＋12 000×0.5＋15 000×0.1＝11 500(元)

④计算利润期望值。

1 200×735－(560×735＋11 500＋80 000)＝378 900(元)

最后,根据有关资料,编制 2020 年 H 产品利润计算表,如表 8－14 所示。

表 8－14　2020 年 H 产品利润预算表

序号	项目	金额/元	计算关系
1	销售收入	882 000	销售单价(1 200)×销售量期望值(735 件)
2	变动成本	411 600	单位变动成本期望值(560 元)×销售量期望值(735 件)
3	边际贡献	470 400	销售收入(882 000 元)－变动成本(411 600 元)
4	酌量性固定成本	11 500	$\sum$(不同酌量性固定成本×相应销售量概率)＝ 10 000×0.4＋12 000×0.5＋15 000×0.1
5	约束性固定成本	80 000	已知数额
6	利润	378 900	边际贡献(470 400 元)－固定成本(11 500 元＋80 000 元)

第三节　财务预算编制

　　财务预算从价值方面总括地反映了预算期内经营预算和投资预算的执行结果,不仅信息资料主要来自经营预算和投资预算,而且大部分财务预算指标也都是经营预算指标、投资预算指标汇总或加减计算的结果。所以财务预算也被称作总预算。

　　财务预算主要包括现金预算、预计利润表、预计资产负债表等内容。

　　本节主要介绍现金预算、预计利润表和预计资产负债表的编制,对于编制中将涉及的直接材料、直接人工、制造费用、销售费用、管理费用、财务费用等数据将作为已知条件给出。

➤ 一、现金预算

(一)现金预算内容

　　现金预算,又称现金收支预算,是反映企业在预算期内预计的全部现金收入和现金支出,以及由此预计的现金收支所产生的结果的预算。由于现金预算中提供了较为详细的预算期现金收支资料,通过对收支的对比,可以为企业资金运用和筹措指明方向,因此,现金预算是财务预算的重要组成部分,也是进行预算控制的重要工具。

　　现金预算应以有关的生产经营预算、成本费用预算和资本预算所提供的资料为基础进行编制。现金预算的主要内容包括以下方面:

1.现金收入

现金收入包括期初现金余额和预算期的现金收入。期初现金余额是在编制预算时预计确定的;预算期的现金收入主要来自销售收入,而销货现金收入的数据来自销售预算;可供使用的现金是期初现金余额与预算期现金收入的合计数。

2.现金支出

现金支出是指预算期内可能发生的一切现金支出。现金支出主要指直接材料、直接人工、支付制造费用及销售和管理费用、财务费用、偿还应付款、交纳税金、购买设备和利润分配等,不会导致现金支出的费用如折旧费应排除在外。其中直接材料、直接人工、支付制造费用及销售和管理费用数据来自经营预算,交纳税金、购买设备和利润分配等数据来自另行编制的专门预算。借款利息通常不列入本项,而是归入现金盈余或短缺项中。

3.现金盈余或短缺

现金盈余或短缺是指现金收入总额减去现金支出总额的差额。如果此项差额为正数,表明预算期内现金盈余,可以用来偿还借款或进行短期投资,偿还借款后仍需保持最低现金余额,否则只能归还部分借款;如果此项差额为负数,则表明企业在预算期内资金短缺,需要进行融资以保持最低现金余额。如利用银行短期借款或有价证券变现等手段取得资金,以弥补现金的不足。

4.资金的筹集和运用

资金的筹集和运用主要反映预算期内向银行借款、还款、支付利息,以及进行短期投资、投资收回等内容。

(二)现金预算方法

1.现金收支法

现金收支法,也称现金预算的直接编制法。它是以预算期内各项经济业务实际发生的现金收付为依据来编制现金预算的方法,具有直观、简便、易于控制和分析预算执行情况的特点。

该方法运用时,首先,要根据本期销售预算等资料,预计本期营业现金收入和其他现金收入。其他现金收入主要指企业投资活动和理财活动的现金收入,如银行借款、出售固定资产收入等。其次,根据本期各项费用预算资料,预计本期营业现金支出和其他现金支出。其他现金支出主要指企业投资活动和理财活动的现金支出,如购买固定资产支出、支付利息费用等。最后,确定本期现金结余的最低存量,以此推算出现金盈余或短缺。盈余现金可用于归还借款或进行投资活动等;短缺现金应设法通过筹资来弥补,如向银行借款或出售短期证券等。

用现金收支法编制的现金预算,一般格式如表8-15所示。

表8-15　现金预算(现金收支法)　　　　　单位:元

项目	第一季度			第二季度			第三季度			第四季度			全年合计
	1月	2月	3月	4月	5月	6月	7月	8月	9月	10月	11月	12月	
预计本期现金收入													
营业现金收入													
其他现金收入													

项目	第一季度			第二季度			第三季度			第四季度			全年合计
	1月	2月	3月	4月	5月	6月	7月	8月	9月	10月	11月	12月	
预计本期现金支出													
营业现金支出													
其他现金支出													
预计本期现金净收入													
加:期初现金余额													
本期现金余额													
减:现金最低存量													
本期现金盈余或短缺													

2.调整净收益法

调整净收益法,也称现金预算的间接编制法,是指将以权责发生制为基础计算出的税前净收益,调整为以现金收付实现制计算的现金净收益的方法。

采用调整净收益法编制现金预算时,首先,应编制预计利润表,得到预算期税前净收益;其次,再逐笔处理影响损益及现金收支的各会计事项,即对在计算净收益时已作为收入、费用处理,但并不涉及现金收付的事项进行调整,并对净收益计算时未考虑的实际现金收付事项进行调整;最后,计算出预算期现金余额。

【例8-7】新星公司编制2020年预计利润表,得出的税前净收益为15万元。有关调整项目如下:固定资产折旧3万元,无形资产摊销1万元,赊销货款5万元,收取应收账款3万元,支付上年所得税4万元,偿还短期借款10万元。另外,该公司预算期初现金余额为3万元,需要保留的最低现金余额为10万元。根据上述资料,编制该公司的现金预算,如表8-16所示。

表8-16　新星公司2020年现金预算(调整净收益法)　　　　单位:元

项目	行次	金额
税前净收益	1	150 000
加:固定资产折旧	2	30 000
无形资产摊销	3	10 000
收回应收账款	4	30 000
合计(2+3+4)	5	70 000
减:赊销货款	6	50 000
支付所得税	7	40 000
偿还到期借款	8	100 000

项目	行次	金额
合计(6+7+8)	9	190 000
调整后的净收益(1+5-9)	10	30 000
加:期初现金余额	11	30 000
现金余额(10+11)	12	60 000
减:需保留的最低现金余额	13	100 000
现金盈余(或短缺)	14	-40 000

3.预计资产负债表法

预计资产负债表法,是指在编制预算时对资产负债表除现金以外的各个项目进行一一预计,然后根据会计恒等式进行变形的公式(现金余额=负债+所有者权益-非现金资产)推算出现金余额的一种现金预算方法。推算出的现金余额即为现金预算数。如果现金预算数为正,表明现金盈余;如果现金预算数为负,则现金短缺。

预计资产负债表法编制的现金预算一般格式如表8-17所示。

表8-17　新星公司2020年现金预算(预计资产负债表法)　　　单位:元

项目	行次	预算金额
资产:	1	
应收账款	2	
存货	3	
固定资产	4	
除资产以外的资产合计(2+3+4)	5	
负债及所有者权益:	6	
应付账款	7	
应缴税金	8	
应付工资	9	
股本	10	
留存收益	11	
负债及所有者权益合计(6+7+8+9+10+11)	12	
预计本期现金余额	13	
加:期初现金余额	14	
减:现金最低余额	15	
现金盈余(或短缺)(13+14-15)	16	

(三)现金预算编制

现金预算中的现金是广义概念,指库存现金与银行存款。现金预算的编制主要依据是前述全面预算中涉及的现金收入和现金支出的各项预算。从某种意义上说,现金预算是前述预算现金收支的总括,综合反映了企业在预算期内现金流转的预计情况,不仅决定了企业所需资金的总额,也决定了企业一定时期的筹资额和筹资时日,因此现金预算是企业全面预算管理体系的中心。

在各业务部门的分预算编制完成后,财务部门即可根据各分项预算列示出的现金收支预计数及有关资本预算资料,编制现金预算。如前所述,现金预算的编制有不同方法。现以现金收支法为例介绍新星公司如何编制2020年分季度现金预算。

【例8-8】新星公司在预算年度内其他资料如下:①预计预算期第四季度营业外收入为76 000元,营业外支出第一季度为7 600元,第二季度为1 800元,第四季度为15 600元。②根据资本预算,该公司计划预算期第二季度以分期付款方式购入一套设备,价值81 700元,该季度付款55 000元,第三季度付款16 700元,其余第四季度支付。③预计各季度支付所得税21 750元,支付销售税金13 600元,第二、第四季度各支付股利40 000元。④假设该公司需要保留的最低现金余额为30 000元。⑤2019年末,资产负债表所示货币资金余额为50 000元。⑥其余项目如各季度的直接材料、直接人工、制造费用、销售费用、管理费用、财务费用的相应数据作为已知数据给出。其中管理费用在各季度的总额为71 000元,其中固定资产的折旧费为5 000元,无形资产摊销为5 000元。编制现金预算,如表8-18所示。

表8-18 新星公司2020年度现金预算 单位:元

项目	一季度	二季度	三季度	四季度	全年
期初现金余额	50 000	36 694	33 668	30 634	50 000
加:现金收入					
收回应收账款及销货现金收入	222 000	336 000	360 000	264 000	1 182 000
其他现金收入				76 000	76 000
可供使用现金	272 000	372 694	393 668	370 634	1 308 000
减:现金支出					
直接材料	51 480	54 080	56 528	46 584	208 672
直接人工	63 000	90 000	87 000	60 600	300 600
制造费用	55 066	73 066	71 066	53 466	252 664
销售费用	1 960	3 880	2 440	1 960	10 240
管理费用	15 250	15 250	15 250	15 250	61 000
财务费用	5 600	5 600	5 600	5 600	22 400
购买设备		55 000	16 700	10 000	81 700
所得税	21 750	21 750	21 750	21 750	87 000

项目	一季度	二季度	三季度	四季度	全年
销售税金	13 600	13 600	13 600	13 600	54 400
股利		40 000		40 000	80 000
其他现金支出	7 600	1 800		15 600	25 000
现金支出合计	235 306	374 026	289 934	284 410	1 183 676
现金盈余或短缺	36 694	(1 332)	103 734	86 224	124 324
资金的筹集和应用：					
银行借款		35 000			35 000
归还银行借款及利息			(37 100)		(37 100)
短期股票投资			(36 000)	(50 000)	(86 000)
筹集、运用资金合计		35 000	(73 100)	(50 000)	(88 100)
期末现金余额	36 694	33 668	30 634	36 224	36 224

"现金收入"部分包括期初现金余额和预期现金收入。销货取得的现金收入是其主要来源。年初的"现金余额"来自上年年末资产负债表中的"货币资金"项目,第二、第三、第四季度的"期初现金余额",来自编制预算时预计的上季度"期末现金余额"。"收回应收账款及销货现金收入"都是销售产品取得的现金收入,其数据来源于销售预算。"其他现金收入"来自预算期内其他现金收入资料。"可供使用现金"是期初现金余额与本期现金收入之和。

"现金支出"部分包括预算期内的各项现金支出。"直接材料""直接人工""制造费用""销售费用""管理费用""财务费用"的数据,分别来自相应的预算。此外,还包括购置设备、所得税、销售税金等现金支出,有关数据分别来自另行编制的资本预算或预算期内其他现金支出的资料。需注意的是,此处"现金支出"的计算中,不包括折旧费与无形资产摊销,因为这两项不会导致现金的真实流出。

"现金盈余或短缺"部分,列示了上述现金收入合计与现金支出合计的差额。如果此差额为正,则说明收入大于支出,现金盈余,可用于归还银行借款或进行短期证券等方式投资。本例中,该公司需要保留的最低现金余额为 30 000 元,不足此数时需要向银行借款。假设银行借款的金额要求是 5 000 元的整数倍,则第二季度借款额为

最低借款额＝最低现金余额＋现金不足额＝30 000＋1 332＝31 332(元)

因此,公司应于第二季度向银行借款 35 000 元(年利率为 12%)。第三季度有现金多余,可用于偿还借款和进行短期证券投资。

第三季度末还本付息额＝35 000＋35 000×(12%÷12)×6＝35 000(本金)＋2 100(利息)＝37 100(元)

假定用多余现金进行短期证券投资 36 000 元,则第三季度末现金余额为 30 634 元。

现金预算的编制,以各项营业预算和资本预算为基础,反映各预算期的收入款项和支出款项,并做对比说明。其目的在于资金不足时筹措资金,资金多余时及时运用现金余额,并且提供现金收支的控制限额,从而充分发挥现金管理的作用。

二、预计利润表编制

预计利润表,又称损益预算或利润表预算,是反映和控制企业在预算期内损益情况和盈利水平的预算。预计利润表是在汇总预算期内销售预算、产品成本预算、各项费用预算、营业外收支预算、资本支出预算等资料的基础上编制的。

预计利润表与实际利润表的内容、格式相同,只不过其数据是面向预算期的。

【例8-9】依据上述现金预算表中的相关数据,如销售费用预算、管理费用、财务费用、营业外收入、营业外支出等编制新星公司2020年度简要的预计利润表。其中营业收入的数据来自销售预算,营业成本的数据来自产品成本预算,两个数据作为已知条件给出,见表8-19。

表8-19 新星公司2020年预计利润表 单位:元

项目	资料来源	全年金额
营业收入	销售预算	1 200 000
减:营业成本	产品成本预算	832 000
税金及附加	税金及附加资料	54 400
销售费用	销售费用预算	10 240
管理费用	管理费用预算	71 000
财务费用	财务费用预算、现金预算	24 500
资产减值损失		
加:公允价值变动收益		
投资收益		
营业利润		207 860
加:营业外收入	营业外收支预算	76 000
减:营业外支出	营业外收支预算	25 000
利润总额		258 860
减:所得税	估计	87 000
净利润		171 860

表8-19中"所得税"项目是在利润表规划时估计的,并已列入现金预算中。该项目通常不是根据"利润总额"和所得税税率计算得出,因为还有很多纳税调整事项的存在。此外,从预算编制程序上看,如果根据"利润总额"和所得税税率计算所得税,需要修改"现金预算",引起信贷计划的修订,进而改变"利息",最终又要修改"利润总额",从而陷入数据的循环修改。

三、预计资产负债表编制

预计资产负债表反映预算期末企业财务状况,是以报告期期末的资产负债表为基数,根据预算期内各种业务预算、现金预算及资本预算等有关资料编制而成的。预计资产负债表的编制,有利于了解企业预计的财务状况的稳定性和流动性,便于及时发现问题,修订原有预算,以便于更好实现目标。

预计资产负债表与实际资产负债表的内容、格式相同,只不过其数据反映预算期末的财务状况。表8-20是依据现金预算及预计利润表的相关资料编制的新星公司2020年末预计资产负债表。除前述有关资料外,大部分项目数据来源已注明在表中。

【例8-10】新星公司2019年末固定资产原值300 000元,累计已提折旧100 000元,长期投资200 000元,无形资产20 000元,长期借款30 000元,股本400 000元,资本公积5 300元,未分配利润65 540元。其中,长期投资、长期借款、股本、资本公积四项在2020年没有变化。预计2020年年末存料量为900千克,预计预算期内材料单价为10元/千克。产品成本预算中"期末存货成本"为18 304元。各项目的年初数值作为已知条件给出。

表8-20 新星公司2020年预计资产负债表

2020年12月31日 单位:元

资产	资料来源	年初	年末	负债及所有者权益	资料来源	年初	年末
一、流动资产				一、流动负债			
货币资金	现金预算	50 000	36 224	短期借款			
应收账款	销售预算	30 000	48 000	应付账款	直接材料预算	24 000	16 528
其他应收款	现金预算	0	86 000	流动负债合计		24 000	16 528
存货	直接材料预算 产品成本预算	24 840	27 304	二、非流动负债			
				长期借款		30 000	30 000
流动资产合计		104 840	187 528	非流动负债合计		30 000	30 000
二、非流动资产				负债合计		54 000	46 528
长期股权投资		200 000	200 000	三、所有者权益			
固定资产原值	现金预算	300 000	381 700	实收资本		400 000	400 000
减:累计折旧	制造费用预算 管理费用预算	100 000	185 000	资本公积		5 300	5 300
				盈余公积			
固定资产净值		200 000	196 700	未分配利润	现金预算、预计利润表	65 540	157 400
无形资产	管理费用预算	20 000	15 000				
非流动资产合计		420 000	411 700	所有者权益合计		470 840	552 700
资产合计		524 840	609 228	负债和所有者权益合计		524 840	609 228

表8-20中,"应收账款"项目根据第四季度销售额和本期收现率计算,其中第四季度的销售额为240 000元,每季销售收到的货款占当季收到货款的80%,其余部分在下季度收到,即:

期末应收账款＝本期销售额×(1－本期收现率)＝240 000×(1－80％)＝48 000(元)

"其他应收款"项目根据现金预算中的"短期股票投资"计算得到。

"存货"项目根据直接材料预算与产品成本预算计算得到。即:900×10＋18 304＝27 304(元)

"累计折旧"项目根据年初余额与制造费用预算中的"折旧费"、管理费用预算中的"折旧费"计算得到。

"无形资产"项目由年初余额与管理费用预算中的"无形资产摊销"计算得到。

"应付账款"项目是根据第四季度采购金额和本期付现率计算的,其中第四季度的购货款为 41 320 元,每季度的购料款,在当季付款的占 60％,其余在下季度支付。即:

期末应付账款＝本期采购额×(1－本期付现率)＝41 320×(1－60％)＝16 528(元)

"未分配利润"项目根据如下公式计算:

期末未分配利润＝期初未分配利润＋本期利润－本期股利＝65 540＋171 860－80 000＝157 400(元)

扩充内容　　　　　案例研究

本章小结

　　财务预算是以价值度量表现的、专门反映企业未来一定预算期内预计现金收支、财务状况和经营成果的一系列预算的总称,主要包括现金预算、预计利润表、预计资产负债表等内容。财务预算是全面预算体系中的最后环节,在全面预算体系中占有举足轻重的地位。

　　财务预算的编制方法主要有固定预算法和弹性预算法、增量预算法和零基预算法、定期预算法和滚动预算法及概率预算法。预算编制的不同方法都有其适用范围和优缺点。

　　现金预算是反映企业在预算期内预计的全部现金收入和现金支出,以及由此预计的现金收支所产生的结果的预算。其具体内容包括现金收入、现金支出、现金盈余或短缺、资金的筹集和运用四个部分。现金预算的编制方法有现金收支法、调整净收益法、预计资产负债表法。其中,现金收支法是编制现金预算的主要方法。

　　预计利润表和预计资产负债表是财务管理的重要工具。财务报表预算的作用与实际财务报表不同,主要是为企业财务管理服务,是控制企业成本费用、调配现金、实现利润目标的重要手段。预计利润表与会计利润表的内容、格式相同,只不过数据是预期的。通过预计利润表的预算可以了解企业预期的盈利水平。如果预算利润与最初编制方针中的目标利润有较大的不一致,就需要调整部门预算,设法达到目标,或者经企业领导同意后修改目标利润。

　　预计资产负债表与会计资产负债表的内容和格式相同,只不过数据反映预算期末的财务状况。编制预计资产负债表的目的在于判断预期反映的财务状况的稳定性和流动性。如果通过预计资产负债表的分析,发现某些财务比率不佳,必要时可修改有关预算,以改善企业未来的财务状况。

思考与练习

一、思考题

1. 全面预算包括哪些内容及相互之间关系如何？
2. 滚动预算法与定基预算法相比有哪些优点？其适用范围是哪类企业？
3. 现金预算包括哪些内容？
4. 如何运用现金收支法编制现金预算？
5. 如何编制预计利润表和预计资产负债表？

二、计算分析题

1. 某公司机床维修费为半变动成本，机床运行100小时的维修费为250元，运行150小时时的维修费为300元，机床运行时间为80小时，维修费为多少元？

2. 某企业在编制第四季度的直接材料消耗与采购预算，预计直接材料的期初存量为1 000千克，本期生产消耗量为3 500千克，期末存量为800千克；材料采购单价为每千克25元，材料采购货款有30%当季付清，其余70%在下季度付清。该企业第四季度采购材料形成的"应付账款"期末余额预计为多少元？

3. 某企业每季度销售收入中，本季度收到现金60%，另外40%要到下季度才能收回。若预算年度的第四季度销售收入为40 000元，则预计资产负债表中年末"应收票据及应收账款"项目的金额为多少元？

4. 已知A公司2020年预计销售收入如表8-21所示，若销售当季度收回货款65%，次季度收款30%，第三季度收款5%，预算年度期初应收账款金额为25 000元，其中包括上年度第三季度销售的应收款5 000元，第四季度销售的应收账款20 000元。

表8-21 A公司2020年预计销售收入(简表)

季度	1	2	3	4	合计
预计销售量/件	2 000	2 550	2 850	3 000	14 400
销售单价/元	30	30	30	30	30

根据上述资料编制预算年度的销售预算，填写表8-22。

表8-22 A公司2020年销售预算(简表)

项目	一季度	二季度	三季度	四季度
预计销售量/件	2 000	2 550	2 850	3 000
销售单价/(元/件)	30	30	30	30
预计销售金额/元	(1)	(2)	(3)	(4)
本年期初应收账款收现/元	(5)	(6)		
一季度销售收现/元	(7)	18 000	3 000	
二季度销售收现/元		49 725	(8)	3 825
三季度销售收现/元			(9)	(10)
四季度销售收现/元				58 500

即测即评

案例分析

大地有限公司现金预算编制方案

大地有限公司是 20 世纪 80 年代初建立的中外合资企业,该公司主要生产和销售汽车轴承。尽管近几年来国内轴承市场不太好,但由于该公司促销有力,加之公司产品质量上乘、售后服务好,所以该公司利润一直在该行业中名列前茅,还出口海外。目前公司已经建立了广泛的销售网络,并且公司还拥有优秀的技术工程人员。

该公司特别注重产品的不断革新,将新技术用于产品的生产和设计中,并且还考虑了削减或维持现有成本。因此,大地有限公司的产品品种不仅多,而且产品质量更可靠和更经济,所有这些因素使得该公司得以迅速成长。由于公司信誉好、利润高、偿债能力强,因此银行在公司需要资金的情况下也乐意贷款给该公司。

大地有限公司 2020 年有关预算资料如下:

(1)预计该企业 3—7 月的销售收入分别为 40 000 元、50 000 元、60 000 元、70 000 元、80 000 元。每月销售收入中,当月收到现金 30%,下月收到现金 70%。

(2)各月直接材料采购成本按下一个月销售收入的 60% 计算。所购材料款于当月支付现金 50%,下月支付现金 50%。

(3)预计该企业 4—6 月的制造费用分别为 4 000 元、4 500 元、4 200 元,每月制造费用中包括折旧费 1 000 元。

(4)预计该企业 4 月购置固定资产,需要现金 15 000 元。

(5)企业在 3 月月末有长期借款 20 000 元,年利息率为 15%,无短期借款。

(6)该企业在现金不足时,可以向银行申请短期借款(为 1 000 元的整数倍);现金有多余时归还短期借款(为 1 000 元的整数倍)。借款在期初,还款在期末,短期借款的年利率为 12%。

(7)预计该企业期末现金余额的额定范围是 6 000～7 000 元,长期借款利息每季度末支付一次,短期借款利息还本时支付,其他资料见表 8-23。

表 8-23 现金预算   单位:元

项目	4 月	5 月	6 月
期初现金余额	7 000		
经营现金收入			直接材料采购支出
直接人工支出	2 000	3 500	2 800

续表

项 目	4 月	5 月	6 月
制造费用支出			
其他付现费用	800	900	750
预交所得税			8 000
购置固定资产			
现金余缺			
向银行借款			
归还银行借款			
支付短期借款利息			
支付长期借款利息			
期末现金余额			

根据以上资料，思考分析以下问题，以完成该企业 4—6 月现金预算的编制工作：

1. 该企业现金预算表中"现金余缺"项目的金额如何计算得到？

2. 如何计算该企业现金预算表中"向银行借款"项目的金额？

3. 如何计算该企业现金预算表中"归还银行借款"项目的金额？

4. 如何计算该企业现金预算表中"支付短期借款利息"与"支付长期借款利息"两个项目的金额？

案例分析思路

第九章

财务分析

学习目标

本章主要介绍财务分析基本理论、财务能力分析和综合财务分析。通过本章学习,应了解财务分析的主体、内容,掌握财务分析方法以及短期偿债能力、长期偿债能力、营运能力、盈利能力和发展能力指标的计算和分析,熟悉杜邦分析法和沃尔综合评分法。

引导案例

2001年,刘姝威在《上市公司虚假会计报表识别技术》一书的写作过程中,发现蓝田公司存在严重问题,于是在机密级《金融内参》上刊《应立即停止对蓝田股份发放贷款》600字内参文章披露,此后不久,相关银行相继停止对蓝田股份发放新的贷款。刘姝威的生活也随即被搅乱:诉讼、死亡威胁、向民警寻求安全保护……这就是轰动全国的"蓝田事件"。由于刘姝威提供了详细的财务报表分析资料,引起了政府监管部门的关注,最终蓝田股份的高管被送进了监狱,从而保护了中小股东利益,维护了资本市场秩序。由于坚守学者的独立性、良知、社会责任感,2003年,刘姝威先后被评选为"CCTV2002经济年度人物""CCTV2002年感动中国人物""2002年度《中国妇女》时代人物",并荣获2003年全国五一劳动奖章。

刘姝威关于蓝田财务报表分析报告的主要内容如下:2000年蓝田股份的流动比率为0.77,速动比率为0.35,营运资本为−1.27亿元。此外,她还分析了蓝田股份的资产结构及流动资产结构、资产结构的变动趋势、短期偿债能力的变动趋势,以及结合业务资料的综合分析。

思考

上述财务报表分析报告中的比率、数字代表什么含义?刘姝威是如何从这些数字、趋势中得出分析结论的?

财务分析,作为财务管理的重要环节之一,为企业所有者、债权人、经营者等提供了解企业过去、评价现状、预测企业未来的信息,并为其进行经济决策提供依据,有着重要现实意义。

第一节 财务分析概述

➤ 一、财务分析的内容

财务分析是指以财务会计报告和其他相关资料为依据,采用专门的分析技术和方法,对企业等经济组织的财务状况、经营成果、资金使用效率以及未来发展趋势等方面进行的分析和评价。财务分析可以为投资者、债权人、经营者及其他组织或个人了解企业过去、评价企业现状、预测企业未来做出正确决策提供准确的信息或依据。财务分析的内容,按照分析主体和目的不同,可归类为外部财务分析、内部财务分析和专题财务分析。

(一)外部财务分析

外部财务分析,是指企业财务信息的外部使用者,包括所有者、债权人、供应商、政府部门、中介机构等根据自身需要,对企业财务状况、经营成果以及未来发展趋势等进行的分析。外部财务分析,按具体分析主体的不同,主要包括企业所有者进行的投资分析、债权人进行的企业信用和偿债能力分析、供应商进行的企业信用分析、政府部门进行的监管分析等。外部分析者一般只能根据企业对外公布的财务报告和其他公开披露的信息进行分析。

(二)内部财务分析

内部财务分析,是指内部经营者为强化企业经营管理、提高经济效益对企业经营和理财的各个方面进行的分析。企业内部经营者可以依据对外公布的信息以及企业内部未公开披露的所有信息进行财务分析,因此内部财务分析的范围比较广,除了上述外部财务分析的内容外,还可以进行预算执行情况分析、收入完成情况分析、成本费用分析以及企业绩效综合分析等。

(三)专题财务分析

专题财务分析,是指根据分析目的的不同,对企业经营和理财中某一个特定问题进行的分析和评价。专题财务分析可以对外部财务分析或内部财务分析的某一个方面进行,也可以根据需要针对某一个特定方面进行,比如资产结构分析、资本结构分析、预算执行情况分析、成本预测分析、宏观经济政策对企业影响的分析等。在市场经济和全球经济一体化的条件下,影响企业生产经营活动的因素很多,企业经常会遇到各种新情况和新问题,分析主体可以根据自身需要,针对特定问题,选取相关的资料,有针对性地进行一些专题分析。

➤ 二、财务分析主体

财务分析主体是指"谁"进行财务分析,也就是财务信息的使用者。财务分析主体,是与企业存在现实或潜在的利益关系、基于特定目的对企业进行财务分析的单位或个人。其主要包括企业所有者、债权人、企业经营管理者、供应商和顾客、政府部门、企业内部职工、竞争对手以及社会公众等。

(一)股权投资人

股权投资人即指企业所有者,他们向企业投入资金,拥有企业所有权。企业所有者既要求将其投入的资本金保值增值,也要求将其投资风险控制在可以接受的范围内。另外,现代企业制度的两权分离,使企业所有者与企业经营者形成委托代理关系。企业所有者作为委托代理关系的委托人,有权要求企业经营者提供财务信息,一方面要据此对企业财务状况和经营成果进行分析和评价,为投资决策提供依据,另一方面要据此对企业经营者受托责任的履行情况进行分析和评价。企业所有者在财务分析中,最关心的是企业盈利能力、投资回报率、投资风险以及企业未来发展前景等。

(二)债权人

企业债权人包括向企业提供贷款的银行、非银行金融机构以及企业所发行债券的持有人等。债权人将资金提供给企业使用,要求企业按期偿还贷款本金,并支付利息。由于债权人不能参与企业剩余收益的分配,决定了他们最关心的是其所提供给企业的资金是否安全、自己的债权和利息是否能够按期如数收回。因此,债权人需要对企业信用以及偿债能力进行分析,作为是否发放贷款、以前贷款能否收回等决策的依据。

(三)经营管理者

企业经营管理者作为受托责任人,代理企业经营管理工作,受托责任的履行情况最终以财务报告的形式呈现出来。他们负责企业日常的生产经营活动,既要确保企业所有者投入资金的保值增值,使股东得到相应的投资回报,又要及时偿还各种债务,并保证资产合理有效的利用和企业持续健康的发展。为满足不同利益主体的需要,协调各方面的利益关系,企业经营管理者必须掌握企业生产经营活动和理财活动的各个方面,包括企业盈利能力、偿债能力、资产使用效率、未来的发展能力以及面临的经营风险和财务风险等,以便及时发现问题,规划和调整企业经营战略,为经济效益持续稳定的增长创造条件。

(四)供应商和顾客

供应商为企业提供材料、设备和劳务,是企业重要的利益关系人。现代企业之间的交易中,采用商业信用方式完成的交易越发普遍,赊购业务使企业与供应商之间形成了商业信用关系。供应商向企业进行了赊销,也成为企业债权人,必然要关心企业信用以及偿债能力,需要对企业进行相应的财务分析。

顾客是企业商品的购买者和消费者。在现代企业契约关系中,顾客也是企业重要的利益关系人。企业将产品或劳务销售给顾客,同时承担着商品质量担保义务和售后服务。顾客关心企业对担保义务的履行能力和售后服务情况,需要对企业信用以及持续经营能力进行分析和评价。

(五)政府部门

政府部门主要是指国家宏观经济管理部门和监督部门,包括国有资产管理部门、财政部门、税务部门以及政府审计部门等。这些部门以社会管理者的身份关注企业财务信息,并根据各自的管理需要,对企业进行财务分析。例如,国有资产管理部门关心国有资本保值增值情况以及国有投资的社会效益和经济效益;财政部门关心财政资金的使用情况;税务部门关心企业税费的计算和缴纳情况;政府审计部门关心企业经营活动是否合理合法等。政府部门主要通过财务分析评价和监察企业经营活动,为制定宏观经济政策提供依据。

(六)企业内部职工

企业内部职工与企业持续健康的发展息息相关,他们希望通过财务分析,了解企业盈利能力、偿债能力和发展前景,判断未来的薪酬水平、工作岗位的稳定性和个人发展机会,甚至运用财务分析结果进行集体的工资议价。

(七)竞争对手

竞争对手通过对企业进行财务分析,全面地了解企业财务状况、经营成果和资产使用效率,评价企业在行业的地位及优势和劣势,借此判断企业间的相对效率,并为其制定发展战略提供依据。同时,竞争对手还可能通过财务分析,寻找未来可能出现的兼并机会。

(八)社会公众

社会公众是企业潜在的合作者,包括潜在的投资者和债权人、潜在的消费者、企业所在社区的居民,以及环境保护组织等。潜在的投资者和债权人,出于对未来投资收益和信贷资金安全的考虑,需要关注未来投资对象的财务状况和经营成果,为投资决策提供依据;潜在的消费者在选择购买商品时,需要关注企业售后服务能力,为消费决策提供依据;企业所在社区的居民和环境保护组织,关注企业对所在社区带来的福利,以及对环境造成的影响,监督企业对社会责任的履行情况。

三、财务分析的目的

一般来说,财务分析的目的是评价企业过去的经营成果,衡量企业现在的财务状况,预测企业未来的发展趋势,为分析主体进行经济决策提供依据。但由于财务分析主体既包括外部的股权投资者、债权人等,又包括内部的经营管理者等,不同分析主体所关注问题不同,因此每个财务分析主体的目的也各不相同。

(一)财务分析的一般目的

1.评估企业过去的经营成果

这主要是对企业营业收入和营业成本的构成、利润的结构、投资报酬率的高低等进行的分析。通过分析企业过去的经营成果,并与同行业相互比较,可以评价企业过去的经营业绩。

2.衡量企业现在的财务状况

主要分析企业资产、负债、所有者权益的构成,分析企业资产结构和资本结构是否合理,评价企业财务实力和财务弹性等。财务状况反映了企业资产、资本存量以及企业产权关系,通过分析企业现在的财务状况,并与历史数据和同行业相互比较,可以了解企业财务状况的真实情况。

3.预测企业未来的发展趋势

根据企业过去的经营业绩,可以预测企业未来创造收入和利润的能力。根据企业现在的财务状况和未来创造利润的能力,可以预测企业的成长潜力,为做出经济决策提供参考依据。

(二)财务分析的特定目的

不同的财务分析主体,因为自身需求不同,有各自进行财务分析的特定目的。财务分析的特定目的主要有以下几个方面。

1.为投资决策进行财务分析

企业股权投资者向企业投入资金后,成为企业所有者。所有者最关注投资的风险状况和收益状况,因此在进行初始投资、追加投资、转让投资时都要对企业的盈利能力、发展能力、资本结构、股利政策等进行分析,据以评价投资收益和投资风险,预测未来的盈利及其可能的变动,作为投资决策的依据。

2.为信贷决策进行财务分析

企业债权人将资金提供给企业后,最关注本金和利息能否按期收回,因此要对企业偿债能力、信用情况进行财务分析,评价资金的安全性,以便做出理性的贷款决策。企业债权人可分为短期债权人和长期债权人,两者关注的重点也有所不同。短期债务需要动用企业流动资产偿付,因此短期债权人最关心企业资产的流动性和周转能力,以评价企业短期偿债能力。长期债务需要企业在未来较长时期内偿付,因此长期债权人更关心企业在较长时间内的偿债能力和付息能力,需要对企业未来的财务状况、资本结构、盈利能力以及现金流量等进行分析,以作为长期贷款决策的依据。

3.为赊销决策进行财务分析

供应商在赊销后,也成为企业债权人,他们在选择赊销企业、决定信用政策时,需要对企业的偿债能力、财务稳健性、信用和风险情况进行分析,作为赊销决策的依据。

4.为购买和消费进行财务分析

购买企业产品的单位和个人,在选择供货厂商或选购商品时,需要对企业的持续经营能力和发展能力进行分析,评价企业信用和风险,以确保所购商品的质量和售后服务。

5.为业绩评价进行财务分析

为业绩评价进行的财务分析包括两个方面:一是企业所有者在选聘和考核企业经营者时,需要对企业经营业绩进行分析,作为任免的依据;二是企业经营管理者可以通过财务分析做自我检查和企业诊断,包括检查内部财务结构是否稳健、检查企业偿债能力是否充足、衡量企业在同行业的地位、预测企业未来的变化趋势等,为管理决策提供依据。

6.为行政监督进行财务分析

国有资产管理部门进行财务分析,可以监督企业对国家投资的保值增值情况,防止国有资产流失;税务部门进行财务分析,可以监督企业税费是否及时缴纳,有无计算错误和偷税漏税;国家宏观经济管理部门进行财务分析,可以了解各部门和地区的财务状况和经营成果,为制定宏观经济政策提供依据。

➤ 四、财务分析的作用

财务分析通过一系列专门的技术和方法,通过各种财务指标对企业经济活动进行科学合理的评价,能及时发现经营管理中存在的问题,准确把握企业财务风险。这对加强企业财务管理、促进企业健康持续发展有着重要的意义。

1.财务分析是评价企业经营业绩及财务状况的重要依据

通过对企业财务状况、现金流量、营运能力、盈利能力、偿债能力、增长能力的分析,为企业管理者提供具体的参考数据,有利于企业管理者和相关人员客观评价企业经营业绩和财务状况,并帮助管理者寻找影响企业经营成果和财务状况的各种因素,便于管理者及时发现问题,进行整改,提高企业经济效益。

2.财务分析为债权人、投资者等提供正确信息

市场经济条件下,企业投资主体逐渐多元化,企业各方面现实和潜在的债权人、投资者在进行信贷和投资等决策时,必然会考虑到企业经营状况,他们需要通过了解企业经营现状和企业获利及偿债能力,预测投资风险的大小和收益水平,来进行决策,而这些信息都要通过对企业的财务分析来提供。

3.为内部管理人员全面了解企业提供依据

企业管理人员通过财务分析提供的可靠数据和资料,及时了解企业经营情况及发展方向,挖掘企业经营潜力,找出经营的薄弱环节,进而采取对应措施,进行补救和调整,扬长避短,扭转弱势项目,改善经营战略,使企业防范财务风险,化解经营危机。

➤ 五、财务分析的方法

由于不同主体进行财务分析的特定目标有所不同,在进行财务分析时必然要根据不同目标的要求,采用多种多样的分析方法。常用的方法有比较分析法、比率分析法和因素分析法。

(一)比较分析法

比较分析法是指将实际达到的数据同各种特定的标准相比较,从数量上确定其差异,并进行差异分析或趋势分析的一种分析方法。差异分析是指通过差异揭示成绩或差距,做出评价,并找出产生差异的原因及其对差异的影响程度,为今后改进企业经营管理指引方向的一种分析方法。趋势分析是指将实际达到的结果与不同时期财务报表中同类指标的历史数据进行比较,从而确定财务状况、经营状况和现金流量的变化趋势和变化规律的一种分析方法。由于差异分析和趋势分析都建立在比较的基础上,所以统称为比较分析法。

通过比较分析,可以揭示财务活动中的数量关系。没有比较,分析就无法开始,比较是认识客观事物的基本方法之一,比较分析法是财务分析中最基本的方法。

1.比较形式

根据比较对象的形式不同,比较分析法有绝对数比较和相对数比较两种形式。

(1)绝对数比较。绝对数比较是指将财务报表某个项目的金额与评价标准进行对比,以揭示其数量差异。例如,某企业 2018 年营业收入为 5 000 万元,2019 年营业收入为 6 000 万元,则 2019 年比 2018 年增加了 1 000 万元。

绝对数比较一般通过编制比较财务报表进行,包括比较资产负债表、比较利润表、比较现金流量表等。比较财务报表在报出本期报表的时候同时报出上一期可比的数据,供报表使用者分析对比。比较财务报表的信息对会计信息使用者十分有用,通过各年度会计报表的相互比较,不仅可以看出企业财务状况与经营成果的发展趋势,而且可以了解影响其变动的主要因素。

(2)相对数比较。相对数比较是指利用财务报表中有相关关系的数据的相对数进行对比,如将绝对数转换成百分比、结构比重、比率等进行比较,以揭示相对数之间的差异。例如,企业上年的营业成本占营业收入的百分比为 80%,今年的营业成本占营业收入的百分比为 75%,则今年与上年相比,营业成本占营业收入的百分比下降了 5%,这就是利用百分比进行相对数比较。一般而言,进行绝对数比较只能说明差异金额,不能说明差异变动的程度,而相对数比较则可以说明差异变动程度。

2.比较标准

在财务分析中经常使用的比较标准有以下四种:

(1)与历史水平比较。这种比较标准可以选择本企业上年同期水平、历史最高水平、若干期的历史平均水平等。这种比较一方面可以揭示差异,进行差异分析,查明产生差异的原因,为改进企业经营管理提供依据;另一方面,可以通过本期实际与若干期的历史资料比较,进行趋势分析,了解和掌握经营活动的变化趋势及其规律,为预测提供依据。

(2)与同行业比较。这种比较标准可以选择同行业平均水平、国内外先进水平、竞争对手等,这种比较有利于找出本企业与同行业水平或竞争对手的差距,明确今后的努力方向。

(3)与预定目标、计划或预算比较。这种比较可以揭示问题的原因,检测出是目标、计划或预算本身缺乏科学性,还是实际执行中存在问题。如果是前者,有助于今后提高目标、计划或预算的制订水平;如果是后者,有助于改进企业经营管理水平。

3.比较方法

比较分析可以采用水平分析法和垂直分析法。

(1)水平分析法。水平分析法也称横向比较法,是将企业实际达到的结果同可比的另一期或数期财务报表中的相同项目进行比较,观察这些项目的变化情况,用以揭示这些项目增减变化的原因与趋势。水平分析法经常采用的形式是编制比较财务报表。比较财务报表可以选取最近两期的数据并列编制,以便做差异分析,也可以选取数期的数据并列编制,以便做趋势分析。

(2)垂直分析法。垂直分析法又称纵向比较分析法,是通过计算财务报表中的各项目占总体的比重,反映财务报表中每一项目与其相关总量之间的百分比及其变动情况,准确分析企业财务活动的发展趋势。在这种方法下,每项数据都有一个相关的总量相对应,并被表示为占这一总量的百分比形式。这种仅有百分比,而不表示金额的财务报表称为共同比财务报表,它是垂直分析的一种重要形式。一般认为资产负债表的共同比报表通常以资产总额为基数,利润表的共同比报表通常以营业收入为基数。采用共同比财务报表分析,既可用于同一企业不同时期的纵向比较,又可用于不同企业之间的横向比较。同时,这种方法能消除不同时期、不同企业之间业务规模差异的影响,有利于分析企业耗费水平和盈利水平。

(二)比率分析法

比率分析法是利用指标之间的相互关系,通过计算财务比率来考察和评价企业财务状况和经营成果的一种方法。比率是一种相对数,以百分比或比例分数表示,反映各会计要素之间的相互关系和内在联系,揭示企业在某一方面的状态或能力。例如,流动资产与流动负债的比值被称为流动比率,反映流动资产和流动负债的数量关系,反映企业短期偿债能力;销售收入与资产总额的比值被称为总资产周转率,反映分析周期内每一元资产可以带来多少收入,代表企业对资产的营运能力。

在比率分析法中应用的财务比率很多,为了有效应用,应该对财务比率进行科学分类,但是目前尚无公认的分类标准。各国和各地区对财务比率的分类各不相同,实际上却是大同小异。我国财政部在国有企业指标考核体系中,将财务比率分为偿债能力比率、营运能力比率、盈利能力比率、发展能力比率四类。本章第二节财务能力分析采用了我国的分类标准。

使用比率分析法时,要注意两点:一是比率必须具有财务上的含义,如流动资产与流动负债的比率,可以代表企业短期偿债能力;二是比率的分子和分母在逻辑上必须相互配合,如存货周转率等于销售成本除以平均存货,由于分子是企业在某一年度的销售成本,分母则应采用年度内存货的平均余额进行计算。

(三)因素分析法

因素分析法,是依据财务指标与其驱动因素之间的关系,从数量上确定各因素对指标影响程度的一种方法。因素分析法在具体分析使用时,可分为连环替代法和差额分析法,差额分析法其实是连环替代法的简化算法。

1.连环替代法

连环替代法将分析指标分解为各个可以计量的因素,并根据各个因素之间的依存关系,逐次、有序地用各因素的比较值(通常为实际值)替代基准值(通常为标准值或计划值),据以测定各因素对分析指标的影响。

使用连环替代法,一般分为四个步骤:①确定分析对象,即确定需要分析的财务指标,比较其实际数额和标准数额,并计算两者的差额;②确定该财务指标的驱动因素,即根据该财务指标的形成过程,建立财务指标与各驱动因素之间的函数关系模型,并确定驱动因素的替代顺序,即根据各驱动因素的重要性进行排序;③按顺序计算各驱动因素脱离标准的差异对财务指标的影响;④将各驱动因素变动对财务指标的影响值相加,即为实际数额和标准数额的总差异。

【例9-1】新星公司本月甲原材料费用的实际数是 23 400 元,而其计划数是 20 160 元。实际比计划增加 3 240 元。具体资料见表 9-1。

表 9 - 1　甲材料费用计算表

项目	计量单位	计划数	实际数
产品产量	件	160	180
单位产品材料消耗量	千克/件	14	13
材料单价	元/千克	9	10
材料费用总额	元	20 160	23 400

用连环替代法,依次计算产量、单位产品材料消耗量和材料单价的变动对甲材料费用总额的影响。

材料费用总额的驱动因素有三个,分别为产量、单位产品材料消耗量和材料单价。

材料费用总额＝产量×单位产品材料消耗量×材料单价

材料费用差异＝实际数－计划数＝23 400－20 160＝3 240(元)

计划指标:160×14×9＝20 160(元)

第一次替代:180×14×9＝22 680(元)

第二次替代:180×13×9＝21 060(元)

第三次替代:180×13×10＝23 400(元)

产量增加的影响＝22 680－20 160＝2 520(元)

单位产品材料消耗量节约的影响＝21 060－22 680＝－1 620(元)

材料单价提高的影响＝23 400－21 060＝2 340(元)

三个因素的影响值总和＝2 520－1 620＋2 340＝3 240(元)

2.差额分析法

差额分析法是连环替代法的一种简化形式,利用各个因素的比较值与基准值之间的差额来直接计算各因素对分析指标的影响。

【例 9 - 2】根据例 9 - 1 资料,要求用差额分析法,依次计算产量、单位产品材料消耗量和材料单价的变动对材料费用总额的影响。

材料费用差异＝实际数－计划数＝23 400－20 160＝3 240(元)

计划指标:160×14×9＝20 160(元)

产量增加的影响＝(180－160)×14×9＝2 520(元)

单位产品材料消耗量节约的影响＝180×(13－14)×9＝－1 620(元)

材料单价提高的影响＝180×13×(10－9)＝2 340(元)

三个因素的影响值总和＝2 520－1 620＋2 340＝3 240(元)

第二节　财务能力分析

财务分析最主要的依据是被分析对象的财务报表,为便于说明本节所有财务比率计算和分析方法,本节将以新星公司 2019 年财务报表数据为例。该公司资产负债表、利润表、现金流量表,如表 9 - 2、表 9 - 3、表 9 - 4 所示。

表 9-2 资产负债表

编制单位:新星公司 2019 年 12 月 31 日 单位:万元

资产	期末余额	年初余额	负债和股东权益	期末余额	年初余额
流动资产:			流动负债:		
货币资金	75	60	短期借款	629	587
交易性金融资产	33	27	交易性金融负债		
应收票据	18	23	应付票据	15	12
应收账款	597	285	应付账款	213	231
预付款项	37.5	12	预收款项	12	9
应收利息			应付职工薪酬	27	21
应收股利			应交税费	12	16.5
其他应收款	19.5	39	应付利息		
存货	1 275	1 494	应付股利	45	18
一年内到期的非流动资产	90	3	其他应付款	38	18
其他流动资产			一年内到期非流动负债	90	22.5
流动资产合计	2 145	1 943	其他流动负债	27	45
非流动资产:			流动负债合计	1 108	980
可供出售金融资产			非流动负债:		
持有至到期投资			长期借款	1 171	818.5
长期应收款			应付债券	375	375
长期股权投资	45	69.5	长期应付款	90	120
投资性房地产	27	48	专项应付款		
固定资产	1 919	1 535	预计负债		
在建工程			递延所得税负债		
工程物资			其他非流动负债	45	37.5
固定资产清理			非流动负债合计	1 681	1 351
生产性生物资产			负债合计	2 789	2 331
油气资产			股东权益:		
无形资产	42	39	实收资本(或股本)	200	180
开发支出			资本公积	27	18
商誉			减:库存股		
长期待摊费用	12	31.5	盈余公积	103	75
递延所得税资产			未分配利润	1 080	1062
其他非流动资产	9		少数股东权益		
非流动资产合计	2 054	1 723	股东权益合计	1 410	1 335
资产总计	4 199	3 666	负债和股东权益总计	4 199	3 666

表 9 - 3　利润表

编制单位:新星公司 2019 年 单位:万元

项目	本期金额	上期金额
一、营业收入	4 800	4 530
减:营业成本	4 333	3 998
税金及附加	45	45
销售费用	54	48
管理费用	84	75
财务费用	172.5	157
资产减值损失		
加:公允价值变动收益		
投资收益	133.5	125
二、营业利润(亏损以"－"号填列)	245	332
加:营业外收入	23	30
减:营业外支出	15	9
三、利润总额(亏损以"－"号填列)	253	353
减:所得税费用	63.25	88.25
四、净利润(净亏损以"－"号填列)	189.75	264.75

表 9 - 4　现金流量表

编制单位:新星公司 2019 年 单位:万元

项目	本期金额	上期金额(略)
一、经营活动产生的现金流量		
销售商品、提供劳务收到的现金	5 362	
收到的税费返还		
收到的其他与经营活动有关的现金	25.85	
经营活动现金流入小计	5 387.85	
购买商品、接受劳务支付的现金	4 853.88	
支付给职工以及为职工支付的现金	42	
支付的各种税费	204.07	
支付的其他与经营活动有关的现金	121.65	
经营活动现金流出小计	5 221.6	
经营活动产生的现金流量净额	166.25	

项目	本期金额	上期金额（略）
二、投资活动产生的现金流量		
收回投资所收到的现金	18	
取得投资收益所收到的现金	2	
处置固定资产、无形资产和其他长期资产所收到的现金净额		
处置子公司及其他营业单位收到的现金净额		
收到的其他与投资活动有关的现金		
投资活动现金流入小计	20	
购建固定资产、无形资产和其他长期资产所支付的现金	355.5	
投资所支付的现金		
取得子公司及其他营业单位支付的现金净额		
支付的其他与投资活动有关的现金		
投资活动现金流出小计	355.5	
投资活动产生的现金流量净额	−335.5	
三、筹资活动产生的现金流量		
吸收投资所收到的现金	20	
借款所收到的现金	372	
收到的其他与筹资活动有关的现金		
筹资活动现金流入小计	392	
偿还债务所支付的现金	2	
分配股利、利润或偿付利息所支付的现金	205.75	
支付的其他与筹资活动有关的现金		
筹资活动现金流出小计	207.75	
筹资活动产生的现金流量净额	184.25	
四、汇率变动对现金的影响		
五、现金及现金等价物净增加额	15	
加：期初现金及现金等价物余额	60	
六、期末现金及现金等价物余额	75	

➤ 一、偿债能力分析

偿债能力是指企业偿还所欠债务的能力。偿债能力分析是向企业提供贷款资金的金融机构、向企业提供赊销的供应商、企业发行债券的持有者等对企业进行财务分析的主要内容。企业负债按到期时间可分为短期债务和长期债务,偿债能力分析也因此分为短期偿债能力分析和长期偿债能力分析。

(一)短期偿债能力分析

企业流动负债需要在短期内,通常在一年或超过一年的正常营业周期内偿还,因此短期偿债能力分析的是对企业流动负债的清偿能力。流动负债的偿还期限短,一般需要企业在短期内将企业流动资产转化为现金进行清偿。所以,短期偿债能力分析主要考察的是流动资产对流动负债的清偿能力。企业短期偿债能力的衡量指标主要有营运资金、流动比率、速动比率、现金比率和现金流量比率。

1. 营运资金

营运资金是指流动资产减去流动负债的差额。其计算公式为

$$营运资金＝流动资产－流动负债 \tag{9-1}$$

根据新星公司的财务数据:

本年营运资金＝2 145－1 108＝1 037(万元)

上年营运资金＝1 943－980＝963(万元)

营运资金越多,偿还短期债务越有保障。当流动资产大于流动负债时,营运资金为正,说明用流动资产偿还完所欠的流动负债后,还保有一定数额的营运资金作为安全边际,以防止流动负债"穿透"流动资产,这说明企业财务状况稳定,不能偿债的风险较小。反之,当流动资产小于流动负债时,营运资金为负,表明企业部分非流动资产以流动负债作为资金来源,或者说企业有部分长期资产使用了流动负债筹得的资金,而长期资产在短期内一般无法变现,所以企业不能偿债的风险很大。因此,企业必须保持正的营运资金,以避免流动负债的偿付风险。

如果流动资产与流动负债正好相等,并不能足以保证偿债,因为债务的到期与流动资产的现金生成,不可能同步同量;而且,为维持经营,企业不可能清算全部流动资产来偿还流动负债,而是必须维持最低水平的现金、存货、应收账款等经营性资产;况且,流动资产中有些项目的消耗并不一定会带来可用来偿还流动负债的现金,如预付账款等。

营运资金是绝对数指标,不便于不同规模企业之间的比较。因此,在实务中,短期偿债能力更多地通过流动比率、速动比率等相对数指标来进行评价。

2. 流动比率

流动比率是企业流动资产与流动负债的比值。计算公式为

$$流动比率＝\frac{流动资产}{流动负债} \tag{9-2}$$

根据新星公司的财务报表数据:

本年流动比率＝2 145÷1 108＝1.94

上年流动比率＝1 943÷980＝1.98

流动比率表明每一元流动负债有多少流动资产作为保障,流动比率越大通常短期偿债能力越强。债权人为了降低自身的风险,都希望债务人保持较高的流动比率,但对于债务人来讲,过高的流动比率虽然降低了偿债风险,但也意味着企业承担的机会成本增加,资产的收益

水平下降。

不存在统一、标准的流动比率标准值。不同行业的流动比率,通常有明显差别。营业周期越短的行业,合理的流动比率越低。在流动比率诞生后的几十年里,人们认为生产型企业合理的最低流动比率是2,这是因为流动资产中变现能力最差的存货金额约占流动资产总额的一半,剩下的流动性较好的流动资产至少要等于流动负债,才能保证企业最低的短期偿债能力。而最近几十年里,企业经营方式和金融环境发生了很大变化,流动比率有下降的趋势,许多成功企业流动比率都低于2。所以,计算出来的流动比率,只有和同行业平均流动比率、本企业历史流动比率进行比较,才能知道这个比率是高还是低。如果流动比率相对上年发生较大变动,或与行业平均值出现重大偏离,就应对构成流动比率的流动资产和流动负债各项目逐一分析,寻找形成差异的原因。

采用流动比率分析企业短期偿债能力,是假设全部流动资产都可以变为现金并用于偿债,全部流动负债都需要还清。实际上,有些流动资产的账面金额与变现金额有较大差异,如库存商品等;经营性流动资产是企业持续经营所必需的,不能全部用于偿债;经营性应付项目可以滚动存续,无须动用现金全部偿还。

3. 速动比率

在流动资产中,各个项目流动性差别很大。其中,货币资金、交易性金融资产和各种应收项目等,流动性较强,一般可能在较短的时间内变现,这些项目称为速动资产;其余的流动资产,如存货、预付账款、一年内到期的非流动资产及其他流动资产等,称为非速动资产,非速动资产的变现金额和时间具有较大的不确定性。速动比率是企业速动资产与流动负债的比值,计算公式为:

$$速动比率 = \frac{速动资产}{流动负债} \qquad (9-3)$$

根据新星公司的财务报表数据:

本年速动比率 = (75+33+18+597+19.5) ÷ 1 108 = 0.67

上年速动比率 = (60+27+23+285+39) ÷ 980 = 0.44

速动比率表明每一元流动负债有多少速动资产可供偿还。一般情况下,速动比率越大,短期偿债能力越强。但过高的速动比率,会增加企业机会成本,使企业收益降低。

由于剔除了存货等变现能力较差的流动资产,速动比率比流动比率能更准确、可靠地评价企业资产的流动性及偿还短期债务的能力。

4. 现金比率

现金资产主要包括货币资金、交易性金融资产,与其他速动资产不同,它们本身就是可以直接偿债的资产,或是可以立即出售变现用来偿债的资产,是速动资产中流动性最强的资产。现金比率是现金资产与流动负债的比值,计算公式如下:

$$现金比率 = \frac{货币资金 + 交易性金融资产}{流动负债} \qquad (9-4)$$

根据新星公司的财务报表数据:

本年现金比率 = (75+33) ÷ 1 108 = 0.097

上年现金比率 = (60+27) ÷ 980 = 0.089

现金比率表明每一元流动负债有多少现金资产作为偿债保障,最能反映企业直接偿付流动负债的能力。现金比率越高,企业短期偿债能力越强。但如果现金比率过高,就意味着企业拥有过多的盈利能力较低的现金资产,企业资产未得到充分的利用,影响企业盈利能力。

5.现金流量比率

现金流量比率是经营活动现金流量净额与流动负债的比值,计算公式如下:

$$现金流量比率 = \frac{经营活动现金流量净额}{流动负债} \qquad (9-5)$$

根据新星公司的财务报表数据:

现金流量比率 = 166.25 ÷ 1 108 = 0.15

公式中的"经营活动现金流量净额",通常使用现金流量表中的"经营活动产生的现金流量净额",已经扣除了经营活动自身所需的现金流出,是可以用来偿债的现金流量。该比率中的流动负债采用期末数而非平均数,因为实际需要偿还的是期末金额,而非平均金额。

现金流量比率表明每一元流动负债有多少经营活动现金流量作为偿还保障。该比率越高,偿债能力越强。

(二)长期偿债能力分析

长期偿债能力是指企业偿还所有债务的能力。企业在长期内,不仅需要偿还流动负债,还需要偿还非流动负债,因此长期偿债能力衡量的是对企业所有负债的清偿能力。企业对所有负债的清偿能力取决于总资产水平,因此长期偿债能力比率考察的是企业资产、负债和所有者权益之间的关系,其财务指标主要有资产负债率、产权比率、权益乘数和利息保障倍数。

1.资产负债率

资产负债率是负债总额占资产总额的百分比,计算公式如下:

$$资产负债率 = \frac{负债总额}{资产总额} \times 100\% \qquad (9-6)$$

根据新星公司的财务报表数据:

本年资产负债率 = (2 789 ÷ 4 199) × 100% = 66.4%

上年资产负债率 = (2 331 ÷ 3 666) × 100% = 63.6%

资产负债率表明总资产中有多大比例是通过举债取得的,可以衡量企业清算时对债权人利益的保护程度。资产负债率越低,企业偿债越有保证,债权人的本金和利息的收回越安全。如果资产负债率高于50%,表明企业总资产主要来源为负债。另外,资产在破产清算时拍卖售价往往不到账面价值的一半,所以资产负债率高于50%时,债权人的利益就可能缺乏保障。如果资产负债率高于100%,则表明企业已经资不抵债,企业破产的可能性较大。资产负债率还代表企业举债能力,一个企业资产负债率越低,举债就越容易。如果资产负债率高到一定程度,就没有人愿意提供贷款,则表明企业举债能力已经用尽。

从债权人的立场看,企业资产负债率越低越好,企业有能力偿债。从股东的立场看,在资本利润率高于借款利率时,资产负债率越高越好,负债越多,企业会赚取更多的利润,支付完利息之后,股东所得到的利润就会增加。从经营者的角度看,其进行负债决策时,更关注如何实现风险和收益的平衡。资产负债率较低表明企业财务风险较低,但也意味着没有充分发挥财务杠杆的作用,盈利能力也较低。

2.产权比率和权益乘数

产权比率和权益乘数是资产负债率的另外两种表现形式,和资产负债率的性质一样,其计算公式如下:

$$产权比率 = \frac{负债总额}{所有者权益总额} \qquad (9-7)$$

$$权益乘数 = \frac{资产总额}{所有者权益总额} \qquad (9-8)$$

根据新星公司的财务报表数据：

本年产权比率＝2 789÷1 410＝1.98

本年权益乘数＝4 199÷1 410＝2.98

根据产权比率和权益乘数的计算公式：

$$权益乘数 = 产权比率 + 1 \qquad (9-9)$$

产权比率表明每一元的所有者权益取得了多少负债，权益乘数表明企业所有者每投入一元钱企业可实际拥有和控制的总资源。产权比率和权益乘数与资产负债率对评价偿债能力的作用基本是一致的。一般来说，产权比率和权益乘数越低，表明企业长期偿债能力越强，债权人权益保障程度越高。

3. 利息保障倍数

利息保障倍数，也称为已获利息倍数，是指息税前利润对利息费用的倍数。计算公式如下：

$$利息保障倍数 = \frac{息税前利润}{全部利息费用} \qquad (9-10)$$

式中，分子的"息税前利润"，可以通过利润表中的净利润，加上费用化的利息费用和企业所得税来计算；分母的"全部利息费用"是指本期的全部应付利息，不仅包括计入利润表财务费用的利息费用，还包括计入资产负债表固定资产等成本的资本化利息。实务中，如果本期资本化利息金额较小，可将财务费用金额作为式中的利息费用。

根据新星公司财务报表数据：

本年利息保障倍数＝（189.75＋63.25＋172.5）÷172.5＝2.47

上年利息保障倍数＝（264.75＋88.25＋157）÷157＝3.25

利息保障倍数反映支付利息的利润来源（息税前利润）与利息支出之间的关系，比率越高，公司拥有的偿还利息的缓冲资金就越多，长期偿债能力越强。长期债务不一定需要每年还本，却往往需要每年付息，如果企业一直保持按时付息的信誉，则长期负债可以延续，举借新债也比较容易。从长期看，利息保障倍数至少要大于1，也就是说，息税前利润至少要大于利息费用。如果利息保障倍数过低，企业将面临亏损、偿债的安全性与稳定性下降的风险。

➢ 二、营运能力分析

营运能力是指企业资产运用、循环的效率高低。一般而言，资产周转速度越快，说明企业资产管理水平越高，资产利用效率越高，企业可以以较少的投入获得较多的收益。企业营运能力分析主要包括应收账款周转率、存货周转率、流动资产周转率、固定资产周转率和总资产周转率等。

1. 应收账款周转率

应收账款周转率，也称为应收账款周转次数，是企业一定时期内的销售收入与应收账款平均余额的比值，表明一定时期内应收账款平均收回的次数。计算公式为

$$应收账款周转率 = \frac{销售收入}{应收账款平均余额} = \frac{销售收入}{（期初应收账款 + 期末应收账款）÷2} \qquad (9-11)$$

式中，销售收入取自利润表中的"营业收入"数据。

此处应注意的是，当财务比率的分子和分母，一个是来自资产负债表的时点数据，另一个是来自利润表或现金流量表的时期数据，这种情况下，时点数据大小完全受期末余额变动的影响，不能反映整个期间的平均投入状况。为避免上述不利影响，减少人为因素，增强时点数据的代表性，通常在计算该指标时对时点数据使用期初与期末平均数或者使用多个时点平均数。由于企业外部的报表使用者一般无法获取企业每月末的数据，所以一般采用年初与年末数据进行平均的做法。

与应收账款周转率相关的另一个概念，是应收账款周转天数。它也称为应收账款平均收账期，是指应收账款周转一次（从赊销产生应收账款到收回现金）所需要的时间。计算公式为

$$应收账款周转天数 = \frac{计算期天数}{应收账款周转率} \qquad (9-12)$$

在进行财务分析时，销售收入一般为某年一年的数据，应收账款周转率也通常是指应收账款一年中周转的次数，所以式（9-12）中的"计算期天数"即为"一年"的天数，为简化处理，通常可以按 360 天计算。

通常，应收账款周转率越高、周转天数越短，表明应收账款管理效率越高。

根据新星公司的财务报表数据：

本年应收账款周转率＝4 800÷[(597＋285)÷2]＝10.88(次)

本年应收账款周转天数＝360÷10.88＝33.09(天)

即新星公司本年应收账款周转了 10.88 次，每周转一次平均需要 33.09 天。

在使用应收账款周转率指标时，还应注意以下问题：

(1)销售收入的赊销比例问题。从理论上讲，应收账款是赊销引起的，其对应的流量是赊销额，而非全部销售收入。因此，计算时应使用赊销额而非全部销售收入。但是，外部分析人员无法取得赊销数据，只好直接使用销售收入计算，实际上相当于假设现销是收现时间等于零的应收账款。实际上只要现销与赊销的比例保持稳定，这样计算出来的应收账款周转率不妨碍与上期数据的可比性，只是一贯高估了周转次数。

(2)应收账款的坏账准备问题。财务报表上列示的应收账款是已经计提坏账准备后的净额，而销售收入并未相应减少。其结果是，计提的坏账准备越多，报表中呈报的应收账款就越少，会导致计算出来的应收账款周转次数越多、天数越少。这种周转次数的增加、天数的减少不是业绩改善的结果，反而说明应收账款管理欠佳。如果坏账准备的金额较大，就应进行调整，使用未计提坏账准备的应收账款进行计算。报表附注中披露的应收账款坏账准备信息，可作为调整的依据。

(3)应收票据是否计入应收账款周转率。大部分应收票据是销售形成的，是应收账款的另一种形式，可以将其纳入应收账款周转率的计算，称为"应收账款及应收票据周转率"。

2.存货周转率

在企业流动资产中，存货一般所占比重较大，存货的流动性将直接影响企业流动比率。存货周转速度的分析，可以通过存货周转率和存货周转天数来反映。

存货周转率，也称为存货周转次数，是指一定时期内企业销售成本与存货平均余额的比值，是评价企业从购入存货、投入生产到完成销售等各环节的管理效率的综合性指标。计算公式为

$$存货周转率 = \frac{销售成本}{存货平均余额} = \frac{销售成本}{(期初存货＋期末存货)÷2} \qquad (9-13)$$

式中,销售成本为利润表中"营业成本"的数值。

存货周转天数是指存货周转一次平均所需要的时间。存货周转一次的天数,是企业从取得材料等存货开始,到产成品等存货销售离开企业为止所经历的天数。计算公式为

$$存货周转天数 = \frac{计算期天数}{存货周转率} \qquad (9-14)$$

一般来讲,存货周转率越高,周转天数越短,表明存货周转速度越快,存货占用水平越低,流动性越强,存货转变成现金或应收账款的速度就越快,存货管理效率越高,这样也会增强企业的短期偿债能力及盈利能力。

根据新星的财务报表数据:

本年存货周转率=4 333÷[(1 275+1 494)÷2]=3.13(次)

本年存货周转天数=360÷3.13=115.02(天)

3. 流动资产周转率

流动资产周转率是反映企业流动资产周转速度的指标。流动资产周转率是一定时期内的销售收入与企业流动资产平均余额之间的比值。计算公式为

$$流动资产周转率 = \frac{销售收入}{流动资产平均余额} = \frac{销售收入}{(期初流动资产 + 期末流动资产)÷2} \qquad (9-15)$$

$$流动资产周转天数 = \frac{计算期天数}{流动资产周转率} \qquad (9-16)$$

在一定时期内,流动资产周转次数越多,周转天数越短,表明流动资产利用效率越好,流动资产在经历生产、销售各阶段所占用的时间越短,可相对节约流动资产,增强企业盈利能力。

根据新星公司的财务报表数据:

本年流动资产周转率=4 800÷[(2 145+1 943)÷2]=2.35(次)

本年流动资产周转天数=360÷2.35=153.19(天)

4. 固定资产周转率

固定资产周转率是指企业一定时期内的销售收入与固定资产平均余额的比值,是反映企业固定资产周转情况,从而衡量固定资产利用效率的一项指标。反映固定资产营运能力的指标为固定资产周转率和固定资产周转天数。计算公式为

$$固定资产周转率 = \frac{销售收入}{固定资产平均余额} = \frac{销售收入}{(期初固定资产 + 期末固定资产)÷2} \qquad (9-17)$$

$$固定资产周转天数 = \frac{计算期天数}{固定资产周转率} \qquad (9-18)$$

固定资产周转率越高,周转天数越短,说明企业固定资产投资得当,结构合理,利用效率高;反之,如果固定资产周转率不高,则表明固定资产利用效率不高,提供的生产成果不多,企业固定资产的营运能力不强。

根据新星公司的财务报表数据:

本年固定资产周转率=4 800÷[(1 919+1 535)÷2]=2.78(次)

本年固定资产周转天数=360÷2.78=129.50(天)

5. 总资产周转率

总资产周转率是企业一定时期内的销售收入与企业资产平均总额的比值。反映总资产营运能力的指标是总资产周转率和总资产周转天数。计算公式为

$$总资产周转率 = \frac{销售收入}{总资产平均余额} = \frac{销售收入}{(期初总资产 + 期末总资产)÷2} \qquad (9-19)$$

$$总资产周转天数 = \frac{计算期天数}{总资产周转率} \qquad (9-20)$$

总资产周转率和周转天数,可用来分析企业全部资产的使用效率。总资产周转率高,周转天数短,说明企业利用全部资产进行经营的效率高;反之,则说明利用全部资产进行经营的效率低,并最终影响企业盈利能力。

根据新星公司的财务报表数据:

本年总资产周转率 = 4 800÷[(4 199+3 666)÷2] = 1.22(次)

本年总资产周转天数 = 360÷1.22 = 295.08(天)

三、盈利能力分析

企业从事经营活动,直接目的是最大限度地赚取利润并维持企业持续稳定的经营和发展。所以,不论是企业所有者、债权人还是经营管理者,都会非常关心企业盈利能力。盈利能力就是企业在一定时期内赚取利润、实现资金增值的能力。盈利能力指标主要通过利润与收入或资产之间的关系来反映。反映企业盈利能力的指标主要有销售毛利率、销售净利率、总资产净利率和净资产收益率。

1.销售毛利率

销售毛利率是指一定时期内的销售毛利润与销售收入的比值,计算公式如下:

$$销售毛利率 = \frac{销售毛利}{销售收入} \times 100\% \qquad (9-21)$$

$$销售毛利 = 销售收入 - 销售成本 \qquad (9-22)$$

销售毛利,也称为毛利润,是企业销售收入与销售成本的差额,是企业营业利润、利润总额、净利润最重要的来源。销售毛利率反映每一元销售额所包含的毛利润是多少,即销售收入扣除销售成本(未扣除税金及附加、期间费用等)后还有多少剩余可用于补偿当期费用并形成利润。销售毛利率越高,表明企业盈利能力越强。

销售毛利率有明显的行业特征。一般,营业周期短、期间费用低的行业销售毛利率比较低,比如商业零售企业;而营业周期长、期间费用高的行业则要求有较高的毛利率以弥补高额的期间费用,如工业企业。所以,分析企业销售毛利率时,必须将企业毛利率与同行业平均水平或先进水平企业毛利率相比较,以正确评价本企业盈利能力。

根据新星公司的财务报表数据:

本年销售毛利率 = (4 800-4 333)÷4 800×100% = 9.73%

上年销售毛利率 = (4 530-3 998)÷4 530×100% = 11.74%

2.销售净利率

销售净利率是指一定时期内的净利润与销售收入的比值,计算公式为

$$销售净利率 = \frac{净利润}{销售收入} \times 100\% \qquad (9-23)$$

净利润是企业利润总额扣除掉当期的所得税费用后的最终利润。销售净利率反映一定时期内每一元销售收入赚取了多少净利润,用于反映企业经营最终的盈利能力。该比率越大,企业盈利能力越强。

根据新星公司的财务报表数据:

本年销售净利率 = 189.75÷4 800×100% = 3.95%

上年销售净利率 = 264.75÷4 530×100% = 5.84%

3. 总资产净利率

总资产净利率（ROA），是企业一定时期内的净利润与平均总资产的比率。计算公式为

$$总资产净利率 = \frac{净利润}{(期初总资产 + 期末总资产) \div 2} \times 100\% \qquad (9-24)$$

总资产净利率反映每一元资产创造的净利润，该指标衡量的是企业总资产创造利润的能力。总资产净利率高，表明企业资产的利用效果好，资产运用得当。总资产净利率的驱动因素为销售净利率和总资产周转率。因此，企业可以通过提高销售净利率、加速资产周转来提高总资产净利率。

$$总资产净利率 = 销售净利率 \times 总资产周转率 \qquad (9-25)$$

根据新星公司的财务报表数据：

本年总资产净利率 = 189.75 ÷ [(4 199 + 3 666) ÷ 2] × 100% = 4.83%

4. 净资产收益率

净资产收益率（ROE），又称权益净利率或权益报酬率，是企业一定时期内的净利润与平均所有者权益的比值。计算公式为

$$净资产收益率 = \frac{净利润}{(期初所有者权益 + 期末所有者权益) \div 2} \times 100\% \qquad (9-26)$$

净资产收益率表示每一元股东资本赚取的净利润，反映企业自有资本经营的盈利能力。该指标是企业盈利能力分析的核心指标，是杜邦分析法的核心指标，也是投资者关注的重点。净资产收益率越高，说明企业盈利能力越强。净资产收益率的驱动因素为销售净利率、总资产周转率和权益乘数。

$$净资产收益率 = 销售净利率 \times 总资产周转率 \times 权益乘数$$
$$= 总资产净利率 \times 权益乘数 \qquad (9-27)$$

通过以上驱动因素的分析可以发现，提高总资产盈利能力和增加企业负债都可以提高净资产收益率。而如果不改善资产盈利能力，单纯通过加大举债提高权益乘数进而提高净资产收益率的做法则十分危险。因为企业负债经营的前提是有足够的盈利能力保障偿还债务本息。

根据新星公司的财务报表数据：

本年净资产收益率 = 189.75 ÷ [(1 410 + 1 335) ÷ 2] × 100% = 13.83%

➤ 四、发展能力分析

企业发展能力，也称增长能力，是企业在从事经营活动过程中所表现出来的扩大规模、壮大实力的发展趋势和潜在能力。衡量企业发展能力的指标主要有销售收入增长率、总资产增长率、营业利润增长率、资本保值增值率和资本积累率等。

1. 销售收入增长率

销售收入增长率，是企业当年销售收入增长额与上年销售收入总额的比率，反映企业销售收入的增减变动情况。其计算公式为

$$销售收入增长率 = \frac{本年销售收入增长额}{上年销售收入} \times 100\% \qquad (9-28)$$

式中　　　　　本年销售收入增长额 = 本年销售收入 - 上年销售收入

销售收入增长率大于 0，表明企业本年销售收入有所增长。该指标值越高，表明企业销售

收入的增长速度越快,企业发展能力越强,企业市场前景越好。

根据新星公司的财务报表数据:

本年销售收入增长率=(4 800-4 530)÷4 530×100%=5.96%

2. 总资产增长率

总资产增长率是企业本年资产增长额与年初资产总额的比率,反映企业本期资产规模的增长情况。计算公式为

$$总资产增长率=\frac{本年资产增长额}{年初资产总额}×100\% \tag{9-29}$$

式中　　　　　　　　本年资产增长额=年末资产总额-年初资产总额

总资产增长率越高,表明企业一定时期内资产经营规模扩张的速度越快,企业发展能力越强。在分析时,还需要关注资产规模扩张的"质"和"量"的关系,以及企业后续发展能力,避免盲目扩张。

根据新星公司的财务报表数据:

本年总资产增长率=(4 199-3 666)÷3 666×100%=14.54%

3. 营业利润增长率

营业利润增长率是企业本年营业利润增长额与上年营业利润总额的比率,反映企业营业利润的增减变动情况。计算公式为

$$营业利润增长率=\frac{本年营业利润增长额}{上年营业利润总额}×100\% \tag{9-30}$$

式中　　　　　本年营业利润增长额=本年营业利润-上年营业利润

营业利润增长率,反映了企业盈利能力的变化,该比率越高,说明企业成长性越好,发展能力越强。

根据新星公司的财务报表数据:

本年营业利润增长率=(245-332)÷332×100%=-26.20%

4. 资本保值增值率

资本保值增值率是指所有者权益的期末总额与期初总额的比率。计算公式为

$$资本保值增值率=\frac{期末所有者权益}{期初所有者权益}×100\% \tag{9-31}$$

资本保值增值率越高,表明企业资本保全状况越好,所有者权益增长越快,债权人的债务也越有保障。如果企业盈利能力提高,利润增加,就会使期末所有者权益大于期初所有者权益,所以该指标也能间接反映企业盈利能力。另外要注意,资本保值增值率的高低,除了受企业经营成果的影响外,还受企业投入资本和利润分配政策的影响。

根据新星公司的财务报表数据:

本年资本保值增值率=1 410÷1 335×100%=105.62%

5. 资本积累率

资本积累率,也称为所有者权益增长率,是企业本年所有者权益增长额与年初所有者权益的比率,反映企业本年资本的积累能力。计算公式为

$$资本积累率=\frac{本年所有者权益增长额}{年初所有者权益}×100\% \tag{9-32}$$

式中　　　　本年所有者权益增长额=年末所有者权益-年初所有者权益

资本积累率大于 0,说明企业积累的资本增多。资本积累率越高,表明企业资本积累越多,所有者权益增值越多,企业应对风险、持续发展的能力越强。

根据新星公司的财务报表数据:

本年资本积累率＝(1 410－1 335)÷1 335×100％＝5.62％

第三节　综合财务分析

在第二节中,对一些重要的、常见的财务指标进行了介绍,但要全面对企业财务状况和经营成果做出合理的评价,仅仅测算几个简单、孤立的财务比率,或者将一些孤立的财务分析指标堆砌在一起,彼此毫无联系地考察,不可能得出合理、正确的综合性结论。因此,只有将企业偿债能力、营运能力、盈利能力以及发展能力等各项分析指标有机地联系起来,形成一套完整的体系,相互配合使用,才能做出系统的综合评价,从总体意义上把握企业财务状况和经营情况的优劣。

➤ 一、杜邦分析法

杜邦分析法,又称杜邦财务分析体系,简称杜邦体系,是利用各主要财务比率之间的内在联系,建立财务分析指标体系,对企业财务状况和经营成果进行综合系统评价的方法。该体系的特点是将若干反映企业盈利状况、财务状况和营运状况的比率按其内在联系有机地结合起来,形成一个完整的指标体系,并最终通过净资产收益率这一核心指标来综合反映。因其最初由美国杜邦公司成功应用,所以得名。

杜邦分析法,其分析关系式为

$$净资产收益率＝销售净利率×总资产周转率×权益乘数 \qquad (9-33)$$

利用这种方法进行综合分析时,可以把各项财务指标之间的关系绘制成杜邦分析系统图,见图 9-1。

运用杜邦分析法,需要注意以下几点:

(1)销售净利率反映了企业净利润与销售收入的关系,它的高低取决于销售收入与成本总额的高低。要想提高销售净利率,一是要扩大销售收入,二是要降低成本费用。扩大销售收入既有利于提高销售净利率,又有利于提高总资产周转率。降低成本费用是提高销售净利率的一个重要因素,从杜邦分析系统图可以看出成本费用的基本结构是否合理,从而找出降低成本费用的途径和加强成本费用控制的办法。为了详细地了解企业成本费用的发生情况,在具体列示成本总额时,还可根据重要性原则,将那些影响较大的费用单独列示,以便为寻求降低成本的途径提供依据。

(2)影响总资产周转率的一个重要因素是资产总额。资产总额由流动资产与长期资产组成,它们的结构合理与否将直接影响资产的周转速度。一般来说,流动资产直接体现企业偿债能力和变现能力,而长期资产则体现了企业经营规模、发展潜力。两者之间应该有一个合理的比例关系。如果发现某项资产比重过大,影响资金周转,就应深入分析其原因。

(3)权益乘数主要受资产负债率指标的影响。资产负债率越高,权益乘数就越高,说明企业负债程度比较高,给企业带来了较多的杠杆利益,同时,也带来了较大的风险。

```
                              ┌──────────────┐
                              │  净资产收益率  │
                              └──────┬───────┘
                      ┌──────────────┴──────────────┐
              ┌───────────────┐    ×    ┌──────────────┐
              │   总资产净利率   │         │   权益乘数    │
              └───────┬───────┘         └──────────────┘
            ┌─────────┴─────────┐
    ┌──────────────┐   ×   ┌──────────────┐
    │   销售净利率   │        │   总资产周转率  │
    └──────┬───────┘        └──────┬───────┘
     ┌─────┴─────┐           ┌──────┴──────┐
 ┌────────┐ ÷ ┌────────┐  ┌────────┐ ÷ ┌──────────┐
 │  净利润  │   │ 销售收入 │  │ 销售收入 │   │ 平均资产总额 │
 └───┬────┘   └────────┘  └────────┘   └─────┬────┘
  ┌──┴──┐                            ┌───────┴───────┐
┌──────┐ - ┌──────┐           ┌──────────┐ + ┌──────────┐
│ 总收入 │   │ 总费用 │           │ 非流动资产 │   │  流动资产  │
└──────┘   └──────┘           └────┬─────┘   └────┬─────┘
```

营业成本	可供出售金融资产	货币资金
税金及附加	持有至到期投资	交易性金融资产
期间费用	长期股权投资	应收账款
资产减值损失	固定资产	预付账款
营业外支出	在建工程	存货
所得税费用	无形资产	其他流动资产
	开发支出	
	其他非流动资产	

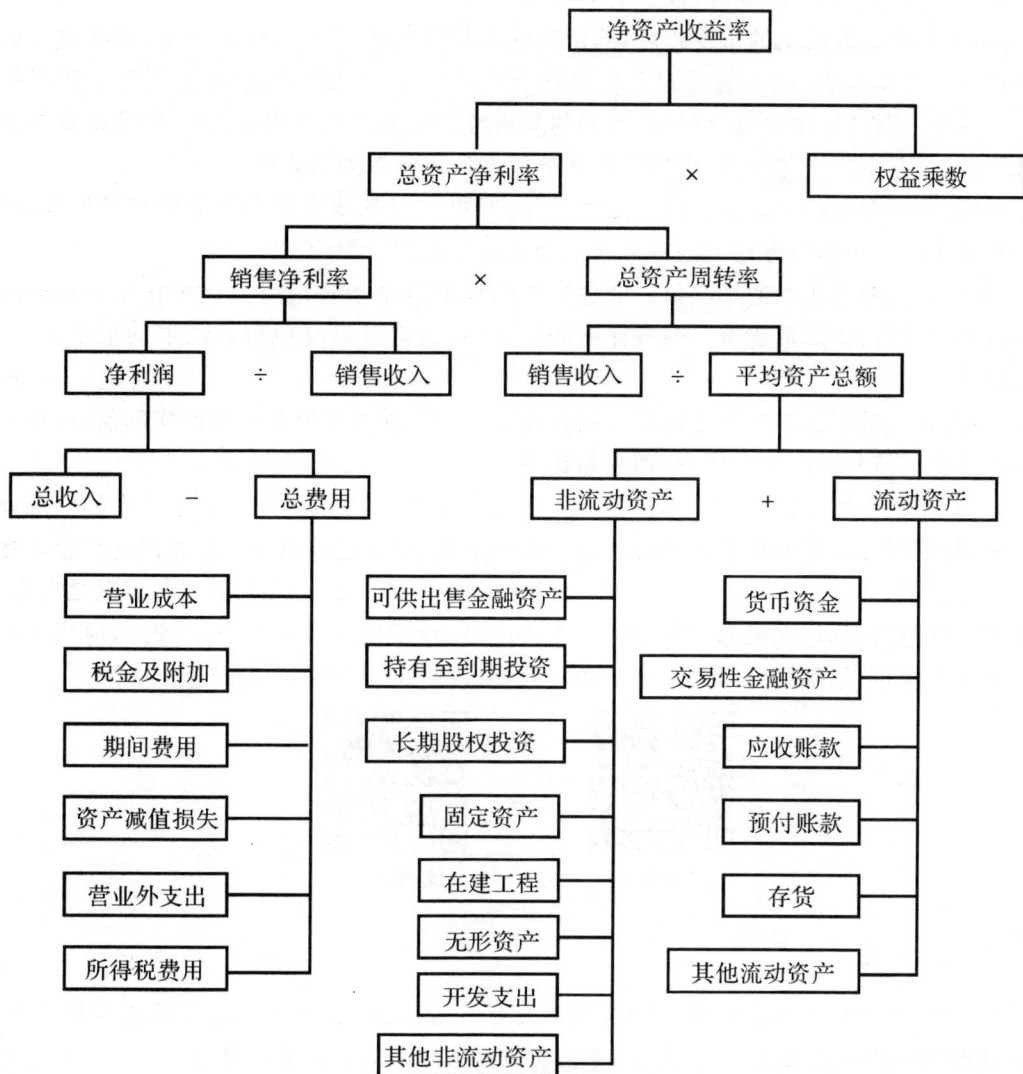

图 9-1　杜邦分析系统图

➤ 二、沃尔综合评分法

1928 年,亚历山大·沃尔在《信用晴雨表研究》和《财务报表比率分析》中提出了信用能力指数的概念,他将选定的流动比率、产权比率、固定资产比率、存货周转率、应收账款周转率、固定资产周转率和股权资本周转率等七个财务指标用线性关系结合起来,分别给定各指标的权重,然后以行业平均数为基础确定各指标的标准值,将各指标实际值与标准值相比,得出相对比率,将此相对比率与各指标权重相乘,得出总评分,以此来综合评价企业财务状况。

采用沃尔综合评分法对企业财务状况进行综合分析,一般应遵循以下程序:

(1)选定评价企业财务状况的财务比率。在选择财务比率时,一要具有全面性,要求反映企业偿债能力、营运能力、盈利能力的财务比率都应包括在内;二要具有代表性,要选择能够说明问题的重要财务比率;三要具有变化方向的一致性,即当各项财务比率增大时,表示财务状况的改善,反之,财务比率减少时,表示财务状况恶化。

(2)根据各项财务比率的重要程度,确定其标准评分值即各项指标的权重,各项财务比率的标准评分值之和等于100。各项财务比率评分值的确定,直接影响到对企业财务状况的评分多少。对各项财务比率的重要程度,不同的分析者会有截然不同的态度,一般应根据企业经营活动性质、企业生产经营规模、市场形象和分析者的目的等因素来确定。

(3)规定各项财务比率评分值的上限和下限,即规定财务比率最高评分值和最低评分值。这主要是为了避免个别财务比率的异常给总分造成不合理的影响。

(4)确定各项财务比率的标准值。财务比率的标准值是指各项财务比率在本企业现时条件下最理想的数值,亦即最优值。财务比率的标准值,通常可以参照行业的平均水平,并经过调整后确定。

(5)计算各项财务比率的关系比率。用企业在一定时期各项财务比率的实际值,计算出各项财务比率实际值与标准值的比率,即关系比率。

(6)计算出各项财务比率的实际得分。各项财务比率的实际得分是关系比率和标准评分值的乘积,每项财务比率的得分都不得超过上限或下限,所有各项财务比率实际得分合计数就是企业财务状况的综合得分。如果综合得分等于或接近100分,说明企业财务状况是良好的,达到了预先确定的目标;如果综合得分远低于100分,就说明企业财务状况较差,应当采取适当的措施加以改善;如果综合得分远超过100分,就说明企业财务状况很理想。

扩充内容

案例研究

本章小结

财务分析,是指以财务会计报告和其他相关资料为依据,采用专门的分析技术和方法,对企业等经济组织的财务状况、经营成果、资金使用效率以及未来发展趋势等方面进行的分析和评价。财务分析反映企业在运营过程中的利弊得失和发展趋势,为改进企业财务管理工作和优化经济决策提供重要财务信息。财务分析的主体主要包括企业所有者、债权人、企业经营管理者、供应商和顾客、政府部门、企业内部职工、竞争对手以及社会公众等。财务分析常见的三种主要方法有比较分析法、比率分析法和因素分析法。

评价企业财务能力的各类财务指标中,企业短期偿债能力的评价指标主要有营运资金、流动比率、速动比率、现金比率和现金流量比率;长期偿债能力的评价指标主要有资产负债率、产权比率、权益乘数和利息保障倍数;营运能力的评价指标主要有应收账款周转率、存货周转率、流动资产周转率、固定资产周转率、总资产周转率;盈利能力的评价指标主要有销售毛利率、销售净利率、总资产净利率和净资产收益率;发展能力的评价指标主要有销售收入增长率、总资产增长率、营业利润增长率、资本保值增值率和资本积累率。

要对企业做出全面合理的评价,必须将企业的偿债能力、营运能力、盈利能力以及发展能力等各项分析指标有机地联系起来,形成一套完整的体系,才能做出系统的综合评价。企业综合财务分析的方法,包括杜邦分析法和沃尔综合评价法等。

思考与练习

一、思考题

1. 财务分析的主体包括哪些？

2. 财务分析的一般目的有哪些？

3. 什么是连环替代法？连环替代法一般包括哪些步骤？

4. 什么是营运能力？营运能力分析有哪些具体指标？

5. 应收账款周转率分析中应注意哪些问题？

6. 什么是沃尔综合评分法？

二、计算分析题

1. 资料：A公司年末资产负债表简略形式如表9-5所示。

表9-5 A公司年末资产负债表

资产	期末数	权益	期末数
货币资金	25 000	应付账款	
应收账款		应交税费	25 000
存货		长期负债	
固定资产	294 000	实收资本	200 000
		未分配利润	
总计	432 000	总计	

已知：①期末流动比率=1.5；②期末资产负债率=50%；③本期销售成本=315 000元；④存货周转次数=4.5次；⑤期末存货=期初存货。

根据上述资料，计算资产负债表中的空项，并写出计算过程。

2. 已知某企业2018年和2019年的有关资料如表9-6所示。

表9-6 某企业有关资料

指标	2018年	2019年
净资产收益率	17.60%	16.80%
销售净利率	16%	14%
总资产周转率	0.5	0.6
权益乘数	2.2	2

根据以上资料，对2019年净资产收益率较上年变动的差异进行因素分解，依次计算销售净利率、总资产周转率和权益乘数的变动对2019年净资产收益率变动的影响。

即测即评

案例分析

贵州茅台财务能力分析

贵州茅台酒股份有限公司,是由中国贵州茅台酒厂有限责任公司、贵州茅台酒厂技术开发公司、贵州省轻纺集体工业联社、深圳清华大学研究院、中国食品发酵工业研究所等八家公司共同发起,并经过贵州省人民政府批准设立的股份有限公司,成立于 1999 年,注册资本为 1.85 亿。主营业务主要包括贵州茅台酒系列产品的生产与销售,饮料、食品、包装材料的生产与销售,防伪技术开发、信息产业相关产品的研制和开发等。

2001 年,贵州茅台酒股份有限公司在上海证券交易所成功上市,股票简称为贵州茅台。贵州茅台至 2018 年年底总股本高达 12.56 亿,市值已突破万亿元。其 2018 年营业收入高达 859 亿元,净利润为 396 亿元,实现税收 380 亿元。其主要产品茅台酒有"中国国酒"称号,也曾多次获得国际金奖,是我国最高端的白酒之一。

贵州茅台 2016—2018 年主要财务指标见表 9-7、表 9-8 和表 9-9,数据来自新浪财经网。

表 9-7 2016—2018 年贵州茅台偿债能力分析表

指标	2018 年	2017 年	2016 年
流动比率	3.25	2.91	2.44
速动比率	2.69	2.34	1.88
资产负债率	26.55	28.67	32.79

表 9-8 2016—2018 年贵州茅台营运能力分析表

指标	2018 年	2017 年	2016 年
应收账款周转率	—	—	—
存货周转率	0.29	0.28	0.18
总资产周转率	0.5	0.47	0.39

注:贵州茅台 2016—2018 年资产负债表中,应收账款项目均为 0。

表 9-9 2016—2018 年贵州茅台盈利能力分析表

指标	2018 年	2017 年	2016 年
销售毛利率	91.14	89.8	91.23
销售净利率	51.37	49.82	46.14
总资产利润率	23.67	21.55	15.88
净资产收益率	31.20	29.61	22.94

思考

通过以上数据,对贵州茅台 2016—2018 年的偿债能力、营运能力和盈利能力进行分析。

案例分析思路

第十章
公司重组、破产、清算

学习目标

本章主要介绍财务危机预警、破产重组和破产清算。通过本章学习,应了解公司重组、破产重组及清算的概念,掌握公司破产重组和破产清算的基本程序,理解财务危机的含义及其预警模型,熟练运用财务危机预警模型。

引导案例

2017年初共享单车市场还处于"百花齐放"的状态,各种颜色、品牌的共享单车随处可见;9月行业开始洗牌,已经有过半数共享单车企业相继宣布破产,只剩 ofo 和摩拜一决雌雄。而到 2018 年 4 月,摩拜宣告被美团收购,创始团队彻底出局,而 ofo 也因没有再获得资金支持,濒临破产。共享单车的盈利点主要有两个:押金和租金。由于激烈的竞争造成企业不得不以高额折扣降低租金来吸引新用户,而就押金问题 ofo 相关部门负责人曾表示,ofo 用户的押金专款存放,不作任何使用,便于根据用户需求退押金,但超过 1 600 万人要求 ofo 退押金却未能如愿。共享模式走入了成本高、盈利难的困境,而创业公司需要不断地融资输血才能继续运营,共享单车资本"输血"和自身"造血"力量之间对比相当悬殊。资本因种种原因对于共享经济处于观望状态,资本一旦断流,那些靠融资续命的平台必然会面临倒闭,"融资烧钱,燃尽添薪",企业如果一直依靠外部"输血",不能自身"造血",会陷入资不抵债、资金链断裂等破产危机。对于共享单车企业而言,既需要外部大量融资,更需要从内部出发通过财务管理缓解成本压力,让财务筹谋帮助企业稳步前行。

共享单车企业要想在接下来的突围战中取得胜利,将会面对公司重组、资产管理、风险调控等多重挑战,因此进行财务风险分析、危机预警,实施公司重组和战略规划对企业持续经营、降低利益相关者的损失至关重要。

第一节 财务危机预警

➤ 一、财务危机的概念

财务危机是指公司因财务运作不善而导致企业陷入经营亏损、股利减少、股价下跌、资金链断裂等的财务困境。其直接结果就是公司现金流持续短缺,无法按期履行债务合约付息还本。常见的导致财务危机的主要原因包括企业管理结构存在缺陷、会计信息系统存在缺陷导致对内外部环境变化不能及时采取恰当的应对措施、过度经营、高财务杠杆经营以及其他常见的制约企业持续经营的因素。

企业在其经营过程中,必须充分认识到财务危机产生的原因,尽可能从源头上降低危机恶化的可能性,随时对财务状况进行预警分析,考虑在财务危机潜伏期遏制风险,在其发作期降低损失,在财务困难恶化期重组公司以保护各相关主体的利益。

➤ 二、财务危机预警的方法

公司财务危机预警是以公司的财务指标、经营计划及其他相关会计资料为依据,利用财会、统计、金融、公司管理、市场营销等理论,采用比率分析、比较分析、因素分析等多种统计方法,对公司的经营活动、财务活动等进行的分析和预测。有效的财务危机预警可以发现公司在经营管理活动中潜在的经营风险和财务风险,并在危机发生之前向公司经营者发出警告,督促公司管理者采取有效措施,避免潜在的风险演变成损失,起到未雨绸缪的作用。企业在日常经营过程中,可以对现金流量、存货、销售量、利润、应收账款、资本结构等财务指标动态变化情况进行监测,诊断潜在的财务危机。国内外学者为了准确监测和预报财务危机,运用数学工具构建了多种财务预警模型。

(一)单变量预警模型

单变量模型是指使用单一财务变量对企业财务失败风险进行预测的模型,主要有威廉·比弗(William Beaver)于1966年提出的单变量预警模型。他通过对1954—1964年间的大量失败企业和成功企业的比较研究,对14种财务比率进行取舍,最终得出可以有效预测财务失败的比率依次为:

(1)债务保障率＝现金流量÷负债总额;

(2)资产负债率＝负债总额÷资产总额;

(3)资产收益率＝净收益÷资产总额;

(4)资产安全率＝资产变现率－资产负债率。

比弗认为债务保障率能够最好地判定企业财务状况(误判率最低);接下来是资产负债率,且离失败日越近,误判率越低。但各比率判断准确率在不同的情况下会有所差异,所以在实际应用中往往使用一组财务比率,而不是一个比率,这样才能取得良好的预测效果。

(二)多变量财务预警模型

1. Z-Score 模型

Z-Score 模型是多变量财务风险预警模型的典型代表,主要用来量化研究上市公司的财务风险及其预警监测,最早由美国的学者阿特曼(Altman)于1968年提出。该模型的原理在于运用多变量模型建立多元线性函数公式,具体来讲是从财务活动性、财务杠杆、流动性、偿债能力和获利能力等角度筛选了22个变量作为预测变量,以最大程度降低误判率的原则,对1946—1965年间33家破产制造企业和33家非破产企业进行配对研究分析,最终确定营运资金占总资金比率、留存收益占总资产比率、息税前利润占总资产比率、销售收入占总资产比率以及股东权益市场价值与总负债账面价值比5个变量作为判别变量,并将这5个财务比率赋予不同的权重,组成一个多元表达式,构建成了如下 Z-Score 模型:

$$Z=1.2X_1+1.4X_2+3.3X_3+0.6X_4+0.999X_5$$

式中:Z 表示 Z-Score 模型的判别值;

$X_1=$营运资金/资产总额＝(流动资产－流动负债)/资产总额;

$X_2=$留存收益/资产总额＝(盈余公积＋未分配利润)/资产总额;

X_3＝息税前利润/资产总额＝（利润总额＋财务费用）/资产总额；

X_4＝股东权益的市场价值/负债的价值总额＝普通股和优先股市价总额/负债的价值总额
　　＝（每股市价×流通股数＋每股净资产×非流通股数或有限售条件的股票股数）/负债总额；

X_5＝销售额/资产总额＝营业收入/资产总额。

Z-Score 模型最初应用于上市公司制造业企业,模型中包含了企业营运能力、盈利能力、偿债能力、活动性等特征,以此来分析制造企业面临破产的可能性。阿特曼还定义了不同 Z 值对应企业破产的可能性:当 Z 值小于 1.8 时,企业财务损失风险很大,很有可能破产;当 Z 值大于 2.99 时,企业财务状况较安全,破产可能性很小;当 Z 值处于 1.8 和 2.99 之间时,企业财务状况不稳定,难以通过预测对其破产可能性做出有效、准确的判断,属于非理想状态。

由于上市公司与非上市公司的财务状况存在差别,且产业性质也有不同,于是经过一定调整,又得出适用性不同的 Z-Score A 模型和 Z-Score B 模型。

Z-Score A 模型适用于非上市制造类企业,具体如下:

$$Z=0.717X_1+0.847X_2+3.107X_3+0.42X_4+0.998X_5$$

如果 Z 值小于等于 1.23,企业破产可能性很大;如果 Z 值大于 2.9,则企业处于比较健康的状态;若处于 1.23～2.9,则该企业在一年内破产的可能性是 95％,在两年内破产的概率为 70％。Z 值越高,企业财务状况越好。

Z-Score B 模型适用于非上市非制造类企业,具体如下:

$$Z=6.56X_1+3.26X_2+X_3+6.72X_4$$

Z 值小于等于 1.1,企业破产可能性很大;Z 值大于 2.6,企业财务状况良好,不可能破产;Z 值在 1.1～2.6 之间被称为灰色区域,则该企业在一年内破产的可能性是 95％,在两年内破产的可能性为 70％。Z 值越高,企业越不可能破产。

2. F 分数模型

Z-Score 模型中还存在没有考虑现金流量变动的缺陷,周首华、杨济华和王平据此对该模型进行完善,建立了包含企业现金流量信息的财务危机预测模型——F 分数模型。为验证 F 分数模型的有效性,使用会计资料库中 1990 年以来 4 160 家公司数据作为样本,结果发现其 F 分数模型的预测准确率可以达到 70％,高于 Z-Score 模型。F 分数模型具体如下:

$$F=-0.1774+1.1091X_1+0.1074X_2+1.9271X_3+0.0302X_4+0.4961X_5$$

式中,变量 X_1、X_2 及 X_4 与 Z-Score 模型中的 X_1、X_2 及 X_4 意义相同;而 X_3、X_5 与 Z-Score 模型略有不同,X_3 衡量的是公司所产生的全部现金流量可用于偿还公司债务的能力,计算方式为 X_3＝（税后纯收益＋折旧）/平均总负债;X_5 衡量的则是单位资产创造现金流量的能力,计算公式可表示为 X_5＝（税后纯收益＋利息＋折旧）/平均总资产。具体如下:

X_1＝营运资金/资产总额＝（流动资产－流动负债）/资产总额;

X_2＝留存收益/资产总额＝（盈余公积＋未分配利润）/资产总额;

X_3＝（税后纯收益＋折旧）/平均总负债;

X_4＝股东权益的市场价值/负债的价值总额＝普通股和优先股市价总额/负债的价值总额
　　＝（每股市价×流通股数＋每股净资产×非流通股数或有限售条件的股票股数）/负债总额;

X_5＝（税后纯收益＋利息＋折旧）/平均总资产。

F 分数模型定义了企业破产临界点为 0.027 4,F 值小于或等于 0.027 4 时,被预测为濒临破产公司;而 F 值大于 0.027 4 时,则被认为财务状况比较健康,可持续发展经营。和 Z-Score模型相比,F 分数模型中添加了关于现金流量预测的变量,具有一定的优势,其使用范围更为广泛。

第二节　破产重组

➤ 一、公司重组的概念

公司重组是企业从战略层面出发,对企业资源进行的重新组合和优化配置活动。广义上的公司重组包括扩张重组、收缩重组和破产重组。扩张重组是指公司以生产规模的扩大和资本规模的扩张为主要特征的资本重新组合行为,是企业为增加生产品种、扩大经营范围、扩张资产规模而实施的重组行为,主要包括增资扩股、收购公司、收购股份、合资或联营组建子公司和公司合并等方式。收缩重组是企业在经营中调整资源配置,缩减资本规模和经营范围以规避风险、提高竞争力的行为,主要有股份回购、资产剥离、公司分立、股权出售等方式。破产重组是指对于濒临破产的企业进行债务重整,实现资本结构、生产经营计划等的重新整顿,以使其恢复正常的经营状况的重组活动。本章我们就破产重组进行重点介绍。

➤ 二、公司破产

公司破产,是指公司因各种原因不能清偿到期债务,通过重整、和解、清算等法律途径,实施债权债务的重整计划,或者通过变卖债务人财产使债权人公平受偿。破产是市场经济发展过程中优胜劣汰所带来的必然经济现象。从市场运行角度,破产有利于更好地发挥市场机制的竞争作用,提高资源配置效率。我国实行企业破产制度是为了保证债权人和债务人的合法权益。

《中华人民共和国企业破产法》对企业破产依据做出以下规定:

(1)债务人不能清偿到期债务,并且其资产不足以清偿全部债务或者明显缺乏清偿能力的。

(2)债务人有上述规定情形的,或者明显表现出丧失清偿能力可能的。

无力偿还到期债务包括下列三个方面含义:

(1)债务人公司明显丧失清偿能力,即不能以财产、信用或其他能力等任何方式清偿债务。

(2)债务人公司不能清偿的是清偿期已经届满、债权人提出清偿要求的、无可争议或已经生效判决的债务。

(3)公司对全部或主要债务在可遇见的相当长的时间内持续无力偿还,而不是因资金周转困难暂时延期支付。

公司破产要经过一定的法律和财务程序。公司破产程序主要包括破产重整程序、和解程序以及破产清算程序。

➤ 三、破产重组

公司破产重组是指对陷入财务危机但仍有重组价值的公司,根据一定程序进行重新整顿,使公司得以摆脱财务困境,改善财务状况的活动。这是一种对已经达到破产界限的公司的挽救措施,通过这种挽救,濒临破产的公司通过重组计划能够重新振作起来,摆脱破产厄运,走上继续发展之路。破产重组主要包括破产重整和破产和解。

(一)破产重整

1.破产重整的概念

破产重整,又称企业再生或破产保护,是指对存在重整原因、具有挽救希望的企业法人,经债务人、债权人或其他利害关系人的申请,在法院的主持下及利害关系人的参与下,依法同时进行生产经营上的整顿和债权债务关系或资本结构上的调整，以使债务人摆脱破产困境，重获经营能力的破产清算预防程序。根据《中华人民共和国企业破产法》第七十条规定，债务人或者债权人可以直接向人民法院申请对债务人进行重整。由债权人申请对债务人进行破产清算的，在人民法院受理破产申请后、宣告债务人破产前，债务人或者出资额占债务人注册资本十分之一以上的出资人，可以向人民法院申请重整，即对该企业进行重新整顿、调整。即当企业法人不能清偿到期债务时，不对其财产立即进行清算，而是经由利害关系人的申请，在审判机关的主持下，由债务人与债权人达成协议，制订重整计划，对具有重整原因和经营能力的债务人，进行生产经营上的整顿和债权债务关系上的清理，以期摆脱财务困境，重获经营能力的特殊法律程序。

2.破产重整的模式

上市公司重整的大体思路分为两种：保留主营业务模式和买壳上市模式。

（1）保留主营业务模式。该种重整模式适用于那些主营业务良好，但由于规模扩张过快或者为第三方提供大量担保而陷入债务的公司。该种模式和非上市公司破产重整有许多共同点，可以通过获取现金流的方式进行生产经营和偿还债务。

（2）买壳上市模式。大部分上市公司破产重整采用买壳上市模式。所谓买壳上市，是指由于经营不善盈利较差、债务负担巨大而陷入财务危机的上市公司被非上市公司收购，上市公司的上市资格就成为具有特殊价值的壳。买壳者对壳公司的人员、资产、债务进行重组，向壳公司注入自己的优质资产与业务，实现自身资产与业务的间接上市。由于破产重整的上市公司一般经营能力较差，高管人员不善于经营管理，其业绩表现不尽如人意，买壳需要支付的对价较低，破产重整的上市公司一般债务负担巨大，破产清算条件下普通债权清偿率非常低，而重整投资人一般经济实力雄厚，且通过重整能够大幅提升清偿率，债权人与重整投资人容易就重整方案达成一致协议。

非上市公司破产重整模式有以下几种：

（1）股权不变，债务人继续经营。该种模式是指保持债务人原来的股权结构不变，由债务人通过自身的持续经营获得的利润偿还破产债权以进行"自救"。其主要适用于保持盈利能力，而且生产经营的核心资产未被抵押或者抵押权人同意暂缓行使抵押权因而不影响持续经营的企业。

（2）债转股，调整债务人股权结构。债转股是指普通债权人以其对债务人享有的债权，与债务人原出资人的股权进行置换。其适用于债务人的原出资人愿意将其股权无偿（或者低价）转给选择债转股的债权人的情况。采用该种模式，有利于减少用于偿还普通债权人所需的现金，使重整期间的生产经营资金更加充裕，重整计划得以顺利实施。

（3）引进战略投资者。通过引进战略投资者对债务人进行投资，由战略投资人按照重整计划的规定清偿债务。在战略投资人对债务人进行投资后，由债务人的原股东与投资者签订股权转让协议，将股权无偿（或者低价）转让给投资方或者投资方指定的第三人。通过战略投资人的现金注入偿还债务，极大缩短了重整计划执行期。其适用于能寻找到对债务人所在行业有投资意向且有相应资金能力的投资方。

（4）剥离不良资产业务。部分企业由于业务拓展太快，后期项目开发资金不足而资金链断裂不能清偿到期债务。该类企业在重整程序中，通过出售资产、股权等方式剥离高投入、低产出乃至亏损的业务，获取现金流用于保留发展前景好的业务。

（5）原股东筹资偿还债务，债务人股权酌情调整。该种方式通过股东出资，按照预定的清偿率提供现金流清偿债务，使重整后的债务人摆脱债务危机，走上正常生产经营的轨道。该模式主要适用于那些发展前景好,债务人仅仅因为原管理层的错误决策,或者因为为他人提供大量担保导致债务危机,且股东愿意出资继续进行经营的情况。

3.破产重整的意义

破产重整制度的建立是完善现代市场经济制度必不可少的基础要件,是目前世界各国公认的挽救企业、预防破产最有力的法律制度之一,已经成为一个国际化的潮流。破产重整是以促进债务人复兴为目的,在立法指导下构建的一种再建型的债务清偿与重整制度,对被重整的企业法人、债权人与社会公众利益具有重要意义。

对被重整债务人而言,破产重整是充分挖掘财务状况恶劣或已暂停营业及有停业危险的公司继续经营、重整规划的价值,使得陷入困境的债务人在提出破产申请后,仍然有可能通过有效的重整免予解体或破产,并能够清偿到期债务,使濒临破产或已达到破产界限的债务人获得重生。

对债权人而言,若债务人重整成功,将有效避免一旦其进入破产清算所导致的债权清偿比例过低现象的产生,一定程度上减少债务损失的发生,有机会挽回部分损失。

对社会整体利益而言,因债务人重整可以使债务人有恢复偿债能力与盈利能力的可能,维持公司的生存,保护债权人以及社会部分公众如企业职工、供应链上下游企业等的利益,因此债务人重整成功减少破产导致的社会损失,有利于社会经济的安定与发展。

(二)破产和解

1.破产和解的概念

破产和解是指在人民法院受理破产案件后,在破产程序终结前,丧失偿债能力的债务人和债权人之间在相互谅解、就债权债务问题取得一致意见的基础上就延期、分期清偿债务或者全部免除或部分免除债务人债务达成协议,以中止破产程序,防止债务人破产的制度。

2.破产和解的方法

破产和解一般通过债务重组的形式来实现,即在债务人发生财务困难的情况下,债权人按照其与债务人达成的协议或法律裁定做出让步,通常涉及债务延期和债务和解。在债务延期中,债权人推迟利息或本金的偿还日期;在债务和解中,债权人允许债务人以资产清偿债务,债权转做股权或者自愿减少本金、降低债务的利率,或者以上组合等方式减少债务人的偿债压力。具体如下:

(1)以资产清偿债务。债务人转让其现金资产或者非现金资产,如现金、存货、金融资产、固定资产、无形资产等给债权人清偿债务。该种方法下的债务债权人应就偿债金额做出让步,如果以等量的现金偿还所欠债务,则不属于债务重组。

(2)债务转为资本。这是指按照债权人与债务人达成的协议或法律裁定,债务人将债务转为资本,不再需要偿债,同时债权人将债权转为股权,成为企业所有者。该种方法改变了负债企业资本结构,减轻了其偿债压力。

(3)修改债务条件。这是指债权人推迟利息或本金的偿还日期,减少债务本金、降低利率、免去应付未付利息等的债务重组方式。该种方式缓解了债务人的债务负担,有助于其摆脱困境。

3.破产和解的程序

(1)和解申请。根据《中华人民共和国企业破产法》第九十五条规定,债务人可以依照该法规定,直接向人民法院申请和解;也可以在人民法院受理破产申请后、宣告债务人破产前,向人民法院申请和解。债务人申请和解,应当提出和解协议草案。人民法院经审查认为和解申请符合规定的,应当裁定和解,予以公告,并召集债权人会议讨论和解协议草案。

（2）和解协议成立。债权人会议通过和解协议的决议，由出席会议的有表决权的债权人过半数同意，并且其所代表的债权额占无财产担保债权总额的三分之二以上。

（3）和解程序终结。债权人会议通过和解协议的，由人民法院裁定认可，终止和解程序，并予以公告。管理人应当向债务人移交财产和营业事务，并向人民法院提交执行职务的报告。若和解不成，转为破产程序。

第三节　破产清算

一、破产清算的概念

破产清算是指企业在终止过程中，为终结现存的各种经济关系，对企业财产进行清查、估值和变现，清理债权和债务，分配剩余财产的行为。《中华人民共和国公司法》第一百八十条规定，企业出现以下情形之一的应当进行解散：

（1）公司章程规定的营业期限届满或者公司章程规定的其他解散事由出现；

（2）股东会或者股东大会决议解散；

（3）因公司合并或者分立需要解散；

（4）依法被吊销营业执照、责令关闭或者被撤销；

（5）依法宣告解散。

二、破产清算的程序

1. 提出破产申请

企业法人不能清偿到期债务，并且资产不足以清偿全部债务或者明显缺乏清偿能力的情况下，债权人可以向人民法院提出破产清算申请，称之为非自愿破产；由债务人提出的申请为自愿破产。破产申请书应当载明下列事项：①申请人、被申请人的基本情况；②申请目的；③申请的事实和理由；④人民法院认为应当载明的其他事项。

债务人提出申请的，还应当向人民法院提交财产状况说明、债务清册、债权清册、有关财务会计报告、职工安置预案以及职工工资的支付和社会保险费用的缴纳情况。

2. 法院受理破产申请

债权人提出破产申请的，人民法院应当自收到申请之日起 5 日内通知债务人。债务人对申请有异议的，应当自收到人民法院的通知之日起 7 日内向人民法院提出。人民法院应当自异议期满之日起 10 日内裁定是否受理。通常情况，人民法院应当自收到破产申请之日起 15 日内裁定是否受理。

3. 指定破产清算管理人

人民法院受理破产申请后，应当依法指定破产清算管理人。管理人履行下列职责：①接管债务人的财产、印章和账簿、文书等资料；②调查债务人财产状况，制作财产状况报告；③决定债务人的内部管理事务；④决定债务人的日常开支和其他必要开支；⑤在第一次债权人会议召开之前，决定继续或者停止债务人的营业；⑥管理和处分债务人的财产；⑦代表债务人参加诉讼、仲裁或者其他法律程序；⑧提议召开债权人会议；⑨人民法院认为管理人应当履行的其他职责。企业清算工作应由清算组完成。

4. 债权人申报债权

人民法院受理破产申请后，应当确定债权人申报债权的期限。债权申报期限自人民法院发布受理破产申请公告之日起计算,最短不得少于 30 日,最长不得超过 3 个月。债权人应当在人民法院确定的债权申报期限内向管理人申报债权,未到期的债权,在破产申请受理时视为到期。债务人所欠职工的工资和医疗、伤残补助、抚恤费用,所欠的应当划入职工个人账户的基本养老保险、基本医疗保险费用,以及法律、行政法规规定应当支付给职工的补偿金,不必申报,由管理人调查后列出清单并予以公示。

5. 召开债权人会议

依法申报债权的债权人为债权人会议的成员,有权参加债权人会议,享有表决权,同时债权人会议应当有债务人的职工和工会的代表参加。债权人会议行使下列职权:①核查债权;②申请人民法院更换管理人,审查管理人的费用和报酬;③监督管理人;④选任和更换债权人委员会成员;⑤决定继续或者停止债务人的营业;⑥通过重整计划;⑦通过和解协议;⑧通过债务人财产的管理方案;⑨通过破产财产的变价方案;⑩通过破产财产的分配方案;⑪人民法院认为应当由债权人会议行使的其他职权。

6. 债务人宣告破产

人民法院依法对债务人的破产申请实施破产重整或者债务和解失败,宣告债务人破产的,应当自裁定作出之日起 5 日内送达债务人和管理人,自裁定作出之日起 10 日内通知已知债权人,并予以公告。债务人被宣告破产后,债务人称为破产人,债务人财产称为破产财产,人民法院受理破产申请时对债务人享有的债权称为破产债权。

7. 破产财产处置与分配

债务人宣告破产后,管理人负责处置破产企业财产。破产企业可以全部或者部分变价出售。企业应当通过拍卖进行变价出售,并可以将其中的无形资产和其他财产单独变价出售。破产财产在变价出售后,依照下列顺序清偿:

(1)优先清偿破产费用和共益债务;

(2)破产人所欠职工的工资和医疗、伤残补助、抚恤费用,所欠的应当划入职工个人账户的基本养老保险、基本医疗保险费用,以及法律、行政法规规定应当支付给职工的补偿金;

(3)破产人欠缴的除前项规定以外的社会保险费用和破产人所欠税款;

(4)普通破产债权。

破产财产不足以清偿同一顺序的清偿要求的,按照比例分配。债权人会议通过破产财产分配方案后,由管理人将该方案提请人民法院裁定认可。

8. 破产程序终结

破产人无财产可供分配的,管理人应当请求人民法院裁定终结破产程序。管理人在最后分配完结后,应当及时向人民法院提交破产财产分配报告,并提请人民法院裁定终结破产程序。人民法院应当自收到管理人终结破产程序的请求之日起 15 日内作出是否终结破产程序的裁定。裁定终结的,应当予以公告。管理人应当自破产程序终结之日起 10 日内,持人民法院终结破产程序的裁定,向破产人的原登记机关办理注销登记。

➢ 三、破产清算中的财务问题

(一)破产财产界定

破产财产,是指依法在破产宣告后,可依破产程序进行清算和分配的破产企业全部财产,主要包括:

(1)宣告破产时破产企业经营管理的全部财产;

（2）破产企业在破产宣告后至破产程序终结前所取得的财产；

（3）应当由破产企业行使的其他财产权利，如专利权、著作权等；

（4）担保物的价款，超过所担保的债务数额的部分属于破产财产；

（5）人民法院受理破产申请前1年内至破产宣告日之间，破产企业隐匿、转移的财产或者无偿转让的财产、以明显不合理的价格进行交易的财产，管理人追回的，属于破产财产；

（6）破产企业与其他企业联营时所投入的资产和应得收益，属于破产财产。

（二）破产债权界定与确认

破产债权指宣告破产前就已成立的、对破产人发生的、依法申报确认并从破产财产中获得公开清偿的可强制性执行的财产请求权。其主要包括：

（1）宣告破产前成立的无财产担保的债权和放弃优先受偿权利的有财产担保的债权。

（2）宣告破产时未到期的债权，视为已到期债权，但是应当减去到期日的利息。

（3）宣告破产前成立的有关财产担保的债权，债权人享有就该担保物优先受偿的权利。如果该项债权数额超过担保物的价款时，未受清偿的部分作为破产债权。债权人参加破产程序的费用不得作为破产债权。

（三）破产费用和共益债务

破产费用指在破产程序中为破产债权人共同利益而由破产财产中支付的费用，主要包括：

（1）破产案件诉讼费用；

（2）管理、变价和分配债务人财产的费用；

（3）管理人执行职务的费用、报酬和聘用工作人员的费用。

共益债务指在破产程序中为全体债权人的共同利益所负担的各种债务的总称，主要包括：

（1）因管理人或者债务人请求对方当事人履行双方均未履行完毕的合同所产生的债务；

（2）债务人财产受无因管理所产生的债务；

（3）因债务人不当得利所产生的债务；

（4）为债务人继续营业而应支付的劳动报酬和社会保险费用以及由此产生的其他债务；

（5）管理人或者相关人员执行职务致人损害所产生的债务；

（6）债务人财产致人损害所产生的债务。

破产费用和共益债务由债务人财产随时清偿。债务人财产不足以清偿所有破产费用和共益债务的，先行清偿破产费用。债务人财产不足以清偿所有破产费用或者共益债务的，按照比例清偿。债务人财产不足以清偿破产费用的，管理人应当提请人民法院终结破产程序。人民法院应当自收到请求之日起15日内裁定终结破产程序，并予以公告。

扩充内容　　　　案例研究

本章小结

财务危机是指公司因财务运作不善而导致企业陷入经营亏损、股利减少、股价下跌、资金链断裂等的财务困境。公司财务危机预警是以公司的财务指标、经营计划及其他相关会计资料为依据，利用财会、统计、金融、公司管理、市场营销等理论，采用比率分析、比较分析、因素分析等多种统计方法,对公司的经营活动、财务活动等进行的分析和预测。主要定量方法有单变量模型和多变量模型,多变量模型中具有代表性的是 Z-Score 模型和 F 分数模型。

公司重组是企业从战略层面出发,对企业资源进行的重新组合和优化配置活动,包括扩张重组、收缩重组和破产重组。公司破产重组是指对陷入财务危机但仍有重组价值的公司,根据一定程序进行重新整顿,使公司得以摆脱财务困境,改善财务状况的活动。其主要包括破产重整和破产和解。破产重整是指对存在重整原因、具有挽救希望的企业法人,经债务人、债权人或其他利害关系人的申请,在法院的主持下及利害关系人的参与下,依法同时进行生产经营上的整顿和债权债务关系或资本结构上的调整,以使债务人摆脱破产困境,重获经营能力的破产清算预防程序。上市公司破产重整的方法有买壳上市与保留主营业务。非上市公司破产重整的方法有:股权不变,债务人继续经营;债转股,调整债务人股权结构;引进战略投资者;剥离不良资产业务;原股东筹资偿还债务,债务人股权酌情调整。破产和解是指在人民法院受理破产案件后,在破产程序终结前,丧失偿债能力的债务人和债权人之间在相互谅解、就债权债务问题取得一致意见的基础上就延期、分期清偿债务或者全部免除或部分免除债务人债务达成协议,以中止破产程序,防止债务人破产的制度。破产和解一般通过债务重组的形式来实现,通常涉及债务延期和债务和解。在债务延期中,债权人推迟利息或本金的偿还日期;在债务和解中,债权人允许债务人以资产清偿债务,债权转做股权或者自愿减少本金、降低债务的利率,或者以上组合等方式减少债务人的偿债压力。破产清算是指企业在终止过程中,为终结现存的各种经济关系,对企业财产进行清查、估值和变现,清理债权和债务,分配剩余财产的行为。公司破产清算程序为:提出破产申请,法院受理破产申请,指定破产清算管理人,债权人申报债权,召开债权人会议,债务人宣告破产,破产财产的处置与分配,破产程序终结。

思考与练习

一、思考题

1.结合我国企业当前情况,分析企业产生财务危机的原因主要有哪些?

2.上市公司破产重整模式主要有哪些?适用于哪些类型企业?

3.破产清偿应遵循什么顺序?

二、计算分析题

甲企业因经营不善,资金链断裂,不能清偿到期债务,依法进入破产清算程序。甲企业目前有现金和存货共 100 万元,固定资产 500 万元,其中有一处 200 万元的房地产抵押给 A 银行,贷款 150 万元,另有一处 100 万元的房地产抵押给 B 银行,贷款 130 万元。另有 X、Y 企业分别欠了甲企业 70 万元、30 万元,甲企业还分别欠了乙、丙、丁企业 100 万元、200 万元、300 万元。甲企业欠国家税款 250 万元,欠职工工资、社会保险费用 50 万元,破产费用 20 万元。

(1)甲企业破产财产和破产债权分别为多少?

(2)甲企业破产清偿的顺序是什么?

(3)A 银行、B 银行以及乙、丙、丁企业分别能获得多少债务清偿?

即测即评

![案例分析图标] **案例分析**

NM 集团的破产重组涅槃之路

一、公司背景

NM 集团成立于 20 世纪 90 年代末,成立之初是一家小型民营企业。短短 8 年时间,NM 集团从注册资本 500 万元发展为注册资本 2.4 亿元的大型集团,成为国内响当当的行业巨头。但好景不长,由于过度扩张,NM 集团资金链断裂,导致公司内部产生 5 亿元的银行贷款和 7 亿元的高利贷,加之各种高危的担保,NM 集团岌岌可危。

二、破产重整的启动和执行

2008 年,HL 中院受理了债权人申请债务人 NM 集团破产重整的立案申请,同时指定 NM 集团重整清算小组为管理人,并经审查于同日裁定宣告其进入破产重整程序。

三、重组方案一波三折

债权申报期间,NM 集团共有百名债权人向管理人申报债权,申报金额高达近 20 亿元,管理人审查后确认金额为 11 亿元。NM 集团的债权人根据自身债权的特点,提出了三种不同的解决方案:

(1)已申请资产诉前保全的银行,主张先到先得;

(2)没有申请诉前保全且无抵押担保的债权人,主张由债权人制订重整计划,从而保留原有业务;

(3)希望尽快得到清偿的债权人,主张进行破产清算,不再保留原有业务,而是以清算后的资产除以总债权得出清偿率进行清偿。

考虑到各方利益,NM 集团的重整计划如下:

(1)有财产担保的债权人优先受偿。

(2)普通债权人偿债比例在清算条件下为普通债权额的 16%,在重整成功持续经营条件下为普通债权总额的 22%。债权人可自行选择是否债转股,选择债转股的债权人以零价格受让 NM 集团原出资人的股权,同时为未进行债转股的普通债权人提供按份(按债转股后对新 NM 的股权比例)的担保责任,不参与债转股的债权人债权由债转股后的 NM 集团在重整计划监督期满之日起一年内偿付。

(3)对于劳动债权:重整申请受理日前产生的,在 NM 集团资产变现后的现金中优先支付;重整申请受理日后产生的,由债转股后的 NM 集团负责优先于其他债权偿还。调整出资人权益为零,以零价格向选择债转股的债权人转让其原持有 NM 集团的全部股权。

四、执行期又起波澜

在重整计划执行期间,NM 集团原出资人不配合办理股东变更工商登记。法院根据管理人的申请,裁定直接将 NM 集团的股东由原出资人变更为选择债转股的债权人,并确认了相应的持股比例。在法院的执行监督下,本案所涉债权都获得了清偿。至此,NM 集团重整成功。

思考

NM 集团的破产重组中有哪些可以借鉴的亮点?

案例分析思路

参考文献

[1]赵德武.财务管理[M].2版.北京:高等教育出版社,2007.

[2]布洛克,赫特.财务管理基础[M].14版.北京:中国人民大学出版社,2013.

[3]阿特利尔.财务管理基础[M].6版.北京:机械工业出版社,2014.

[4]秦小丽.贵州茅台股利分配及其影响因素剖析[J].财会月刊,2017(10):79-84.

[5]黄硕.贵州茅台的"财务异象"及其解读[J].商业会计,2017(3):61-64.

[6]张学英.财务管理[M].北京:人民邮电出版社,2011.

[7]王新平,陈淑芳.财务管理[M].上海:立信会计出版社,2012.

[8]荆新,王化成,刘俊彦.财务管理学[M].北京:中国人民大学出版社,2011.

[9]曹惠民.财务管理学[M].2版.上海:立信会计出版社,2012.

[10]中国注册会计师协会.财务成本管理[M].北京:中国财政经济出版社,2019.

[11]温月振,闫钰.财务管理[M].2版.北京:中国人民大学出版社,2016.

[12]财政部会计资格评价中心.财务管理[M].北京:中国财政经济出版社,2019.

[13]李燕华,姚建军.房地产开发经营[M].北京:清华大学出版社,2008.

[14]张凤林,汤谷良,卢闯.全面预算管理2.0[M].北京:机械工业出版社,2017.

[15]田高良,张原.管理会计[M].北京:高等教育出版社,2017.

[16]吴文学.管理会计那点事[M].北京:清华大学出版社,2016.

[17]张长胜.企业全面预算管理教程[M].北京:北京大学出版社,2012.

[18]张先治.高级财务管理[M].3版.大连:东北财经大学出版社,2015.

[19]杨忠智.财务管理[M].厦门:厦门大学出版社,2014.

[20]王欣兰.财务管理学[M].北京:清华大学出版社,2005.

[21]张家伦.财务管理学[M].北京:首都经济贸易大学出版社,2001.

[22]张功富,索建宏.财务管理原理[M].2版.北京:中国农业大学出版社,2011.

[23]闫华红.财务成本管理[M].北京:北京科学技术出版社,2019.

[24]魏素艳.企业财务分析[M].北京:清华大学出版社,2011.

[25]王淑萍.财务报告分析[M].3版.北京:清华大学出版社,2013.

附 表

附表一 复利终值系数表

期数	1%	2%	3%	4%	5%	6%	7%	8%	9%	10%	11%	12%	13%	14%	15%
1	1.0100	1.0200	1.0300	1.0400	1.0500	1.0600	1.0700	1.0800	1.0900	1.1000	1.1100	1.1200	1.1300	1.1400	1.1500
2	1.0201	1.0404	1.0609	1.0816	1.1025	1.1236	1.1449	1.1664	1.1881	1.2100	1.2321	1.2544	1.2769	1.2996	1.3225
3	1.0303	1.0612	1.0927	1.1249	1.1576	1.1910	1.2250	1.2597	1.2950	1.3310	1.3676	1.4049	1.4429	1.4815	1.5209
4	1.0406	1.0824	1.1255	1.1699	1.2155	1.2625	1.3108	1.3605	1.4116	1.4641	1.5181	1.5735	1.6305	1.6890	1.7490
5	1.0510	1.1041	1.1593	1.2167	1.2763	1.3382	1.4026	1.4693	1.5386	1.6105	1.6851	1.7623	1.8424	1.9254	2.0114
6	1.0615	1.1262	1.1941	1.2653	1.3401	1.4185	1.5007	1.5869	1.6771	1.7716	1.8704	1.9738	2.0820	2.1950	2.3131
7	1.0721	1.1487	1.2299	1.3159	1.4071	1.5036	1.6058	1.7138	1.8280	1.9487	2.0762	2.2107	2.3526	2.5023	2.6600
8	1.0829	1.1717	1.2668	1.3686	1.4775	1.5938	1.7182	1.8509	1.9926	2.1436	2.3045	2.4760	2.6584	2.8526	3.0590
9	1.0937	1.1951	1.3048	1.4233	1.5513	1.6895	1.8385	1.9990	2.1719	2.3579	2.5580	2.7731	3.0040	3.2519	3.5179
10	1.1046	1.2190	1.3439	1.4802	1.6289	1.7908	1.9672	2.1589	2.3674	2.5937	2.8394	3.1058	3.3946	3.7072	4.0456
11	1.1157	1.2434	1.3842	1.5395	1.7103	1.8983	2.1049	2.3316	2.5804	2.8531	3.1518	3.4786	3.8359	4.2262	4.6524
12	1.1268	1.2682	1.4258	1.6010	1.7959	2.0122	2.2522	2.5182	2.8127	3.1384	3.4985	3.8960	4.3345	4.8179	5.3503
13	1.1381	1.2936	1.4685	1.6651	1.8856	2.1329	2.4098	2.7196	3.0658	3.4523	3.8833	4.3635	4.8980	5.4924	6.1528
14	1.1495	1.3195	1.5126	1.7317	1.9799	2.2609	2.5785	2.9372	3.3417	3.7975	4.3104	4.8871	5.5348	6.2613	7.0757
15	1.1610	1.3459	1.5580	1.8009	2.0789	2.3966	2.7590	3.1722	3.6425	4.1772	4.7846	5.4736	6.2543	7.1379	8.1371
16	1.1726	1.3728	1.6047	1.8730	2.1829	2.5404	2.9522	3.4259	3.9703	4.5950	5.3109	6.1304	7.0673	8.1372	9.3576
17	1.1843	1.4002	1.6528	1.9479	2.2920	2.6928	3.1588	3.7000	4.3276	5.0545	5.8951	6.8660	7.9861	9.2765	10.7613
18	1.1961	1.4282	1.7024	2.0258	2.4066	2.8543	3.3799	3.9960	4.7171	5.5599	6.5436	7.6900	9.0243	10.5752	12.3755
19	1.2081	1.4568	1.7535	2.1068	2.5270	3.0256	3.6165	4.3157	5.1417	6.1159	7.2633	8.6128	10.1974	12.0557	14.2318
20	1.2202	1.4859	1.8061	2.1911	2.6533	3.2071	3.8697	4.6610	5.6044	6.7275	8.0623	9.6463	11.5231	13.7435	16.3665
21	1.2324	1.5157	1.8603	2.2788	2.7860	3.3996	4.1406	5.0338	6.1088	7.4002	8.9492	10.8038	13.0211	15.6676	18.8215
22	1.2447	1.5460	1.9161	2.3699	2.9253	3.6035	4.4304	5.4365	6.6586	8.1403	9.9336	12.1003	14.7138	17.8610	21.6447
23	1.2572	1.5769	1.9736	2.4647	3.0715	3.8197	4.7405	5.8715	7.2579	8.9543	11.0263	13.5523	16.6266	20.3616	24.8915
24	1.2697	1.6084	2.0328	2.5633	3.2251	4.0489	5.0724	6.3412	7.9111	9.8497	12.2392	15.1786	18.7881	23.2122	28.6252
25	1.2824	1.6406	2.0938	2.6658	3.3864	4.2919	5.4274	6.8485	8.6231	10.8347	13.5855	17.0001	21.2305	26.4619	32.9190
26	1.2953	1.6734	2.1566	2.7725	3.5557	4.5494	5.8074	7.3964	9.3992	11.9182	15.0799	19.0401	23.9905	30.1666	37.8568
27	1.3082	1.7069	2.2213	2.8834	3.7335	4.8223	6.2139	7.9881	10.2451	13.1100	16.7387	21.3249	27.1093	34.3899	43.5353
28	1.3213	1.7410	2.2879	2.9987	3.9201	5.1117	6.6488	8.6271	11.1671	14.4210	18.5799	23.8839	30.6335	39.2045	50.0656
29	1.3345	1.7758	2.3566	3.1187	4.1161	5.4184	7.1143	9.3173	12.1722	15.8631	20.6237	26.7499	34.6158	44.6931	57.5755
30	1.3478	1.8114	2.4273	3.2434	4.3219	5.7435	7.6123	10.0627	13.2677	17.4494	22.8923	29.9599	39.1159	50.9502	66.2118

期数	16%	17%	18%	19%	20%	21%	22%	23%	24%	25%	26%	27%	28%	29%	30%
1	1.1600	1.1700	1.1800	1.1900	1.2000	1.2100	1.2200	1.2300	1.2400	1.2500	1.2600	1.2700	1.2800	1.2900	1.3000
2	1.3456	1.3689	1.3924	1.4161	1.4400	1.4641	1.4884	1.5129	1.5376	1.5625	1.5876	1.6129	1.6384	1.6641	1.6900
3	1.5609	1.6016	1.6430	1.6852	1.7280	1.7716	1.8158	1.8609	1.9066	1.9531	2.0004	2.0484	2.0972	2.1467	2.1970
4	1.8106	1.8739	1.9388	2.0053	2.0736	2.1436	2.2153	2.2889	2.3642	2.4414	2.5205	2.6014	2.6844	2.7692	2.8561
5	2.1003	2.1924	2.2878	2.3864	2.4883	2.5937	2.7027	2.8153	2.9316	3.0518	3.1758	3.3038	3.4360	3.5723	3.7129
6	2.4364	2.5652	2.6996	2.8398	2.9860	3.1384	3.2973	3.4628	3.6352	3.8147	4.0015	4.1959	4.3980	4.6083	4.8268
7	2.8262	3.0012	3.1855	3.3793	3.5832	3.7975	4.0227	4.2593	4.5077	4.7684	5.0419	5.3288	5.6295	5.9447	6.2749
8	3.2784	3.5115	3.7589	4.0214	4.2998	4.5950	4.9077	5.2389	5.5895	5.9605	6.3528	6.7675	7.2058	7.6686	8.1573
9	3.8030	4.1084	4.4355	4.7854	5.1598	5.5599	5.9874	6.4439	6.9310	7.4506	8.0045	8.5948	9.2234	9.8925	10.6045
10	4.4114	4.8068	5.2338	5.6947	6.1917	6.7275	7.3046	7.9259	8.5944	9.3132	10.0857	10.9153	11.8059	12.7614	13.7858
11	5.1173	5.6240	6.1759	6.7767	7.4301	8.1403	8.9117	9.7489	10.6571	11.6415	12.7080	13.8625	15.1116	16.4622	17.9216
12	5.9360	6.5801	7.2876	8.0642	8.9161	9.8497	10.8722	11.9912	13.2148	14.5519	16.0120	17.6053	19.3428	21.2362	23.2981
13	6.8858	7.6987	8.5994	9.5964	10.6993	11.9182	13.2641	14.7491	16.3863	18.1899	20.1752	22.3588	24.7588	27.3947	30.2875
14	7.9875	9.0075	10.1472	11.4198	12.8392	14.4210	16.1822	18.1414	20.3191	22.7374	25.4207	28.3957	31.6913	35.3391	39.3738
15	9.2655	10.5387	11.9737	13.5895	15.4070	17.4494	19.7423	22.3140	25.1956	28.4217	32.0301	36.0625	40.5648	45.5875	51.1859
16	10.7480	12.3303	14.1290	16.1715	18.4884	21.1138	24.0856	27.4462	31.2426	35.5271	40.3579	45.7994	51.9230	58.8079	66.5417
17	12.4677	14.4265	16.6722	19.2441	22.1861	25.5477	29.3844	33.7588	38.7408	44.4089	50.8510	58.1652	66.4614	75.8621	86.5042
18	14.4625	16.8790	19.6733	22.9005	26.6233	30.9127	35.8490	41.5233	48.0386	55.5112	64.0722	73.8698	85.0706	97.8622	112.4554
19	16.7765	19.7484	23.2144	27.2516	31.9480	37.4043	43.7358	51.0737	59.5679	69.3889	80.7310	93.8147	108.8904	126.2422	146.1920
20	19.4608	23.1056	27.3930	32.4294	38.3376	45.2593	53.3576	62.8206	73.8641	86.7362	101.7211	119.1446	139.3797	162.8524	190.0496
21	22.5745	27.0336	32.3238	38.5910	46.0051	54.7637	65.0963	77.2694	91.5915	108.4202	128.1685	151.3137	178.4060	210.0796	247.0645
22	26.1864	31.6293	38.1421	45.9233	55.2061	66.2641	79.4175	95.0413	113.5735	135.5253	161.4924	192.1683	228.3596	271.0027	321.1839
23	30.3762	37.0062	45.0076	54.6487	66.2474	80.1795	96.8894	116.9008	140.8312	169.4066	203.4804	244.0538	292.3003	349.5935	417.5391
24	35.2364	43.2973	53.1090	65.0320	79.4968	97.0172	118.2050	143.7880	174.6306	211.7582	256.3853	309.9483	374.1444	450.9756	542.8008
25	40.8742	50.6578	62.6686	77.3881	95.3962	117.3909	144.2101	176.8593	216.5420	264.6978	323.0454	393.6344	478.9049	581.7585	705.6410
26	47.4141	59.2697	73.9490	92.0918	114.4755	142.0429	175.9364	217.5369	268.5121	330.8722	407.0373	499.9157	612.9982	750.4685	917.3333
27	55.0004	69.3455	87.2598	109.5893	137.3706	171.8719	214.6424	267.5704	332.9550	413.5903	512.8670	634.8929	784.6377	968.1044	1192.5333
28	63.8004	81.1342	102.9666	130.4112	164.8447	207.9651	261.8637	329.1115	412.8642	516.9879	646.2124	806.3140	1004.3363	1248.8546	1550.2933
29	74.0085	94.9271	121.5005	155.1893	197.8136	251.6377	319.4737	404.8072	511.9516	646.2349	814.2276	1024.0187	1285.5504	1611.0225	2015.3813
30	85.8499	111.0647	143.3706	184.6753	237.3763	304.4816	389.7579	497.9129	634.8199	807.7936	1025.9267	1300.5038	1645.5046	2078.2190	2619.9956

附表二　复利现值系数表

期数	1%	2%	3%	4%	5%	6%	7%	8%	9%	10%	11%	12%	13%	14%	15%
1	0.9901	0.9804	0.9709	0.9615	0.9524	0.9434	0.9346	0.9259	0.9174	0.9091	0.9009	0.8929	0.8850	0.8772	0.8696
2	0.9803	0.9612	0.9426	0.9246	0.9070	0.8900	0.8734	0.8573	0.8417	0.8264	0.8116	0.7972	0.7831	0.7695	0.7561
3	0.9706	0.9423	0.9151	0.8890	0.8638	0.8396	0.8163	0.7938	0.7722	0.7513	0.7312	0.7118	0.6931	0.6750	0.6575
4	0.9610	0.9238	0.8885	0.8548	0.8227	0.7921	0.7629	0.7350	0.7084	0.6830	0.6587	0.6355	0.6133	0.5921	0.5718
5	0.9515	0.9057	0.8626	0.8219	0.7835	0.7473	0.7130	0.6806	0.6499	0.6209	0.5935	0.5674	0.5428	0.5194	0.4972
6	0.9420	0.8880	0.8375	0.7903	0.7462	0.7050	0.6663	0.6302	0.5963	0.5645	0.5346	0.5066	0.4803	0.4556	0.4323
7	0.9327	0.8706	0.8131	0.7599	0.7107	0.6651	0.6227	0.5835	0.5470	0.5132	0.4817	0.4523	0.4251	0.3996	0.3759
8	0.9235	0.8535	0.7894	0.7307	0.6768	0.6274	0.5820	0.5403	0.5019	0.4665	0.4339	0.4039	0.3762	0.3506	0.3269
9	0.9143	0.8368	0.7664	0.7026	0.6446	0.5919	0.5439	0.5002	0.4604	0.4241	0.3909	0.3606	0.3329	0.3075	0.2843
10	0.9053	0.8203	0.7441	0.6756	0.6139	0.5584	0.5083	0.4632	0.4224	0.3855	0.3522	0.3220	0.2946	0.2697	0.2472
11	0.8963	0.8043	0.7224	0.6496	0.5847	0.5268	0.4751	0.4289	0.3875	0.3505	0.3173	0.2875	0.2607	0.2366	0.2149
12	0.8874	0.7885	0.7014	0.6246	0.5568	0.4970	0.4440	0.3971	0.3555	0.3186	0.2858	0.2567	0.2307	0.2076	0.1869
13	0.8787	0.7730	0.6810	0.6006	0.5303	0.4688	0.4150	0.3677	0.3262	0.2897	0.2575	0.2292	0.2042	0.1821	0.1625
14	0.8700	0.7579	0.6611	0.5775	0.5051	0.4423	0.3878	0.3405	0.2992	0.2633	0.2320	0.2046	0.1807	0.1597	0.1413
15	0.8613	0.7430	0.6419	0.5553	0.4810	0.4173	0.3624	0.3152	0.2745	0.2394	0.2090	0.1827	0.1599	0.1401	0.1229
16	0.8528	0.7284	0.6232	0.5339	0.4581	0.3936	0.3387	0.2919	0.2519	0.2176	0.1883	0.1631	0.1415	0.1229	0.1069
17	0.8444	0.7142	0.6050	0.5134	0.4363	0.3714	0.3166	0.2703	0.2311	0.1978	0.1696	0.1456	0.1252	0.1078	0.0929
18	0.8360	0.7002	0.5874	0.4936	0.4155	0.3503	0.2959	0.2502	0.2120	0.1799	0.1528	0.1300	0.1108	0.0946	0.0808
19	0.8277	0.6864	0.5703	0.4746	0.3957	0.3305	0.2765	0.2317	0.1945	0.1635	0.1377	0.1161	0.0981	0.0829	0.0703
20	0.8195	0.6730	0.5537	0.4564	0.3769	0.3118	0.2584	0.2145	0.1784	0.1486	0.1240	0.1037	0.0868	0.0728	0.0611
21	0.8114	0.6598	0.5375	0.4388	0.3589	0.2942	0.2415	0.1987	0.1637	0.1351	0.1117	0.0926	0.0768	0.0638	0.0531
22	0.8034	0.6468	0.5219	0.4220	0.3418	0.2775	0.2257	0.1839	0.1502	0.1228	0.1007	0.0826	0.0680	0.0560	0.0462
23	0.7954	0.6342	0.5067	0.4057	0.3256	0.2618	0.2109	0.1703	0.1378	0.1117	0.0907	0.0738	0.0601	0.0491	0.0402
24	0.7876	0.6217	0.4919	0.3901	0.3101	0.2470	0.1971	0.1577	0.1264	0.1015	0.0817	0.0659	0.0532	0.0431	0.0349
25	0.7798	0.6095	0.4776	0.3751	0.2953	0.2330	0.1842	0.1460	0.1160	0.0923	0.0736	0.0588	0.0471	0.0378	0.0304
26	0.7720	0.5976	0.4637	0.3607	0.2812	0.2198	0.1722	0.1352	0.1064	0.0839	0.0663	0.0525	0.0417	0.0331	0.0264
27	0.7644	0.5859	0.4502	0.3468	0.2678	0.2074	0.1609	0.1252	0.0976	0.0763	0.0597	0.0469	0.0369	0.0291	0.023
28	0.7568	0.5744	0.4371	0.3335	0.2551	0.1956	0.1504	0.1159	0.0895	0.0693	0.0538	0.0419	0.0326	0.0255	0.02
29	0.7493	0.5631	0.4243	0.3207	0.2429	0.1846	0.1406	0.1073	0.0822	0.0630	0.0485	0.0374	0.0289	0.0224	0.0174
30	0.7419	0.5521	0.4120	0.3083	0.2314	0.1741	0.1314	0.0994	0.0754	0.0573	0.0437	0.0334	0.0256	0.0196	0.0151

期数	16%	17%	18%	19%	20%	21%	22%	23%	24%	25%	26%	27%	28%	29%	30%
1	0.8621	0.8547	0.8475	0.8403	0.8333	0.8264	0.8197	0.8130	0.8065	0.8000	0.7937	0.7874	0.7813	0.7752	0.7692
2	0.7432	0.7305	0.7182	0.7062	0.6944	0.6830	0.6719	0.6610	0.6504	0.6400	0.6299	0.6200	0.6104	0.6009	0.5917
3	0.6407	0.6244	0.6086	0.5934	0.5787	0.5645	0.5507	0.5374	0.5245	0.5120	0.4999	0.4882	0.4768	0.4658	0.4552
4	0.5523	0.5337	0.5158	0.4987	0.4823	0.4665	0.4514	0.4369	0.4230	0.4096	0.3968	0.3844	0.3725	0.3611	0.3501
5	0.4761	0.4561	0.4371	0.4190	0.4019	0.3855	0.3700	0.3552	0.3411	0.3277	0.3149	0.3027	0.2910	0.2799	0.2693
6	0.4104	0.3898	0.3704	0.3521	0.3349	0.3186	0.3033	0.2888	0.2751	0.2621	0.2499	0.2383	0.2274	0.2170	0.2072
7	0.3538	0.3332	0.3139	0.2959	0.2791	0.2633	0.2486	0.2348	0.2218	0.2097	0.1983	0.1877	0.1776	0.1682	0.1594
8	0.3050	0.2848	0.2660	0.2487	0.2326	0.2176	0.2038	0.1909	0.1789	0.1678	0.1574	0.1478	0.1388	0.1304	0.1226
9	0.2630	0.2434	0.2255	0.2090	0.1938	0.1799	0.1670	0.1552	0.1443	0.1342	0.1249	0.1164	0.1084	0.1011	0.0943
10	0.2267	0.2080	0.1911	0.1756	0.1615	0.1486	0.1369	0.1262	0.1164	0.1074	0.0992	0.0916	0.0847	0.0784	0.0725
11	0.1954	0.1778	0.1619	0.1476	0.1346	0.1228	0.1122	0.1026	0.0938	0.0859	0.0787	0.0721	0.0662	0.0607	0.0558
12	0.1685	0.1520	0.1372	0.1240	0.1122	0.1015	0.0920	0.0834	0.0757	0.0687	0.0625	0.0568	0.0517	0.0471	0.0429
13	0.1452	0.1299	0.1163	0.1042	0.0935	0.0839	0.0754	0.0678	0.0610	0.0550	0.0496	0.0447	0.0404	0.0365	0.033
14	0.1252	0.1110	0.0985	0.0876	0.0779	0.0693	0.0618	0.0551	0.0492	0.0440	0.0393	0.0352	0.0316	0.0283	0.0254
15	0.1079	0.0949	0.0835	0.0736	0.0649	0.0573	0.0507	0.0448	0.0397	0.0352	0.0312	0.0277	0.0247	0.0219	0.0195
16	0.0930	0.0811	0.0708	0.0618	0.0541	0.0474	0.0415	0.0364	0.0320	0.0281	0.0248	0.0218	0.0193	0.0170	0.0150
17	0.0802	0.0693	0.0600	0.0520	0.0451	0.0391	0.0340	0.0296	0.0258	0.0225	0.0197	0.0172	0.0150	0.0132	0.0116
18	0.0691	0.0592	0.0508	0.0437	0.0376	0.0323	0.0279	0.0241	0.0208	0.0180	0.0156	0.0135	0.0118	0.0102	0.0089
19	0.0596	0.0506	0.0431	0.0367	0.0313	0.0267	0.0229	0.0196	0.0168	0.0144	0.0124	0.0107	0.0092	0.0079	0.0068
20	0.0514	0.0433	0.0365	0.0308	0.0261	0.0221	0.0187	0.0159	0.0135	0.0115	0.0098	0.0084	0.0072	0.0061	0.0053
21	0.0443	0.0370	0.0309	0.0259	0.0217	0.0183	0.0154	0.0129	0.0109	0.0092	0.0078	0.0066	0.0056	0.0048	0.004
22	0.0382	0.0316	0.0262	0.0218	0.0181	0.0151	0.0126	0.0105	0.0088	0.0074	0.0062	0.0052	0.0044	0.0037	0.0031
23	0.0329	0.0270	0.0222	0.0183	0.0151	0.0125	0.0103	0.0086	0.0071	0.0059	0.0049	0.0041	0.0034	0.0029	0.0024
24	0.0284	0.0231	0.0188	0.0154	0.0126	0.0103	0.0085	0.0070	0.0057	0.0047	0.0039	0.0032	0.0027	0.0022	0.0018
25	0.0245	0.0197	0.0160	0.0129	0.0105	0.0085	0.0069	0.0057	0.0046	0.0038	0.0031	0.0025	0.0021	0.0017	0.0014
26	0.0211	0.0169	0.0135	0.0109	0.0087	0.0070	0.0057	0.0046	0.0037	0.0030	0.0025	0.0020	0.0016	0.0013	0.0011
27	0.0182	0.0144	0.0115	0.0091	0.0073	0.0058	0.0047	0.0037	0.0030	0.0024	0.0019	0.0016	0.0013	0.0010	0.0008
28	0.0157	0.0123	0.0097	0.0077	0.0061	0.0048	0.0038	0.0030	0.0024	0.0019	0.0015	0.0012	0.0010	0.0008	0.0006
29	0.0135	0.0105	0.0082	0.0064	0.0051	0.0040	0.0031	0.0025	0.0020	0.0015	0.0012	0.0010	0.0008	0.0006	0.0005
30	0.0116	0.0090	0.0070	0.0054	0.0042	0.0033	0.0026	0.0020	0.0016	0.0012	0.0010	0.0008	0.0006	0.0005	0.0004

附表三　年金终值系数表

期数	1%	2%	3%	4%	5%	6%	7%	8%	9%	10%	11%	12%	13%	14%	15%
1	1.0000	1.0000	1.0000	1.0000	1.0000	1.0000	1.0000	1.0000	1.0000	1.0000	1.0000	1.0000	1.0000	1.0000	1.0000
2	2.0100	2.0200	2.0300	2.0400	2.0500	2.0600	2.0700	2.0800	2.0900	2.1000	2.1100	2.1200	2.1300	2.1400	2.1500
3	3.0301	3.0604	3.0909	3.1216	3.1525	3.1836	3.2149	3.2464	3.2781	3.3100	3.3421	3.3744	3.4069	3.4396	3.4725
4	4.0604	4.1216	4.1836	4.2465	4.3101	4.3746	4.4399	4.5061	4.5731	4.6410	4.7097	4.7793	4.8498	4.9211	4.9934
5	5.1010	5.2040	5.3091	5.4163	5.5256	5.6371	5.7507	5.8666	5.9847	6.1051	6.2278	6.3528	6.4803	6.6101	6.7424
6	6.1520	6.3081	6.4684	6.6330	6.8019	6.9753	7.1533	7.3359	7.5233	7.7156	7.9129	8.1152	8.3227	8.5355	8.7537
7	7.2135	7.4343	7.6625	7.8983	8.1420	8.3938	8.6540	8.9228	9.2004	9.4872	9.7833	10.0890	10.4047	10.7305	11.0668
8	8.2857	8.5830	8.8923	9.2142	9.5491	9.8975	10.2598	10.6366	11.0285	11.4359	11.8594	12.2997	12.7573	13.2328	13.7268
9	9.3685	9.7546	10.1591	10.5828	11.0266	11.4913	11.9780	12.4876	13.0210	13.5795	14.1640	14.7757	15.4157	16.0853	16.7858
10	10.4622	10.9497	11.4639	12.0061	12.5779	13.1808	13.8164	14.4866	15.1929	15.9374	16.7220	17.5487	18.4197	19.3373	20.3037
11	11.5668	12.1687	12.8078	13.4864	14.2068	14.9716	15.7836	16.6455	17.5603	18.5312	19.5614	20.6546	21.8143	23.0445	24.3493
12	12.6825	13.4121	14.1920	15.0258	15.9171	16.8699	17.8885	18.9771	20.1407	21.3843	22.7132	24.1331	25.6502	27.2707	29.0017
13	13.8093	14.6803	15.6178	16.6268	17.7130	18.8821	20.1406	21.4953	22.9534	24.5227	26.2116	28.0291	29.9847	32.0887	34.3519
14	14.9474	15.9739	17.0863	18.2919	19.5986	21.0151	22.5505	24.2149	26.0192	27.9750	30.0949	32.3926	34.8827	37.5811	40.5047
15	16.0969	17.2934	18.5989	20.0236	21.5786	23.2760	25.1290	27.1521	29.3609	31.7725	34.4054	37.2797	40.4175	43.8424	47.5804
16	17.2579	18.6393	20.1569	21.8245	23.6575	25.6725	27.8881	30.3243	33.0034	35.9497	39.1899	42.7533	46.6717	50.9804	55.7175
17	18.4304	20.0121	21.7616	23.6975	25.8404	28.2129	30.8402	33.7502	36.9737	40.5447	44.5008	48.8837	53.7391	59.1176	65.0751
18	19.6147	21.4123	23.4144	25.6454	28.1324	30.9057	33.9990	37.4502	41.3013	45.5992	50.3959	55.7497	61.7251	68.3941	75.8364
19	20.8109	22.8406	25.1169	27.6712	30.5390	33.7600	37.3790	41.4463	46.0185	51.1591	56.9395	63.4397	70.7494	78.9692	88.2118
20	22.0190	24.2974	26.8704	29.7781	33.0660	36.7856	40.9955	45.7620	51.1601	57.2750	64.2028	72.0524	80.9468	91.0249	102.4436
21	23.2392	25.7833	28.6765	31.9692	35.7193	39.9927	44.8652	50.4229	56.7645	64.0025	72.2651	81.6987	92.4699	104.7684	118.8101
22	24.4716	27.2990	30.5368	34.2480	38.5052	43.3923	49.0057	55.4568	62.8733	71.4027	81.2143	92.5026	105.4910	120.4360	137.6316
23	25.7163	28.8450	32.4529	36.6179	41.4305	46.9958	53.4361	60.8933	69.5319	79.5430	91.1479	104.6029	120.2048	138.2970	159.2764
24	26.9735	30.4219	34.4265	39.0826	44.5020	50.8156	58.1767	66.7648	76.7898	88.4973	102.1742	118.1552	136.8315	158.6586	184.1678
25	28.2432	32.0303	36.4593	41.6459	47.7271	54.8645	63.2490	73.1059	84.7009	98.3471	114.4133	133.3339	155.6196	181.8708	212.7930
26	29.5256	33.6709	38.5530	44.3117	51.1135	59.1564	68.6765	79.9544	93.3240	109.1818	127.9988	150.3339	176.8501	208.3327	245.7120
27	30.8209	35.3443	40.7096	47.0842	54.6691	63.7058	74.4838	87.3508	102.7231	121.0999	143.0786	169.3740	200.8406	238.4993	283.5688
28	32.1291	37.0512	42.9309	49.9676	58.4026	68.5281	80.6977	95.3388	112.9682	134.2099	159.8173	190.6989	227.9499	272.8892	327.1041
29	33.4504	38.7922	45.2189	52.9663	62.3227	73.6398	87.3465	103.9659	124.1354	148.6309	178.3972	214.5828	258.5834	312.0937	377.1697
30	34.7849	40.5681	47.5754	56.0849	66.4388	79.0582	94.4608	113.2832	136.3075	164.4940	199.0209	241.3327	293.1992	356.7868	434.7451

期数	16%	17%	18%	19%	20%	21%	22%	23%	24%	25%	26%	27%	28%	29%	30%
1	1.0000	1.0000	1.0000	1.0000	1.0000	1.0000	1.0000	1.0000	1.0000	1.0000	1.0000	1.0000	1.0000	1.0000	1.0000
2	2.1600	2.1700	2.1800	2.1900	2.2000	2.2100	2.2200	2.2300	2.2400	2.2500	2.2600	2.2700	2.2800	2.2900	2.3000
3	3.5056	3.5389	3.5724	3.6061	3.6400	3.6741	3.7084	3.7429	3.7776	3.8125	3.8476	3.8829	3.9184	3.9541	3.9900
4	5.0665	5.1405	5.2154	5.2913	5.3680	5.4457	5.5242	5.6038	5.6842	5.7656	5.8480	5.9313	6.0156	6.1008	6.1870
5	6.8771	7.0144	7.1542	7.2966	7.4416	7.5892	7.7396	7.8926	8.0484	8.2070	8.3684	8.5327	8.6999	8.8700	9.0431
6	8.9775	9.2068	9.4420	9.6830	9.9299	10.1830	10.4423	10.7079	10.9801	11.2588	11.5442	11.8366	12.1359	12.4423	12.7560
7	11.4139	11.7720	12.1415	12.5227	12.9159	13.3214	13.7396	14.1708	14.6153	15.0735	15.5458	16.0324	16.5339	17.0506	17.5828
8	14.2401	14.7733	15.3270	15.9020	16.4991	17.1189	17.7623	18.4300	19.1229	19.8419	20.5876	21.3612	22.1634	22.9953	23.8577
9	17.5185	18.2847	19.0859	19.9234	20.7989	21.7139	22.6700	23.6690	24.7125	25.8023	26.9404	28.1287	29.3692	30.6639	32.0150
10	21.3215	22.3931	23.5213	24.7089	25.9587	27.2738	28.6574	30.1128	31.6434	33.2529	34.9449	36.7235	38.5926	40.5564	42.6195
11	25.7329	27.1999	28.7551	30.4035	32.1504	34.0013	35.9620	38.0388	40.2379	42.5661	45.0306	47.6388	50.3985	53.3178	56.4053
12	30.8502	32.8239	34.9311	37.1802	39.5805	42.1416	44.8737	47.7877	50.8950	54.2077	57.7386	61.5013	65.5100	69.7800	74.3270
13	36.7862	39.4040	42.2187	45.2445	48.4966	51.9913	55.7459	59.7788	64.1097	68.7596	73.7506	79.1066	84.8529	91.0161	97.6250
14	43.6720	47.1027	50.8180	54.8409	59.1959	63.9095	69.0100	74.5280	80.4961	86.9495	93.9258	101.4654	109.6117	118.4108	127.9125
15	51.6595	56.1101	60.9653	66.2607	72.0351	78.3305	85.1922	92.6694	100.8151	109.6868	119.3465	129.8611	141.3029	153.7500	167.2863
16	60.9250	66.6488	72.9390	79.8502	87.4421	95.7799	104.9345	114.9834	126.0108	138.1085	151.3766	165.9236	181.8677	199.3374	218.4722
17	71.6730	78.9792	87.0680	96.0218	105.9306	116.8937	129.0201	142.4295	157.2534	173.6357	191.7345	211.7230	233.7907	258.1453	285.0139
18	84.1407	93.4056	103.7403	115.2659	128.1167	142.4413	158.4045	176.1883	195.9942	218.0446	242.5855	269.8882	300.2521	334.0074	371.5180
19	98.6032	110.2846	123.4135	138.1664	154.7400	173.3540	194.2535	217.7116	244.0328	273.5558	306.6577	343.7580	385.3227	431.8696	483.9734
20	115.3797	130.0329	146.6280	165.4180	186.6880	210.7584	237.9893	268.7853	303.6006	342.9447	387.3887	437.5726	494.2131	558.1118	630.1655
21	134.8405	153.1385	174.0210	197.8474	225.0256	256.0176	291.3469	331.6059	377.4648	429.6809	489.1098	556.7173	633.5927	720.9642	820.2151
22	157.4150	180.1721	206.3448	236.4385	271.0307	310.7813	356.4432	408.8753	469.0563	538.1011	617.2783	708.0309	811.9987	931.0438	1067.2796
23	183.6014	211.8013	244.4868	282.3618	326.2369	377.0454	435.8607	503.9166	582.6298	673.6264	778.7707	900.1993	1040.3583	1202.0465	1388.4635
24	213.9776	248.8076	289.4945	337.0105	392.4842	457.2249	532.7501	620.8174	723.4610	843.0329	982.2511	1144.2531	1332.6586	1551.6400	1806.0026
25	249.2140	292.1049	342.6035	402.0425	471.9811	554.2422	650.9551	764.6054	898.0916	1054.7912	1238.6363	1454.2014	1706.8031	2002.6156	2348.8033
26	290.0883	342.7627	405.2721	479.4306	567.3773	671.6330	795.1653	941.4647	1114.6336	1319.4890	1561.6818	1847.8358	2185.7079	2584.3741	3054.4443
27	337.5024	402.0323	479.2211	571.5224	681.8528	813.6759	971.1016	1159.0016	1383.1457	1650.3612	1968.7191	2347.7515	2798.7061	3334.8426	3971.7776
28	392.5028	471.3778	566.4809	681.1116	819.2233	985.5479	1185.7440	1426.5719	1716.1007	2063.9515	2481.5860	2982.6444	3583.3438	4302.9470	5164.3109
29	456.3032	552.5121	669.4475	811.5228	984.0680	1193.5129	1447.6077	1755.6835	2128.9648	2580.9394	3127.7984	3788.9583	4587.6801	5551.8016	6714.6042
30	530.3117	647.4391	790.9480	966.7122	1181.8816	1445.1507	1767.0813	2160.4907	2640.9164	3227.1743	3942.0260	4812.9771	5873.2306	7162.8241	8729.9855

附表四　年金现值系数表

期数	1%	2%	3%	4%	5%	6%	7%	8%	9%	10%	11%	12%	13%	14%	15%
1	0.9901	0.9804	0.9709	0.9615	0.9524	0.9434	0.9346	0.9259	0.9174	0.9091	0.9009	0.8929	0.8850	0.8772	0.8696
2	1.9704	1.9416	1.9135	1.8861	1.8594	1.8334	1.8080	1.7833	1.7591	1.7355	1.7125	1.6901	1.6681	1.6467	1.6257
3	2.9410	2.8839	2.8286	2.7751	2.7232	2.6730	2.6243	2.5771	2.5313	2.4869	2.4437	2.4018	2.3612	2.3216	2.2832
4	3.9020	3.8077	3.7171	3.6299	3.5460	3.4651	3.3872	3.3121	3.2397	3.1699	3.1024	3.0373	2.9745	2.9137	2.855
5	4.8534	4.7135	4.5797	4.4518	4.3295	4.2124	4.1002	3.9927	3.8897	3.7908	3.6959	3.6048	3.5172	3.4331	3.3522
6	5.7955	5.6014	5.4172	5.2421	5.0757	4.9173	4.7665	4.6229	4.4859	4.3553	4.2305	4.1114	3.9975	3.8887	3.7845
7	6.7282	6.4720	6.2303	6.0021	5.7864	5.5824	5.3893	5.2064	5.0330	4.8684	4.7122	4.5638	4.4226	4.2883	4.1604
8	7.6517	7.3255	7.0197	6.7327	6.4632	6.2098	5.9713	5.7466	5.5348	5.3349	5.1461	4.9676	4.7988	4.6389	4.4873
9	8.5660	8.1622	7.7861	7.4353	7.1078	6.8017	6.5152	6.2469	5.9952	5.7590	5.5370	5.3282	5.1317	4.9464	4.7716
10	9.4713	8.9826	8.5302	8.1109	7.7217	7.3601	7.0236	6.7101	6.4177	6.1446	5.8892	5.6502	5.4262	5.2161	5.0188
11	10.3676	9.7868	9.2526	8.7605	8.3064	7.8869	7.4987	7.1390	6.8052	6.4951	6.2065	5.9377	5.6869	5.4527	5.2337
12	11.2551	10.5753	9.9540	9.3851	8.8633	8.3838	7.9427	7.5361	7.1607	6.8137	6.4924	6.1944	5.9176	5.6603	5.4206
13	12.1337	11.3484	10.635	9.9856	9.3936	8.8527	8.3577	7.9038	7.4869	7.1034	6.7499	6.4235	6.1218	5.8424	5.5831
14	13.0037	12.1062	11.2961	10.5631	9.8986	9.2950	8.7455	8.2442	7.7862	7.3667	6.9819	6.6282	6.3025	6.0021	5.7245
15	13.8651	12.8493	11.9379	11.1184	10.3797	9.7122	9.1079	8.5595	8.0607	7.6061	7.1909	6.8109	6.4624	6.1422	5.8474
16	14.7179	13.5777	12.5611	11.6523	10.8378	10.1059	9.4466	8.8514	8.3126	7.8237	7.3792	6.9740	6.6039	6.2651	5.9542
17	15.5623	14.2919	13.1661	12.1657	11.2741	10.4773	9.7632	9.1216	8.5436	8.0216	7.5488	7.1196	6.7291	6.3729	6.0472
18	16.3983	14.9920	13.7535	12.6593	11.6896	10.8276	10.0591	9.3719	8.7556	8.2014	7.7016	7.2497	6.8399	6.4674	6.128
19	17.2260	15.6785	14.3238	13.1339	12.0853	11.1581	10.3356	9.6036	8.9501	8.3649	7.8393	7.3658	6.9380	6.5504	6.1982
20	18.0456	16.3514	14.8775	13.5903	12.4622	11.4699	10.594	9.8181	9.1285	8.5136	7.9633	7.4694	7.0248	6.6231	6.2593
21	18.8570	17.0112	15.4150	14.0292	12.8212	11.7641	10.8355	10.0168	9.2922	8.6487	8.0751	7.5620	7.1016	6.6870	6.3125
22	19.6604	17.6580	15.9369	14.4511	13.1630	12.0416	11.0612	10.2007	9.4424	8.7715	8.1757	7.6446	7.1695	6.7429	6.3587
23	20.4558	18.2922	16.4436	14.8568	13.4886	12.3034	11.2722	10.3711	9.5802	8.8832	8.2664	7.7184	7.2297	6.7921	6.3988
24	21.2434	18.9139	16.9355	15.2470	13.7986	12.5504	11.4693	10.5288	9.7066	8.9847	8.3481	7.7843	7.2829	6.8351	6.4338
25	22.0232	19.5235	17.4131	15.6221	14.0939	12.7834	11.6536	10.6748	9.8226	9.0770	8.4217	7.8431	7.3300	6.8729	6.4641
26	22.7952	20.1210	17.8768	15.9828	14.3752	13.0032	11.8258	10.8100	9.9290	9.1609	8.4881	7.8957	7.3717	6.9061	6.4906
27	23.5596	20.7069	18.3270	16.3296	14.6430	13.2105	11.9867	10.9352	10.0266	9.2372	8.5478	7.9426	7.4086	6.9352	6.5135
28	24.3164	21.2813	18.7641	16.6631	14.8981	13.4062	12.1371	11.0511	10.1161	9.3066	8.6016	7.9844	7.4412	6.9607	6.5335
29	25.0658	21.8444	19.1885	16.9837	15.1411	13.5907	12.2777	11.1584	10.1983	9.3696	8.6501	8.0218	7.4701	6.9830	6.5509
30	25.8077	22.3965	19.6004	17.2920	15.3725	13.7648	12.4090	11.2578	10.2737	9.4269	8.6938	8.0552	7.4957	7.0027	6.5660

期数	16%	17%	18%	19%	20%	21%	22%	23%	24%	25%	26%	27%	28%	29%	30%
1	0.8621	0.8547	0.8475	0.8403	0.8333	0.8264	0.8197	0.8130	0.8065	0.8000	0.7937	0.7874	0.7813	0.7752	0.7692
2	1.6052	1.5852	1.5656	1.5465	1.5278	1.5095	1.4915	1.4740	1.4568	1.4400	1.4235	1.4074	1.3916	1.3761	1.3609
3	2.2459	2.2096	2.1743	2.1399	2.1065	2.0739	2.0422	2.0114	1.9813	1.9520	1.9234	1.8956	1.8684	1.8420	1.8161
4	2.7982	2.7432	2.6901	2.6386	2.5887	2.5404	2.4936	2.4483	2.4043	2.3616	2.3202	2.2800	2.2410	2.2031	2.1662
5	3.2743	3.1993	3.1272	3.0576	2.9906	2.9260	2.8636	2.8035	2.7454	2.6893	2.6351	2.5827	2.5320	2.4830	2.4356
6	3.6847	3.5892	3.4976	3.4098	3.3255	3.2446	3.1669	3.0923	3.0205	2.9514	2.8850	2.8210	2.7594	2.7000	2.6427
7	4.0386	3.9224	3.8115	3.7057	3.6046	3.5079	3.4155	3.3270	3.2423	3.1611	3.0833	3.0087	2.9370	2.8682	2.8021
8	4.3436	4.2072	4.0776	3.9544	3.8372	3.7256	3.6193	3.5179	3.4212	3.3289	3.2407	3.1564	3.0758	2.9986	2.9247
9	4.6065	4.4506	4.3030	4.1633	4.0310	3.9054	3.7863	3.6731	3.5655	3.4631	3.3657	3.2728	3.1842	3.0997	3.019
10	4.8332	4.6586	4.4941	4.3389	4.1925	4.0541	3.9232	3.7993	3.6819	3.5705	3.4648	3.3644	3.2689	3.1781	3.0915
11	5.0286	4.8364	4.6560	4.4865	4.3271	4.1769	4.0354	3.9018	3.7757	3.6564	3.5435	3.4365	3.3351	3.2388	3.1473
12	5.1971	4.9884	4.7932	4.6105	4.4392	4.2784	4.1274	3.9852	3.8514	3.7251	3.6059	3.4933	3.3868	3.2859	3.1903
13	5.3423	5.1183	4.9095	4.7147	4.5327	4.3624	4.2028	4.0530	3.9124	3.7801	3.6555	3.5381	3.4272	3.3224	3.2233
14	5.4675	5.2293	5.0081	4.8023	4.6106	4.4317	4.2646	4.1082	3.9616	3.8241	3.6949	3.5733	3.4587	3.3507	3.2487
15	5.5755	5.3242	5.0916	4.8759	4.6755	4.4890	4.3152	4.1530	4.0013	3.8593	3.7261	3.6010	3.4834	3.3726	3.2682
16	5.6685	5.4053	5.1624	4.9377	4.7296	4.5364	4.3567	4.1894	4.0333	3.8874	3.7509	3.6228	3.5026	3.3896	3.2832
17	5.7487	5.4746	5.2223	4.9897	4.7746	4.5755	4.3908	4.2190	4.0591	3.9099	3.7705	3.6400	3.5177	3.4028	3.2948
18	5.8178	5.5339	5.2732	5.0333	4.8122	4.6079	4.4187	4.2431	4.0799	3.9279	3.7861	3.6536	3.5294	3.4130	3.3037
19	5.8775	5.5845	5.3162	5.0700	4.8435	4.6346	4.4415	4.2627	4.0967	3.9424	3.7985	3.6642	3.5386	3.4210	3.3105
20	5.9288	5.6278	5.3527	5.1009	4.8696	4.6567	4.4603	4.2786	4.1103	3.9539	3.8083	3.6726	3.5458	3.4271	3.3158
21	5.9731	5.6648	5.3837	5.1268	4.8913	4.6750	4.4756	4.2916	4.1212	3.9631	3.8161	3.6792	3.5514	3.4319	3.3198
22	6.0113	5.6964	5.4099	5.1486	4.9094	4.6900	4.4882	4.3021	4.1300	3.9705	3.8223	3.6844	3.5558	3.4356	3.323
23	6.0442	5.7234	5.4321	5.1668	4.9245	4.7025	4.4985	4.3106	4.1371	3.9764	3.8273	3.6885	3.5592	3.4384	3.3254
24	6.0726	5.7465	5.4509	5.1822	4.9371	4.7128	4.5070	4.3176	4.1428	3.9811	3.8312	3.6918	3.5619	3.4406	3.3272
25	6.0971	5.7662	5.4669	5.1951	4.9476	4.7213	4.5139	4.3232	4.1474	3.9849	3.8342	3.6943	3.5640	3.4423	3.3286
26	6.1182	5.7831	5.4804	5.2060	4.9563	4.7284	4.5196	4.3278	4.1511	3.9879	3.8367	3.6963	3.5656	3.4437	3.3297
27	6.1364	5.7975	5.4919	5.2151	4.9636	4.7342	4.5243	4.3316	4.1542	3.9903	3.8387	3.6979	3.5669	3.4447	3.3305
28	6.1520	5.8099	5.5016	5.2228	4.9697	4.7390	4.5281	4.3346	4.1566	3.9923	3.8402	3.6991	3.5679	3.4455	3.3312
29	6.1656	5.8204	5.5098	5.2292	4.9747	4.7430	4.5312	4.3371	4.1585	3.9938	3.8414	3.7001	3.5687	3.4461	3.3317
30	6.1772	5.8294	5.5168	5.2347	4.9789	4.7463	4.5338	4.3391	4.1601	3.9950	3.8424	3.7009	3.5693	3.4466	3.3321